·现代供应链管理与创新丛书·

唐隆基　潘永刚◎著

数字化供应链

转型升级路线与价值再造实践

U0745746

人民邮电出版社

北京

图书在版编目（ＣＩＰ）数据

数字化供应链：转型升级路线与价值再造实践 ／ 唐隆基，潘永刚著. — 北京：人民邮电出版社，2021.10
（现代供应链管理与创新丛书）
ISBN 978-7-115-56932-5

Ⅰ. ①数… Ⅱ. ①唐… ②潘… Ⅲ. ①数字技术—应用—供应链管理 Ⅳ. ①F252.1-39

中国版本图书馆CIP数据核字(2021)第138926号

◆ 著　　　唐隆基　潘永刚
责任编辑　马　霞
责任印制　彭志环

◆ 人民邮电出版社出版发行　　北京市丰台区成寿寺路 11 号
邮编　100164　　电子邮件　315@ptpress.com.cn
网址　https://www.ptpress.com.cn
北京虎彩文化传播有限公司印刷

◆ 开本：700×1000　1/16
印张：24.25　　　　　　　　 2021 年 10 月第 1 版
字数：353 千字　　　　　　 2025 年 10 月北京第 14 次印刷

定价：99.80 元

读者服务热线：(010)81055296　印装质量热线：(010)81055316
反盗版热线：(010)81055315

序一

　　我和唐隆基博士未曾谋面，偶有"数字"联系，乃缘起他的文章。近年来，读过其关于数字化供应链的几篇文章后，便觉得他无疑是国内在该领域的权威专家。我在拙作《智能制造概论》中还专门把他的文章《数字化供应链的进展和未来趋势》列为延伸阅读。最近，他和潘永刚先生一起完成了力作《数字化供应链：转型升级路线与价值再造实践》（以下简称《数字化供应链》），即将由人民邮电出版社出版。我得到文稿，且受邀作序，深感荣幸。

　　唐隆基博士曾供职于美国IBM、卡特彼勒和联邦快递、广州捷世通等企业，并于2017年起担任罗戈研究副院长，对数字化供应链有持续、深入的研究。《数字化供应链》应该是他的扛鼎之作。

　　我很早就关注过供应链。20世纪90年代即有敏捷供应链之说，意指敏捷响应市场供需变化，根据企业动态联盟的形成和解体进行快速的重构与调整，能通过供应链管理来促进企业间的联合，根据需要进行组织、管理和生产计划的调整。世纪之交时就有学者如马尔科·扬西蒂（Marco Iansiti）、罗伊·莱维恩（Roy Levien）指出企业生态系统的重要性，21世纪的企业竞争形式不只是同行企业之间的竞争，更重要的是以某一个核心企业为代表的企业生态系统与另外一个以核心对手为代表的企业生态系统之间的竞争。本书中提到的马丁·克里斯托弗（Martin Christopher）教授很早认识到真正的竞争是在供应链之间而不是公司之间竞争："单个企业不再作为独立实体竞争，而是作为供应链竞争。我们现在正进入'网络竞争'时代，竞争赢家将是那些能够更好地构建、协调和管理与合作伙伴关系的组织，他们致力于与最终客户建立更好、更快和更紧密的关系。"我们已进入网络竞争的时代，也就是说我们正处于全球供应链生态系统时代。总之，真正的竞争就在供应链之间或者企业生态系统之间。

虽然此前就意识到数字化供应链的重要性，但粗读此书后，方知自己原先对数字化供应链认识的浅薄。

此书特别适合于企业从事数字化转型或智能制造等专业人士阅读。

今天，中国的很多制造企业大概都重视制造执行系统（Manufacturing Execution Systems，MES）的作用，但对下一代 MES——制造运营管理（Manufacturing Operation Management，MOM）可能还缺乏认识。本书则介绍了从制造执行系统到制造运营管理的进化，指出 MOM 不仅包含了 MES 的功能，更重要的是，它集成了供应链，包括产品库存控制、采购管理，并连接供应商关系管理（Supplier Relationship Managemant，SRM）和仓库管理系统（Warehouse Management System，WMS）。

书中介绍的全供应链、逆向供应链、循环供应链等概念非常重要。通常讲的供应链（Supply Chain）即正向供应链（含正向物流），而后市场供应链（After Market Supply Chain）即逆向供应链（含逆向物流）。全供应链 = 正向供应链（含正向物流）+ 逆向供应链（含逆向物流）。逆向物流不仅仅是一系列的物流活动，还是一个管理资产的过程：商流、物流、信息流和资金流四流合一的逆向供应链过程。循环供应链是未来的发展方向。线性供应链将被循环供应链取代，制造商通过翻新废弃的产品以进行转售。为了应对原材料成本不断上涨以及其易变的可用性的问题，许多公司选择分解其产品并将其转换为原材料。读者需要从书中领略逆向供应链、循环供应链之供应链新理念的意义。

双模供应链、双模计划的概念需要引起企业重视。高德纳定义双模：双模是管理两种独立但连贯的工作方式的实践——一种侧重于可预测性，另一种侧重于探索性。模式 1 针对更可预测和更容易理解的领域进行优化。

模式 2 是探索性的，尝试解决新问题，并针对不确定性领域进行优化。两者在数字化转型中都起着至关重要的作用。书中还指出，采用双模 IT，企业 IT 部门必须建立两个团队。中国企业在未来的数字化转型过程中应该努力尝试。

有些看起来很平凡的问题，如采购，很多企业人士未必能够意识到其可能的"痛点"。作者指出，缺乏以数据分析为核心的决策系统是传统采购和 e 采购的"痛中之痛"。数字化采购的根本目标就是要从根本上进行传统采购模式的变革，变成本中心的采购为利润中心的采购，平衡可见成本和隐性成本，以降低总的采购成本。这恐怕也是多数企业未能意识到的问题。

书中介绍的丰富案例当然值得企业相关人士学习，如美的、联想的数字化供应链。

对于相关研究领域的学者们和研究生们而言，《数字化供应链》也是一本极富参考价值的书。如供应链孪生即是比较新的概念，作者此前写过与此相关的文章，如《数字孪生在物流中的应用趋势》。虽然数字孪生已开始受到学界和业界的关注，但真正关注供应链孪生的甚少。另外，人工智能、区块链、沉浸式技术 / 体验、高级分析、自主事物到持续智能等都展示了供应链智能化的重要趋势。这些都是供应链战略性技术趋势，需要持续深入地研究。

虽然中国很多企业正在准备或进行数字化转型，但大多数企业对数字化供应链的认识还远不够，没有把供应链的数字化转型视为企业数字化转型的关键，更不用说以实践推进数字化供应链了。相信此书的出版对中国企业供应链的改善以及数字化转型和升级将起到重要的推动作用。

企业数字化转型或供应链数字化转型都是一个长期的过程，还有很多尚待解决或认识不清的问题需要进一步研究。希望此书也能够引导读者在数字化供应链方面的进一步探索。

关注企业数字化转型以及数字技术的应用是我的专业兴趣，我将持续地学习与此相关的新技术和新应用。《数字化供应链》这本书将长期地成为我在数字化技术领域的案头参考。

李培根

华中科技大学教授

2021 年 8 月 8 日

追赶数字化供应链新浪潮

从全球物流进入供应链时代，到中国物流进入供应链时代，从金融海啸、贸易摩擦到新冠疫情大流行，供应链管理在应对危机和挑战中扮演着越来越重要的角色。后疫情时代，一方面供应链安全、风险与韧性在供应链管理中的"权重"在上升，另一方面，大数据、物联网、人工智能、区块链等颠覆性技术应用的速度明显加快，而供应链的数字化就是所有技术应用的一个重要的基础。

数字化时代是人类文明进步的一个重要里程碑，数字化对于供应链管理来说，也是颠覆性的。从2000年全球物流峰会的主题探讨电子商务对物流的变革，到2005年美国物流管理协会更名、全球物流进入供应链时代，从21世纪第一个十年"数字化供应链""云供应链"概念的提出，到大数据与物联网、人工智能在供应链全流程的应用，供应链的数字化进程已经"进化"到了"认知型"供应链的阶段——即供应链的自我感知、自我学习、自我矫正。区块链技术加速在供应链中应用，也是基于供应链的数字化——没有数字化，就没有办法实现"编码化"。

当数据成为资源、成为最大的大宗商品时，它就变成了企业的战略资产。企业的数据资产来源于所有供应链流程，供应链的数字化就成为企业拥有和转化战略资产，进而应用战略资产、获得战略竞争优势的关键。

就像作者在本书中提出的一样，首先，供应链数字化需要企业高层管理者认识到供应链数字化对企业的价值。如果说供应链是企业不可模仿的竞争优势，数字是企业的核心战略资产，那么供应链的数字化就是让核心战略资产强化不可模仿的竞争优势。其次，供应链的数字化是来源于、嵌入到所有的供应链流程之中并发挥着相应作用的。比如，数字化在供应链计划流程的应用，可以利用大数据分析和供应链全过程仿真分析，在供应链实际运作之前得到结果的验证；基于大数据的企业产品研发设计，可以充分利用社会化大数据对产品属性进行校验；采购流程的数字化可以让供应商合规性、可靠性更有保证；制造过程的数字化可以随时发现制造缺陷；交付和客户服务流程的数字化可以实时反馈，调整生产节奏和营销计划；回收（退货）流程的数字化，可以利用产品缺陷的大数据分析改进产品设计工艺和制造、交付、包装等流程。

认识到供应链数字化的重要性，下一步就是如何实现供应链数字化的问题了。摆在读者面前的这本《数字化供应链》，从企业战略、技术架构、方法策略、实践案例、绩效度量几个方面深度剖析，提供了转型路径和实践案例，为企业制定正确的转型策略提供了一个好的工具。作为首位将供应链管理流程标准引入国内的学者，我也欣喜地看到，书中的"架构篇"从计划、采购、生产/制造、运营、逆向等供应链管理流程标准角度，为读者提供了清晰的、可落地的参考架构和协同策略，这一点作者们与我可谓不谋而合。我认为这本书将对推动行业发展发挥重大作用，也希望你能通过阅读本书有所收获。

王国文　博士

中国（深圳）综合开发研究院物流与供应链管理研究所所长

2021 年 8 月 5 日

下一代供应链：数字化供应链

如果把 20 世纪 60 年代以来的供应链物流称为传统供应链，那么，我们是否开启了全新的下一代供应链的时代：数字化供应链？

供应链的概念源于物流。20 世纪 60 年代以来，企业对物流的认识与实践经历了销售物流（Physical Distribution），到整合销售、生产与采购的一体化物流（Integrated Logistics Management），进一步发展到整合上下游企业的供应链管理（Supply Chain Management）。传统的供应链物流管理运用效益背反原理（Trade off），在物流环节及供应链的参与者之间，进行整合与协同管理，创造价值。从销售物流到供应链管理的演变，其本质就是在更大的系统范围内进行整合与协同管理，以便挖掘供应链的价值。

传统供应链价值的提升可以在不同的层次，采用不同的方法。例如，在更大的系统范围内整合优化；转变传统的垂直与功能（Vertical and Functional）管理为流程管理（Process Management）；运用信息技术，进行计划与整合管理，如从物料需求计划（Material Requirement Planning，MRP）到制造资源计划（Manufacturing Resource Planning，MRPII），再到企业资源计划（Enterprise Resource Planning，ERP）等。供应链的价值可以体现在战略与运营两个层面，战略层面包括对供应链的成本与服务的定位，也涉及企业的总体战略与商业模式等。运营层面是在供应链系统范围内，权衡成本与成本、成本与服务的背反，从而降低供应链物流总成本，提升供应链服务水平。正是通过不同方法与角度，不断挖掘供应链价值，使得许多企业在市场竞争中获取了源源不断的竞争优势。供应链物流学科的丰富与发展就是采用不同的方法，不断挖掘供应链价值的过程。

新一代信息与通信技术，特别是大数据、云计算、移动互联网、5G、物联网、人工智能、区块链等技术的发展，使得供应链的数字化转型也将是当前及今后企业供应链物流管理的主要目标。数字化将创新与赋能传统供应链物流的方方面面，供应链物流管理进入了数字与智能发展阶段。

数字化技术与智能化应用的不断深入，为供应链价值的提升带来了各方面的机会。供应链数字化转型，也已经形成了一个多元与多角度提升供应链价值的发展现状。它既可以带来整体商业模式与战略的改变，如采用平台与生态方式合作的供应链，也可以带来供应链物流环节与供应链组织整合与协同手段的创新。数字化正在创新传统的供应链结构与协同方式，这种创新可以是颠覆式创新，也可以是渐进式创新。

数字技术赋能下一代数字化供应链，使得当前企业的供应链的价值创造有了各种可能，可以获得各种绩效与竞争优势。企业无论大小，都需要发展不同类型的数字化组织能力，最终也都会依靠数字化能力来竞争。数字化供应链是企业长期增长和成功的关键，也是改善和获得更好的供应链结构和战略的一种手段。

可以想象不同行业与基础的企业，在数字化及供应链数字化转型方面，面临各种机会与挑战、困惑与矛盾，迫切需要一定的理论指导与实践参照。

罗戈研究为了推动中国的供应链数字化转型，帮助企业认识其重要性并制定正确的转型规划，其供应链数字化转型研究团队自 2016 年就开始了对供应链数字化转型的研究。《数字化供应链》集成了罗戈研究 5 年来对国内外数字化供应链趋势、战略、技术、流程、组织及案例的研究。该书的出版非常及时，相信该书的出版，可以进一步推动与提升中国供应链数字化转型的理论研究与实践深入。

骆温平　博士

上海海事大学经济管理学院物流与供应链管理研究中心主任、教授

2021 年 8 月 7 日

我对数字化供应链的三个理解

应潘永刚院长之邀作序，诚惶诚恐。虽然京东是国内最早的数字化供应链实体企业之一，但我既无法代表京东，也谈不上对数字化供应链有深入洞察，只能将自己一点浅见抛出，权当正餐前的一份开胃小菜。

不知道大家有没有这样的体验：原计划从上海坐飞机到北京，看到天气不好，改了最快的高铁。高铁准时到北京，你会立刻拿起手机查飞机的状态，如果飞机正点到了，你还会后悔为何要改高铁呢！而最快乐的感觉则是——拿起手机一查，飞机还在上海，或者虽然起飞了，但备降到天津或太原去了——幸好改了高铁！其实这种"后悔"和"快乐"的感觉，都改变不了已经发生的客观事实。这种感觉的产生，是来自两种事实数据的对比，而这种对比对于下一次再做决策时，影响很大。

这就是我对数字化供应链的第一个理解，即要"看得见、看得准"。当数据透明呈现出来时，在一个有正常管理体系的组织中，管理动作就会产生。虽然这些动作有时是无效的、浪费的、负向的，但总体肯定会朝着改进的方向移动。要做到"看得见、看得准"，主要靠线上化、信息化系统来支撑。这些系统是自己开发（in-house），还是照搬现成的商业软件，或者混搭定制化，并没有一个普适的答案。企业所处阶段、业务实际情况、管理成熟度……都是约束条件。应根据阶段目标，实事求是地设计可行的落地步骤。这个阶段主要的管理和执行动作，还是"人工"的，信息化系统只是"如实"地根据业务流程记录执行情况。"如实"打引号，是因为所有的记录行为都受"人工"的影响，所以这一过程所产生的数据，需要管理者有置信区间的判断——不可不信，亦不可全信——从"看得见"到"看得准"，本质就是运营管理的改进。

供应链是链接数字世界和物理世界的一张巨大网络。从前端的大宗商品、原材料采购，到厂内物料供应，再到后端成品物流；从几十万平方米的"亚洲一号"有条不紊运行，到快递员将包裹送到你手中；从全流程供应链规划、计划，到仓储机器人（Automated Guided Vehicle，AGV）的每次移动，机械臂的每次抓取；从可循环使用十年的标准集装箱，到用完即弃、几分钱一张的电子面单……商流、物流、信息流、资金流在这个网络中有序或无序流动，而能否将这些"流""管得住"，能否让各个"流"的节点"干得对"，是我对数字化供应链的第二个理解。

在本书的第二篇中，作者系统阐述了如何通过供应链规划、计划的数字化，以及逆向、控制塔等工具方法，让采购、生产制造、消费供应链能"管得住""干得对"。京东同样也是如此，通过技术驱动，形成了一个规划、计划、执行、监控的数字化运营闭环。举例来说：

在规划上，从仓储、分拣中心、末端站点等物流网络中"点"的科学选址和"线"的网络规划，到大数据和运筹优化技术构建全局最优的物流网络的"面"和"体"。通过仓网的综合规划布局优化，实现最优的仓网、路网布局，兼顾时效和成本。

在计划上，根据订单、历史销售、地址等数据，利用算法和仿真等技术提供数据化的库存预测、经营计划、库存优化、库存仿真、采销协同、采购计划等能力。

在执行上，区块链技术可以解决物流链路上多组织之间的交易（交接）环节的信任问题，实现无纸化交易（交接）、物流过程可追溯和智能化对账，从而实现交易（交接）过程的降本提效。在智能仓储中，基于管控层的作业调度、设备调度、动态路径规划等操作，能够帮助 AGV、立库穿梭车、智能叉车等进行实时无人自主作业。

最终通过监控，形成数字化运营闭环改进。京东在大几百万 SKU（Stock Keeping Unit，库存量单位）的情况下，存货周转天数稳定在 31 天左右，90% 的订单可于下单当日或次日到达。很多伙伴也看到这一点，希望我们能够将这些能力"开放"出去，为他们所用。但谈何容易！

如果我们将这些能力按一个象限展开，纵坐标两端分别是资源运营能力、数智化技术能力，横坐标两端分别是单点服务能力、全链条服务能力，真正能处于第一象限的数字化供应链服务提供商几乎没有。而这正是我对数字化供应链的第三个理解——"出得去、进得来"，即通过数智化技术，能高效地将自身的供应链能力开放出去，同时也能高效地将社会上的供应链要素集成进来，要做到这一点的核心是"解耦"。

"解耦"的本质是把一体化的供应链按照服务逻辑和边界进行拆分，使之模块化和组件化。这些模块可以被灵活组合、编排在一起来构建敏捷的、灵活的业务流程。无论是通信网络还是云服务的发展，都证明了这个过程将极大提升产业效率。只是供应链的服务"解耦"涉及物理世界和人工操作的部分比较多，同时行业特性、商业场景千差万别，部分技术还不成熟，尚需时日，但趋势不可阻挡。

在这个过程中，数据将成为核心驱动——将生产资料、运营活动、作业过程等从物理世界数字化到数字世界，然后在数字世界基于人工智能技术进行计算、优化和仿真，最终将最优结果和指令回馈到物理世界，从而提升物理世界的供应链效率和体验。

最终数字化供应链可以做到在面对不同行业、不同规模的客户时，依据实际需求，通过敏捷组合，来快速地提供相应的解决方案。其本质是能力共享和复用，在服务的过程中又不断抽象、延伸新的能力，并规模化、低成本地再去服务新的客户。在"出得去、进得来"的不断耗散中，实现快速迭代。

王 强

京东物流

2021 年 8 月 15 日

抓住机遇，成就与壮大中国供应链从业者群体

我与唐隆基先生相识在供应链管理的一次高端论坛上，由于大家都是供应链管理领域的"老兵"及信息化/数字化专业背景，会后我们一直保持着联系，因而唐先生后面每有大作，也会及时发给我学习。

唐先生作为留美计算机软件工程博士，曾在美国多家巨头公司总部就职（IBM，曾经的ICT行业巨头；卡特彼勒，全球建筑机械、矿山设备、柴油及燃气轮机技术领导者；FedEx，物流快递行业巨头），2015年回国后就任多家中国专业供应链公司及供应链管理研究机构高管。

唐先生经历丰富、学识渊博、视野宽广，近几年致力于推动中国的数字化转型，发表多篇智能计算、数字孪生、区块链、人工智能和供应链数字化转型的研究报告及文章。他的这些文章也成为我跟踪供应链领域最新技术及数字化转型实践非常重要的渠道。

这几天有幸拜读了唐先生与潘永刚先生合著的新作《数字化供应链》。该书逻辑框架完整清晰，从供应链数字化转型的战略、技术架构、方法论、实践案例、绩效度量五个方面来组织展开，有高度，有深度，有力度，可以作为读者全面了解企业集成供应链管理与供应链数字化转型的教科书。

本书对数字化逆向供应链管理的挖掘，更彰显了作者实际供应链业务管理功底之扎实，因为这是大多数公司的供应链业务盲点，也是内部"蛀虫"腐败、谋利的温床。

供应链管理的能力是在公司业务快速发展的推动下干出来的，强调与业

务的正向强匹配。这包括从内部跨部门的商流、实物流、信息流的充分整合，到外部供应链生态构建，新技术应用、管理方法、运作体系不断迭代优化，管理层次不断提升，需要"活到老，学到老"。唐先生能与潘永刚先生一起把这些年对供应链数字化转型的知识体系这么完整地分享给大家，很是难得！

我本人1993年进入华为进行管理信息系统的应用开发，当时的生产计划、采购、仓储等就是我们信息系统应用的主战场，后续华为一直强调用最先进的信息系统、智能装备、数字化技术来打造华为以价值创造为导向的端到端供应链的战斗力，我也深深体会到供应链是企业变强的"底座"。这些年华为、美的、联想等企业对标全球顶级标杆，在业务增长的同时，其自身供应链管理水平也达到了国际先进水平。这本书对京东、菜鸟、美的、联想的数字化转型案例的剖析，也是非常值得国内众多制造业和电商物流企业来对标学习借鉴的。

中国供应链管理这些年伴随着企业发展而快速发展，但大多数企业与世界先进企业的差距还是很大的，专业人才也非常缺乏。公司业务面临的挑战带来的强烈改进、提升需求，正是从业者快速成长的最佳机遇。希望大家能抓住新技术快速成熟普及的机会，推动自身公司战略驱动数字化供应链转型，改造工厂环境与形象，吸引各路专业人才加入，丰富及价值化供应链各专业岗位，最终促进中国实体经济的发展，成就与壮大中国供应链从业者群体。

苏广民

西门子数字化工业软件特聘高端专家顾问，华为终端供应链原副总裁

2021年8月9日

推荐语

数字化是现代人类文明发展的趋势，随着信息技术的不断发展，供应链数字化已经启航。据 SCOM 供应链与运营经理人俱乐部 2021 年度最新问卷，调查的半数以上（54%）受访者表示所在企业正在实施供应链数字化变革。本书的出版，将为广大的供应链管理人带去最新的供应链数字化的方法和案例。

Martin Yu（俞志敏）

SCOM（思考猫）供应链与运营经理人俱乐部创始人

数字化供应链的概念给了供应链人无比广阔的想象空间，但什么是数字化供应链？数字化供应链能给企业带来什么？如何借力数字化提升供应链能力，实现供应链的数字化转型？罗戈研究的这份完整的智慧供应链图谱为我们打开了思路，提供了答案！

Shirly Liu

20 年供应链从业者

前言

"十四五"规划的重点之一是抢抓第四次工业革命先机，乘数字经济腾飞和数字技术使能的东风，加速实现全行业和全社会的数字化转型。工业企业和服务企业数字化转型成功的关键是其供应链的数字化转型。但是，供应链数字化转型之路异常艰难，企业和投资人对为什么要数字化转型及如何进行转型深存困惑。

自 2009 年 IBM 发表研究报告《未来智能的供应链》（*The Smarter Supply Chain of the Future*）以后的十几年间，供应链发生了翻天覆地的变化，那就是供应链的数字化变革。近十年来，在工业 4.0 革命、数字经济，以及新兴数字技术的推动下，这场变革加速了。自 20 世纪 60 年代供应链产生以来到数字化变革前，传统供应链完成了从分散型的功能组织到整合型的供应链组织，以及从完全人工运营模式到人工 + 信息技术的混合运营模式的演化。然而由于经济的全球化、数字化，传统供应链已无法满足数字时代的客户需求，于是供应链数字化变革 / 转型在全球勃然兴起。特别是自 2020 年年初开始的全球新冠疫情引起的供应链中断危机，既暴露了传统供应链的诸多弱点，如可见性差无法预见危机，缺乏弹性无法应对中断，与此同时也证明了那些已经数字化的供应链组织具有较强弹性，能敏捷应对危机和风险，从而进一步推动这场供应链数字化变革加速。

这场供应链数字化变革是企业获取新竞争优势的战略性趋势。世界一流的商学院克兰菲尔德管理学院（Cranfield School of Management）的马丁·克里斯托弗（Martin Christopher）教授是最早认识到真正的竞争是在供应链之间而不是公司之间竞争的学者之一。他指出："单个企业不再作为独立实体竞争，而是作为供应链竞争。我们现在正进入'网络竞争'时代，竞争赢家将是那些能够更好地构建、协调和管理与合作伙伴关系的组织，他们致力于与最终客户建立更好、更快和更紧密的关系。"

21 世纪的供应链已转变为全球相互连接的供求网络，这暴露于我们不确定的世界的脆弱性中，并具有深深的相互依赖性。这导致协作伙伴关系的部署更多，经常涉及外包和离岸外包，从而创建了包含多个利益相关者的广泛网络。因此，供应链已演变为如今的多层、交织的分布式交易系统，可促进公司、城市和国家之间更有效的贸易。

正如马丁教授所言，我们已进入了一个网络竞争的时代，也就是处于一个全球供应链生态系统时代。供应链的竞争力直接影响企业的产品和市场的竞争力。供应链数字化转型就是帮助企业提高供应链的竞争力，从而获取企业在新的数字经济时代的竞争优势。

这场供应链数字化变革也是企业为客户创造新价值、顺应工业 4.0 革命的关键举措。第四次工业革命所产生的数字化的浪潮正在引起制造业的巨大变革，制造过程的产品链、价值链，以及资产链都在发生变革，从传统的以产品为中心的大规模生产向以客户为中心的定制化模式转变，与此同时现代数字技术、云计算、大数据、人工智能、数字孪生等正在改变制造业的"游戏规则"。不同企业正在摸索自身的数字化转型之路。尽管不同行业转型之路会不同，但大量研究表明，供应链数字化转型是所有企业数字化转型成功的关键之一。供应链数字化水平的提升有望降低设计和工程成本 10%～30%，缩短 20%～50% 的市场投放时间，供应链管理成本降低 80% 以及减少 20%～50% 的库存持有成本。

究竟什么是供应链的数字化转型？首先要弄清楚什么是数字化转型。数字化转型（也称为 DT，Digital Transformation）利用现代数字技术为各种利益相关者（最广泛意义上的客户）创造价值和提供新服务，创新并获得快速适应不断变化的环境的能力。数字化转型和信息化、数字化不同，它不仅涉及颠覆或技术发展，还涉及商业模式创新，组织、运营、行业或生态系统文化的变革，并涉及价值、人员以及通过智能使用技术和信息从而在需要时快速适应的能力。因此供应链的数字化转型不单是采用新兴数字技术来变革传统的供应链，而且它关乎供应链商业模式、组织、流程、服务和运营的数字化变革，以及应对不确定性和风险的能力。表 1 总结了传统供应链和数字化供应链在各个重要方面的差异。

表 1 传统供应链和数字化供应链的差异

比较方面	传统供应链	数字化供应链
商业模式	管道，自营＋外包	数字平台，数字平台生态，供应链作为服务（SCaaS）
组织视图	从左到右线性（链），资产驱动型	动态网状（网），客户为中心
信息共享	信息孤岛，非实时信息交换，结构性信息	大数据、物联网、数字化协同平台，实时信息互换
沟通效率	信息会延迟，因为它在线性组织结构中传递	信息在所有供应链相关部门中实时传递
合作模式	交易多而战略少	趋向战略性，共生共赢
战略协作	联合定制计划和流程，非实时，非智能认知分析和预测	网络扩展，数字化协同及人工智能，机器学习帮助提高未来预测准确性
管理模式	偏重精益，缺乏灵活性	偏重敏捷并寻求最佳战略匹配
管理工具	传统 ERP，多系统集成，扩展性差，不支持集团复杂性，运维成本较高，技术传统，开发成本高	全渠道供应链数字平台，互联网结构，云端架构，支持业务发展，全业务域数据流通
透明度	有限的供应链可见性和可视化	端到端的供应链可见性和可视化
响应机制	根据已知需求被动迟缓响应	根据已有数据主动预测，敏捷响应
风险及不确定性应对机制	被动迟缓应对，缺乏弹性	主动敏捷应对，弹性较强
决策机制	经验式决策，掺杂很多人为因素	智能决策，没有或少有人为因素
运营模型	运营参考模型（SCOR）	数字能力模型（DCM）
核心流程	计划（Plan）、寻源（Source）、制造（Make）、交付（Delivery）、退货（Return）和使能（Enable）	同步计划，智能供应，智能运营，动态履约，数字开发，连接客户
运营模式	"串联"，人工＋信息技术混合模式	"并联"，人机协作数字智能模式
运营绩效	成本中心	利润中心
可持续性	短期局部优化	长期持续变革
战略地位	未上升至公司战略，供应链主管不是董事会高管	上升到公司战略，定义新的 CSCO 为董事会高管

由表 1 的比较可见，供应链的数字化转型是供应链历史上一次多么全面而深刻的变革！然而这一变革并非易事，其实现也非一朝一夕之功。特别是在当下从业者供应链思维和管理较为落后的情况下，这场变革更为艰难。

罗戈研究为了推动中国的供应链数字化转型，帮助企业认识其重要性并制定正确的转型规划，其供应链数字化转型研究团队自 2016 年就开始了对供应链数字化转型的研究。2017 年 12 月 22 日发表了 2017 智慧供应链图谱。2017 年，罗戈研究与京东物流合作开展对数字化供应链趋势、战略、技术到执行的全面研究。2018 年 1 月 25 日在深圳举行的首届数字化供应链峰会上发布了国内首份《数字化供应链综合研究报告》。接着在罗戈网及中国首份《供应链管理》期刊上发表了一系列关于数字化供应链的研究报告和文章。2019 年 5 月 20 日罗戈研究与准时达在制造业供应链服务发展峰会上共同发布了《制造业供应链管理服务发展研究报告》。进而于 2020 年 7 月 11 日在深圳举行的第二次数字化供应链峰会上发布了国内首份《数字供应链孪生研究报告》。此外 2021 年又独家发布了《2021 中国物流科技发展报告》和《中国端到端供应链管理服务商研究报告》。本书正是集上述罗戈研究五年的研究和对国内外数字化供应链趋势、战略、技术、流程、组织及案例的全面研究之大成。

罗戈研究供应链数字化转型研究团队完成本书正值"十四五"规划的前夜，"十四五"规划的重点之一是抢抓第四次工业革命先机，乘数字经济腾飞和数字技术使能的东风，加速实现全行业和全社会的数字化转型。工业企业和服务企业的数字化转型成功关键是其供应链的数字化转型。但是，供应链数字化转型之路异常艰难，企业和投资人对为什么要以及如何进行供应链的数字化转型深存困惑。本书旨在帮助读者提高对供应链数字化转型的认知而解其困惑，并从供应链数字化转型的战略、技术架构、方法论、实践案例、绩效度量几方面提供了供应链数字化转型的路线和实践指南，以帮助企业制定正确的转型规划，为其成功实现转型排忧解难。本书的逻辑架构如图 1 所示。

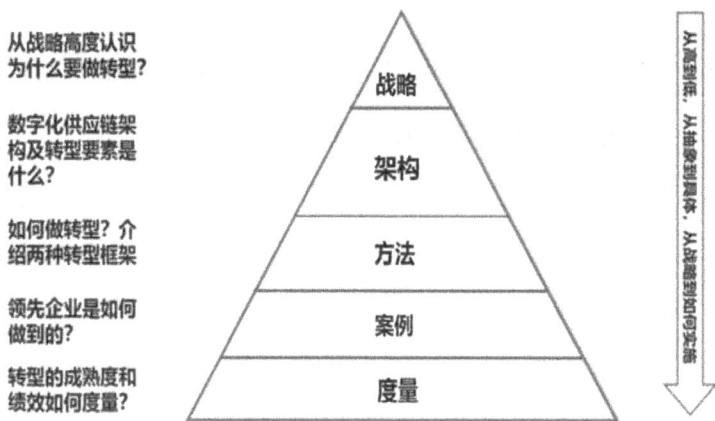

图 1　本书的逻辑架构

本书的写作遵循图 1 的逻辑框架，共分五篇十六章。

战略篇（第 1~3 章）

本书开篇第 1 章通过分析供应链数字化转型的内因、外因以及介绍数字化供应链的概念理论，供应链的进化和数字化供应链发展趋势，阐明了为什么要进行供应链的数字化转型 / 变革，从而帮助读者提高对供应链数字化转型重要性的认识。

本书第 2 章指出企业数字化战略是供应链数字化转型的驱动器，技术创新是供应链数字化转型的加速器，第 3 章介绍了供应链数字化转型的战略性技术趋势。这些奠定了建立正确供应链数字化转型路线的基础。

架构篇（第 4~10 章）

本书第 4 章建立了一个数字化供应链的参考架构，并阐述了实现数字化供应链的协同和细分的两个基本策略。

本书第 5~9 章分别阐述了计划、采购、生产 / 制造、运营、逆向供应链要素的数字化转型的路线、数字技术和方法。物联网、人工智能、高级分析等新兴数字技术贯穿其中。面向供应链的设计（Design for Supply Chain，DFSC）、逆向供应链、循环供应链及可持续发展的数字化转型等内容是国内首次发表。

本书第 10 章阐述了数字化供应链控制塔的理论和实践，它是实现供应链数字化转型的重要举措和变革供应链管理的战略性趋势。

方法篇（第 11 章）

本书第 11 章介绍了一个可落地的供应链数字化转型的方法论和路线图框架。

案例篇（第 12~15 章）

本书第 12~15 章介绍了领先企业（包括两个零售巨头：京东和菜鸟，两个制造业的领军企业：美的和联想）探索出来的实战经验。

度量篇（第 16 章）

本书最后一章阐述了供应链数字化转型绩效的度量和成熟度模型。

笔者希望读者能从本书中学习到供应链数字化转型的战略思维，数字化供应链的架构、转型方法论和其度量方法，以持续改进和变革供应链，完成"十四五"的宏伟目标。此外，希望读者能从本书的所有案例，特别是四个典型案例中学习到供应链数字化领军企业的实践经验。

目录

■ 第二篇　架构篇 ■

■ 第五篇　度量篇 ■

第 16 章　供应链数字化转型的度量 ·················· 333

第一篇

战略篇

第**1**章

数字化供应链应运而生

1.1　供应链数字化转型的内因主导和外因推动

数字化供应链在第四次工业革命中应运而生，它将给供应链带来革命性的变革，然而实施之路异常艰难，企业和投资人对供应链的数字化转型深存困惑。本节旨在引导读者了解供应链数字化转型或变革（本书视转型和变革为同义词）的内因（内部因素）和外因（外部因素）。

1.1.1　内因主导和外因推动相结合，驱动供应链数字化转型

任何新生事物的产生都会有其内因和外因，并且内因是主导，外因是推动。供应链数字化转型就是在以下四个内因主导和四个外因推动下进行的。

1. 四个内因

- 提高企业竞争力的需要。
- 企业数字化转型关键要看供应链的数字化转型。
- 以客户为中心的市场需求带来的挑战。
- 传统的商业模式向数字化的商业模式转型。

2. 四个外因

- 数字经济的发展促进供应链数字化转型。
- 全球化和日益增加的不确定性和复杂性。
- 工业4.0带来的新兴技术驱动供应链数字化转型。
- 提高供应链的竞争力和国家战略的需要。

下面各小节将给出详细的分析。

1.1.2 内因之一：提高企业竞争力的需要

21世纪的供应链已转变为全球相互连接的供求网络，这使我们暴露于不确定世界的脆弱性中，并具有深深的相互依赖性。这导致协作伙伴关系的部署更多，经常涉及外包和离岸外包，从而创建了包含多个利益相关者的拉长的网络。因此，供应链已产生了如今的多层、交织的分销系统，可促进公司、城市和国家之间更有效的贸易。[1]

正如马丁教授所言，我们已进入一个网络竞争的时代，也就是说我们正处于一个全球供应链生态系统时代。供应链的竞争力直接影响企业的产品及市场的竞争力。供应链数字化转型就是帮助企业提高供应链的竞争力，从而增强企业的竞争优势。整本书会让读者看到以下内容。

- 供应链成为企业的竞争战略。
- 互联的数字化供应链带来竞争优势。
- 供应链数字化转型提升供应链的竞争力。

1.1.3 内因之二：企业数字化转型关键要看供应链的数字化转型

第四次工业革命所产生的数字化的浪潮正在使制造业发生巨大变革，制造过程的产品链、价值链以及资产链都在发生变革。生产模式从传统的以产品为中心的大规模生产向以客户为中心的定制化生产模式转变，与此同时，现代数字技术、云计算、大数据、人工智能、数字孪生等正在改变制造业的"游戏规则"。不同企业正在摸索自身的数字化转型之路。尽管不同行业转型之路不同，但大量研究表明，供应链的数字化转型是所有企业数字化转型的关键之一，参见图1.1、图1.2。

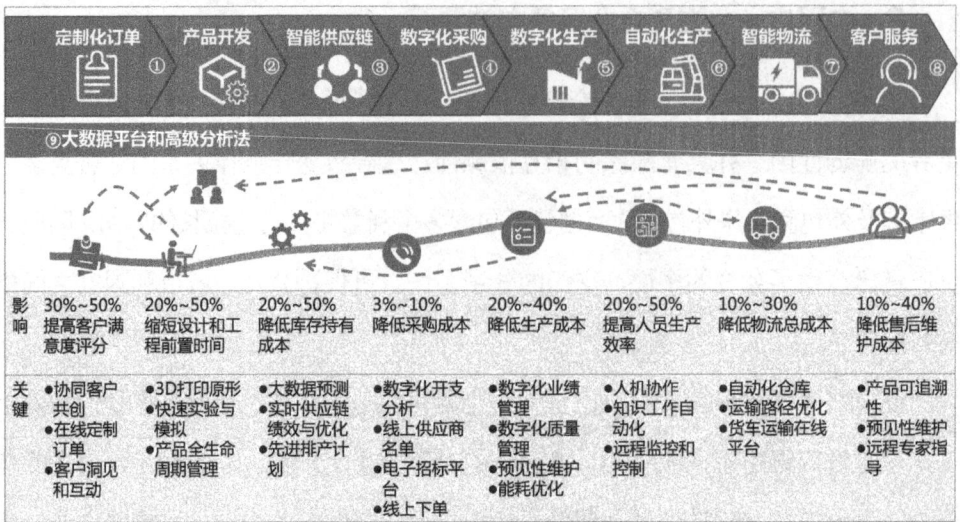

图 1.1 数字化提升对供应链各阶段的影响 1[2]

图 1.2 数字化提升对供应链各阶段的影响 2（来源：CIO 之家[2]）

1.1.4 内因之三：以客户为中心的市场需求带来的挑战

表 1.1 列举了以客户为中心的市场需求给供应链带来的挑战。

表 1.1 以客户为中心的市场需求给供应链带来的挑战

以客户为中心的市场需求	给供应链带来的挑战
超个性化：客户对任何产品和服务，如汽车、冰箱，甚至建筑方案都要求满足自身需求和喜好	制造正从批量和集中式生产向定制化分布式生产变革，供应链非数字化、智能化不可。例如传统的静态 BOM（Bill of Materials，物料清单）结构必须转型为动态的 BOM 结构，这驱动数字化的智能采购产生。此外还要求动态物料配送，也就是需要数字化智能物流
敏捷响应：客户要求产品的交付也要按客户要求及时送达。在社群经济发达的今天，客户对产品送达时间的要求已经短到当日数小时	传统的供应链物流已经无法满足客户的需求，数字化供应链服务提供商，如京东、菜鸟等，以敏捷的数字化智能物流迎接挑战
高质服务：客户不仅要求产品质量好，而且要求交付产品过程透明、可跟踪追溯，还要求货到后有好的售后服务	制造需向智能制造转型，通过 3D 打印等数字技术改进产品设计和工艺。这对传统的供应链是一个巨大的挑战，如果产品没有数字标识，物流交接没有扫码，在途没有数字管控，退货不可追溯，则是无法满足客户需求的
复杂多变：数字经济时代，由于超个性化、产品生命周期缩短、需求不确定性等导致市场需求复杂多变，供销计划难以预测	这是对供应链最大的挑战之一，传统的供应链计划已经不能适应今天复杂多变的市场需求。因此本书将说明供应链计划的数字化转型将会是供应链数字化转型的核心

1.1.5 内因之四：传统的商业模式向数字化的商业模式转型

传统行业的商业模式正在向数字化的商业模式转型。例如传统制造业，20 世纪 90 年代后期，在全球化经济背景下，制造业企业面临着成本压力上升、盈利下降、节能环保要求提高等诸多压力，制造业企业依靠市场份额领先已无法保证利润来源，价值增长的潜力已转移到下游服务和融资活动中，于是制造业从以制造产品为核心的商业模式向制造服务化或制造＋服务的新的商业模式转型，从而挖掘价值链上更多的增值机会，保持和提升自身的竞争优势。图 1.3 为西方制造业企业成功转型的案例。

罗尔斯-罗伊斯公司是全球最大的航空发动机制造商之一。作为波音、空客等飞机制造企业的供货商，罗尔斯-罗伊斯公司并不直接出售发动机，而以"租用服务时间"的形式出售，并承诺在对方的租用时间段内，承担一切保养、维修和服务

20世纪80年代通用电气公司在全球20多个国家共拥有113家制造厂，其产值中传统制造产值的比重高达85%，服务产值仅占12%。而目前，通用电气公司"技术＋管理＋服务"所创造的产值占公司总产值的比重已经达到70%

IBM曾经是一家单纯的硬件制造商，但经过10多年的整合，IBM已经成功转型为"提供硬件、网络和软件服务的整体解决方案供应商"。2005年，IBM服务收入所占比例超过50%，利润连年增长高达10%以上

图 1.3　制造服务化或制造＋服务的新的商业模式

在数字经济时代，制造服务化已成为一种趋势。它同时带来了供应链服务化的机遇。例如富士康名下的供应链部门从富士康分离出来成立了准时达国际供应链管理有限公司（以下简称"准时达"），它不仅服务于富士康，还服务于其他制造业企业。不管是制造本身的服务化，还是供应链的服务化，数字化转型成了其必由之路。近年来准时达已经成功构建了其智能供应链的数字平台，并以市值150亿元入围《2019胡润全球独角兽榜》。

传统线下（门店）零售业转型以线上为主，线上＋线下的新零售的商业模式极大地推动了供应链的销售交付短链的数字化转型。构建新零售商业模式一般性原则离不开数字化战略布局、全渠道思维和新零售系统性思维、线上线下渠道融合、统一标准化智能管理、大数据采集、云计算和物联网、智能物流等。例如苏宁曾经是一个传统的电器零售商，它成功转型为"数字化平台＋线下渠道"的新零售商。苏宁线下业务行业排名第1，线上业务行业排名第3，线上线下无缝协同和高度融合，消费者可及时获得商家动态、商品的详细信息和买家购后评价等。苏宁线上平台除了销售自营产品，还建立了开放平台，引入各商品品类的外部卖家。"数字化平台＋精准物流交付体系"带动物流的数字化转型，苏宁物流通过投资整合和自建，涵盖仓储、运输、配送全套流程，形成覆盖广泛、交付快捷、高效的消费品仓储服务和智慧物流服务平台。同时苏宁的新零售也推动了供应链的数字化变革——"数字化平台＋智慧供应链",从传统的"生产—销售—顾客"模式,演变为"顾客需求—销售端反馈—生产端—销售端—顾客"的供应链新模式。凭借科技工具,苏宁整个智能供应链已经能够从实现反向定制、预测销售、库存补货、物流路线布局到最后一公里等整个供应链上的智能化运营。

1.1.6 外因之一:数字经济的发展促进供应链数字化转型

联合国 2019 年数字经济报告列举了许多数字经济蓬勃发展的数据,图 1.4 所示为部分数据。这些数据表明以下几点。

● 2017 年,全球数字经济占到了全球 GDP 的 4.5% ～ 15.5%。其中,美国的数字经济占其 GDP 的 6.9% ～ 21.6%,中国则为 6% ～ 30%。

● 市值超过 1 亿美元的所有数字平台企业的整体市值从 2015 年的 4.7 万亿美元上升到 2017 年的 7 万亿美元,增长了 48.94%。

● 全球的互联网数据流量从 1992 年的每天 100 千兆字节增加到 2017 年的每秒 46 600 千兆字节。

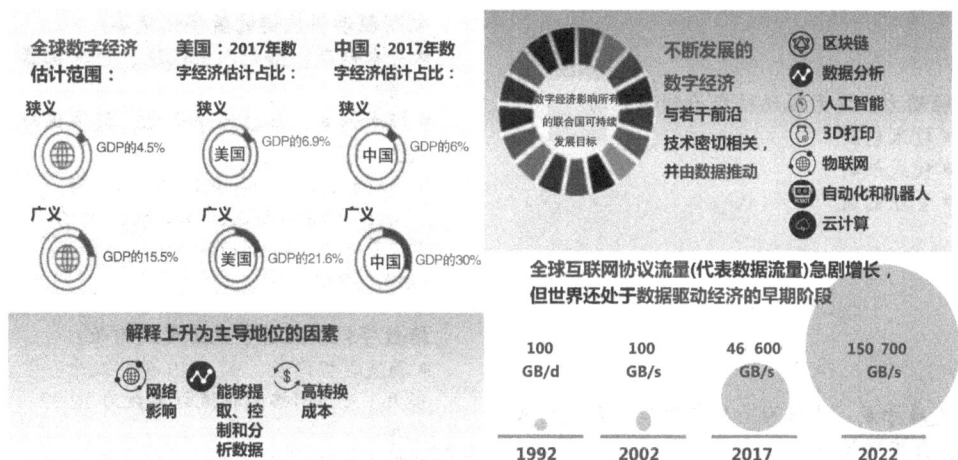

图 1.4 联合国 2019 年数字经济报告 [3]

发展中的数字经济与若干由数据推动的前沿技术密切相关，它们包括区块链、数据分析、人工智能、3D 打印、物联网、自动化、机器人以及云计算。

表 1.2 列举了数字经济的五大变革与创新特征[4]和它如何推动供应链数字化变革。

表 1.2 数字经济的五大变革与创新特征及如何推动供应链数字化变革

数字经济的五大变革与创新特征	如何推动供应链数字化变革
组织方式： 产业链式转变为网络协同式 从传统的基于产业链的层级式、离散式、中心化和规模化的全球专业化分工与集聚模式，逐步转变为基于互联网的平台化、协同化、分布式、定制化的贯通研发、设计、生产、流通的全球资源与服务协同模式	促使供应链从链式转变为网状的结构。基于互联网和物联网的数字平台已成为供应链新的协同的服务模式
生产要素： 出现了自生长的数据要素 数据要素成为新型的生产要素，但并非所有的数据在任何场合都能成为生产要素，而是必须建立在实时在线、共享交互、加工处理的基础上	数据成为供应链变革的驱动力。例如阿里菜鸟供应链用数据打通从采购、仓储、交付物流到售后服务整个过程，提供了端到端的实时/分时可见性，提高了顾客满意度
生产方式： 自动化＋标准化＋集中式转变为智能化＋定制化＋分布式 ● 自动化生产将转向智能化生产 ● 标准化生产将转向定制化生产 ● 集中式生产将转向分布式生产	**给供应链带来的变革：** ● 智能供应链计划和物流 ● 数字化采购，动态的物料配送 ● 数字化供应链协同，供应网络
驱动力： 要素驱动转变为创新驱动 ● 技术创新 ● 模式创新 ● 管理创新	**创新驱动供应链的数字化变革：** ● 技术创新，如无人机配送、仓库机器人等 ● 模式创新，如数字平台化、数字供应链金融 ● 管理创新，如数字化的供应链管理（Supply Chain Management, SCM）、供应商关系管理（Supplier Relationship Management, SRM）等
发展方式： 线性增长转变为裂变式指数增长 ● 数据增长 ● GMV 增长	**给数字化供应链带来爆发式增长：** ● 物流数据增长，如 2019 年"双十一"当天，菜鸟网络的物流订单数为 12.92 亿单 ● 营收增长，如"双十一"交易规模迅速扩张，2009 年/2018 年全网销售额分别为 0.5 亿元/3 143 亿元，复合增长率高达 164.3%

1.1.7 外因之二：全球化和日益增加的不确定性和复杂性

2009 年 IBM 基于全球 400 多位首席供应链官的调查，发表了著名的"智慧的未来供应链"——全球首席供应链官调查报告，报告中指出了图 1.5 所示供应链所面临的五大挑战。这些挑战仍然是今天供应链面临的重大挑战。全球化给供应链带来了复杂性，增加了不确定性。

供应链所面临的五大挑战

百分比表明该挑战对供应链重大或关键影响的程度

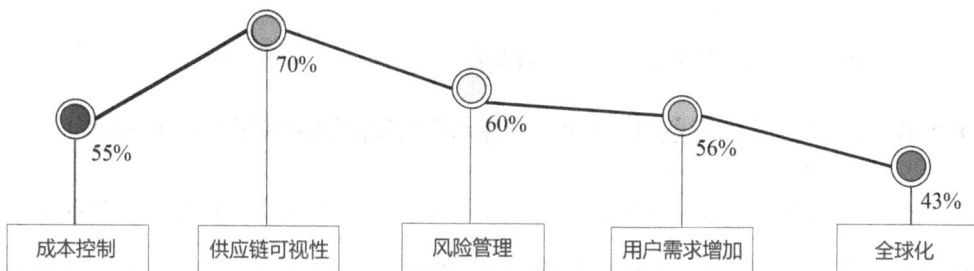

55%	70%	60%	56%	43%
成本控制	供应链可视性	风险管理	用户需求增加	全球化

图 1.5　智慧的未来供应链（来源：IBM[5]）

图 1.6 展示了特斯拉电动车的成本构成及复杂的产业链。它的成本构成：锂电池（39%）、电池管理系统（Battery Management System，BMS）（17%）、车身及其他零配件（44%）。特斯拉电动车涉及的供应商分为动力总成系统、电驱系统、充电、底盘、车身、其他构件、中控系统、内饰和外饰九个部分，涉及直接、间接供应商 130 余家，中国企业就占据一半。中国企业大多数作为二级原材料供应商进入特斯拉核心技术供应商体系，也有 20 余家企业进入一级供应商的行列。要管理如此复杂的全球化供应网络，特斯拉上海超级工厂与捷艾特共建关务物流平台并于 2019 年 6 月 30 日正式上线启用。该平台支持特斯拉通关物流全程电子化、全程可视化，数据驱动进出口合规保障和风险管控，平台最终将支持全数字化的供应链协同，支持面向订单交付的敏捷制造对高效（Efficiency）、灵活（Flexibility）、精准（Precision）、可视（Visibility）的供应链要求，数字化（Digitization）的供应链系统将工厂、供应商、物流服务商、客户连接在一个透明可视的数字链上。

图 1.6　特斯拉电动车成本构成及复杂的产业链（来源：新材料[6]）

1.1.8　外因之三：工业4.0带来的新兴技术驱动供应链数字化转型

数字化转型是人类社会经济转型史上一次伟大的社会经济转型。人类社会经历了或正在经历以四次工业革命为导向的转型，如图1.7所示。

- 第一次工业革命——手工劳动到蒸汽机时代的转型。
- 第二次工业革命——蒸汽机时代到电气时代的转型。
- 第三次工业革命——电气时代到信息时代的转型。
- 第四次工业革命——信息时代到数字智能时代的转型。

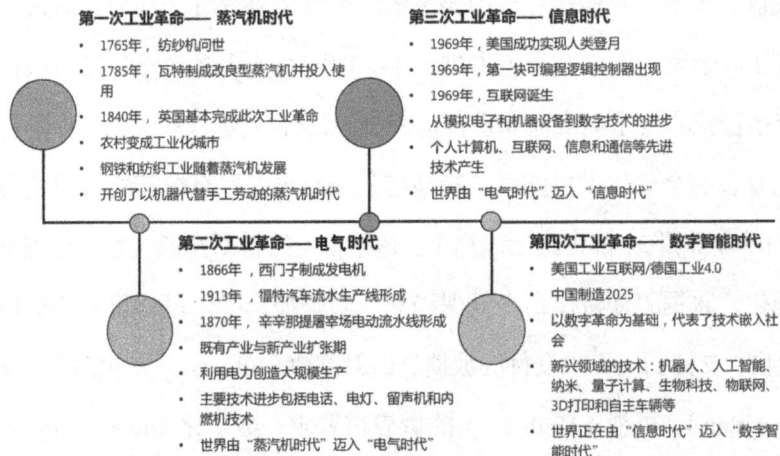

图 1.7　工业革命和人类社会经济转型历程[7]

发生在工业 4.0 之前的三次工业革命和转型，极大地丰富了人类的物质生活。正在发生的第四次工业革命和数字化转型将极大地提高劳动生产率并进一步丰富人类的物质和精神生活。图 1.8 描述了第四次工业革命和供应链数字化转型的蓝图。

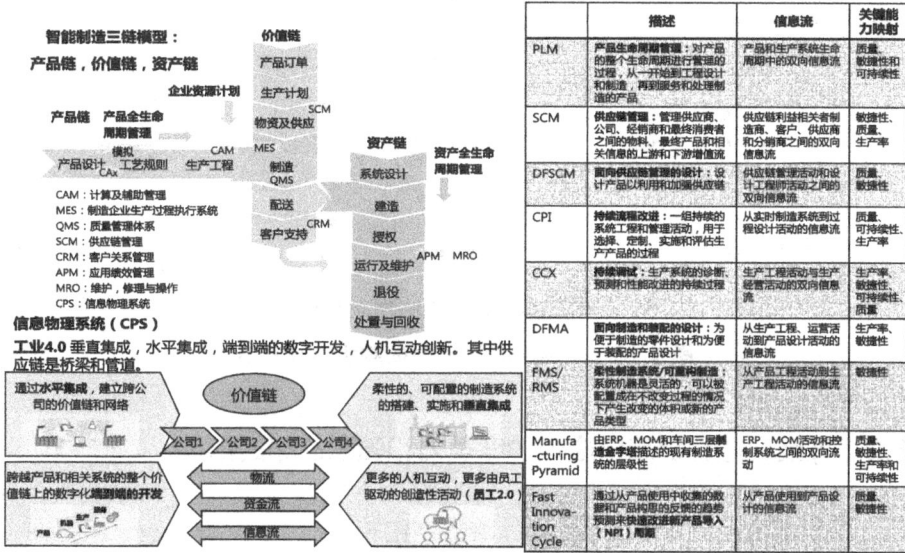

智能制造三链模型：产品链，价值链，资产链

价值链
产品订单
生产计划
物资及供应

企业资源计划

产品链　产品全生命周期管理

资产链　资产全生命周期管理

产品设计　工艺规则　生产工程 CAx
系统设计
建造
授权
运行及维护 APM MRO
退役
处置与回收

CAM　模拟
MES　制造
QMS
配送
客户支持 CRM

CAM：计算及辅助管理
MES：制造企业生产过程执行系统
QMS：质量管理体系
SCM：供应链管理
CRM：客户关系管理
APM：应用绩效管理
MRO：维护、修理及操作
CPS：信息物理系统

信息物理系统（CPS）
工业 4.0 垂直集成，水平集成，端到端的数字开发，人机互动创新。其中供应链是桥梁和管道。

通过水平集成，建立跨公司的价值链和网络　　价值链　　柔性的、可配置的制造系统的搭建、实施和垂直集成

公司1　公司2　公司3　公司4

跨越产品和相关系统的整个价值链上的数字化端到端的开发

物流
资金流
信息流

更多的人机互动，更多由员工驱动的创造性活动（员工 2.0）

	描述	信息流	关键能力映射
PLM	产品生命周期管理：对产品的整个生命周期进行管理的过程，从一开始到工程设计和制造，再到服务和处理制造的产品	产品和生产系统在产品周期中的双向信息流	质量、敏捷性和可持续性
SCM	供应链管理：管理供应商、公司、经销商和最终消费者之间的物料、最终产品和相关信息的上游和下游增值流	供应链利益相关者制造商、客户、供应商和分销商的双向信息流	敏捷性、质量、可持续性
DFSCM	面向供应链管理的设计：设计产品以利用和加强供应链	供应链管理活动和设计工程活动之间的双向信息流	质量、敏捷性
CPI	持续流程改进：一组持续的系统工程和管理活动，用于选择、定制、实施和评估生产过程	从实时制造系统到过程设计活动的信息流	质量、可持续性、生产率
CCX	持续调试：生产系统的诊断、预测和性能改进的双向信息流	生产工程活动与生产、经营活动的双向信息流	生产率、质量、可持续性
DFMA	面向制造和装配的设计：为便于制造的零件设计以及为便于装配的产品设计	从生产工程、运营活动到产品设计活动的信息流	生产率、敏捷性
FMS/RMS	柔性制造系统/可重构制造系统：机器具灵活性，可以较低成本在不改变设备的情况下产生波动的体积或最新的产品类型	从产品工程活动到制造生产工程的信息流	质量、敏捷性
Manufacturing Pyramid	由 ERP、MOM 和车间三层描述的金字塔描述的现有制造系统的层级性	ERP、MOM 活动和控制系统之间的双向信息流	质量、敏捷性、生产率和可持续性
Fast Innovation Cycle	通过从产品使用中收集的数据和产品信息的反馈的趋势预测来快速设计新产品导入（NPI）周期	从产品使用到产品设计的信息流	质量、敏捷性

图 1.8　第四次工业革命和供应链数字化转型蓝图 [8]

供应链就像人体的动脉和静脉一样，供应链数字化转型对实现第四次工业革命的目标至关重要。例如，德国汽车工业预计在 2030 年前后实现无流水线的动态生产。德国汽车工业的生产方式变革如图 1.9 所示。

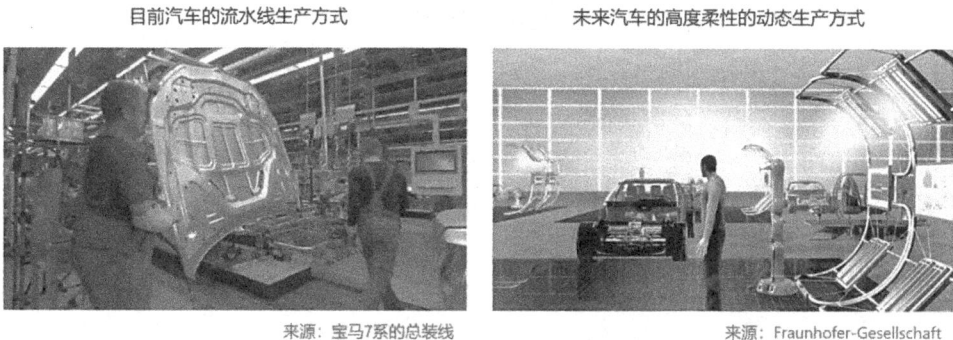

目前汽车的流水线生产方式　　　　　　　　　未来汽车的高度柔性的动态生产方式

来源：宝马 7 系的总装线　　　　　　　　来源：Fraunhofer-Gesellschaft

图 1.9　德国汽车工业的生产方式变革 [7]

而供应链与物流，在这个过程中，必然要经历数字化的变革。图 1.10 展示了

工业 4.0 时代下的物流 4.0 技术。

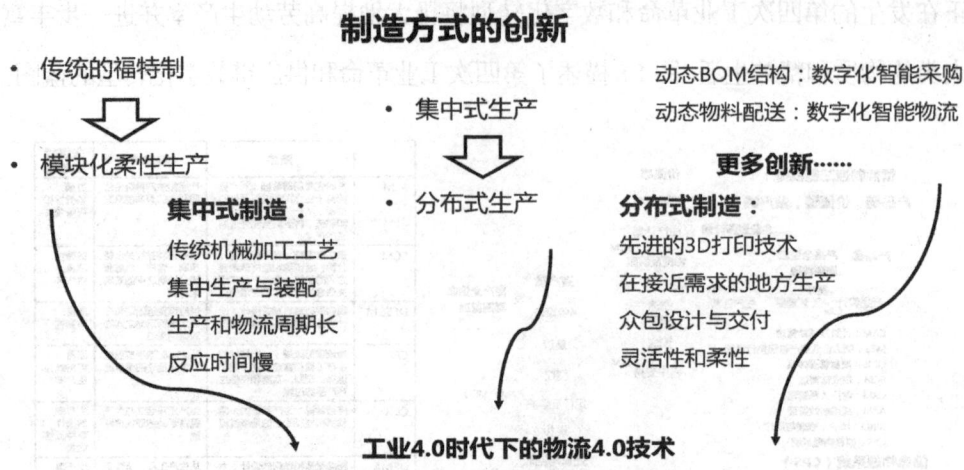

制造方式的创新

- 传统的福特制

- 模块化柔性生产

集中式制造：
传统机械加工工艺
集中生产与装配
生产和物流周期长
反应时间慢

- 集中式生产

- 分布式生产

动态BOM结构：数字化智能采购
动态物料配送：数字化智能物流

更多创新……

分布式制造：
先进的3D打印技术
在接近需求的地方生产
众包设计与交付
灵活性和柔性

工业4.0时代下的物流4.0技术

图 1.10　工业 4.0 时代下的物流 4.0 技术 [7]

1.1.9　外因之四：提高供应链的竞争力和国家战略的需要

我国非常重视数字经济下的各领域数字化转型发展。其原因有三大方面：一是宏观经济增长放缓，这对全行业都有影响；二是市场竞争非常激烈，哪个行业赚钱就马上会有大量公司涌入；三是用户的需求越来越高，怎么样满足用户的个性化需求，给用户提供更好的体验，是所有企业面临的压力。我国数字化转型的原动力如图 1.11 所示。

宏观环境、市场竞争、用户需求是数字化转型的原动力

外界环境波动持续
逆全球化趋势抬头
技术加速变革商业

科技引领
文化复兴
创新驱动
政策关键词
民生为本
全球布局

需求：高质量、中价格、富创新、有内涵

图 1.11　我国数字化转型的原动力（来源：IDC [7]）

基于这样的背景，我国更是出台了大量数字经济相关政策，这些政策将会影响 17 个子领域：与文化复兴相关的视频音频领域、游戏动漫领域、知识付费领域，与科技引领相关的电子信息领域、智能制造领域、生物科技领域、能源环境领域、海洋天空领域，与创新驱动相关的现代服务领域、智慧新区领域、智慧城市领域，与全球布局相关的物理一带一路领域、数字一带一路领域、自贸区建设领域，与民生为本相关的能源环保领域、健康养老领域、旅游休闲领域。这 17 个子领域未来会有更大的发展空间。

我国数字经济相关政策如图 1.12 所示。

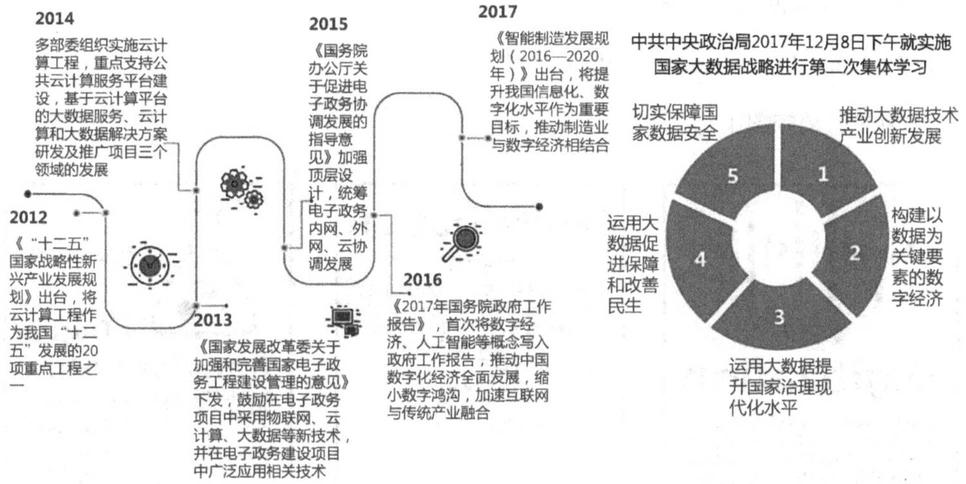

图 1.12　我国数字经济相关政策（来源：IDC [7]）

特别是 2017 年，国务院办公厅颁发《关于积极推动供应链创新与应用的指导意见》（国发办〔2017〕84 号），把供应链的数字化转型提到了国家战略的高度。总之，供应链数字化变革是提升我国的国际竞争力和实施国家数字经济发展战略的需要。

本节简要地分析了供应链数字化转型的四个内因和四个外因。它表明了供应链数字化转型的必然性和必要性。那么究竟什么是数字化供应链？供应链数字化转型发展趋势是什么？后文将回答这些问题。

1.2　数字化供应链的概念和转型趋势

1.2.1　供应链数字化转型需要明晰几个概念

为了正确理解供应链数字化转型的概念，有必要先弄清楚数字化的概念。数字化概念源于西方国家对工业革命的研究和战略报告。中文的数字化是从以下几个英文词语翻译而来的。

- Digitization—数码化。

- Digitalization—数字化。

- Digital Transformation—数字化转型。

相关定义如图 1.13 所示。

图 1.13　数码化、数字化和数字化转型定义（来源：罗戈研究[9]）

这三个英文词语实际上代表了社会和企业工业革命的不同发展阶段。2017 年德国国家科学与工程研究院发表了一份研究报告《工业 4.0 成熟度指数：管理公司数字化转型》[10]，图 1.14 翻译自上述报告，它按数字化的成熟度把新工业革命分为 6 个细分的发展阶段。

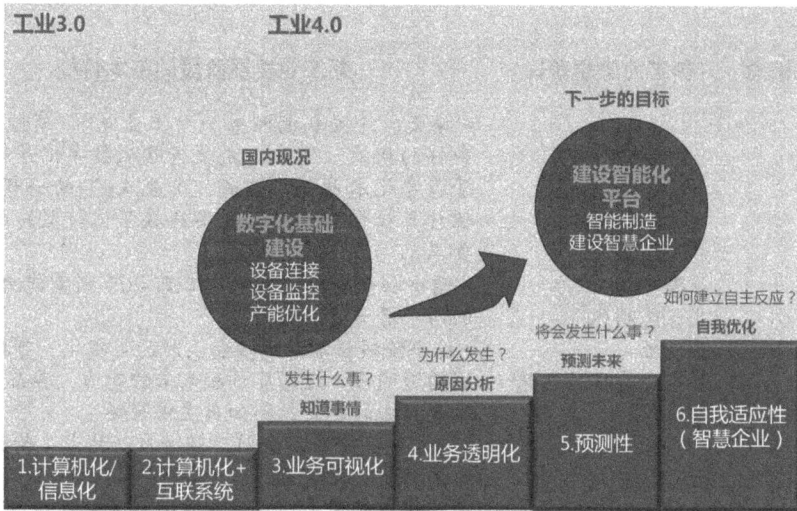

图 1.14　工业 4.0 成熟度指数（来源：SAP[11]）

表 1.3 把这三个概念和新工业发展的阶段对应起来。这将有助于我们澄清这些容易混淆和模糊的概念，从而建立正确的数字化战略和行动计划。

表 1.3　数字化概念与新工业发展阶段

数字化概念	新工业发展阶段	新工业发展阶段的基本特征
数码化	计算机化 / 信息化	● 通过使用新的数字技术替代手工工作和传统 IT 解决方案，应用这些技术来改变组织的性能和成本状况的过程 ● 信息孤岛：不同的信息技术在公司内部是相互隔离使用的 ● 孤立的信息化
数字化	计算机化 + 互联系统	● 将"数字化"资源转化为新的收入来源、增长和运营成果，为组织创造资本的过程 ● 信息技术的孤立部署被相互连接的组件取代。广泛使用的业务应用程序相互连接，反映公司的核心业务流程 ● 部分运作技术（OT）系统提供连接性和互操作性，但 IT 层和 OT 层的完全集成尚未实现 ● 在这个阶段，一般只有局部的和描述性的可见性

续表

数字化概念	新工业发展阶段	新工业发展阶段的基本特征
数字化转型	业务可视化 业务透明化 预测性 自我适应性（智慧企业）	● 今天，企业仍面临着为"工业4.0"创造基本条件的挑战。因此，发展道路从数字化开始。尽管数字化本身并不构成"工业4.0"的一部分，但计算机化和连接性是实施数字化转型的基本要求 ● 两个初始阶段之后是"工业4.0"所需能力开发的四个进一步阶段 ● 这个阶段强调端到端和实时的可视化，可揭示原因的透明化，进而能预测未来的能力，其最高境界是自主的能力，例如自主供应链 ● 其中的每个阶段都将伴随着在新技术（物联网、人工智能、大数据、云计算等）推动下的业务和商业模式的变革。最后企业将成为端到端以客户为中心的智慧企业 ● 在这一阶段，才能实现完全的IT和OT的融合

1.2.2 从智慧供应链到数字化供应链

笔者认为供应链的数字化变革始于2009年IBM提出的"智慧的未来供应链"。IBM的全球首席供应链官调查报告定义智慧的未来供应链包含三个方面。

其实此定义非常接近现代的数字化供应链的特征。全球数字经济的蓬勃发展，经济全球化的迅速扩张，尤其是工业革命4.0，数字化技术，如物联网、大数据和人工智能的高速演进，智慧供应链被演进到今天的数字化供应链。下面将简单描述数字化供应链是智慧供应链的进一步延伸和发展。

智慧的未来供应链的三个特征如图1.15所示。

● 2010年12月美国总统科学技术顾问委员会报告（PCAST）《设计数字化的未来》：联邦政府资助的"研究和设计网络和信息技术的发展"项目要求持续投资CPS研究，因为其科学技术的重要性，以及其对美国许多关键部门的重大挑战的潜在影响。

● 2013 年 4 月德国国家科学与工程研究院（ACATECH）发布了其著名的报告《确保德国制造业的未来——对实施工业 4.0 战略计划的建议》：确定 CPS 为工业 4.0 的核心技术，同时提出了数字工厂、供应链、智慧物流（供应链和物流 4.0）。

先进

先前由人工填写的信息将逐步由机器生成，信息来自传感器、射频识别（Radio Frequency Identification，RFID）标签、仪表、执行器、全球定位系统（Global Positioning System，GPS）等自动化设备。库存可以自动盘点，集装箱可以自行检测其内部的货物；如果托盘被送错地方，会产生自动报错……

互联

整个供应链将连为一体，不仅是普通的客户、供应商和IT系统，还包含各个部件、产品和其他用于监控供应链的智能工具。这样紧密相连就能使全球供应链网络协同规划和决策

智能

供应链决策也将变得更加智能化。先进的分析和建模技术可以帮助决策制定者更好地分析极其复杂多变的风险和制约因素，以评估各种备选方案。更加智能化的系统甚至还可以自动制定决策，提高响应速度，减少人工干预。构建这种供应链实属战略性事业：对供应链主管而言这意味着不同的角色和职责。主管必须成为能优化复杂的全球网络的战略思想家、合作者和协调人。首席供应链官当前的担子越来越重，他们有义务，如今也有能力，创建更加智能的未来供应链

图 1.15 智慧的未来供应链的三个特征（来源：IBM）

● 2013—2019 年埃森哲（Accenture）、凯捷咨询（Capgemini）、MIT Sloan、德勤（Deloitte）、普华永道（PWC）、安永（EY）、麦肯锡（McKinsey）等发布了一系列供应链数字化转型的报告和白皮书。

● 2015 年 5 月中华人民共和国国务院发布《中国制造 2025》。

● 2015 年 12 月，来自世界各地的企业家齐聚中国三亚，讨论全球市场上遇到的主要问题。同年成立美国数字化供应链研究院（DSCI），2016 年该研究院发布了"数字化供应链"白皮书[12]（以下称《白皮书》）。《白皮书》把传统的供应链分为三个阶段，如图 1.16 所示。

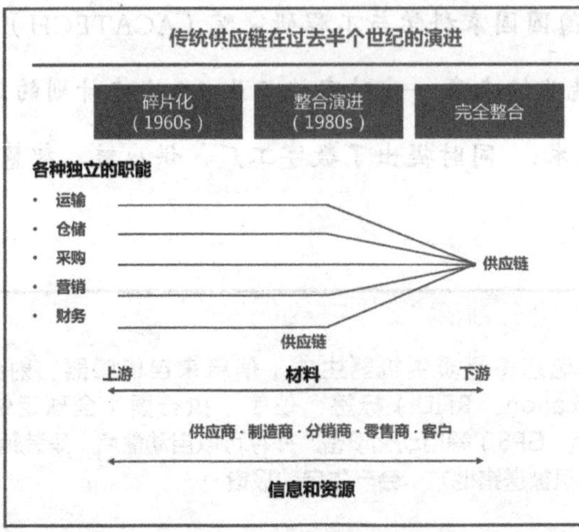

图 1.16   传统供应链在过去半个世纪的演进（来源：DSCI[11]）

尽管传统的供应链从碎片化演进到完全整合的供应链，但其供应链形态基本上是线性的，数字化还停留在信息化阶段和数字化初始阶段。《白皮书》给出了数字化供应链的定义。表 1.4 列举了《白皮书》以及其他有名咨询公司对数字化供应链的定义。

表 1.4   数字化供应链的不同定义

研究或咨询机构	数字化供应链定义和特征
美国数字化供应链研究院（DSCI）[12]	数字化供应链，是以客户为中心的平台模型，通过多渠道实时获取，并最大化利用数据，实现需求刺激、匹配、感知与管理，以提升企业业绩，并最大限度降低风险
德勤[13]	基于数字化平台，构建数字化供应链网络，通过数字化技术记录、分析从商品采购到交付端到端数据信息，持续优化联合设计、新品测试、库存优化、物流透明、质量追溯，改进内部和外部仓储和物流网络，优化和创新供应结构和生态关系，保持快速高效供应
埃森哲[14]	供应链数字化变革四趋势： ● 运营从"串联"改造为"并联" ● 由"链"到"网" ● 从短期改善到长期变革 ● 从成本中心到利润中心

值得一提的是，2017 年 JDA（2020 年改名为 Blue Yonder）发布了《数字供

应链傻瓜书》（*Digital Supply Chain for Dummies*）。此书由几位 JDA 的高管所写，它告诉我们数字化供应链是什么，以及我们如何实施它。此书认为数字化是指下面三个关键技术趋势。

- 物理的"东西"将与计算机技术融合（也称"物联网"）。
- 快捷地获取外部大数据，包括社会、新闻、事件和天气等。
- 计算机系统和软件变得越来越智能化（人工智能），实时性越来越高。

该书指出供应链数字化转型是旧的线性供应链转变为新的以客户为中心，基于网络相互连接、协同、智能、数据驱动、动态、自适应、可预测、弹性、可持续发展的数字化供应链。这个转变将涵盖计划与执行功能的整个供应链管理过程，如图 1.17 所示。

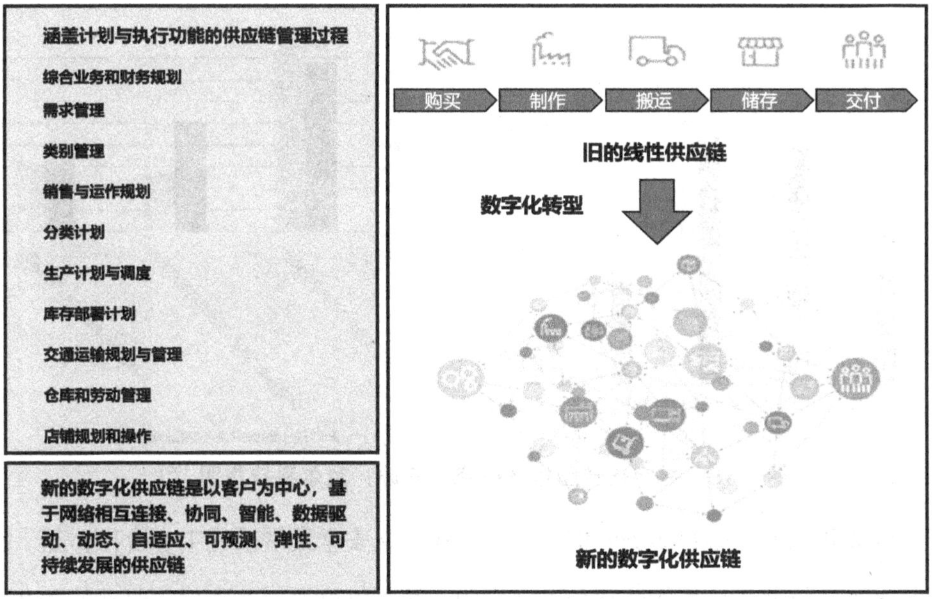

图 1.17　JDA 供应链数字化转型（来源：JDA）

以上所列数字化供应链的概念和供应链数字化转型的视图将会是本书关于供应链数字化转型的战略、战术和实战的理论基础。

1.2.3 供应链数字化转型的发展趋势

1. 数字化转型的整体状况——步伐滞后，进展缓慢

戴尔科技集团曾联合英特尔对全球 42 个国家和地区的 4 600 位在 12 个不同工业领域的企业高管，进行了一次数字化转型的调研，并于 2018 年 10 月发表了《数字化转型指数 II》（*Digital Transformation Index II*）研究报告。该报告指出：2018年与 2016 年的数字化转型指数研究报告相比，被列为"数字化领导者"的全球企业仍然只有 5%，并无任何提升，然而我国 2018 年被列为"数字化领导者"的企业与 2016 年相比，增长了 1.5%。可喜的是 2018 年相比 2016 年，全球数字化落后者下降了 40%，并且数字化的采纳者增加了 64%。数字化转型指数研究如图 1.18所示。

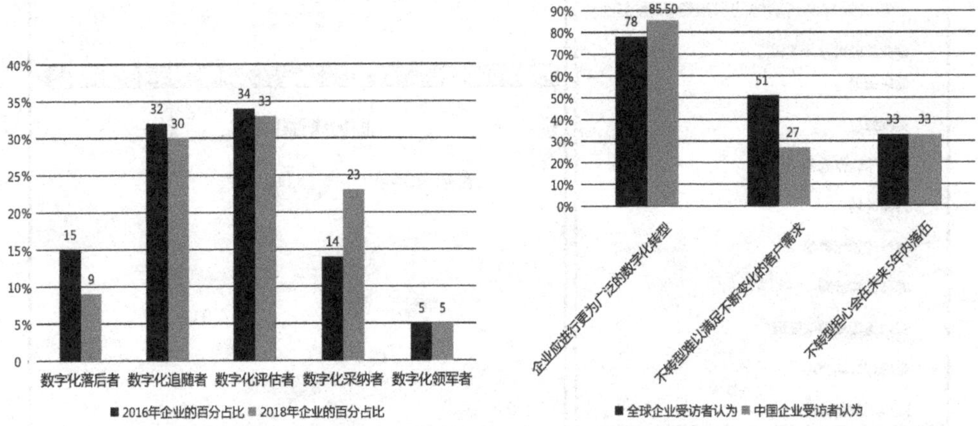

图 1.18 数字化转型指数研究（来源：戴尔科技集团 [15]）

埃森哲与两化融合服务联盟、国家工业信息安全发展研究中心合作，基于企业两化融合数据及从智能运营和数字化创新两大维度，对八大代表行业的 450 家企业数字化成熟度进行调研，并从 2018 年到 2020 年每年发布一个研究报告——《中国企业数字化转型指数研究》。此报告显示（见图 1.19），数字化领军企业从 2018年的 7% 增加到 2019 年的 9% 和 2020 年的 11%，每年提升 2 个百分点左右。这说明我国的数字化转型发展速度超越了全球的发展速度。

埃森哲数字化转型指数模型

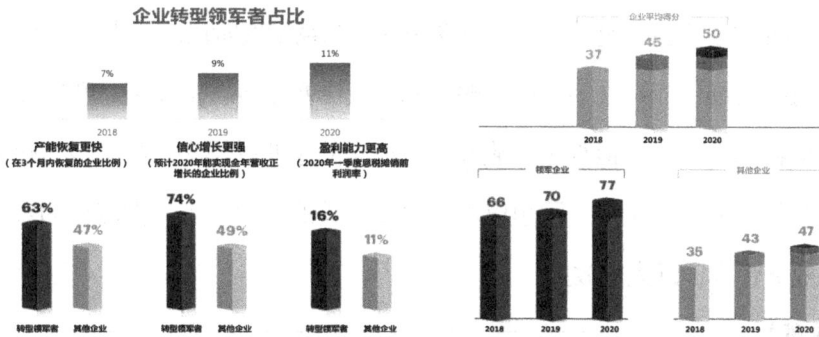

数字渠道与营销
- 针对客户个性化需求实现精准营销
- 实现线上线下全方位渠道建设
- 安全保护自身及客户的数据隐私

智能生产与制造
- 运用数字技术实现敏捷开发
- 基于数字平台的合作研发
- 实现智能制造与柔性供应链

智能支持与管控
- 依据业务需要灵活调整职能部门结构
- 实现数据流与业务流在各部门无缝衔接
- 搭建基于数据分析的决策体系与管控系统

产品与服务创新
- 对现有产品或服务进行数字化改造升级
- 开发智能产品或服务
- 基于用户个性化需求提供定制产品或服务

数字商业模式
- 基于数字平台的商业模式
- 开拓数据变现模式
- 数字商业模式的迭代改进

数字创投与孵化
- 建立内部创投部门推动数字化新业务
- 建立机制鼓励内部创新与创业
- 和初创企业合作培育数字化技术

主营增长 / 智能运营 / 商业创新

埃森哲中国企业数字化转型指数
分数:0-100

图 1.19　中国企业数字化转型指数(来源:埃森哲[16])

这些转型领军者的绩效表现显著优于其他企业。在过去三年里,转型领军者营收的复合增长率是其他企业的 5.5 倍。

2. 期望和现实之间的差距

凯捷研究院(Capgemini Research Institute)在 2018 年 4 月至 5 月,对 1 000 多家跨消费品、制造业和零售业机构的供应链主管进行了数字化供应链调查,以了解他们正在采用的数字化计划,以及由此获得的好处。调查报告《数字化供应链的缺失环节:聚焦》(*The Digital Supply Chain's Missing Link: Focus*)发表在凯捷研究院的官网上。

报告指出，尽管供应链的数字化是当今企业价值和增长的关键驱动因素之一，但许多方法缺乏方向性，企业无法充分实现价值和增长潜力。由于各组织试图同时实现所有事情的数字化，并且投入太少，最终导致这些举措未能有效地扩大应用规模，带来价值。凯捷研究院报告指出，因为大多数供应链组织（占被调查组织的 86%）缺乏战略重点，只有约 1/7 的供应链组织（占被调查组织的 14%）能够成功地扩展数字化供应链的行动计划，从试点或 POC 阶段到实际采用和实施的阶段。

供应链数字化转型将会变得更加务实，从而以客户为中心，提升客户的满意度，并为企业降低成本、增加盈利，助力企业稳步发展，以真正实现其实际的价值。

我国的数字化供应链主要处于概念引入、初期发展阶段。但由于 2017 年以来我国政府把发展供应链作为国家战略，随着我国数字经济的发展，我国正在飞速发展供应链的数字化。但真正实施并取得成功的企业并不多。我国数字化供应链发展成功的企业包括华为、阿里巴巴、京东、美的、海尔等，供应链的数字化给它们的业务带来了巨大的效益。

【参考文献】

[1] CHRISTOPHER M G. Logistics and Supply Chain Management, Pitman Publishing, 1992.

[2] 董明.数字化的关键在于供应链[J].2018.

[3] UNCTAD.Digital Economy Report[R].2019.

[4] 张爽.透过变革与创新，看数字经济的五大特点与转变，2017.

[5] IBM.智慧的未来供应链：全球首席供应链官调查报告[R].2009.

[6] 新材料.特斯拉产业链深度研究报告[R].2014.

[7] 唐隆基.数字化供应链综合研究报告[R].2018.

[8] 唐隆基.工业互联网赋能供应链数字化转型.2020-01-14.

[9] 唐隆基.供应链数字化转型需要明晰几个概念，2020.

[10] ACATECH.Industry 4.0 Maturity Index：Managing the Digital Transformation of Companies，2017.

[11] 郭智麟.智慧企业赋能智能制造转型升级.SAP天天事，2019-09-28.

[12] DSCI.2016.

[13] 德勤.中国连锁经营协会.2017中国零售企业数字化转型成熟度评估报告[R].2017.

[14] 六字诀.让你的数字供应链"6"起来埃森哲[R].2017.

[15] 戴尔.Digital Transformation Index I 和 II.2016 & 2018.

[16] 埃森哲.中国企业数字化转型指数研究[R].2019.

第**2**章

供应链数字化转型的战略思维

　　是战略，还是技术在驱动供应链数字化转型？这个问题困惑了许多企业的决策者和数字化转型的领导者，同时也是制定任何数字化转型的行动计划之前最需要解决的。给出该问题的答案将对制定数字化转型的决策和行动计划有重要意义。现在先分析企业的数字化转型与供应链数字化转型的关系，以及数字化转型战略的本质是什么。

　　企业的运作决策通常分为战略、战术和运营三个层次。战略决策关乎整个企业长期生存发展，用于指导各个部门制定中短期的战术决策，以及每天的运营决策。供应链战略是企业整体战略的关键部分。供应链战略如果与企业战略不匹配，企业的整体战略就无法实现。反之，没有企业层面的战略，供应链战略就会成为无源之本。企业的数字化转型或变革本质上是企业在数字经济时代的重塑型战略[1]，它关乎每个企业在数字时代的生存发展。有一本书叫《数字化或消亡》[2]，该书列举了几个有名的案例，见图 2.1。

数字化	谷歌邮箱，UPS FedEx（联邦快递）	网飞 数字电影	亚马逊电子书店	苹果商店垄断了音乐、电影玩家市场	佳能数码相机胜出
消亡	USPS（美国邮政）2012年每天损失2 500万美元	垃圾杀手 2010年破产	巴恩思布诺布尔书店是仅存者，但失去20%的市场份额	线下品牌HMV2013年宣告破产	柯达数字转型缓慢而于2012年破产

图 2.1　《数字化或消亡》的案例 [2]

　　案例之一就是红极一时的柯达公司，它由于在转型战略上的失误，错失了成为一个伟大的数字产品公司的机会。2013 年年初，它从破产中走了出来，但已雄风不再。IDC 中国区总裁霍锦洁指出[3]：数字化转型不一定成功，但不做数字化未来注定失败。供应链数字化转型战略本质上也是与公司的数字化转型战略相匹配的重塑型战略。本章将指出是战略，不是技术在驱动供应链数字化转型。企业的数字化转型战略是供应链数字化转型的驱动器，而新兴的数字技术只是加速器。

2.1 企业数字化转型战略是供应链数字化转型的驱动器

数字化转型（Digital Transformation）的驱动器是技术还是战略？这个问题困扰着许多人。2015 年 7 月麻省理工学院斯隆管理评论和德勤大学出版社发表了报告《战略，而不是技术，推动数字化转型》（*Strategy*，*not Technology*，*Drives Digital Transformation*）[4]。此报告是基于 2015 年数字业务全球主管调查和研究项目得出的结果。此报告的标题"战略，而不是技术，推动数字化转型"就是上述问题的正确答案。以下是该报告发现的重点。

● **数字战略推动数字成熟**：在我们称之为"数字成熟"早期阶段的公司中，只有 15% 的受访者表示，他们的组织拥有清晰和连贯的数字战略，这是一个具有数字化进程、人才参与和商业模式的组织。在数字成熟的公司中，超过 80% 拥有清晰和连贯的数字战略。

● **数字化转型战略的力量在于它的范围和目标**：成熟度较低的数字化组织往往侧重于单个技术，并且有明确的可操作性。而成熟度较高的数字化组织中的数字战略是着眼于改变业务发展。

为了评估公司的数字化成熟度，此调查和研究要求受访者按理想组织（一个数字技术和能力的转型指数从 1 到 10）情况来评估他们公司。结果分三组："早期"（1～3）占 26%，"发展期"（4～6）占 45%，"成熟期"（7～10）占 29%。

明显地，处于早期和成熟期的公司分别不到 30%（早期 26%，成熟期 29%），大多数公司（占 45%）正处于发展期。从图 2.2 按成熟度划分的业务来看，是否有清晰的战略是判断数字化成熟度高低的主要指标。

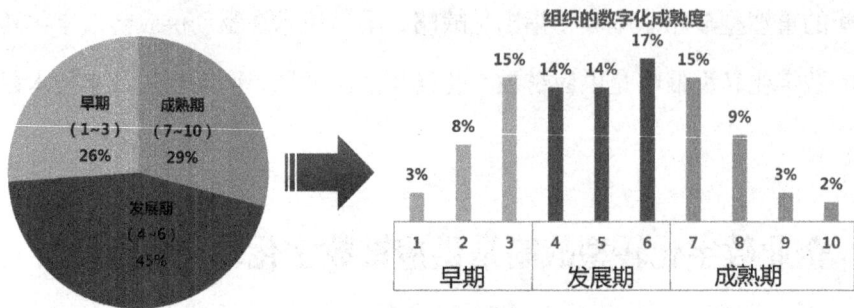

图 2.2　企业的数字化成熟度（来源：MIT& 德勤 [4]）

下面将分析战略怎样驱动供应链的数字化转型。某些数据来自上述研究报告。

2.1.1　不是 CIO 或 CTO，而是 CEO 挂帅

根据第 1 章可知，供应链数字化转型不是简单的数字技术的革新，而是整个供应链组织形态、业务流程、商业模式、技术能力体系的全面变革。如果不改变上述关乎企业命脉的核心要素，任何数字化转型计划都可能只是短期解决方案。正如本章开始所言，数字化转型计划是关乎企业在数字时代生存发展的战略性决策和行动。因此必须由企业高层领导——首席执行官（Chief Executive Officer，CEO）挂帅制定转型的战略和行动计划。

一些数字化成熟度低的企业由于没有认识到数字化转型的战略意义，往往数字化转型由首席信息官（Chief Information Officer，CIO）/ 首席技术官（Chief Technology Officer，CTO）来领导。然而这些企业以技术能力为中心，无法改变组织的人员、文化和商业模式。而 CEO 挂帅才能从企业战略出发制定切实可行的战略行动计划，调动企业的资源，特别是给数字化转型带来足够的预算，从而真正保证企业数字化转型（包括供应链）的成功。

数字化变革需要 CEO 做出艰难的决定，其中包括艰难的权衡。然而，可以使转型成功的努力与艰难的努力是有所不同的，必须知道要优先考虑哪些决策以及如何执行这些决策。这些决策发生在成功的数字化变革计划的四个阶段中，具体如下。

● 根据价值转移发现企业的新愿景。

- 设计针对客户获利的转型计划。

- 通过建立合作伙伴生态系统来实现变革。

- 降低转型过程中的风险，最大限度地提高成功机会。

CEO 挂帅是企业数字化转型成功的重要保障。成功的数字化领军企业的成功经验之一就是 CEO 挂帅。例如华为的数字化转型就是由任正非和其核心团队领导，2017 年他们提出了新的愿景与使命："把数字世界带入每个人、每个家庭、每个组织，构建万物互联的智能世界。"他们基于愿景和使命，提出了新数字战略："我们的战略是聚焦 ICT 基础设施和智能终端，使能数字化转型[5]。"并且对华为的集成供应链进行了持续的数字化转型。华为采用人工智能数据分析技术并联合上海汉得，共同构建数字化供应商管理平台，在复杂而不确定的环境中创新自身的供应网络，使其业务得以巩固。

2.1.2　数字化战略推动数字化成熟

数字化成熟度表示企业数字化转型成功的程度。图 2.3 显示大多数企业数字化不成熟。这些不成熟的企业的一个共同特点就是缺乏数字战略。

按成熟度划分的顶级障碍	26%	45%	29%
	早期	发展期	成熟期
	1.缺乏战略	1.太多的优先事项	1.太多的优先事项
	2.太多的优先事项	2.缺乏战略	2.安全问题
	3.缺乏管理意识	3.技术能力不足	3.技术能力不足

图 2.3　按成熟度划分的顶级障碍（来源：MIT& 德勤[4]）

图 2.4 显示了数字化成熟度与数字战略认知的关系，早期的公司中只有 15% 有明确和连贯的数字战略，而成熟期的公司中，81% 有明确和连贯的数字战略。

从该报告的分析和华为的案例可知，提高转型的战略认知，建立明确而连贯的数字战略将有效推动数字化转型。研究发现[6]，战略是数字成熟公司最强的差异化因素，其采用明确、连贯的数字化战略的可能性是早期公司的 4 倍以上，80%

的数字成熟组织与 19% 的公司在开发的早期阶段。数字成熟的组织对数字战略的看法也更长远：在 5 年或更长的时间范围内制定这些战略的可能性是早期公司的 2 倍。

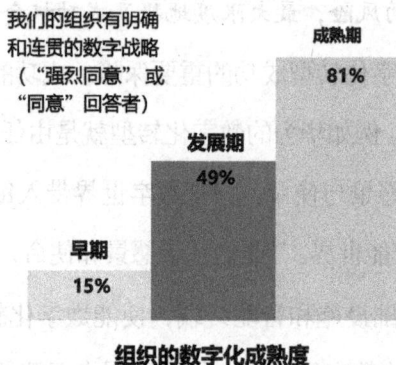

图 2.4　数字化成熟度与数字战略认知（来源：MIT& 德勤 [4]）

2.1.3　数字战略要有明确的范围和目标

　　一个好的数字战略一定有明确的数字化变革的范围和目标。数字化转型的领导者最重要的决策就是发现和设定数字时代本企业业务的走向和要达到的目标：在数字环境下如何生存发展，保持和增强企业的竞争力。例如华为的数字战略目标非常明确，要用数字技术"使能数字化转型"。图 2.5 显示了华为的云计算平台，如何使能数字化的智慧供应链。该平台使发货量预测准确度提高了 30%，人工单据导入时间从 24 小时减少到 1 小时，并且使物流额外费用下降了 30%。

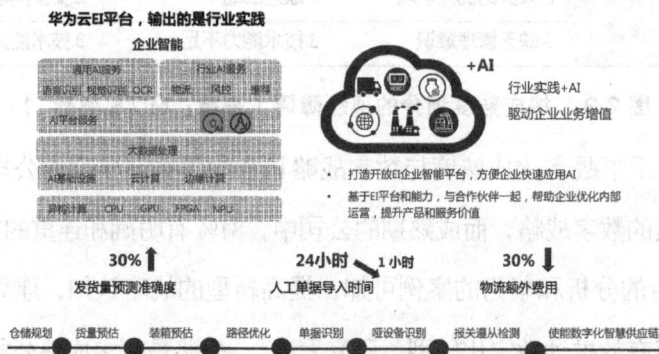

图 2.5　华为云助力企业数字化转型（来源：华为 [7]）

2.1.4　更有信心投资数字化人才

数字成熟的组织比其他组织更有信心在其员工队伍中拥有足够的数字化人才（见图 2.6），并要发展和保持这种人才。发展人才不仅要经过培训，还需要创造一种环境，使员工渴望不断学习，获取数字体验并成长。

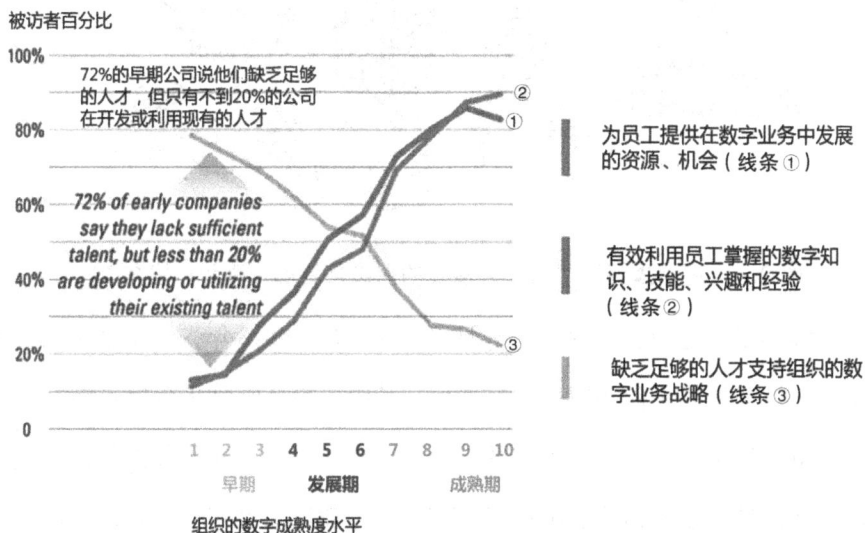

被访者百分比

72%的早期公司说他们缺乏足够的人才，但只有不到20%的公司在开发或利用现有的人才

72% of early companies say they lack sufficient talent, but less than 20% are developing or utilizing their existing talent

为员工提供在数字业务中发展的资源、机会（线条①）

有效利用员工掌握的数字知识、技能、兴趣和经验（线条②）

缺乏足够的人才支持组织的数字业务战略（线条③）

早期　发展期　成熟期

组织的数字成熟度水平

图 2.6　数字成熟的组织更有信心在其员工队伍中拥有足够的数字化人才
（来源：MIT& 德勤[4]）

华为为什么能成为数字化领军企业，看看华为如何投资数字科技人才就一目了然。华为 2019 年全球从事研究与开发的人员约 9.6 万名，约占公司总人数的 49%[8]，其中至少有 700 名数学家、800 名物理学家、120 名化学家、6 000 名基础研究的专家、60 000 名高级工程师。华为形成这种组合在向世界高精尖的数字科技进军。

2.1.5　战略使员工积极参与数字化工作

一个好的数字战略应该是与员工有关的数字战略。首先要让员工认识到公司数字化转型是公司生存发展的需要，与其自身命运息息相关。其次要通过组织的变革让员工积极参与数字化创新。例如海尔抓住第四次工业革命的机遇，加快探索实践"人单合一双赢"模式，搭建"人人创客，引爆引领"的创业生态系统，不断推动员工、组织和企业实现转型，见图 2.7。

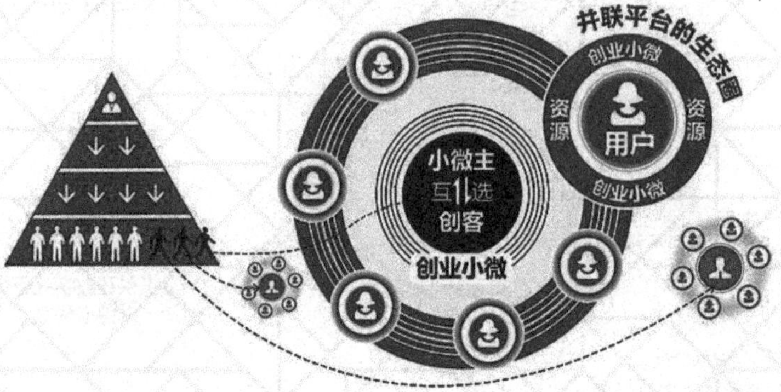

图 2.7　海尔重塑以"人"为核心的网络化生态（来源：海尔[9]）

为保障员工、组织、企业三个转型的顺利展开，2015 年，海尔聚焦两大平台的建设——投资驱动平台和用户付薪平台。其中，投资驱动平台就是将企业从管控组织颠覆为生生不息的创业生态圈，为创业者在不同创业阶段提供资金支持。用户付薪平台是指创客的薪酬由用户决定，从企业付薪到用户付薪，促使创业小微企业不断自演进和迭代升级。投资驱动平台和用户付薪平台是海尔模式创新的驱动力量。

2.1.6　创新和冒险成为一种数字化文化

企业的数字化转型是要重塑企业、重塑供应链，它是一个为实现战略而不断试错的过程。传统的企业文化需要变革来适应这个过程。企业数字化文化是鼓励团队协作创新，并容忍犯错和风险。图 2.8 显示，越成熟的数字化企业，越强调建立协作创新且容忍风险的数字化文化。Google 具有独特的创新和冒险文化，这不是典型的企业文化，但是 Google 的成功可以归因于这种文化。实际上，仅通过查看 Googleplex 中的图片，就可以看到它看起来更像一个游乐场，而不是工作场所。Google 的工作就是让员工满意并保持创新的生产力。对于某些人来说，这听起来可能太过控制，但这就是这个改变世界的组织的运作方式。

被访者百分比

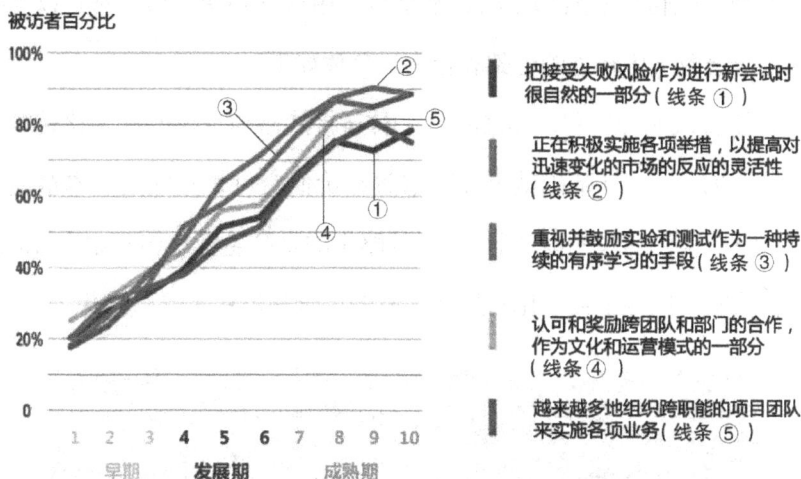

- 把接受失败风险作为进行新尝试时很自然的一部分（线条 ①）
- 正在积极实施各项举措，以提高对迅速变化的市场的反应的灵活性（线条 ②）
- 重视并鼓励实验和测试作为一种持续的有序学习的手段（线条 ③）
- 认可和奖励跨团队和部门的合作，作为文化和运营模式的一部分（线条 ④）
- 越来越多地组织跨职能的项目团队来实施各项业务（线条 ⑤）

图 2.8　数字化文化——协作创新且容忍风险（来源：MIT& 德勤 [4]）

另一个具有这种反传统的数字化文化例子是世界上数字化变革的"领头羊"亚马逊的企业文化。亚马逊的文化：我们与聪明、热情的人合作，他们每天都代表我们的客户开发新产品和服务。我们的领导原则使我们成为业主和创新者，同时保持以客户为中心。我们愿意冒险。

2.1.7　价值驱动供应链数字化转型

前文论述了企业战略是供应链数字化转型的驱动器，然而一个好的战略一定要根据战略目标产生一定的价值。实际上，战略是价值的洞察，而价值是战略的结果。因此正确定义数字化的价值，也就是使价值与战略匹配之后，价值就可以成为企业数字化转型的驱动器，或者说进行价值驱动的数字化转型。吉姆·海史密斯（Jim Highsmith）是最早的敏捷先驱之一，也是《敏捷宣言》的合著者，他与其他两位作者一起在 2019 年出版了《EDGE：价值驱动的数字化转型》[10] 一书。该书建立了一整套基于客户价值 / 战略目标驱动实现数字化转型的框架和工具。EDGE 是一种连接和拉通战略愿景和交付价值的运营模式。换言之，它是实现以价值驱动的数字化转型的响应性和适应性的组织的原则和实践。本书不详细介绍该书独特的数字化转型框架和指南，本小节引用该书的两个核心观点以支持本书所介绍的供应链数字化转型的框架和指南。具体如下。

第一，连接战略与交付。EDGE 是一种连接战略与交付的数字化转型的运营模式，如图 2.9 所示。其基础就是战略愿景与价值交付是互联的。本章前文指出战略是供应链数字化转型的驱动器，其中战略指的是产生客户和商业价值的战略，因此它与价值驱动供应链数字化转型是一致的。全书贯穿了这一思想。

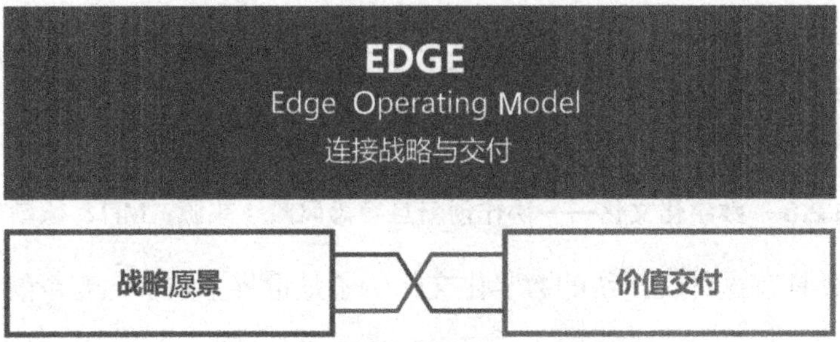

EDGE
Edge Operating Model
连接战略与交付

战略愿景　　价值交付

图 2.9　EDGE 是一种运营模式

第二，数字时代的适应度函数的变革 [10]。适应度函数的变革如表 2.1 所示。

表 2.1　适应度函数的变革

适应度函数（战略目标）	前数字时代	数字时代
业务	投资回报率（ROI）	客户价值
技术	成本 / 效率	速度 / 适应性

表 2.1 中适应度函数概念来自"复杂性理论"。它总结了特定的度量标准，用来评估解决方案距离既定目标还有多远。该理论指出企业的数字化变革面临着两大挑战。

● 必须改变适应度函数，正如英国生物学家达尔文所说："不是强者生存，也不是智者生存，而是适者生存"。

● 必须利用资源使这种变化足够快，即所谓"天下武功（数字能力），唯快不破"。

表 2.1 显示，在充满不确定性的数字时代，业务目标已经由传统的 ROI 转变为客户价值，技术目标已经从传统的成本 / 效率转变为速度 / 适应性。

本书所论述的数字化供应链的概念、供应链数字化转型的路线和实践指南贯穿了上述两个目标的变革。数字化供应链是以客户为中心的数字平台。本书从战略、架构、方法、案例和度量五个方面阐述企业供应链数字化转型的战略目标就是最大化客户价值和商业价值，而供应链数字技术目标是速度（敏捷）/ 适应性（实时动态）。

2.2 技术创新是供应链数字化转型的加速器

前文指出，企业数字化转型战略是企业（包括供应链）数字化转型的驱动器。企业一旦确立了数字化转型的战略，采用数字技术和创新就成为数字化转型成功的关键举措，企业的技术战略应当成为转型战略的重要部分。数字技术和创新正在推动供应链的巨大变革和改进。与此同时，客户对供应链服务的指标，如准时到达率、货物可追溯性等，其要求随着颠覆性的数字技术的产生和全球化而越来越高，信息技术落后的传统供应链面临前所未有的压力。今天的供应链所做的不仅仅是将材料和产品从一个地方转移到另一个地方。在日益数字化的世界中，供应链是信息生态系统的支柱。在信息生态系统中，供应链组织必须采用新兴数字技术，从而能跟踪每个供应链的层次上的相互关联协调的一组行为数据，以便最大限度地提高效率，满足客户对增加灵活性、可见性和透明度的需求。因此在笔者看来，技术创新是供应链数字化转型的加速器。

2.2.1 供应链数字化转型的技术战略思维

供应链数字化转型的技术战略是企业数字化转型战略的重要部分，此处不讲如何制定和执行技术战略，把它留到本书的方法篇介绍。本小节着重讲技术战略思维的重要性和正确选择数字技术的重要性。技术战略的重要性在于对新兴供应链数字技术的认知。

1. 竞争优势

创新的数字技术会颠覆传统的供应链，从而为企业创造持久的竞争优势。

2020 年美国的物料搬运协会（Material Handing Institute，MHI）的行业年度报告《拥抱数字思维：在数字化供应链中连接数据、人才和技术》[11] 指出 11 个未来 10 年将成为颠覆性或竞争性的先进技术的采用率，见图 2.10。

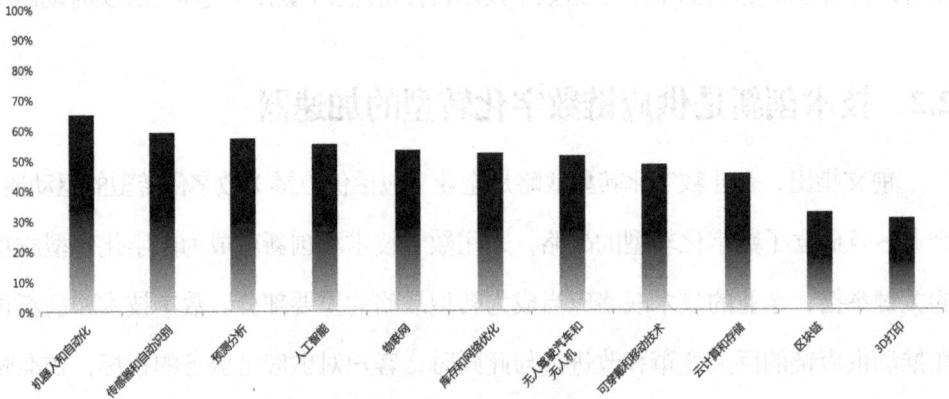

图 2.10　11 个未来 10 年将成为颠覆性或竞争性的先进技术的采用率
（来源：MHI& 德勤 [11]）

这些数字化创新对供应链未来的预期影响非常大，80% 的受访者认为数字化供应链将在未来 5 年内成为主导模式。此外，受访者认为，这些供应链创新中的许多创新都有可能打破现状，并为接受这些创新的公司创造持久的竞争优势，见图 2.11。

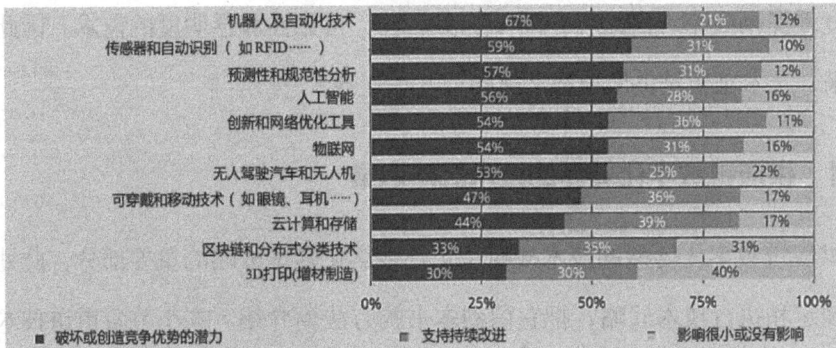

图 2.11　哪些技术将为企业的供应链竞争力带来较大影响
（来源：MHI& 德勤 [11]）

2. 危机意识

认识到落后于竞争对手的风险。

供应链正寻求投资于新技术，以优化成本、满足不断增长的客户期望并增强其决策能力。然而，围绕许多技术的报道和热议使供应链领导者认识到与其当前和未来业务需求相关的解决方案的能力复杂化。供应链面临投资新技术的压力。根据 2018 年高德纳数字化供应链转型研究 [12]，39% 供应链的领导者表示，将新的试验性创新扩展到可操作的生产用途是一项挑战， 81% 首席供应链官计划实施，但尚未开始积极定义数字化供应链路线图。这些企业面临着落后于竞争对手的风险。

3. 变化永恒

技术日新月异，拥抱永久性的技术创新。

供应链领导者需要一种能够适应并拥抱永久性变化的思维方式和实践，以及一个着眼于长期前景的计划。如果没有这些东西，他们的组织将无法应对供应链从新的创新技术中感受到的颠覆性，也无法将这些创新转化为价值。跟上客户体验创新的步伐是供应链领导者面临的持续挑战。那些没有认识到供应链的关键作用的人正在错过给企业带来的潜在增值的机会。

4. 正确选择

战略本身就是正确的选择，选择做什么和不做什么。

技术战略要求供应链的领导者及 CIO/CTO 选择与企业数字化转型需求匹配和能使企业价值最大化的技术。企业正感受与行业领先者、早期采用者和技术变革步伐保持一致的压力，否则就有可能失去增强潜在竞争优势的机会。然而，在不符合供应链组织战略的情况下追求最新趋势是一个代价高昂且不明智的提议。怎么把这种压力变成动力是大多供应链企业面临的挑战。首先必须认识到技术变革必须与企业的供应链战略相匹配，不是盲目追求最新趋势，而是要先打好数字化转型的基础，采用适当的新技术以匹配供应链战略。也就是高德纳所建议的"采用正确的供应链技术来推动业务目标" [12]。

2.2.2 科尔尼的六大数字技术赋能供应链数字化转型

2.1 节告诉我们是战略，而不是技术，驱动数字化供应链转型。然而数字技术是数字化供应链转型的使能者。没有数字技术的数字化供应链战略是空谈。采用现代数字技术来实现数字化供应链是数字战略的一部分。企业／公司唯有坚持技术创新才能加速数字化供应链转型。科尔尼（Kearney）关于 2015 年欧洲卓越的供应链管理研究报告指出了数字化供应链的六大数字技术赋能者，见图 2.12。

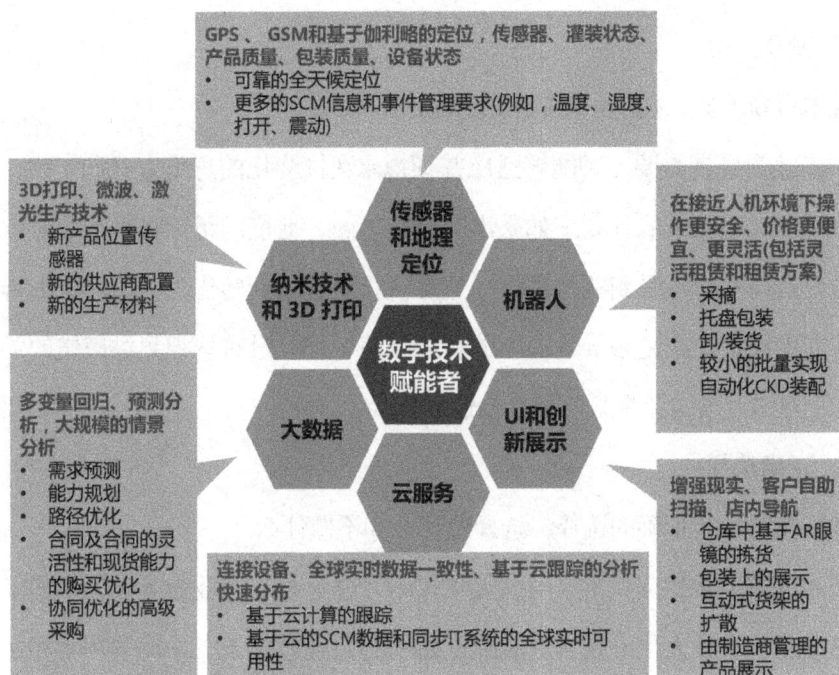

图 2.12 数字技术赋能者（来源：科尔尼[13]）

2.2.3 高德纳的供应链战略成熟度曲线

科尔尼 2015 年提出的六大数字技术是数字化供应链的基本赋能者。近年来，随着物联网、人工智能等的飞速发展，这些新兴数字技术正在成为数字化供应链更强大的赋能者。2020 年 9 月 30 日高德纳发表的供应链战略成熟度曲线揭示了供应链数字化的数字技术创新的战略，也反映了高德纳供应链战略成熟度周期的五大趋势，如图 2.13 所示。供应链领导者可以评估整个周期的能力，以对试点项目和投资做出战略决策。

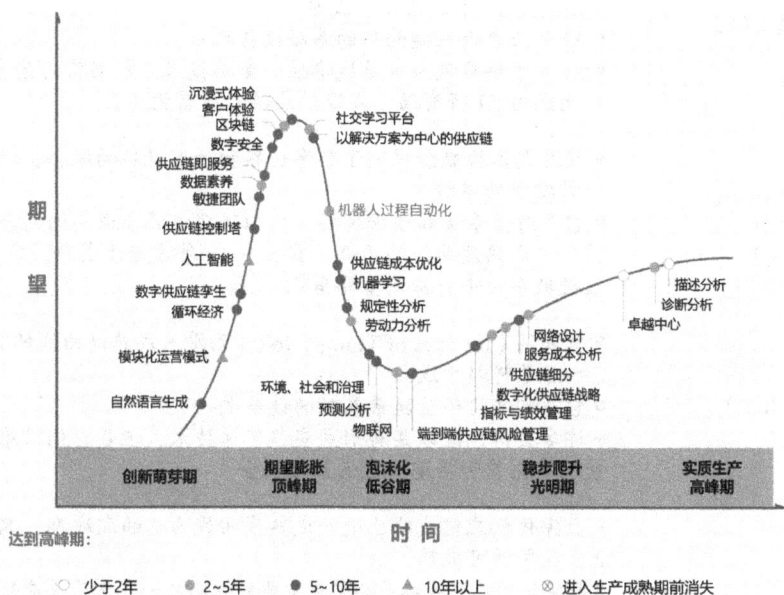

图 2.13　高德纳的 2020 年供应链战略成熟度曲线[14]

高德纳杰出副总裁诺哈·托哈密（Noha Tohamy）说："高德纳供应链战略成熟度周期是让供应链领导者弄清楚下一步将采取什么行动，现在进行何处投资以及需要注意什么的绝佳方法。""其中一些技术非常接近成熟，而诸如人工智能（AI）之类的其他技术仍在不断发展。尽管如此，领导者必须意识到自己的业务转型潜力，并开始积极的探索和试验。"

在 2020 年高德纳供应链战略成熟度周期中，峰顶左边是供应链组织正在探索的许多新兴技术。峰顶右边是正趋于成熟的数字能力，它们是公司应积极采用的能力，以优化其绩效。

此处高德纳特别指出了五项值得关注的数字技术和战略趋势，见表 2.2，供应链领导者应该掌握这些趋势。

表 2.2　2020 年高德纳供应链战略成熟度周期的五大趋势[14]

五大供应链战略趋势	描述
人工智能（AI）	● 人工智能（Artificial Intelligence，AI）仍处在成熟度曲线左边的创新萌芽期 ● 预测要 10 年以上才能成熟 ● AI 是未来供应链的新的基础设施之一 ● AI 对于供应链来说是战略性的变革技术，本书将向读者展示广泛采用 AI 将有助于实现供应链的自动化愿景
沉浸式体验（Immersive Experience）	● 沉浸式体验概念描述了数字世界和物理世界的融合，以创造一种增强的体验 ● 它是对话系统和增强现实、虚拟现实或混合现实的结合，目前位于成熟度曲线的顶部，需 5～10 年才趋于成熟，它在供应链数字化中将扮演重要角色
物联网（IoT）	● 物联网（Internet of Things，IoT）已滑入成熟度曲线的底端，2～5 年将趋于成熟 ● 它是数字化供应链最基础的设施之一 ● 许多公司已经以某种形式实施了该技术，但是它们很难确定使用其测量和跟踪功能的最佳机会
数字化供应链战略（Digital Supply Chain Strategy）	● 数字化供应链战略已进入成熟度曲线右边的爬坡期，只需 2～5 年便可成熟 ● 数字化供应链战略是公司最重要的战略之一，它为供应链创建一个短期和长期愿景，使利益相关者在一套综合原则以及数字化能力和投资的支持下保持一致。该战略定义了供应链数字路线图，该路线图可在平衡转换和优化计划的同时，支持公司的雄心壮志 ● 数字化供应链战略正在不断发展。根据高德纳近期一项调查，有 82% 的高管人员正在实施一项管理计划或转型计划以使业务更加数字化，并且将近一半的供应链组织已开始积极定义，正在实施或已经实施了数字化供应链路线图
描述性分析（Descriptive Analytics）	● 描述性分析是两个接近成熟（不到 2 年趋于成熟）的供应链技术之一 ● 它是将逻辑、模式检测以及发现和业务规则应用于数据的技术。它可以帮助组织了解当前正在发生或已经发生的事情，例如通过供应链制定可视性解决方案 ● 这种技术几乎已经到了成熟度曲线的尽头，因为今天它被认为是想要了解供应链绩效的组织的基础和自然的起点 ● 描述性分析现在涵盖了多种格式，例如静态报告、交互式仪表盘和数据可视化。支持的技术范围从基本的电子表格到机器学习平台。下一步将包括更多自助服务选项，并将机器学习技术进一步集成到新解决方案中

高德纳的创新技术成熟度曲线告诉大家新兴技术如何从创新初期到发展期，

直到成熟而被采用的全过程。它有助于企业制定正确的技术战略。多数企业会选择比较成熟的技术支持数字化转型，从而比较容易验证和获取价值。少数领军企业和初创企业可能选择一些欠成熟，但有前景的技术，提前布局，从而可能成为领军者，获得市场竞争优势。在充满不确定性的社会中，供应链领导者必须努力在对基础能力的关注与对创新的追求之间取得平衡。现在，已成功奠定技术基础的组织将能够比竞争对手更快地摆脱经济低迷状态。

2.3　本章小结

本章着重指出战略认知对数字化转型成功的重要性。

- 企业的数字化转型战略是供应链数字化转型的驱动器。这种战略本质上是在数字时代企业的重塑型战略，因此关乎企业的生存和发展。

- 技术创新是供应链数字化转型的加速器。技术战略实质是企业数字化转型战略的重要部分。数字技术是供应链数字化转型的赋能者。

【参考文献】

[1] 马丁·里维斯，纳特·汉拿斯，詹美贾亚·辛哈.战略的本质[M].北京：中信出版集团，2016.

[2] BARRENECHEA M J，JENKINS T.Digital Disrupt or Die, 2014.

[3] 霍锦洁.数字化转型不一定成功，但不做数字化未来注定失败, SAP天天事, 2019.

[4] KANE G C, et al.Strategy, Not Technology, Drives Digital Transformation MIT Sloan Management Review and Deloitte University Press, 2015.

[5] 华为投资控股有限公司.2017年华为年度报告[R].2017.

[6] KANE G C，PALMER D，PHILLIPS A N，Achieving digital maturity，2017.

[7] 李勇刚.华为云助力企业数字化转型，2018.

[8] 华为投资控股有限公司.2019年华为年度报告[R].2019.

[9] 海尔官网.

[10] HIGHSMITH J，et al.EDGE： Value-Driven Digital Transformation，2019.

[11] MHI，德勤.2020年MHI行业年度报告[R].2020.

[12] 高德纳.2019—2020年度版企业高管的顶级洞察报告：如何在战略和执行上都出类拔萃[R].2019.

[13] 科尔尼.2015年欧洲卓越的供应链管理研究报告[R].2015.

[14] Gartner.5 Trends From the Gartner Hype Cycle for Supply Chain Strateqy，2019.

第 **3** 章

供应链数字化转型的战略性技术趋势

本书第 2 章指出了技术创新是供应链数字化转型的加速器，讨论了转型的技术战略思维，并指出正确地选择数字技术是实施技术战略的关键步骤。本章将介绍供应链数字化转型的战略性技术趋势，也就是那些将颠覆和变革传统供应链的数字技术，它们可能给供应链组织在未来 5 ～ 10 年带来潜在的市场竞争优势，并改善供应链的绩效。

3.1　比较 2018—2020 年的八大供应链战略性技术趋势

高德纳是全球领先的信息技术研究和顾问公司。近年来，高德纳的供应链研究部门每年都会发表一个关于八大供应链战略性技术趋势的研究报告。2018 年高德纳的八大供应链战略性技术趋势见参考文献 [1]。2019 年 3 月高德纳发表了 2019 年八大供应链战略性技术趋势。原文标题是 *The 2019 Top Supply Chain Technology Trends You Can't Ignore*[2]，中文意思是 "2019 年不容忽视的供应链战略性技术趋势"。其中 "不容忽视" 说明报告强调战略性技术趋势的重要性。2020 年 7 月 20 日高德纳发布了 2020 年增长势头强劲的八大供应链战略性技术趋势。这些技术趋势分散在高德纳供应链战略成熟度曲线的各个阶段，这些阶段描绘了从概念到成熟和采用的技术发展。图 3.1 比较了 2018—2020 年八大供应链战略性技术趋势的差异，告诉我们这些新技术趋势已经成为未来发展供应链最不可忽视的战略性技术趋势的一部分。

从图 3.1 可以看到以下供应链战略性技术的发展趋势。

● **人工智能连续三年被评为供应链八大战略性技术之一。这说明人工智能是供应链数字化转型的重要技术。**

2018年八大供应链战略性技术趋势	2019年八大供应链战略性技术趋势	2020年八大供应链战略性技术趋势
• 趋势1：人工智能	• 趋势1：人工智能	• 趋势1：超级自动化
• 趋势2：高级分析	• 趋势2：高级分析	• 趋势2：数字供应链孪生
• 趋势3：物联网	• 趋势3：物联网	• 趋势3：持续智能（CI）
• 趋势4：智能事物	• 趋势4：机器人流程自动化	• 趋势4：供应链治理与安全
• 趋势5：会话系统	• 趋势5：自主事物	• 趋势5：边缘计算和分析
• 趋势6：机器人流程自动化	• 趋势6：数字供应链孪生	• 趋势6：人工智能
• 趋势7：沉浸式技术	• 趋势7：沉浸式体验	• 趋势7：5G网络
• 趋势8：区块链	• 趋势8：供应链中的区块链	• 趋势8：沉浸式体验

图 3.1　2018—2020 年不能忽视的供应链战略性技术趋势的变化

- 沉浸式技术 / 体验连续三年作为供应链八大战略性技术趋势之一，是由于它给人机交互提供了数字技术而在供应链中有广泛的应用前景。

- 高级分析、物联网、机器人流程自动化和区块链在 2018—2019 年连续两年列入八大供应链战略性技术趋势，它们都是赋能供应链数字化的基础且关键性的数字技术。

- 智能事物（2018 年）、自主事物（2019 年）到持续智能（2020 年）展示了供应链智能化的重要趋势。

- 高德纳 2019 年第一次把数字供应链孪生作为八大供应链战略性技术趋势之一，2020 年继续把它作为八大供应链战略性技术趋势之一，这说明它在供应链数字化中将扮演重要角色。

- 在 2020 年的八大供应链战略性技术趋势中，超级自动化、持续智能、供应链治理与安全、边缘计算和分析和 5G 网络是五项新引进的供应链战略性技术趋势。

3.2　不可忽视的供应链战略性技术趋势

高德纳的研究列出了最重要的具战略意义的供应链的技术趋势，它们是对传统的供应链具有颠覆性的技术趋势。供应链技术领导者在做出创新和转型决策时，应评估颠覆性的技术趋势可能对人员、目标和 IT 系统产生的颠覆性影响。这些趋势应该被检验，以确定它们在未来供应链中的作用。高德纳的这项研究首先强调的是颠覆性技术对供应链未来的影响，并且由此对供应链的技术领导者提出了若干建议，表 3.1 列举了其中最重要的两条建议，以帮助他们应对颠覆性技术给供应链带来的挑战。

表 3.1 颠覆性技术对供应链未来的影响，给技术领导者最重要的两条建议（来源：高德纳[2]）

颠覆性技术对供应链的影响，给技术领导者最重要的两条建议	
影响： 新的和创新的技术可能会极大地颠覆现有的供应链运营模式　→	**最重要的两条建议：** ● 通过确定公司的风险文化，来评估是否准备好探索、试用和可能采用创新技术 ● 考虑到其对人员、流程、业务目标和 IT 系统的影响，在未来供应链战略背景下引入并采用创新技术

这些趋势具有战略意义，它们是实现供应链数字化转型的重要的技术趋势，或将颠覆或变革现有供应链运营模式。高德纳研究副总裁克里斯蒂安·蒂策（Christian Titze）表示："在未来 5 年内，如果全球半数的大型公司在供应链运营中使用其中的一些技术，那么可以肯定的是，这些技术会颠覆人员、业务目标和 IT 系统。"

高德纳关于战略性技术趋势的研究框架包括以下三个部分。

● 趋势描述。

● 典型案例或业务场景。

● 应用建议（方法论）。

本书将按照此框架用表格的方式介绍供应链最重要的八大战略性技术趋势[2]，并且适当地分析和扩展。

3.2.1 人工智能

人工智能（Artificial Intelligence，AI）相关介绍如图 3.2 所示。

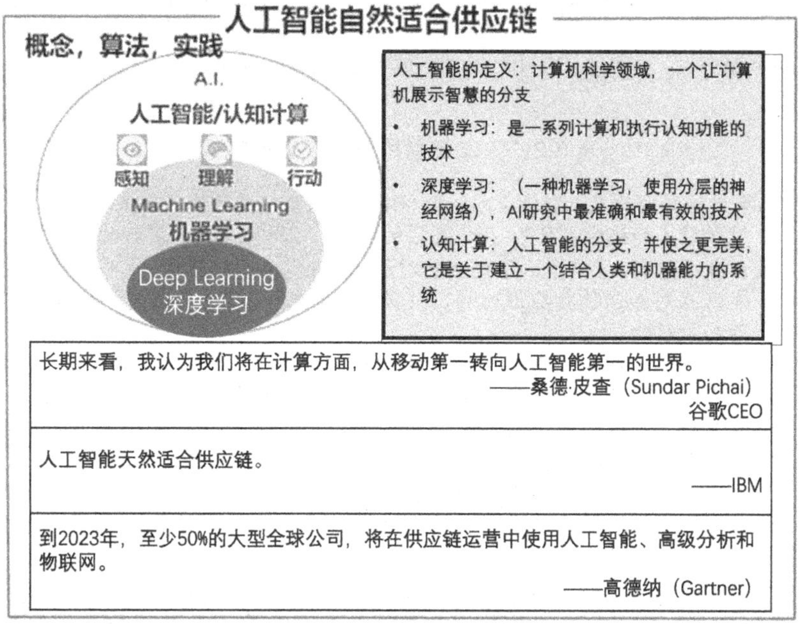

图3.2　人工智能自然适合供应链[3]

图3.2简要描述了人工智能的概念、算法和在供应链领域的实践趋势。IBM用其研究数据说明了为什么人工智能自然适合供应链。正如 IBM 在其白皮书中指出的：在我们的全球研究数据中，我们发现了一个超过 700 名（占总样本的12%）表现优异者的样本，它们的财务表现比同行强。报告显示，这些公司，在许多行业，在过去三年里，年收入增长率和利润率增长超过 5%。我们根据效力和效率对公共部门组织进行排名。在接受调查的表现最好的组织中，88%的人表示，人工智能在其行业中是不可避免的。在这些受访者中，95% 的表现最好的组织认为人工智能是其创新成功的核心。首席运营官和首席供应链官正寻求人工智能和认知计算来应对他们许多端到端供应链流程挑战，而财务表现优异的公司正加大对人工智能的投资。这些技术最常见的应用是针对从供应到生产再到客户供应的材料质量管控、预防性维护和风险管理。

机器学习正在成为操作技术组合的主流。对新产品的基线预测有助于确定新产品的引进和上市计划。当应用于需求信号时，人工智能可以确定不断变化的需求行为，并优化库存水平和补货计划，以满足产品生命周期管理的连续循环。

高德纳关于人工智能用于供应链的趋势如表 3.2 所示。

表 3.2 人工智能用于供应链的趋势

人工智能趋势描述	●供应链中的人工智能（AI）由寻求模拟人类绩效的技术组成。通常，它是通过学习（如机器学习[4]，得出自己的结论，以此来模仿人类行为，表现为可以理解复杂内容，参与和人类的自然对话，提升人类认知表现（也叫作认知计算[4]），或者代替人来执行非例行的工作任务。）AI 可以用来提高供应链的功能和跨功能性能 ●AI 支持组织采用更广泛的供应链自动化的愿景。根据具体情况，自动化水平可以是半自动化、完全自动化（也就是自主的）或混合型的。通过自学和自然语言，AI 解决方案可以帮助实现各种供应链流程的自动化，如需求预测、生产计划或预测性维护。自动化的出现，增强了人类的决策能力。例如，AI 可以通过分析大量的内部和外部数据，持续识别不断变化的模式，预测破坏性事件和潜在的解决方案，从而增强缓解当前风险的能力
供应链典型案例或业务场景	●使用 AI 功能来确定公司优化交付的路线，以改善订单交付和服务水平 ●应用 AI 算法优化运输，更换部件，并在发生潜在设备故障之前通知用户，以确保设备安全运转（用于预测性维护） ●利用基于 AI 的应用程序实现动态供应链库存优化来增强客户服务，从而缩短交付周期和减少运营成本
供应链应用建议	●在低阶供应链流程（如数据和事务管理）中尝试 AI。这些解决方案涵盖数据协调、错误检测和纠正以及业务流程自动化 ●直接与供应商合作，了解 AI 在当前产品中所扮演的角色、AI 如何适应未来的产品路线图，以及其计划如何融入对话 AI 以使其技术对用户更加友好 ●专注于您认为 AI 具有最高潜力的特定用例，并着手小型试点，使您对这些试点的期望与模式和方案保持一致，其中实验和学习是关键目标 ●关注文化变革，确保供应链组织能够利用 AI 实现利益，并尽量减少采用这些技术的阻力

2018 年高德纳把人工智能作为八大供应链战略性技术趋势之首。罗戈研究指出"人工智能和算法将成为数字化供应链的大脑"[5]，并指出美国数字化供应链研究院（DSCI）为推进人工智能和算法成为数字化供应链的核心和大脑，特别成立了算法委员会（Algorithm Council）——当今企业缺失的管理部分，并建议企业根据自身的需要创建类似的委员会。尽管在过去一年中，人们对人工智能在供应链中的兴趣有所增加，但其应用仍处于萌芽阶段。早期采用者报告显示，有限范围

的试点带来了巨大的好处，但还没有开始更广泛的人工智能项目。要在 10 年或更长时间内采用人工智能以达到供应链生产力的高峰，需要技术成熟、组织和文化准备以及人才。

"由于政策和资本助力，中国人工智能规模增长速度在 2017 年大于全球，为 23.8%。目前，全球人工智能规模增速保持在 17% 左右，预计 2020 年达到千亿美元市场。随着政策的出新和国家对制造业的高度重视，人工智能市场将迎来新兴机遇点，2018 年人工智能市场规模有望超过 380 亿元，2020 年有望达到百亿美元市场。"[6] 我国的人工智能在应用方面走在世界前列，但在供应链方面的应用才刚刚开始，如菜鸟、京东、顺丰等巨头正在探索采用人工智能来重塑传统的供应链。

3.2.2 高级分析

高级分析（Advanced Analytics）的相关介绍如表 3.3 所示。

表 3.3 高级分析用于供应链的趋势

高级分析趋势描述	● 高级分析涵盖预测性分析和规范性分析。预测性分析是分析数据、识别模式和预测未来情景的技术。预测性分析技术包括模拟、统计建模、预测和机器学习。规范性分析描述了一组分析功能，可以找到满足预定义目标的行动方案。规范性分析技术包括优化方法，如线性规划、预测分析和规则的组合、启发式方法以及影响图等决策分析方法 ● 高级分析对供应链的影响非常显著。预测性分析无疑是一种强大的能力，使公司能够积极主动地利用未来的机会，或降低未来不利事件发生的概率甚至避免发生。规范性分析可以改善供应链计划、采购、物流和运输等功能领域的决策制定。更重要的是，可以部署规范性分析来改善端到端的供应链绩效，因为它们可以推荐一种行动方案，以最好地管理冲突的功能目标，使之平衡
供应链典型案例或业务场景	● 在工业、离散和过程制造中使用基于状态的维护，并使用历史数据在设备故障发生之前预测 ● 使用高级分析在运输中断、连锁生产流程或质量改进等领域实现主动事件管理 ● 收集和分析客户退货数据，以帮助阻止潜在的欺诈客户行为，并限制退货数量 ● 通过利用高级分析将事务数据与管道数据相结合来预测产品需求，从而改善销售流程

续表

供应链应用建议	●使用可见性作为基础功能和先决条件，构建描述性和诊断分析的基础。如果不了解正在发生的事情以及可能存在的问题，准确预测未来结果是不现实的 ●确定可以从预测性分析和规范性分析中受益的供应链流程，并阐明分析的输出将如何嵌入流程并纳入用户的决策 ●确保进行预测性分析和规范性分析所需数据的可用性和准备情况。在这里，技术可以处理更多动态数据源，并满足更快响应时间的要求 ●确保组织结构和治理能够使公司实施和维护功能性和跨功能的预测性分析和规范性分析的建议

　　罗戈研究指出高级分析为供应链数字化转型奠定基础[5]，并指出预计到 2023 年，全球供应链分析市场将达到约 88.9 亿美元，在 2017—2023 年预测期内复合年增长率将达到 13.7%。图 3.3 显示分析成熟度曲线，它描述了数据分析的成熟度模型。高级分析属于最高和次高的第五和第四层水平。利用这个模型企业可以检查自身当前处于哪个水平，从而利于制订进一步改进的计划。目前我国大多数中小供应链或物流企业仍处于第一或第二层水平，一些大中企业已采用预测性分析，在第三层水平。少数数字化领军企业已达到或即将达到第四层水平并向第五层水平进军。

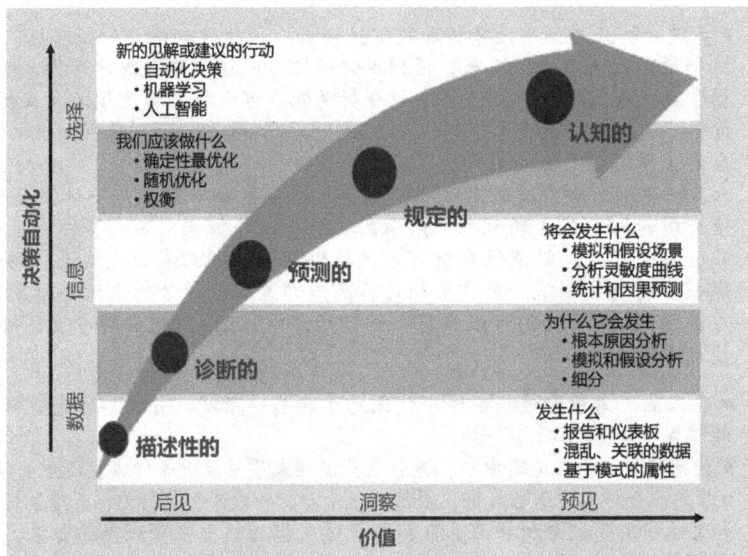

图 3.3　分析成熟度曲线（来源：Logility）（翻译：罗戈研究）

3.2.3　物联网

物联网（Internet of Things）相关介绍如表 3.4 所示。

表 3.4　物联网用于供应链的趋势

物联网趋势描述	●物联网是物理对象的网络，其包含用于与其内部状态或外部环境进行通信和感知或交互的嵌入式技术。在今后，我们将继续看到更多供应链从业者探索物联网的潜力。物联网现在已经超越了膨胀期望的顶峰，并且随着供应链从业者超越早期兴奋而寻求实际应用。 ●物联网在供应链领域的采用率正在增长，但还很少作为完整的端到端供应链流程的一部分。一些制造商甚至零售商正在评估超出其当前使用的操作技术（OT）的业务价值——数字化设备通常具有封闭或专有连接。物流组织已经使用传感器来跟踪资产或容器。它们现在正在研究物联网的其他好处，将它们打开到基于互联网的世界。许多组织正在构建业务案例并确定用途。一些供应链组织正在功能区域试行物联网，以量化效益。 ●物联网可以在供应链方面产生广泛而深远的影响，例如提高资产利用率和延长正常运行时间，改善客户服务，改善端到端供应链性能，或改善供应链可用性、可视性和可靠性
供应链典型案例或业务场景	●使用物联网技术提高组织零售供应链的可见性，提供更加动态的库存跟踪 ●使用物联网技术在机器上的零件需要注意或更换时接收警报，并自动向公司的渠道合作伙伴发送警报，让它们知道何时交付更换零件 ●利用物联网技术（例如"冷链"要求）监控运输过程中的环境条件。利用物联网技术监控货物安全（例如防止未经授权的开放）
供应链应用建议	●与流程专家合作，确定可以从物联网中受益的供应链流程，从需求实现和更好的客户可视性到制造流程优化 ●跟上物联网技术的创新和成熟步伐，这将影响采用速度和投资回报 ●了解您所在行业以外的物联网用例以及供应链之外的功能区域，并评估其在供应链中的适用性 ●投资人才，以确保有专业知识，跟上迅速出现的物联网技术，选择及了解其如何应用于供应链

为什么物联网一直是战略性的供应链技术，我们看看图 3.5 和图 3.6 就一目了然了。Statista 指出到 2020 年，128.6 亿个物联网传感器和设备将在消费者群体中使用，2017 年至 2020 年每年复合增长率达到 34.89%。垂直专用传感器和设备预计将从 2017 年的 16.4 亿个增长到 2020 年的 31.7 亿个，在短短三年内实现24.57% 的年复合增长率，见图 3.4。

继微软公司（Microsoft Corporation）2019 年 7 月 30 日发布一份新的研究报告《物

联网信号》（*IoT Signals*）之后 [7]，该公司于 2020 年 10 月发表了此报告的第 2 版，旨在让人们了解全球物联网发展的概况。为了全面了解这种全面而深远的技术，微软在 Hypothesis Group 的帮助下，调查采访了来自美国、英国、法国、中国和日本的3 000 多名物联网相关专业人士。47% 的受访者采用物联网的原因是用于安全保障和运营优化（包括供应链物流），37% 的受访者用于供应链管理。按行业细分，在制造、医疗以及零售行业，受访者更注重物联网在供应链及物流方面的应用，见图 3.5。

2014—2020年同类别下物联网（IoT）安装基础(单位：十亿)

■ 消费者 ■ 跨行业业务 ■ 垂直专用

图 3.4　物联网传感器和设备的迅猛增长（来源：Statista）

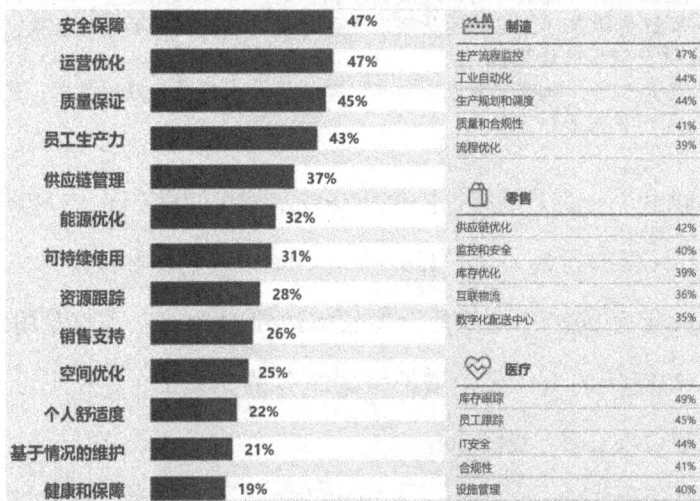

图 3.5　采用物联网的原因（来源：微软）

该报告还指出边缘计算和人工智能已成为物联网的核心技术。本书对此会有更多介绍。

物联网产业正在我国蓬勃发展，我国市场 2011 年物联网规模仅有 2 581 亿元，估算 2020 年，我国物联网市场规模可以达到 18 300 亿元，首次突破 18 000 亿元。阿里巴巴、华为、移动等国内巨头争相布局物联网。据报道，2018 年 9 月 13 日，菜鸟网络科技有限公司（以下简称"菜鸟"）宣布战略投资物流行业智慧物联网公司易流科技。菜鸟方面称，这是菜鸟全面启动 IoT 战略以来，在物流数字化和智能化方面的又一领先布局，也是菜鸟加快建设国家智能物流骨干网，提升骨干网效率的重要一步。易流科技长期专注于物流车辆和货物的数字化和智能化，提供端到端的物流透明服务。这次战略投资后，菜鸟与易流科技会发挥物联网、人工智能和大数据的优势，服务于中国数百万辆货车，帮助货主和车主进行智能线路优化、智能货物配载和驾驶安全调度等，朝供应链全流程数字化迈进。

3.2.4 机器人流程自动化

机器人流程自动化（Robotic Process Automation）相关介绍如表 3.5 所示。

表 3.5 机器人流程自动化用于供应链的趋势

机器人流程自动化趋势描述	• 机器人流程自动化（Robotic Process Automation，RPA）工具对结构化数据执行 "if…then…else" 语句，通常使用用户界面（UI）交互的组合或通过连接到应用程序接口（Application Program Interface，API）来驱动客户端服务器、大型机或 Web 应用 • 机器人流程自动化工具可降低成本，消除键控错误，加快流程并链接应用程序。事实证明，RPA 在简单的使用案例中非常有效，主要用于供应链中的第三方不提供 API 或其他自动数据集成方法时。但是，实现强投资回报率的潜力完全取决于 RPA 在每个组织中的适用性 • 对 RPA 应根据其他技术选项和一些流程变更管理技能而加以考虑。可以手动或自动触发 RPA 工具，在指定位置之间移动或填充数据，记录审计跟踪，执行计算，执行操作以及触发下游活动 • 选择 RPA 的案例包括客户管理或订单到现金处理。公司正在寻求自动化现有任务，减少或消除批量数据输入和输出任务的人数，或自动化数据重新加密或链接到无法通过其他 IT 选项连接的外部系统。RPA 案例在很大程度上归功于此阶段的功能，但提供了连接不同功能的机会

供应链典型案例或业务场景	● 应用于物流领域，RPA＝物流机器人，用来实现物流业务自动化 ● 应用于供应链，RPA＝供应链机器人，用来实现供应链管理自动化 ● 通过使用RPA技术自动创建采购订单或货件以及合同监控，显著缩短了流程提前期 ● 使用RPA技术减少人为干预，提高制造过程中手动数据源的流程一致性 ● 部署机器人以帮助自动化一系列活动，包括从文档中检索信息和回答员工问题
供应链应用建议	● 查找并列出非自动化流程，这些流程通常需要操作人员键入或以手动、重复、基于规则的活动来移动在系统之间的数据 ● 针对无数其他自动化选项评估RPA。调查为什么智能业务流程管理套件（iBPMS）、API和专用软件工具尚未使用或无法使用 ● 了解您所在行业以外的RPA案例以及供应链之外的功能区域，并评估其在供应链中的适用性 ● 调查可以快速支持关键企业计划的RPA工具、专业软件或完全托管服务，例如改善客户服务、营运资金或合规性审计

机器人流程自动化已经引起了广泛的重视。正如2019年软银集团孙正义在东京举行的"IMAGINE TOKYO 2019"会议上所说："世界经济将在RPA（机器人流程自动化）和AI（人工智能）的帮助下，迎来第二次经济大飞跃。RPA正在被全世界各行各业应用，并实现业务流程自动化，在为企业节省成本的同时极大地提高工作效率。"据2018年Harvey Nash/毕马威CIO联合调查发现，目前已有33%的亚太地区CIO和31%的全球CIO投资了RPA。同时，根据高德纳的新研究，到2022年年底，85%的大型和超大型组织将部署某种形式的RPA。与此同时，全球60%的职业至少有30%的工作可以被完全自动化。据麦肯锡的数据：世界500强中超过70%的企业，都在使用RPA。据报道，美国纽约时间2019年7月22日，全球著名咨询公司甫瀚（Protiviti）与创新智库（ESI ThoughtLab）合作开展了一项全球RPA研究[8]，旨在研究全球不同地区RPA的应用情况，重点关注采用该技术企业面临的挑战、有效战略和经验分享。这项名为"全球RPA应用调查"的研究发现，RPA对亚太地区的企业产生的影响最大。随着亚太地区人工成本的不断增长，越来越多企业开始采用RPA执行固定、烦琐、复杂的业务流程。

在受调查的亚太地区公司中更高的生产效率、更好的质量、更强大的市场竞争地位、更高的客户满意度和更快的速度被认为是从 RPA 中获取的 5 个最重要的好处，见图 3.6。

图 3.6 从 RPA 中获取的 5 个最重要的好处（来源：《全球 RPA 研究》[8]）

3.2.5 自主事物：机器人、无人驾驶汽车、无人机等

自主事物（Autonomous Things）相关介绍如表 3.6 所示。

表 3.6 自主事物用于供应链的趋势

自主事物 趋势描述	● 自主事物使用 AI 来自动执行以前由人类执行的功能。它们的自动化超越了严格的编程模型所提供的自动化，它们利用 AI 来提供与周围环境和人们更自然地交互的高级行为 ● 互联智能产品数量的快速增长给这一趋势带来了巨大推力。机器人、无人机或无人驾驶汽车正在实现新的业务场景以及优化现有场景。AI 正在推动自主事物的发展——无论是半自治还是完全自治——并为许多现有事物提供增强的能力。随着自主事物的激增，我们期望独立智能事物转变为一大堆协作智能事物。在这个模型中，多个设备可以独立于人或与人一起工作 ● 自主事物有多种类型，可以在不同环境中运行，具有不同的能力、协调和智能水平。它们通常是在现实世界中运行的物理设备的形式。例子包括机器人、无人机和无人驾驶汽车。虽然自主事物提供了许多令人兴奋的可能性，但它们无法与人类大脑的智能和动态多功能的学习相匹敌。相反，它们专注于确定的目标，特别是用于自动化人类重复的日常活动
供应链典 型案例或 业务场景	● 先进的农业——为机器人创建规划算法，自主运营农场 ● 无人机（Unmanned Aerial Vehicle，UAV）——与人类侦察员一起操作无人机，为耕种特种作物的农民研究解决方案 ● 更安全的汽车运输——高科技公司或传统汽车公司的原型，以消除人为错误因素并优化运输

供应链典型案例或业务场景	● 机器人以协调的方式开展工作，在制造工厂中创建无缝且相互关联的流程 ● 通过在仓库中使用自动驾驶机器人来简化物料移动过程，计算其移动容器或零件的位置和路线 ● 通过使用无人机相机拍摄图像，使用无人机进行库存质量保证，缩短库存检查时间 ● 提供商提供机器人即服务模式的供应商，每个机器人每月的入门价约为1 000美元（用户可以从几个单元开始，根据业务需要上下延伸） ● 自动移动机器人（Automatic Mobile Robot，AMR）卸载卡车并将货物托盘交付给零售店的特定部门，无须人工干预
供应链应用建议	● 评估自主事物的使用，作为人力资源的替代和补充。请注意，减少劳动力似乎是最可能的驱动因素，但无论劳动力是否减少，总体生产量和生产率的提高都将成为主要价值 ● 验证您的组织是否具备适当的技术和适当的成熟度，以便随时采用或试验这些技术 ● 检查可以部署机器人和无人机等自主事物的当前业务流程。考虑重新设计供应链流程，以利用设施内外自主事物的好处 ● 评估协作自主事物的潜在用途，不仅在自主物理事物协同工作的环境中，而且在自主虚拟事物的背景下 ● 在寻求建立新的自动化设施时，探索机器的潜在价值。一些行业正在进一步使用这种技术，例如生命科学行业。我们还看到这种技术在制造设施中的广泛使用，具有改进的可追溯性和合规性的好处

自主事物第一次出现在高德纳2019年的八大战略性技术趋势中，也是第一次被高德纳选入和发表在高德纳2019年十大战略性技术趋势并作为第一趋势。该文指出无论是汽车、机器人还是农业，自主事物都使用AI来执行传统上由人类完成的任务。智能的复杂程度各不相同，但所有自主事物都使用AI与它们的环境进行更自然的交互。有五种类型的自主事物，具体如下。

● 机器人。

● 无人驾驶汽车。

● 无人机。

● 器具。

● 代理。

它们都具有不同程度的能力、协调性和智能化。例如，可以操作的无人机，人工辅助在田地中完全自主地操作的农业机器人。这描绘了潜在应用的广泛图景，实际上每个应用程序、服务和物联网对象都将采用某种形式的 AI 来自动化或增强流程或人为操作。诸如无人机群之类的协作自主事物将越来越多地推动人工智能系统的未来发展。

自主事物已经渗透供应链的许多环节。例如京东仓库和履行中心的机器人。可以在洛杉矶港口找到机器人，它们在分类和堆放集装箱。现在机器人可以在一些沃尔玛商店的走道上巡回走动，扫描并保持货架上的库存数量。新兴的自主供应链转型趋势才刚刚开始，它将建立在将边缘技术与企业供应链软件相关联的基础之上。自主事物是形成自主供应链（Autonomous Supply Chain，ASC）最重要的基础。目前在自主供应链上已有几个先驱企业和它们的系统，如 BlueYonder 的 Luminate，以及 ONE Network 的 NEO——现代机器学习和智能代理技术的先驱。

3.2.6　数字供应链孪生

数字供应链孪生（Digital Supply Chain Twin）相关介绍如表 3.7 所示。

数字供应链孪生在 2019 年第一次被作为高德纳八大供应链战略性技术趋势之一，这说明数字供应链孪生日趋成熟并在供应链领域已开始展现价值。数字供应链孪生技术将有助于真正实现"活"的供应链（Living Supply Chain），有的文章称实时供应链，或者智慧供应链。罗戈研究已指出数字供应链孪生是 2019 年数字化供应链十大趋势之一[1]，最近又介绍了数字供应链孪生在物流中的应用趋势[9]。笔者在一个数字供应链孪生研究报告[10]中详细分析讨论数字供应链孪生的商业价值并指出它将成为数字化供应链的新的基础设施。

表 3.7　数字供应链孪生用于供应链的趋势

数字供应链孪生趋势描述	● 数字孪生是现实世界实体或系统的数字表示。数字供应链孪生是物理（通常是多企业）供应链的数字表示。它是数据对象之间各种关联的动态、实时和时间的分段表示，最终构成物理供应链的运作方式。它是供应链本地和端到端决策的基础，可确保此决策在整个供应链中横向和纵向一致。数字供应链孪生来源于整个供应链及其运营环境中的所有相关数据。换句话说，数字供应链孪生是端到端供应链所有相关实体之间关系的数字表示，如产品、客户、市场、配送中心／仓库、工厂、财务、属性和天气 ● 现实世界实体或系统的数字表示的概念并不新鲜，它的历史可以追溯到物理资产的计算机辅助设计表示或个人客户的概况。物联网今天重新激发了人们对数字孪生的兴趣。在这种情况下，数字孪生趋势的重点是创建现实世界中物理资产运营的适当数字表示。数字孪生包括模型、数据、与对象的一对一关联以及监控对象的能力。它们与现实世界的对应物相关联，用于了解物体或系统的状态、响应变化、改进操作和增加价值。精心设计的数字孪生资产可以显著改善企业决策 ● 数字供应链孪生是数字主题的一部分，描述了数字世界和物理世界不断增长的融合。数字供应链孪生趋势侧重于创建物理供应链的适当数字表示，它通过与现实世界的供应链保持同步，创建端到端的可见性，这种与现实世界的联系，使环境、情况感知和供应链决策得到极大的增强。从战略到执行，组织将使用数字供应链孪生进行各级供应链决策。适当的预测和规范分析（包括机器学习和 AI）将应用于数字供应链孪生，以便可以做出一致（并在某种程度上自动）的决策
供应链典型案例或业务场景	● 一些 SCP 供应商案例倾向于高德纳定义的数字供应链孪生。在这些情况下，通常通过使用图形数据模型（而不是关系数据模型）来创建更详细和准确的数字模型，以促进模型创建和灵活性 ● 供应链可视性，创建物理供应链的更高分辨率模型，以实现增强的端到端可见性和环境及情况感知。请注意，当然，收集和处理数据会产生相关成本，就像所提出的任何技术一样，成本必须与利益保持平衡 ● AI 平台，用于摄取源系统数据，并从中创建数据之间的关联／关系的数字表示。这使得公司可以获得改进的警报和行动建议，以支持其传统的供应链决策（传统的供应链决策将使用一个不良和不准确的模型作为其决策的基础）
供应链应用建议	● 制定数字路线图，与您的供应链决策一致。将数字供应链孪生的概念置于该数字路线图的中心。采用完整的数字供应链孪生是供应链计划达到成熟度的第 5 阶段（即决策制定）的先决条件 ● 检查正在使用或考虑的任何供应链可视性或供应链计划解决方案的路线图。了解提供商是否正在考虑构建更广泛、更详细和动态的供应链模型，从本质上说，这将成为您的数字供应链孪生

续表

供应链应用建议	●检查早期的机会，为您现有的技术环境增加数字供应链孪生功能。最有可能的是，这将涉及将新功能与现有供应链可视性、规划解决方案相结合。在寻找合适的技术选项时，选择能够自动摄取和关联源系统数据（内部和外部）的技术选项。还要寻找利用高级分析、机器学习的人，并且可以使用人类决策者衍生的学习和规范分析来提出建议。这种方法将有助于加快公司对技术如何增加价值的理解 ●准备最终牺牲一些现有的技术投资（例如供应链可视性、供应链计划和通用分析平台）。公司越来越多地了解数字供应链的使用情况，将开始评估现有解决方案的最终替代品（而不仅仅是补充品） ●采用行业数据治理策略，不断提高数字供应链孪生的生存能力和价值。为数字供应链孪生数据制定治理政策，使业务生态系统参与一致的计划中，并与可行和实用的不断发展的行业指南和标准保持一致

3.2.7 沉浸式体验

沉浸式体验（Immersive Experience）相关介绍如表 3.8 所示。

表 3.8 沉浸式体验用于供应链的趋势

沉浸式体验趋势描述	●会话系统是一种高级设计模型，其中用户和机器之间的交互主要以用户的口头或书面自然语言发生，并且通常是非正式和双向的 ●VR（Virtual Reality, VR）提供计算机生成的 3D 环境，围绕用户并以自然的方式响应个人的行为 ●AR（Augmented Reality, AR）是以与现实世界对象集成的文本、图形、视频和其他虚拟增强形式实时使用信息 ●MR（Mix Reality, MR）使人们能够与虚拟对象进行交互 ●用户体验将在用户如何看待数字世界以及他们如何与之互动方面发生重大转变。会话平台正在改变人们与数字世界互动的方式。虚拟现实、增强现实和混合现实正在改变人们对数字世界的感知方式。感知和交互模型的这种组合转变将在未来给用户带来沉浸式体验 ●VR 和 AR 与多个移动、可穿戴、物联网和传感器丰富的环境以及会话平台的集成将使沉浸式应用程序超越孤立和单人体验。尽管会话平台将所有人汇集在一起，VR、AR 和 MR 的潜力令人印象深刻，但仍会存在许多挑战和障碍。不断变化的用户体验将创造许多新的数字商业机会，但也将带来重大的 IT 安全和管理挑战。实现持续、身临其境和对话的用户体验将需要更好地了解隐私和许可的机制

续表

供应链典型案例或业务场景	● 使用 AR 技术改善用户体验，提供设备渲染图，以在指定空间内可视化足迹并比较不同的配置选项 ● 使用 AR 以及 QR（快速响应）代码和移动技术来加速地点的转换，例如工厂内的设备转换，以及全球供应链中的设备转换 ● 使用语音控制的个人助理通过远程检查产品功能或会议来帮助改善用户体验 ● 在不同地点使用视频来改善培训并降低差旅成本
供应链应用建议	● 寻找利用沉浸式体验的机会，使用户的业务应用程序和移动平台在有针对性、明确定义的用例中提高工作效率 ● 确定供应链特定的案例，例如现场服务、物流、仓储、制造、维护或设计，这些案例可以从这些技术中受益 ● 计划一个后网络（Postweb）和后浏览器（Postbrowser）的 UI 世界，其中会话系统将成为当今使用的许多应用程序和服务以及尚未开发的一些应用程序和服务的主要界面 ● 让员工参与定义与设备的交互过程，从而确保得到他们的支持

高德纳把沉浸式技术（主要指 3R 技术：虚拟现实——VR，增强现实——AR，混合现实——MR）作为 2018 年八大供应链战略性技术趋势之一，2019 年高德纳则用沉浸式体检代替沉浸式技术作为一个新的八大供应链战略性技术趋势之一。这一改变正好说明了沉浸式技术的商业化转型趋势，由个别在供应链中的应用到与供应链丰富的感知环境、供应链的会话平台的集成。用户体验将在用户如何感知数字世界并与之交互方面发生重大转变。沉浸式体验将带来尚未在全球供应链中完全实现的数字商机。华为 2019 年发表的全球工业展望 GIV@2025 白皮书[11] 指出："5G、AI、机器学习、VR 和 AR 等技术的融合应用打开了人们的'超级视野'，使人们的视野跨越时空障碍，突破壁垒，看到前所未见的事物，同时也更深入地了解我们已经看到的事物。" "5G+VR 的新组合将让笨重的头戴设备和网络延迟引起的眩晕感成为历史。虚拟现实应用将飞速发展，给用户带来全新的沉浸式体验。" GIV 做出以下预测。

● 到 2025 年，VR/AR 用户数将达到 3.37 亿人。

● 采用 VR/AR 技术的企业将增长 10%。

3.2.8 供应链中的区块链

供应链中的区块链（Blockchain in Supply Chain）相关介绍如表 3.9 所示。

表 3.9 供应链中的区块链用于供应链的趋势

供应链中的区块链趋势描述	● 区块链由网络中所有参与者共享的加密签名的不可撤销的交易记录的扩展列表组成。其中每条记录都包含一个时间戳和前面交易的参考链接。有了这些信息，任何拥有访问权限的人都可以追溯属于任何参与者的历史记录中的任何事物事件。区块链是分布式账本更广泛概念的一种架构设计 ● 与供应链相关的区块链解决方案在发展的早期阶段就已初见端倪。2019 年，对供应链潜在应用的趋势大大加快。这些举措由供应商主导，行业和财团推动的讨论组合而成。区块链可以解决传统上拥有集中治理模型的动态和复杂全球供应链中可能遇到的关键和长期挑战。当前的概念证明和试点的供应链活动处于有利地位，可以在不断扩大的贸易伙伴群体对安全、协作的工作模型的需求中发挥作用 ● 供应链中的区块链解决方案当前提供的功能可包括跨中间件、数据库、验证、安全性、分析、合同和身份管理概念的松散技术和流程组合。区块链也越来越多地作为服务或开发选项提供给供应链解决方案，这些解决方案是自动化、可追溯性和安全性等紧密结合的目标。今天区块链技术的一个关键方面是对成功交易以及不变性的无管制、无管理的验证。这些能力为供应链中的区块链开发提供了大量资金。其他问题包括缺乏可扩展性和完全透明性、资源消耗隐私以及分散协议的操作风险。采用供应链中的区块链技术的挑战还包括缺乏跨交易的治理标准、可扩展的分布式共识系统以及跨贸易伙伴的基础电子互操作性
供应链典型案例或业务场景	● 使用供应链中的区块链跟踪全球货运，减少来回发送文书工作所需的时间，并与港务局进行更好的协调 ● 供应链中的区块链技术使用防篡改标签，增强客户安全，识别假冒产品并保护业务绩效 ● 利用供应链中的区块链技术重新定义 B2B 流程并支持数字化转型，允许支持公司的多对多连接，并促进文档和数据传输以进行安全支付处理
供应链应用建议	● 确定如何在内部和供应商中使用和应用该术语，以更好地了解所投资本的回报率，以及除了经过验证的技术选项之外可以实现的增量值 ● 评估解决方案在特定供应链用例中的标准和风险（例如位置、状态和所有权）以及计划的战略技术路线图中的时间和定位之间映射和执行的能力 ● 确定供应链的特定高风险领域，这些领域在多个利益相关方中表现出交易复杂性。这些是供应链中的区块链的主要候选者，如贸易合同、资产管理、运输和可追溯性 ● 密切关注可能通过工作组、联盟或点对点行业计划实现的供应链中的区块链技术解决方案的发展

尽管区块链技术仍然不够成熟，但它作为一个具有潜在价值的技术趋势将继续受到重视。特别是在供应链领域，它的价值正在显现。现阶段，供应链行业一

直存在碎片化问题，行业内的各方都是"各自为战"，以彼此孤立的方式存在，这不利于采用可以带来标准化和透明度的区块链和分布式账本技术（Distributed Ledger Technology，DLT）。据报道，世界经济论坛（World Economic Forum，WEF）宣布了一项新计划"重新设计供应链中区块链的信任"[12]，以帮助供应链行业决策者不被过度宣传"迷惑"并确保供应链以"可互操作、负责任和包容的方式"部署这一新技术，从而在效率、透明度和互操作性方面带来很多好处。到目前为止，已经有许多组织和专家加入了该项目，包括大型供应链提供商、托运服务商和政府机构，如马士基、日立、国际美慈组织、Llamasoft，以及洛杉矶、奥克兰、瓦伦西亚和鹿特丹港口等，还包括美国数字化供应链研究院（DSCI）和一些大学，如卡迪夫大学、特拉维夫大学等。这些利益相关方将会共同设计一套开源工具包和发展路线图，帮助供应链行业决策者部署区块链技术。

3.3　其他值得关注的新兴供应链战略性技术趋势

除了上面八大供应链战略性技术趋势外，本节还列举了 2020 年一些值得供应链主管关注的新兴供应链战略性技术趋势，其中部分技术就是在 2018 年和 2019 年供应链战略性技术基础上的发展。它们将对供应链的数字化变革产生深远的影响。

3.3.1　5G 网络

5G 是新一代移动宽带和蜂窝标准，预计将迅速取代（和 / 或增强）现有的网络服务，如 4G（长期演进 [LTE]、LTE 高级 [LTE-A] 和 LTE 高级专业版 [LTE-A Pro]）等服务。计划中的网络部署代表了前几代更多增量升级的巨大飞跃，如 2G 到 3G 或 3G 到 4G。最近 5G 的测试报告已经确定 5G 可以比 4G 快 1 000 倍。数据速度和吞吐量的增加只是可以通过支持 5G 技术和设备在整个供应链中发布的一系列新推动因素之一。例如，在工厂运行 5G 网络可以最大限度地减少延迟，增强实时可视性和物联网能力。

3.3.2 边缘计算

边缘是事物和人与网络数字世界联系的地方。边缘计算（Edge Computing）是具有深度的分布式计算拓扑的一部分，并且信息处理位于靠近边缘的位置。处理可以在云（或中央企业数据中心）与边缘之间的任何或所有层处进行。边缘计算还将提供更多机会用于本地化数据捕获、管理和分析，以提供更加无缝的商业智能水平，而无须通过多个系统和协议路由或过滤数据。它是低延迟处理供应链数据和实时、自动化制定供应链决策时所需要的技术。例如，仓库采用了无人驾驶叉车，重型设备销售商可以使用边缘计算来分析部件何时需要维护或更换。

3.3.3 超级自动化

超级自动化（Hyperautomation）是一个以最佳方式组合机器人流程自动化（RPA）、AI、机器学习（Machine Learning，ML）大量技术的框架，用以实现端到端的自动化。它是 RPA 的前一步发展，也可看作 AI 驱动的 RPA 技术。图 3.7描述了机器人流程自动化向超级自动化的演进。

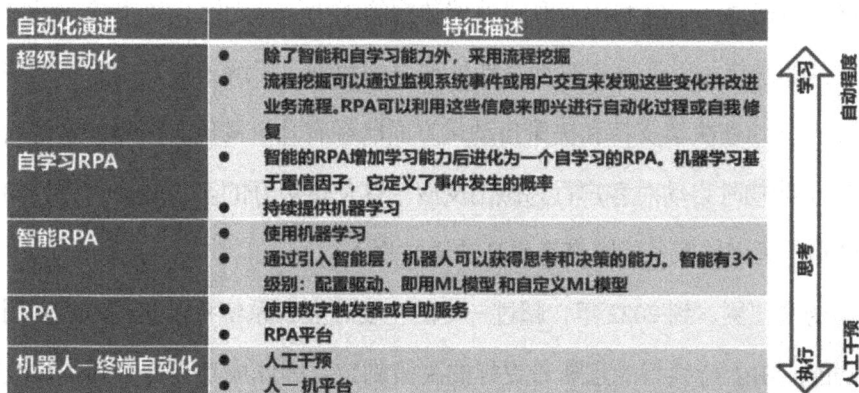

自动化演进	特征描述
超级自动化	● 除了智能和自学习能力外，采用流程挖掘 ● 流程挖掘可以通过监视系统事件或用户交互来发现这些变化并改进业务流程，RPA可以利用这些信息来即兴进行自动化过程或自我修复
自学习RPA	● 智能的RPA增加学习能力后进化为一个自学习的RPA。机器学习基于置信因子，它定义了事件发生的概率 ● 持续提供机器学习
智能RPA	● 使用机器学习 ● 通过引入智能层，机器人可以获得思考和决策的能力。智能有3个级别：配置驱动、即用ML模型和自定义ML模型
RPA	● 使用数字触发器或自助服务 ● RPA平台
机器人—终端自动化	● 人工干预 ● 人—机平台

图 3.7　机器人流程自动化向超级自动化的演进

从图 3.7 中可见，在机器人流程自动化演进过程中，有了自我学习的 RPA，

RPA 现在已经获得了智力并且可以学习，RPA 与自学习 RPA 的差距在于 RPA 正在执行一个为其编写代码的过程，并且它不会根据过程改进而改变。在现实世界中，应用程序得到升级，添加了新的屏幕或功能，业务流程会得到改进，但 RPA 不会自动升级底层流程。但是超级自动化，除了智能和自学习能力外，采用了流程挖掘，它可以通过监视系统事件或用户交互来发现这些变化并改进业务流程。RPA 可以利用这些信息来即兴进行自动化过程或自我修复。RPA 供应商，如具有任务挖掘的 UiPath，已经开始提供这些功能。

根据高德纳的一份报告 [13]，到 2024 年，通过将超级自动化技术与重新设计的运营流程相结合，企业的运营成本将降低 30%。

3.3.4 持续智能

高德纳的研究报告指出：持续智能（Continuous Intelligence，CI）是一种设计模式，其中实时分析被集成到业务运营中，处理当前和历史数据以规定响应事件的操作。它提供决策自动化或决策支持。持续智能利用多种技术，如增强分析、事件流处理、优化、业务规则管理和 ML。

高德纳的另一研究报告还指出：持续智能是供应链领导者加速企业数字化转型的最大机遇之一。它利用计算机处理数据的能力，速度比人快得多。供应链领导者或其他系统可以近乎实时地查看处理过的数据，了解正在发生的事情并立即采取行动。CI 在决策支持和决策自动化方面已经有几个案例。例如，零售商利用 CI 在网上购物时自动对客户行为做出反应。这使得更好的客户服务、更高的客户满意度和定制化的服务能够带来更高的销售收入。

高德纳预测，到 2022 年，超过一半的主要新业务系统将以某种方式利用持续智能功能。由于持续智能意味着更好的决策制定，因此成功实施必须依靠改进的数据处理、AI、机器学习功能。最终，在正确的时间（以正确的方式）提供正确的数据的正确的软件平台可以实现持续智能并获得其附带的好处。

3.3.5　供应链治理与安全

高德纳指出：供应链治理与安全（Supply Chain Governance and Security）是一个越来越重要的宏观趋势，因为全球风险事件不断增加，例如，COVID-19 大流行病带来的供应链中断，同时安全漏洞在数字和物理层面都会对公司造成影响。高德纳预计，供应链治理与安全将推动形成一波新的解决方案，特别是在隐私以及网络和数据安全领域，如考虑先进的跟踪和跟踪解决方案、智能包装和下一代 RFID 和 NFC 功能。

例如，eAgile 的 eSeal ™ 射频识别（RFID）解决方案解决了围绕制药、营养保健、医疗、化妆品和化学制造商每年消耗的近 10 000 亿个瓶盖和封盖的许多安全问题。这些行业的品牌所有者需要智能或智能包装解决方案来应对转移、假冒和产品篡改的问题。将 RFID 智能包装直接集成到密封的瓶盖和封盖中，可提供物品级智能的好处，通常是通过将 RFID 标签应用到包装的外部或产品标签内部来实现，这些标签具有更离散和更防篡改的解决方案。eSeal™ 可以作为独立设备运行，也可以与其他安全技术一起运行。

【参考文献】

[1]　唐隆基.数字化供应链的进展和未来十大趋势，2019-03-06.

[2]　高德纳.The 2019 Top Supply Chain Technology Trends You Can't Ignore，2019.

[3]　IBM.Welcome to the cognitive supply chain，2017.

[4]　唐隆基.数字化供应链和智慧物流中的认知计算应用，2017-11-09.

[5]　唐隆基.数字化供应链的进展和未来十大趋势，2019-03-06.

[6]　遇见2019：中国人工智能产业全景图谱（附规模、发展现状、趋势等），智能制造网，2019.

[7]　Microsoft.IoT Signals，Microsoft，2020-10-06.

[8]　甫瀚.甫瀚全球RPA调查报告：亚太地区需求强烈，企业平均投入500万美元，RPA中国，2019.

[9]　唐隆基.数字孪生在物流中的应用趋势：DHL Digital Twins in Logistics 解读，2019-08-01.

[10]　唐隆基，潘永刚.数字化供应链孪生研究报告，2020-07-11.

[11]　智能世界 触手可及，华为白皮书.

[12]　100个组织加入世界经济论坛区块链供应链计划.Ledger Insights，2019.

[13]　Gartner预测2020年：由变形产品和追求卓越运营的热情推动的RPA复兴.

第二篇

架构篇

第 **4** 章

数字化供应链的参考架构及策略

4.1　数字化供应链的参考架构

数字化供应链产生于数字经济时代，变革于传统的供应链。基于数字化供应链的特征和罗戈研究对其长期的研究，2018 年年初罗戈研究与京东联合推出了《数字化供应链综合研究报告》[1]，并在其中发布了第一个版本的数字化供应链的参考架构。图 4.1 是第一版的更新和扩展。

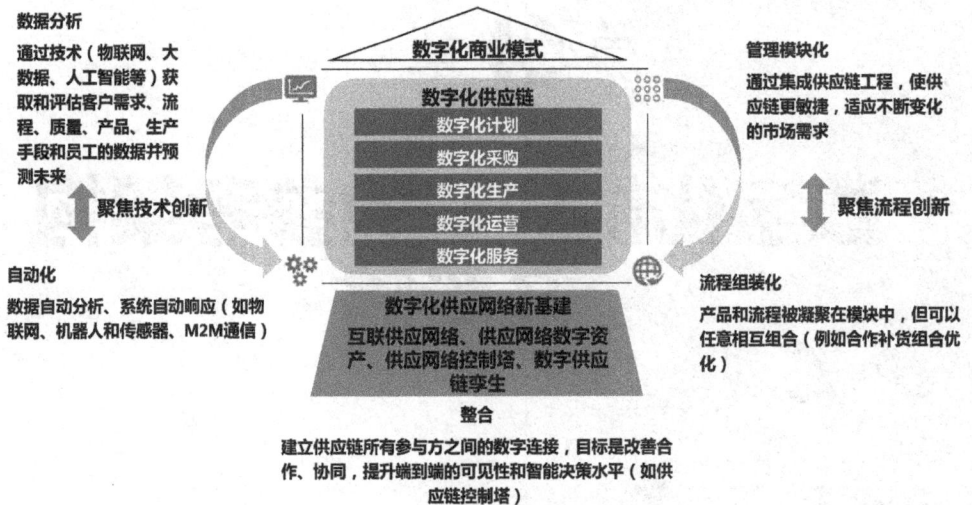

数据分析
通过技术（物联网、大数据、人工智能等）获取和评估客户需求、流程、质量、产品、生产手段和员工的数据并预测未来

聚焦技术创新

自动化
数据自动分析、系统自动响应（如物联网、机器人和传感器、M2M通信）

数字化商业模式

数字化供应链
数字化计划
数字化采购
数字化生产
数字化运营
数字化服务

数字化供应网络新基建
互联供应网络、供应网络数字资产、供应网络控制塔、数字供应链孪生

整合
建立供应链所有参与方之间的数字连接，目标是改善合作、协同，提升端到端的可见性和智能决策水平（如供应链控制塔）

管理模块化
通过集成供应链工程，使供应链更敏捷，适应不断变化的市场需求

聚焦流程创新

流程组装化
产品和流程被凝聚在模块中，但可以任意相互组合（例如合作补货组合优化）

图 4.1　数字化供应链的参考架构

数字化供应链参考架构定义了一个可为不同行业及企业参考的统一的数字化供应链系统模型和高层次的变革策略及解决方案。本章将用表 4.1 简单描述数字化供应链参考架构的主要组成部分。

表 4.1　数字化供应链参考架构

主要组成部分	描述
数字化商业模式	它是整个参考架构的顶层。今天数字经济所产生的各种新的商业模式如 B2C、B2B、C2M 等催生了数字化供应链。反之，它本身也滋生出新的商业模式，如供应链服务化、平台化
数字化供应链的要素	● 数字化计划 ● 数字化采购 ● 数字化生产 ● 数字化运营 ● 数字化服务
数字化供应链技术	● 聚焦流程创新：管理模块化，流程组装化 ● 聚焦技术创新：数据分析，自动化
数字化供应网络新基建	● 互联供应网络——新的供应链组织形态 ● 供应网络数字资产——数字化供应链：一切都与数据有关 ● 供应网络控制塔——虚拟决策中心 ● 数字供应链孪生——物理供应链的数字表示和"大脑"
数字化供应链的策略	● 协同策略——横向、纵向供应链一体化，支持构建数字供应网络新基建 ● 细分策略——差异化的供应链管理，支持供应链流程创新：模块化，灵活的流程构建

本章将在下面两节讨论数字化供应链的两个关键策略。其余部分将于架构篇的其他章详细讨论。

4.2　数字化供应链的协同策略

供应链协同（Supply Chain Collaboration，SCC）是供应链管理的关键策略之一。在供应链管理中，供应链协同被定义为两个或两个以上的自主公司共同合作以计划和执行供应链运作。供应链协同是共赢的策略，它可以为供应链主体及其合作伙伴带来巨大的利益。当一个或多个公司或业务部门共同创造互惠互利时，这被称为合作战略。供应链协同有两种主要类型，纵向协同和横向协同。纵向协同是指来自供应链不同级别或阶段的两个或多个组织共担其职责，资源和绩效信息以服务于相对相似的最终客户时的协同。横向协同是供应链中处于相同级别或阶段的两个或多个公司之间的组织间关系，目的是使工作和合作更加轻松，以实现一个共同的目标。供应链协同有效地使供应链中的每个成员更好地满足客户的需求。供应链协同有很多好处，具体如下。

- 较低的库存水平和较高的库存周转率。
- 降低运输和仓储成本。
- 降低缺货水平。
- 缩短交货时间。
- 改进客户服务指标。
- 可见客户需求和供应商绩效。
- 更快地制定决策。

数字化供应链协同大大提高了供应链协同的能力，极大地提高了市场的速度。它为公司与它们的合作伙伴以新的方式交流它们以前不能做的事情铺平了道路。

4.2.1 经典的供应链协同

经典的供应链协同分为三个水平层次。

- 事务集成：初级协同——事务性。
- 供应链管理信息共享：中级协同——战术性。
- 战略协作：高级协同——战略性。

不同层次水平的协同的范围和策略是不同的，产生的好处也是不同的。图4.2比较了传统供应链和数字化供应链在不同层次协同上的技术方案的差异。

从比较可见，数字化供应链协同采用了现代数字技术来达到比传统的方式更有效的供应链协同。它通过电子手段（EDI、互联网、物联网）将供应链中的合作伙伴、人员、数据和系统连接在一起。数字化方式使供应商更容易通过自动化关键业务信息的双向交换、减少物料交付时间、简化补货技术和改进库存计划与可见性来实现业务。数字化供应链不仅实现即时共享结构化信息，如需求预测、生产计划和订单，也可共享非结构化信息，如社交媒体数据、表单标签的趋势或简易信息整合等。

供应链协同	协同决策	传统方式	数字化方式
事务集成	• 采购订单、生产订单、销售订单 • POS信息 • 发票 • 信用和支付	EDI 互联网 专有工具（系统、E-mail、电话等） 无系统连接	物联网连接所有事物 系统连接 数字化协同平台
供应链管理 信息共享	• 生产或邮件预测 • 生产和运输计划、能力 • 物料清单、订单 • 产品说明、价格、促销 • 库存、分配 • 产品和材料的可用性 • 服务水平、合同条款，如供应能力、库存和服务	EDI、互联网或专有工具 非实时信息交换 结构化信息 信息孤岛	物联网 数字化协同平台 实时信息交换 结构化信息 非结构化信息 半结构化信息 大数据
战略协作	• 提高预测准确性 • 加强战略供应链关系和盈利能力 • 加强销售和运营计划 • 加速和管理整个供应链的需求计划、直接采购、采购与实施 • 解决关键供应链事件 • 生产能力 • 生产设施和实现网络扩展 • 定价计划	与合作伙伴联合制定规划、设计流程、分享风险与回报 非实时 非智能认知的分析和预测	物联网实现网络扩展 数字化协同平台 人工智能、机器学习帮助提高预测的准确性、解决关键的供应时间、提高整体生产能力、帮助计划协同、优化采购

图 4.2　传统供应链与数字化供应链协同策略对比

4.2.2　数字供应网络协同

本书第1章告诉我们，数字化供应链使得传统的线性供应链变革为动态的连接的供应网络，见图4.3。这把供应链协同提高到了一个新的水平：数字供应网络协同。

随着每个供应节点的能力和连接性增强，供应链会裂变成一个动态的数字供应网络（Digital Supply Network，DSN）。DSN通过使用实时数据更好地为决策提供信息，提供更高的透明度，从而增强整个供应网络之间的协同，克服了线性供应链反应过程的延迟行动。

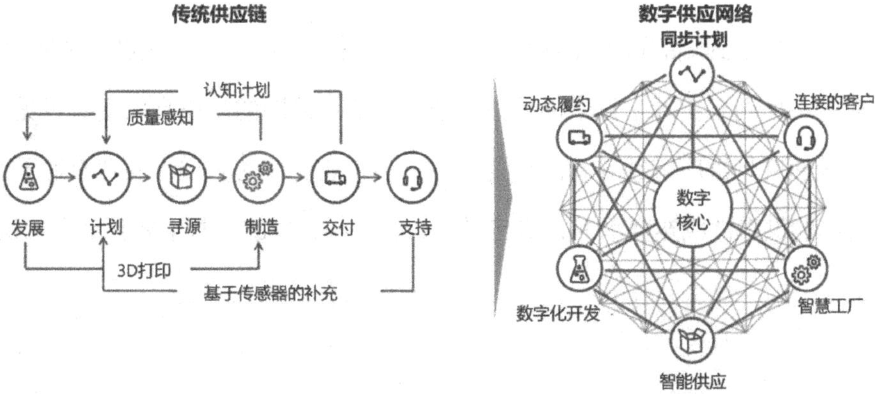

图 4.3　传统的线性供应链转变为动态的连接的供应网络[2]

数字供应网络像一个连接的社区，它跨越整个价值链把供应商、合作伙伴以及客户 / 顾客连接在一起。它能提供端到端的可见性和透明性，并且采用以下战术达到最大限度的供应商协同[2]。

- 采用数据分析实现智能寻源。

- 共享资源。

- 区块链使能的可信、透明。

- 采用云计算或控制塔的供应优化。

- 供应商的生态系统。

总之，数字供应网络协同才能达到纵向和横向的全方位供应链协同。它是整个供应网络共赢的策略，将会给供应网络各方在计划、采购、交付等所有方面带来巨大的效益。本书在后续几章中还会讨论这个话题。

此外，供应链协同也会存在不确定性，如供应商可能中止供货，天灾人祸可能造成供应中断。传统的供应链对此类不确定性基本上没有好的解决方案。而数字供应协同可以通过分析和控制塔的技术预警预测可能的协同的不确定性。还可以通过数字供应网络协同平台和人工智能使能的供应商关系管理（SRM）等处理和解决可能破坏协同的问题。

4.2.3 数字化供应链协同框架

供应链的端到端的可见性对实现供应链协同极其重要。数字化供应链协同（数字供应网络协同）实际上是借助于数字技术来实现协同的。提高供应链可见性和数字化成熟度是供应链领导者的重要任务，多企业协作使多层可视性有助于组织达到更高的供应链成熟度水平。供应链中数字协同背后的一些主要驱动力如表 4.2 所示。

表 4.2 供应链中数字协同的驱动力

SCC 驱动力	描述
复杂性和不确定性	产品、销售渠道和相应的供应链的复杂性要求信息以高带宽快速流动。供应链的参与方各自为政、简仓式管理系统、信息孤岛将使信息流通缓慢，并且难以协同
业务的开发和响应速度	社交网络和协作工具以更有效的方式连接人、信息和公司资产。利用社交媒体可以帮助组织快速有效地获得有关市场定位、客户需求和产品接受度的反馈。这些信息甚至可能鼓励非传统的进入者以新的方式与客户互动，进入新市场
大数据	高度复杂的全球供应链将大量结构化和非结构化数据带入系统。问题不在于收集数据，而在于从中获取价值。因此，企业在大数据和分析项目中看到了做出更明智的商业决策的巨大潜力

一旦业务需求和协同类型已经确定，就可以建议供应链组织遵循一个结构化的过程来形成、启动和管理它们的协同区域。图 4.4 给出了数字化供应链协同框架，供应链组织可以用其来形成有效的数字化供应链协同。

数字化供应链协同框架包括一个五步的逻辑过程。

1. 建立发展愿景、战略和路线图

建立一个数字化供应链协同的发展愿景、战略和路线图。识别哪些供应商和合作伙伴是战略性合作关系，哪些是一般合作关系。采用数字技术建立关注人和可实施的协同计划。对某些企业，甚至要求企业共享共赢文化的变革。

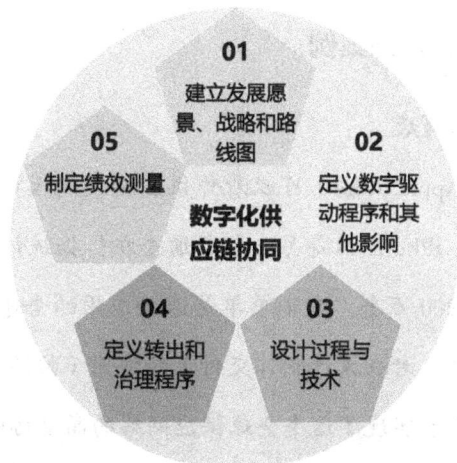

图 4.4 数字化供应链协同框架[3]

2. 定义数字驱动程序和其他影响

需要确定、评估并将实现数字协同的驱动因素或主要工具纳入计划，并需要从一开始就这样做。数字驱动的例子包括社交媒体、大数据和分析以及云计算。

3. 设计过程与技术

提前设计和实现相关的支持流程和技术，以支持协作，包括角色、信息流、决策、数据安全和其他关键方面。

4. 定义转出和治理程序

合作计划的推出和整体治理必须是量身定制的。一些公司倾向于先从一些供应商和贸易伙伴开始，向它们学习，然后将项目推广到更广泛的领域。其他人则专注于业务领域，在扩展之前，可以轻松地从中获益。

5. 制定绩效测量

还有一个关键方面是为所有相关方定义和衡量协作计划的关键绩效指标。行为通常由所测量的因素驱动，而主要评估事务性、战术性绩效的关键绩效指标也同样会将相关方的注意力转移。当绩效指标反映关系的整体而不仅仅是事务元素时，它们可以极大地促进协作的成功。

4.2.4　数字化供应链协同案例

案例1：苹果应用商店

苹果应用商店（Apple Store）可以看作供应链大规模协同的典范。没有这些应用程序（见图4.5），iPhone只是另一部普通手机！据统计，2016年苹果应用商店的应用程序就达到200万个。它不单单是这些应用的全球供应商（包括个体）的协同，而且是制造商/者在设计制作交付上的协同（按苹果公司的要求）。更有意义的是苹果的数字平台实现了这个全球供应网络的高度协同。

供应商不仅与企业（如苹果公司）合作以提供关键组件或服务。它们还与企业的工程师合作，以确保从买方和供应商的角度优化成本。它们甚至可以接管整个端到端解决方案的供应，或通过联合研发与研发团队共同设计。

图 4.5 苹果应用商店

这些协作形式并不新鲜，但是它们变得越来越普遍和关键。而且它们变得越来越有影响力，因为一旦您开始将这些协作模型中的任何一种扩展到越来越多供应商，您的业务能力就会增加几个数量级。如果一个好的供应商可以使您的企业树立品牌，扩大业务范围并确立其市场领导者的地位，那么与成百上千个供应商合作是可能的，就像苹果应用商店一样。真正要实现大规模供应链协同，构建一个数字化供应链协同平台是最佳的解决方案。

案例 2：供应链协同仓（VMI）解决方案

下面把深圳准时达国际供应链管理有限公司的供应链协同仓（Vendor Managed Inventory，VMI）解决方案作为一个数字化供应链协同的案例。服务世界一流企业超 20 年的准时达"打造的供应链协同仓，为客户提供直击痛点的解决方案，堪称降本增效之典范"[4]。同时，它也是数字化供应链协同的一个典范。准时达供应链协同仓，不仅担负原物料管理，还可实现成品配销。它应用数字技术，通过强大的 Forecast（预测）和 Planning（计划）功能，实现销售与采购同步。这种模式使得制造商和供应商达到双赢。详细分析见图 4.6 和万联网的报告。

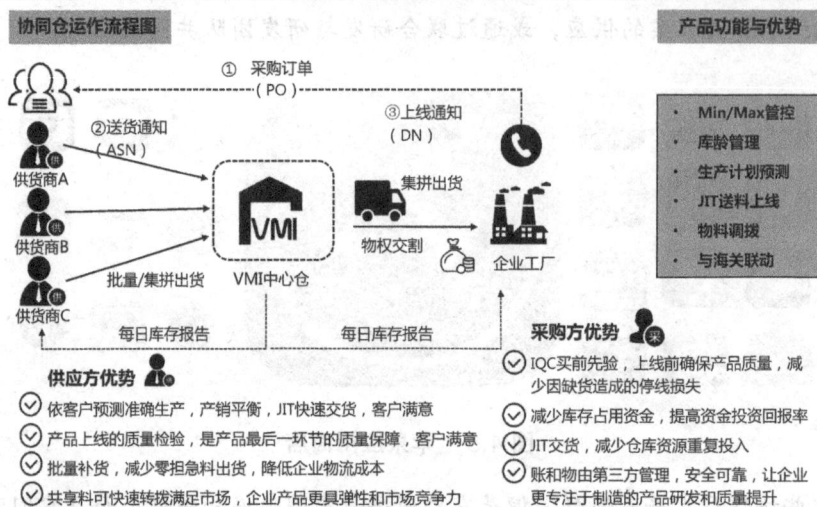

图 4.6　准时达供应链协同仓 [5]

4.3　数字化供应链的细分策略

如今的供应链，由于全球化、外包以及库存和产品配置的快速增长而变得非常复杂。它们也非常难以管理。一些公司可能已经将供应链作为战略重点领域（沃尔玛和 Zara 在零售业，宝洁和联合利华在消费品领域，苹果在消费电子领域），但即使是非常成功的公司现在也面临着进一步削减成本的新的巨大压力：用更少的钱做更多的事情。一直以来，客户的要求比以往任何时候都高：更多的定制、更好的服务和更亲密的关系。

4.3.1　制定差异化细分战略

未来属于能够将其供应链与客户细分市场的特定需求相匹配的公司。关于供应链细分的优点有很多，现在很少有人会不同意它的基本原理。高产量、低变动性市场段背后的供应链可能是为了提高效率而设计的，而高产量、高变动性市场段背后的供应链可能是为了提高灵活性和响应能力而设计的。图 4.7 的左半边三角形指出了制定差异化细分战略的三个需要权衡的重点和聚焦的领域：敏捷性（Agility）、成本（Cost）和服务（Service）。

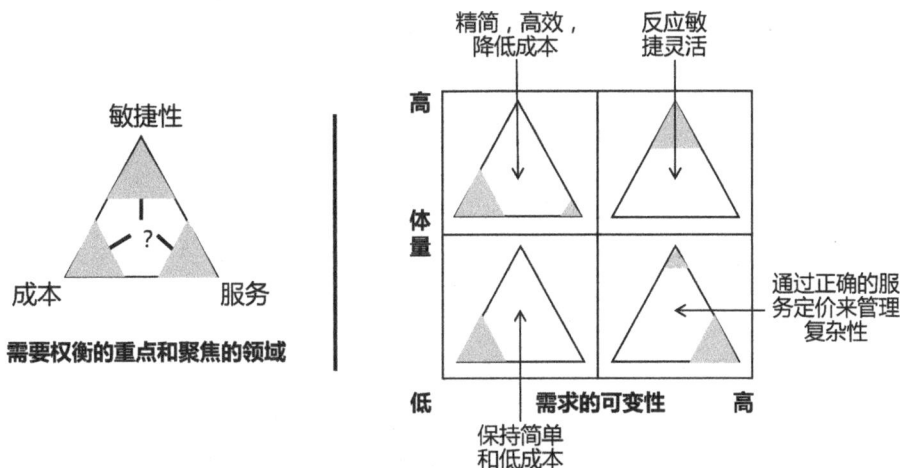

图 4.7　制定差异化细分战略 [6]

图 4.7 的右半边指出了四种不同的细分战略。

在数字经济时代，终端客户对供应链的影响已从最后一公里转移到开始的第一公里，迫使供应链管理人员专注于提供差异化的客户体验。毫不奇怪，提供这些不同的客户体验是困难的，因为传统的供应链是"一刀切"的策略。今天和未来，将供应链分割在客户周围，是保持数字世界竞争力的基本要求。

供应链细分（Supply Chain Segmentation，SCS）是提供差异化供应链解决方案，以满足不同客户需求的能力。此能力是实现数字化供应链的基本能力之一。它也是数字化供应链的一个重要策略。图 4.8 描述了数字化供应链转型中传统的"一刀切"策略向数字化供应链细分策略的变革。任何用于供应链细分的框架都必须考虑到需求不确定性、成本驱动因素、与客户的关系、客户价值主张和技术时钟速度——技术和产品在特定行业中的变化速度。

要实现这一过程，首先要根据购买行为细分客户，然后为他们设计产品，并调整供应链以在适当的时间向正确的客户提供合适的产品。为了在电子商务主导的世界中保持竞争力，企业必须不断调整供应链能力以满足客户需求。

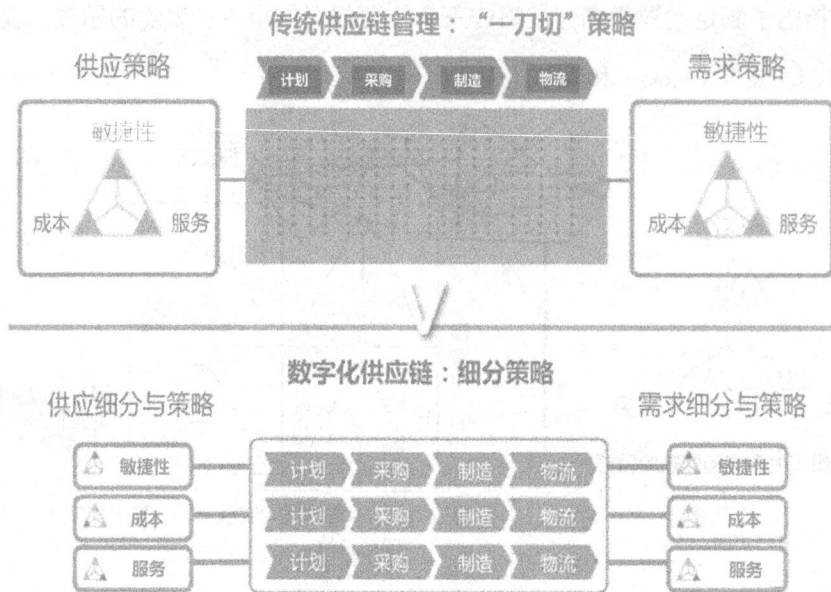

图 4.8 传统供应链"一刀切"策略和数字化供应链细分策略[6]

供应链细分这个概念不一定是新的或不同的。市场部门几十年来根据其人口概况划分客户和购买倾向。数字化现在迫使企业将这个原则运用于供应链。数字数据信号提供了必要的信息帮助企业发现并使用数据。这很可能将是企业生存发展的关键。数据从供应链中的许多节点流出，具体如下。

- 销售点（Point of Sale，POS）系统。

- 物联网（IoT）设备。

- 社会、新闻、事件和天气信息。

- 产品属性。

- 客户反应。

所有这些类型的数据都需要清理、整理和汇总。机器学习算法必须不断挖掘和连接多个系统中的各种数据源，以获得见解和建议。想想这个过程，类似于淘金，但是你在"抖"数据而不是金块（不要被你的硬盘驱动器里的数据所欺骗，要看看它们是不是真的）。

这一步是实施成功的供应链细分策略的基础。使用销售交易、社会数据、人口统计数据和其他数据点，把客户分成各种同类群体。对这部分的详细了解应告知产品设计、服务水平提供者和供应链策略师。

除了客户细分外，还有内部产品和供应细分、渠道反分割，本书不讨论。总之，供应链细分策略可以帮助数字供应网络的数字化供应链模块化和进行灵活的流程组合。通过集成供应链工程（如模块化供应链管理），使敏捷供应链适应不断变化的市场需求。另外，数字化可以提高供应链细分的能力。

4.3.2 供应链细分的挑战

供应链领导者必须充分了解他们在供应链细分过程中将面临的挑战的范围和深度。低估挑战和短兵相接不仅会导致短期的失败，还会减少组织在未来的成功机会。有些公司不会有第二次机会。供应链细分的挑战包括以下方面。

第一，服务数据的详细成本特别难以获取和合理化，而且一直在变化。尽管如此，在细分过程中，建立一个清晰的成本平衡图是第一步，也是基础性的一步，因此不能忽略该步骤。很少有公司有技术专长或 IT 预算来独立完成这项工作。

第二，可能需要对客户、供应商和服务提供商的合同进行检查和重新谈判，包括支持新的细分战略所需的服务和条款。在许多情况下，对上述内容的修改还需要对操作流程本身进行重大变更。例如，供应商的订单接收和发货窗口合规性的规则和时间阈值，或处理跨 3PL 的动态分配或模式转移决策的协议。

第三，围绕"一刀切"供应链设计的组织和团队结构将需要重组——在某些情况下，需要彻底重组。在某些情况下，公司可能会面临严重的人才短缺；招聘和培训专业职位需要时间和持续的承诺。

第四，仍然需要实施智能供应链细分战略，而在网络化供应链中，很少有公司曾经面临过规模化的变革管理。由于涉及成百上千的外部贸易伙伴和服务提供商，这项工作可能比许多公司管理者想象的要复杂得多。

第五，跨业务网络的业务协调需要更新、专门的信息系统，这些系统与公司购买和安装了几十年的企业系统截然不同。拥有深厚企业文化或对"旧"方式（如 ERP 或其他以企业为中心的软件系统）的机构有承诺的公司可能会发现，重新设置 IT 议程并转向新的基于网络的 IT 系统尤其具有挑战性。

4.3.3 供应链细分的场景、案例及其策略

部分供应链细分的场景、案例及其策略如表 4.3 所示。

表 4.3 供应链细分的场景、案例及其策略

场景、案例	细分策略
在分销计划中进行细分，并保持服务水平	**按分销渠道细分：** ●现代渠道：服务水平高 ●电商渠道：服务水平高、竞争强、增长快 ●传统渠道：普通服务水平、折扣策略
某消费品制造商有四大分销渠道： ●现代渠道（商场、超市、便利店） ●传统零售渠道（北区、南区） ●电商渠道 ●出口渠道	**按服务不同优先级客户细分：** ●第一优先级 ●第三优先级 ●第一优先级 ●第二优先级
某零售商的业务需求是将有限库存分配到配送中心，优先满足电商渠道，其次满足现代渠道，最后满足传统零售渠道	制定分销方案时，往往需要精确分配有限库存资源，确保在资源短缺时，重要的客户和渠道能优先满足。有限库存分配： ●电商渠道：第一优先级 ●现代渠道：第二优先级 ●传统零售渠道：第三优先级
按供应分配细分：供应是全局的，对于全球化企业来说，是在一个网络上，但也是有限的。按区域、级别、客户预留细分库存能在接到客户需求时更好地提供差异化服务	**按供应分配细分：** ●库存预留可按照排名、比例、承诺预测量或者供应链中的级别的其他业务规则进行设定 ●遇到异常情况可对预留库存进行修改和重新安排 ●进行结构化的预留，以保障做出订单承诺时有足够的库存可用量

续表

场景、案例	细分策略
大卫·辛奇－利维（David Simchi-Levi）在《运营规则》一书中描述了其中一位作者的较早研究，该研究提出了一个良好的第一步，即着眼于需求不确定性和客户关系。这些维度确定了不同的客户群，每个客户群都需要不同的供应链策略。例如，当需求不确定性高且与客户关系松散时，应采用的供应策略必须不同于当需求不确定性低且与客户关系紧密时应采用的供应策略	**戴尔推出的四种最基本的供应链**（见图 4.9） ● 按订单加工 ● 按计划加工 ● 按库存加工 ● 按规范加工

戴尔的四种最基本的供应链如图 4.9 所示。

戴尔创建了四种供应链，每一种都专门针对不同的客户群体，但它们的配置都使戴尔能够利用不同供应链之间的协同效应

不同	按订单加工	按计划加工	按库存加工	按规范加工
客户部门	在线零售/容量配置	零售	在线零售/受欢迎配置	企业客户
产品	客户定义的配置	为市场设计的少量配置	为市场设计的少量配置	为客户设计
生产批量	一个	大量	大量	大量
生产策略	装配由单个订单驱动	平稳生产以降低成本	平稳生产以降低成本	数量和时间进度表由客户订单定义
产成品库存	否	是（零售商处）	是（戴尔处）	否
提前期	短（空运）以达到响应性	长（海运）以降低运输成本	长（海运）从生产到库存地点和短（邮包）到客户地点	长（海运）以降低运输成本
计划期	短	长	中	长

图 4.9　戴尔的四种最基本的供应链[7]

4.3.4　跨供应链细分的协同效应

供应链细分中的一个重要挑战是利用跨供应链的协同效应来降低复杂性并利用规模经济。通常，可以在五个方面产生协同效应：采购、产品设计、制造、计划和订单履约。

● 采购协同效应：利用各个细分市场的销量来降低采购成本。

● 产品设计协同效应：强调在所有供应链中使用标准组件，并减少产品组合。

● 制造协同效应：要求整合尽可能多的制造基础设施。

- 计划协同效应：需要一种方法来将制造能力分配给不同的部分。这就是销售和运营计划（S&OP），这是一个应用于所有供应链部分的过程，用于调整需求、供应和库存，并根据实际和预测需求将生产能力分配给各个供应链。

- 订单履约协同效应：IT部门对按订单配置策略的传统IT基础架构进行了全面的改造，该策略不存在批量。随着客户细分的实施，某些细分市场（例如零售）要求该技术支持大批量生产并暗示存在成品库存，这是戴尔以前从未考虑过的。结果，该公司需要重新考虑其IT基础架构，以便它可以支持多个渠道。戴尔根据客户的价值主张对不同的客户类型进行细分。这使该公司可以简化其产品线并销售最受欢迎的配置。这种简化通过提高预测准确性降低成本并提高响应速度。

戴尔利用跨供应链细分的协同效应，通过对四种供应链使用一个基于云的数字网络平台基础架构来构建北美供应链。戴尔的这一策略对公司的最终盈利产生了巨大的影响：产品可用性提高了37%，订单交付时间缩短了33%，笔记本电脑的运费减少了30%，制造成本减少了30%。这种可编排的供应链只能在基于云的数字网络平台上完成。

4.4 本章小结

本章是整个架构篇的总览和主线。它首先定义了数字化供应链的一个参考架构，简要描述了该架构的主要元素。整个架构篇将详细描述和分析该架构的要素。其次，讨论了该架构的支柱之一：数字供应网络协同策略。指出供应链协同是供应链管理的核心之一。通过与传统的供应链协同对比，指出数字化供应链的协同的竞争优势。然后定义和描述了数字供应网络协同的特征。供应商协同始终是在需求和供应之间保持微妙平衡的功能。建立协作供应商合作伙伴关系的最大优势之一是推动协同增效，而这种协同增效在企业范围内被认为是不可能的。只有利用在供应网络纵横两个方向的供应网络协同才能真正达到协同增效。最后讨论分析了参考架构的另一个支柱：数字化供应链细分策略，指出数字化供应链转型中传统供应链的"一刀切"策略向数字化供应链细分策略的变革。大多数传统的供应链运营策略都专注于效率（有时称为"推"策略）或响应能力（有时称为"拉"策略）。数字化供应链细分策略使企业提升了平衡不同运营策略的能力。供应链细分的场景及案例分析告诉读者：数字技术和数字协同及细分策略是构建数字化供应链的基石。

【参考文献】

[1] 罗戈研究&京东.唐隆基.数字化供应链综合研究报告.2018.

[2] 德勤.数字供应网络的兴起，2017.

[3] TCS，Enabling Digital Supply Chain Collaboration for Smart Enterprises.2017.

[4] "都在讲协同，却不知协同最关键的是……"，万联网，2017.

[5] 资料来源：万联网.

[6] GT Nexus. Supply Chain Segmentation Enabled, 2014.

[7] MIT Sloan. 当一种尺寸不适合所有人时，MAGAZINE WINTER，2013.

第 **5** 章

计划的数字化转型与变革

"凡事预则立，不预则废。"供应链也是如此，"预"字就是计划之意。供应链计划就是任何供应链行动（运营）开始之前的"预"。此处"预"字还有分析预测之意，供应链计划是建立在一定的需求预测之上的。严格地说什么是供应链计划呢？本书采用高德纳的定义：供应链计划（Supply Chain Planning，SCP）是协调资产，优化从供应商到客户的商品、服务和信息的交付，平衡供需的前瞻性过程。SCP套件位于事务系统的顶部，考虑约束条件，可提供计划、假设情景分析功能和实时需求承诺。

由此可见，供应链计划是企业供应链管理的核心职能，也是企业的核心竞争能力之一。本章首先指出数字化供应链计划是供应链数字化转型的核心，然后比较数字化供应链计划与传统供应链计划的不同，并且讨论数字化供应链计划的七个维度，最后介绍和分析供应链计划数字化转型的技术。

5.1 数字化供应链计划是供应链变革的核心

为什么数字化供应链计划是供应链变革的核心？此节从供应链决策趋势、供应链运营参考模型，以及供应链计划数字化转型的重要性三个维度来分析。

5.1.1 数字化供应链的核心是数字化决策

决策是传统的供应链管理中的核心，通常决策分为三个阶段：供应链战略、供应链计划和供应链运营。供应链计划（包括战略规划）是供应链管理的核心。通常供应链的战略部和计划部是供应链的核心部门和决策中心。不同于传统的供应链,数字化供应链的核心是数字化决策,它是对传统供应链决策方式的根本性变革,是基于数据 + 算法的决策方式,也就是采用现代数字技术,如人工智能、高级分析、大数据等(见第 3 章)进行决策,用数字化决策来驱动管理供应链的运营。数字化供应链计划是数字化决策最重要的部分,因此供应链计划的数字化转型是整个供应链数字化转型的核心。

5.1.2 数字业务计划是更广泛的供应链转型努力的基础

图 5.1 描述了经典的供应链运营参考(Supply-Chain Operations Reference, SCOR)模型。SCOR 模型建立在 5 个不同的管理流程之上:计划(Plan)、采购(Source)、生产(Make)、配送(Deliver)和退货(Return)。它定义了供应链运营参考模型的范围和内容,并确定了企业竞争性能目标的基础。企业可根据第一层 SCOR 模型提供的一系列供应链运作性能指标做出基本的战略决策。

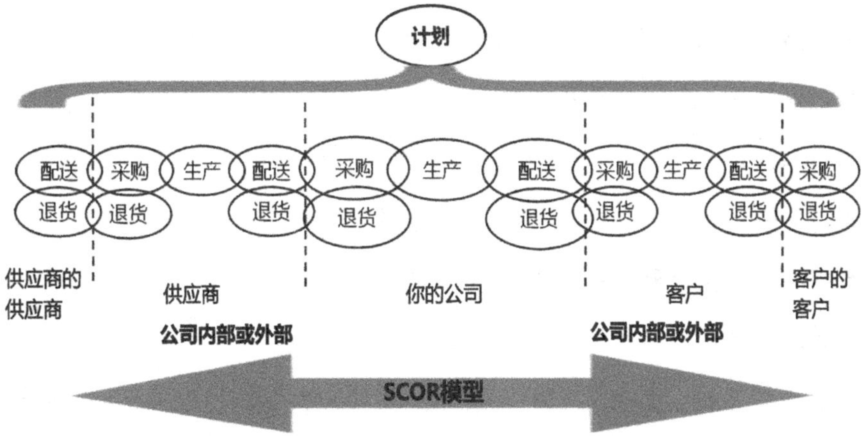

图 5.1 经典的供应链运营参考模型

从模型可知,需求和供应计划在所有其他流程之上,控制和影响所有其他流程。图 5.2 更清楚地描述了商品导向和供应链运营导向供应链不同阶段的计划对整个供应链的影响。很显然，供应链计划的数字化变革将为所有其他供应链的要素、流程的变革奠基。

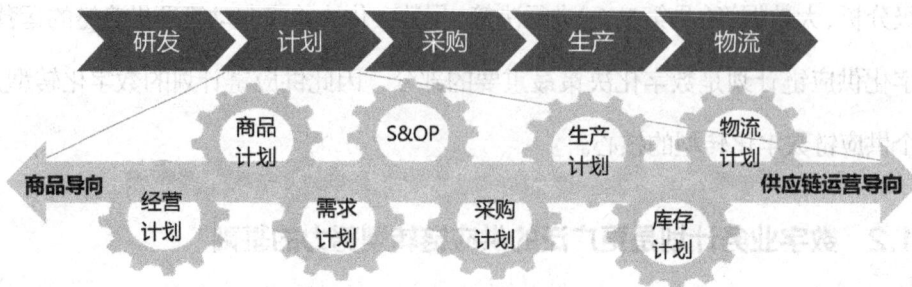

图 5.2　经典的供应链计划模型 [1]

5.1.3　数字化供应链计划将供应链提升到一个新的水平

2018 年 IDC 在其研究报告《数字化供应链计划是供应链变革的核心》中指出数字化供应链计划具有以下特征。

● 感知（Sense）—— 通过物联网连接，意识到与供应链有关事件的发生，发生在何处，谁在做什么。

● 分析（Analyze）—— 通过耦合分析，知道事件发生的原因，所发生事件的意思，以及对业务有何影响。

● 响应（Response）—— 通过认知使能科学预测和决策，即采取最优的下一步行动，了解可能发生的异常，启用学习系统。

● 以上三个方面都与整个供应网络协同。

● 供应网络"感知"。

根据上述特征，数字化供应链计划要达到需求感知和数据驱动，物联网是核心技术。综合分析和认知技术支持实时、广泛的数字业务规划。数字化供应链计划必须涵盖整个价值链，供应网络不能仅在企业之内，必须扩展到多级供应商和客户。集成的计划（和执行），其数字化供应链计划必须停止在公司内部的简仓中进行规划（包括需求规划、供应规划、库存规划等），要通过广泛的供应网络协同以实现无缝、低延迟的创新和履约，以满足甚至超越满足客户和消费者的体验。

图 5.3 通过几个典型的供应链计划用例显示采用新兴技术的数字化供应链计划能将供应链提升到一个新的水平。

用例	当前水平	目标和目的	技术部署	未来水平
洞察需求和消费信号	尽管需求数据源是常见的，但它们是不完整的，通常不是实时的或接近实时的，并且不能充分预测未来的需求	全面而接近实时的需求和消费数据将使企业能够改善预测以及与库存和产能的关联	云计算、物联网、移动技术和云产业	检测来自客户的需求信号可以在补充过程中为实时需求提供更准确和可用的表示
扩展S&OP	S&OP通常是一个孤立的过程，它不能充分理解粒度需求、更广泛的供给以及超出需求和供给平衡的狭窄定义之外的要素约束	及时和有效地调动企业内外部的所有计划组成部分，既要确保现有的计划是可行的，又要了解未来的机会来重新调整计划	云计算、社交、物联网、数据分析和认知	现代、基于云的工具集成到横跨广泛而多样的连接组件集的仪表输入。具有下一代优化能力的计划和场景的快速迭代
思考型供应链	不同的分析模型支持不同的计划阶段，但是这些模型是松散集成的	目标是更好地分配资源和降低风险，更好地优化S&OP，以及更好地确定下一个最佳行动	认知、数据分析、AR/VR和移动技术	闭环分析模型将投资组合、情景、价值和情景分析联系在一起，通过绩效和创新驱动供给

图 5.3 数字化供应链计划将供应链提升到一个新的水平 [2]

5.2 传统供应链计划和数字化供应链计划比较

早在 2014 年供应链文摘（Supply Chain Digest，SCD）基准研究 [3] 表明，大多数（83%）供应链管理人员认为，供应链计划周期将加快，并朝着更实时的方向发展。他们认为供应链计划和执行之间的融合是提高可视性和加速规划的一个主要机会。供应链计划即将发生根本性变化，那就是数字化供应链计划或叫作供应链计划 4.0（对应工业 4.0）。图 5.4 描述了从传统供应链计划到数字化供应链计划的转型。事实上，它也比较了传统和数字化供应链计划的方法和流程。

显然，这场变革在大多数企业中才刚刚开始。因此，尽管有期望，但大多数企业还没有变革，然而供应链计划本身的变革已经开始了。

	传统供应链计划	数字化供应链计划
	分离、阻隔、滞后	协同、畅通、即时
供应链状况	事物发生在多层次（战略、战术、执行）	上下游相互连接
计划	不完全集成的非自动供应链计划	完全集成的全自动供应链计划
预测	不连续非实时的数据驱动非智能认知的分析与预测	人工智能认知的分析与预测
需求识别	缺乏清晰的需求能见度和可视化	同步上下游流程、需求的集成SKU的位置颗粒能见度及可视化程度高

图 5.4　传统供应链计划和数字化供应链计划比较

5.3　数字化供应链计划的七个维度

前文已介绍数字化供应链计划是供应链数字化转型的核心，以及它与传统的供应链计划的某些差异。许多组织希望将其供应链计划（SCP）数字化，但是很少有供应链管理者知道这实际上意味着什么。大多数人认为某种形式的数字技术将满足他们的需求，但并不清楚哪类数字技术对数字化供应链计划更有意义。本节基于高德纳的一个研究报告将从七个维度深入地分析如何达到数字化供应链计划的要求，从而帮助供应链管理者采用正确的方法、合适的数字技术和组织的数字变革来实现供应链计划的数字化转型。图 5.5 描述了数字化供应链计划的七个维度的思维模型。本节将逐一分析每个维度。

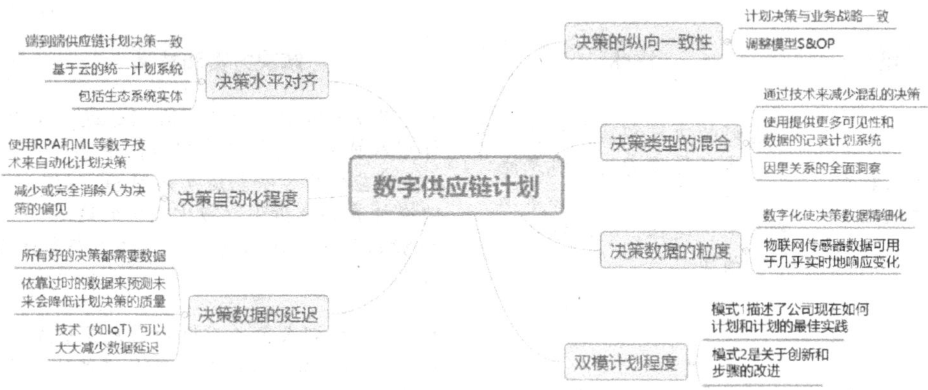

图 5.5 数字化供应链计划的七个维度[4]

表 5.1 描述了每个维度以及有关解决方案和技术。

表 5.1 七个维度及有关解决方案和技术

维度	描述	解决方案和技术
决策水平对齐	端到端供应链计划决策一致	● 放弃电子表格,以采用基于云的统一计划系统 ● 建立系统之间的自动连接,如 EDI、API ● 包括贸易伙伴和其他生态系统实体
决策的纵向一致性	计划决策都与整体业务战略相联系并支持其执行;供应链计划与业务部门之间一致	● 垂直调整的模型 S&OP,它为所有日常运营决策提供了战略框架 ● 采用数字化的 S&OP 技术
决策自动化程度	使用 RPA 和 ML 等数字技术来自动化计划决策	● 数字计划平台可以自动进行需求计划,高达 90% 的流程都在无须人工干预的情况下处理 ● 这些数字技术的真正价值在于它们减少了或消除了人为决策的偏见,而不是节省人力 ● 即使是人类做出决策,先进的分析技术也可以在整个供应链中提供更好的可视性,以帮助计划人员做出更明智的决策
决策类型的混合	在计划过程中,每天都会做出决策。在低成熟度的组织中,会看到许多部门的最佳实践决策和一些混乱的决策	● 通过技术来减少混乱的决策 ● 使用提供更多可见性和数据的记录计划系统 ● 借助对所有因果关系的全面洞察,决策变得更加容易,并且大多数最终可以实现自动化

续表

维度	描述	解决方案和技术
决策数据的延迟	所有好的决策都需要数据。许多供应链管理者的困境是他们只能依靠过时的数据来预测未来，这往往会降低计划决策的质量	● 数字技术可以大大减少数据延迟，因此计划人员可以更好地掌握现实情况 ● 在供应链中（如物流）采用 5G 网络、边缘计算和分析可以减少数据的延迟 ● 物联网（IoT）传感器能提供几乎实时的数据
决策数据的粒度	计划越数字化，决策数据越精细	● 今天的计划人员通常仅在每月或每周接收总需求数据，数字技术将允许他们在下订单或发生影响订单的事件后立即使用这些数据 ● 对于供应方，物联网传感器数据可用于几乎实时地响应变化
双模计划程度	模式 1 是指公司现在如何计划和计划的最佳实践；模式 2 是关于计划创新和流程的改进。目前，大多数组织几乎没有模式 2	● 数字技术可以通过如优化计划算法来帮助不断改进模式 1 ● 数字技术可以极大地增强模式 1 的能力，并有助于增强强大的模式 2 的能力。考虑利用社交情绪数据来提高预测准确性或从不同的数据集中检测新的相关性和因果关系。如果模式 2 下的概念证明能显示出足够的 ROI，则可以将其转换为模式 1，并成为新的最佳实践

5.4 供应链计划数字化转型的技术

在确立了供应链计划数字化转型的战略之后，新兴的数字技术就成了其转型的加速器。本节讨论和分析供应链计划变革的技术趋势，并介绍几个成功的案例。

5.4.1 供应链计划技术发展周期

高德纳供应链计划技术发展周期模型（技术成熟度曲线）是供应链和 IT 领导者用于供应链技术采用和创新决策的指南。图 5.6 是 2020 年高德纳的供应链计划技术发展周期模型，它概述了供应链计划的众多创新的解决方案，使供应链和 IT 领导者能够深入了解利用技术提高企业在许多领域的绩效的相关内容。它还可以帮助供应链和 IT 领导者了解哪些技术和应用程序经历了磨合周期，哪些技术和应用程序已经成熟，最终，确定合适的技术和应用程序。

图 5.6 中技术的采用取决于企业供应链计划成熟的程度。处于计划成熟度最低水平的企业将使用和获取已经退出这一技术发展周期的技术，如基本需求计划、补货计划和基于 ERP 的计划。在计划决策质量（第二阶段成熟度）方面寻求持续的渐进式改进的企业将专注于这个技术发展周期的右侧的技术。希望整合它们的计划的企业应该关注在技术发展周期中间的技术。而成熟度较高的企业应该尝试技术发展周期左边的技术。在这个技术发展周期左边的大多数技术代表了下一代 SCP 的许多构建模块，如数字供应链孪生、供应链计划算法和持续智能。

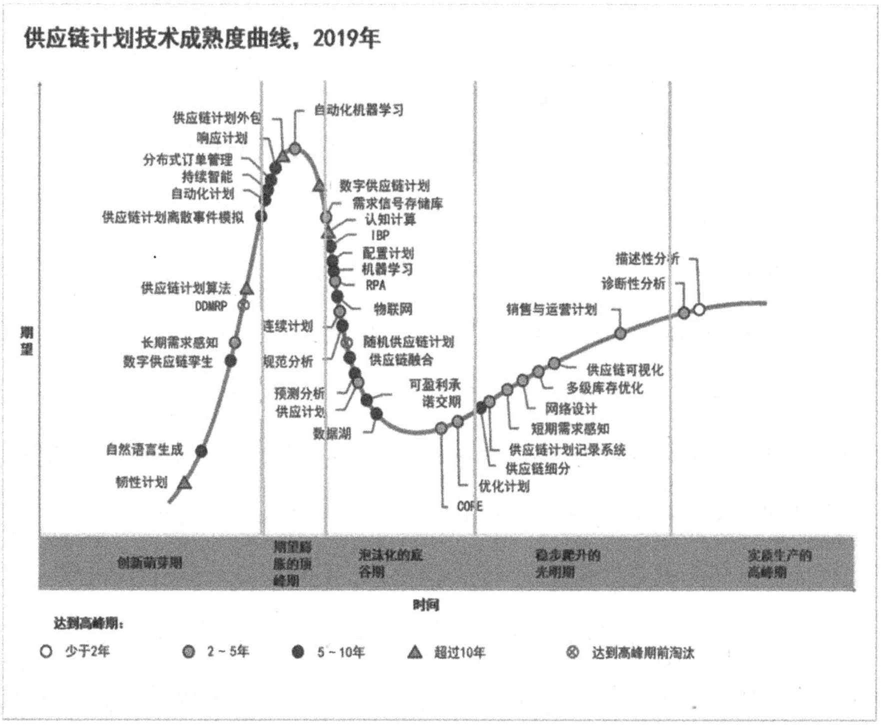

图 5.6　2019 年供应链计划技术发展周期[5]（来源：高德纳，2019 年 10 月）

在考虑 SCP 投资时，公司应将潜在投资与其整体供应链战略联系起来。在该战略中，根据 SCP 的角色和成熟度级别的需求进行投资，见图 5.7。

供应链计划技术优先级矩阵，2019年

收益	成为主流的时间			
	少于2年	2~5年	5~10年	超过10年
颠覆性			持续智能 数字供应链孪生 IBP 物联网 供应链融合	供应链计划算法 数字供应链计划 韧性计划
高		自动化机器学习 连续计划 CORE **需求信号储存库** 长期需求感知 多级库存优化 网络设计 优化计划 短期需求感知 供应链计划记录系统 供应链可视化 供应计划	自动化计划 配置计划 供应链计划离散事件模拟 分布式订单管理 机器学习 自然语言生成 预测分析 规范分析 可盈利承诺交期 响应计划 供应链细分	认知计算
中	描述性分析	诊断性分析 RPA S&OP	数据湖	供应链计划外包
低				

图 5.7　2019 年供应链计划技术优先级矩阵[5]

图 5.7 从两个维度描绘了供应链计划技术的优先级矩阵。横向维度预报了它们成为主流技术的时间，纵向维度指出了各种技术给供应链计划带来的好处的程度。其中为 SCP 提供中等或较高商业利益的技术，可能在未来 2～5 年内趋于稳定，主要集中在传统 SCP 上。其中的例子包括需求信号储存库、多级库存优化和更一体化的供应计划。对分段 SCP 的支持以及整个供应链处理大数据的使用频率提高和速度提升也有助于提高这些解决方案的实用性。这些技术的应用可以通过使用更多决策级数据和高级分析来改变计划决策的性质。

在 2～5 年成熟的技术中，CORE 不是一项技术，而是高德纳提出的一个技术框架[6]，见图 5.8。它由配置、优化、响应和执行四个层次构成。水平对齐发生在配置、优化、响应和执行各层上。例如，供应链可见性是由 E2E（现在通常是多企业）执行可见性功能实现的，因此可以看到整个供应链。优化规划（2～5年将趋于成熟）现在主要由集成的计划功能控制，这些功能在整个供应链中产生

一个统一的计划——高德纳称之为供应链计划记录系统。在核心模型的 R 层和 C
层中也发生了类似的驱动。

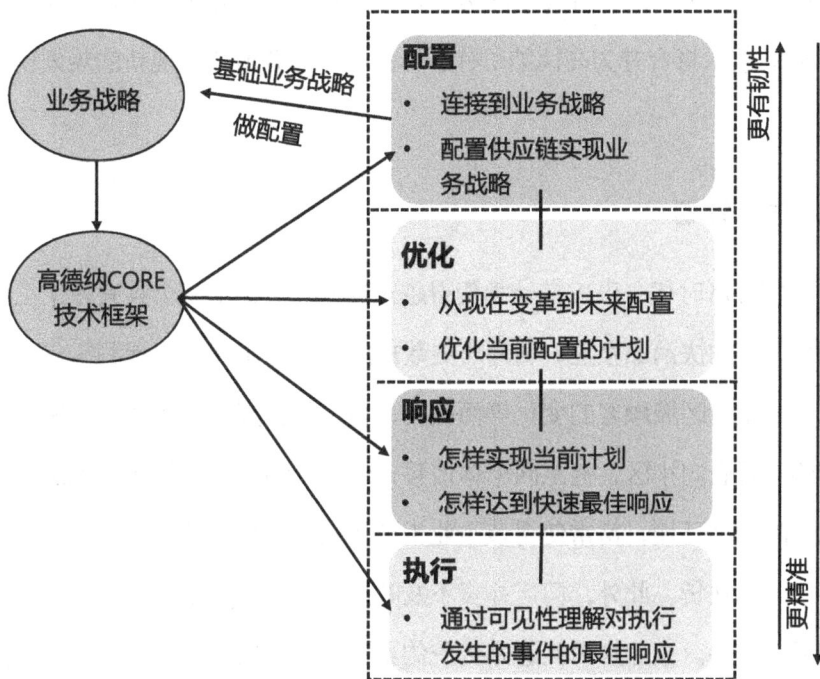

图 5.8　高德纳供应链 CORE 技术模型

　　纵向一致性也由核心结构启用。核心的各层需要通过它们之间的特定交接来
相互交谈。各层之间的对话程度 / 类型不同（例如，E 层不断地与 R 层对话，R
层与 O 层进行周期性对话）。这些对话使适当程度的一致性能够将战略与执行、
执行与战略联系起来。

　　根据 CORE 模型，高德纳设计了一个第 5 阶段成熟度供应链计划的技术参考
模型[6]。它对未来的供应链计划数字化变革有一定指导意义。此外，数字供应链孪
生、人工智能中的认知计算及机器学习、机器人流程自动化、预测分析、规范分析、
物联网等新兴技术都已经在数字化供应链计划的变革中崭露头角，值得进一步关
注和实践。

通常在 5 ～ 10 年从预测到平稳的技术将通过应用自动预测和规定分析（AI/ML）来提高和改变规划决策质量。例如，通过数字供应链孪生（响应计划、机器学习和物联网）实现近实时计划决策和执行可视性（核心）的融合。最终，这些新兴的 SCP 技术将合并为高德纳所称的算法 SCP，并最终实现新的规划模式，如弹性规划。

5.4.2　同步计划

在数字经济时代，供应链计划变得越来越复杂。例如一个具有多个工厂和数千家销售门店的快消品企业，利用历史数据的传统的生产销售预测常常由于不确定的季节因素、区域顾客的变化等而失灵，特别是我国社群经济的发展，使得作为门店的前置仓向小区，甚至向个体前移，传统的预测和计划已经无法适应这个变化无常的数字环境，常常使得该企业生产计划与销售计划不协调，某些产品积压，某些产品缺货。此外，门店补货不及时、不准确，供不应求，造成顾客不满意而使顾客流失。企业意识到这是传统的不同步的供应链计划所造成的，而这种不同步的供应链计划的产生根源是传统的、依赖于历史数据的预测，已不适应今天充满不确定因素和顾客有多变的个性化需求的数字经济时代。企业为了应对所面临的数字经济挑战和减轻成本压力，正在规划供应链计划的数字化转型，准备采用基于人工智能的同步计划技术。同步计划的概念首先由德勤提出，请见本书第 4 章图 4.3，其中同步计划是数字供应网络的核心模块之一。

什么是同步计划？"同步计划通常描述一种状态，在这种状态下，来自整个供应网络的恒定数据流使组织能够准确地计划生产以匹配实际需求[7]。"本质上同步的概念与本章所介绍的高德纳的数字化供应链计划的决策水平对齐，与决策横向一致异曲同工。图 5.9 描述了同步计划演变的五个阶段。

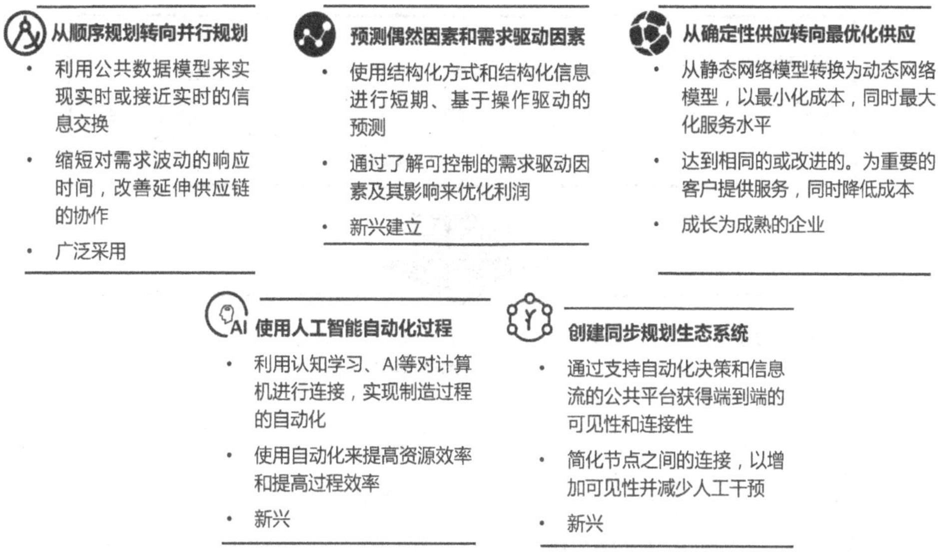

从顺序规划转向并行规划

- 利用公共数据模型来实现实时或接近实时的信息交换

- 缩短对需求波动的响应时间，改善延伸供应链的协作

- 广泛采用

预测偶然因素和需求驱动因素

- 使用结构化方式和结构化信息进行短期、基于操作驱动的预测

- 通过了解可控制的需求驱动因素及其影响来优化利润

- 新兴建立

从确定性供应转向最优化供应

- 从静态网络模型转换为动态网络模型，以最小化成本，同时最大化服务水平

- 达到相同的或改进的。为重要的客户提供服务，同时降低成本

- 成长为成熟的企业

使用人工智能自动化过程

- 利用认知学习、AI等对计算机进行连接，实现制造过程的自动化

- 使用自动化来提高资源效率和提高过程效率

- 新兴

创建同步规划生态系统

- 通过支持自动化决策和信息流的公共平台获得端到端的可见性和连接性

- 简化节点之间的连接，以增加可见性并减少人工干预

- 新兴

图 5.9　同步计划演变的五个阶段[7]

尽管环境变化表明同步计划的必要性正在增长，但大多数供应链组织都还没采用。因此，开始在供应链计划中使用先进技术的公司可以获得早期的竞争优势。然而要实现同步计划，必须采用新兴的数字技术，特别是人工智能、物联网和区块链技术，详见本书第 3 章和本章 5.4.1 小节。同步计划的核心是一个基于人工智能的决策中心，它将彻底改变传统的筒仓式线性的预测和计划，而物联网能提供实时和分时的恒定数据流，区块链将为计划提供可信的数据流和金融交易能力。新兴的数字技术使业务计划发生了变革。例如，通过应用机器学习技术来解决近期的供需失衡并触发自动响应，公司可以在最大限度地降低成本的同时最大化提升服务质量。最初从需求感知和响应（根据订单模式自动调整预测）开始，现在已扩展到需求方和供应方的预测分析，以主动检测潜在服务问题，识别未来不平衡的潜在根源，并突出或触发最优纠正措施。这种方法将计划和执行结合起来，在问题成为"大火"之前将其突出显示。图 5.10 描述了新技术如何驱动从顺序规划到并行规划的转变。

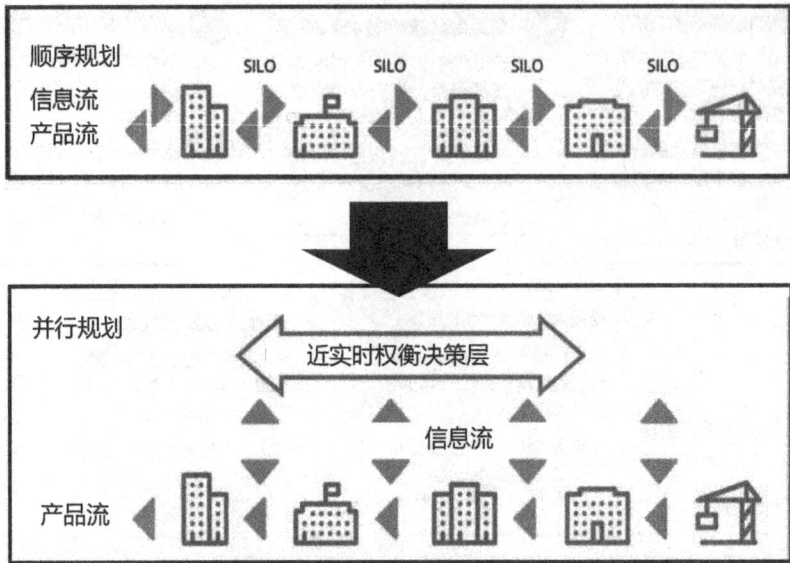

图 5.10　新技术如何驱动从顺序规划到并行规划的转变

实现同步计划，不单单依靠技术，它的成功还取决于组织的变革——筒仓式的组织架构要进化为平台式的组织架构。数字计划人才的培养和引进更是实施同步计划的关键因素。

5.4.3　从 S&OP 到 IBP

销售和运营计划（Sales & Operations Plan，S&OP）的概念最早诞生于 20 世纪 80 年代中期，由奥利弗·怀特（Oliver Wight）率先提出，在欧美企业里获得推广应用。后来随着跨国外企在我国设立企业，这套管理理念逐渐被引入我国。S&OP 主要是为了解决企业经营中遇到的以下难题，见图 5.11。

那么传统的 S&OP 有什么问题？根据高德纳的说法，如今的 S & OP 并未解决将统一的战略决策转化为运营细节的根本问题。作为在企业战术规划层面的 S&OP 具有以下局限性。

● 水平方向粗战术计划与细运营计划脱节，尽管大多数 S & OP 流程通过水平连接财务、销售和运营（或供应链）孤岛，开始克服一个主要的组织协作问题，但它本身不包括财务和供应链功能，这就可能造成在以总销售和需求数量为模型的战术计划与需要每天以库存量单位（Stock Keeping Unit，SKU）为粒度的详细数据运营执行计划之间的脱节。

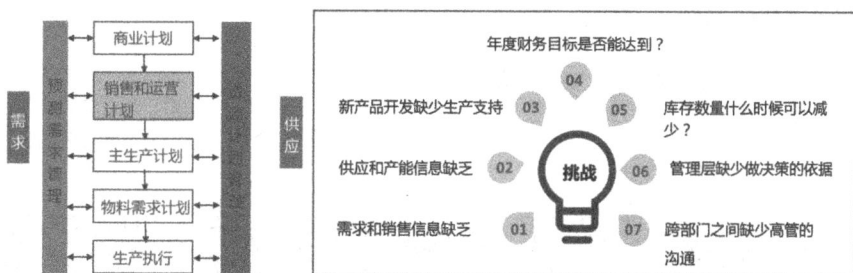

图 5.11　销售和运营计划及它要解决的企业经营中的难题 [8]

● 大多数公司的 S&OP 流程都需要协作，但没有太多优化。或有时进行优化，但协作不多。将缺失的要素组成一个连贯的模型，该模型支持战术和财务计划，但也能够通过详细映射到供应链执行来支持 S&OP。

因此需要一个统一的模型来进行协作和决策，并通过全局优化来支持这种决策。于是集成业务计划（Integrated Business Planning，IBP）的概念诞生了，它把销售、市场、研发、运营、物流、财务、人事和 IT 全部整合在同一个流程中。IBP 可以简单地理解为数字化的 S&OP，它将后者的原则扩展到整个供应链，包括财务规划、商品和客户组合、需求和战略规划，提供了一个无缝连接的管理流程。SAP IBP 是替代S&OP 的下一代业务计划的代表。图 5.12 描述了 SAP 数字化业务计划变革框架。

图 5.12　SAP 数字化业务计划变革框架 [9]

在 IBP 的时代，供应链更需要考虑与前端业务的深度融合，采用更短的采购期和生产提前期、更高的供应链生产柔性和更强的供应链跨渠道运营能力。供应链的视野不再局限于企业内部，而是放眼于整个生态系统。技术上强调数字技术赋能及业务模块整合。

图 5.13 为 SAP 数字化 IBP 架构。

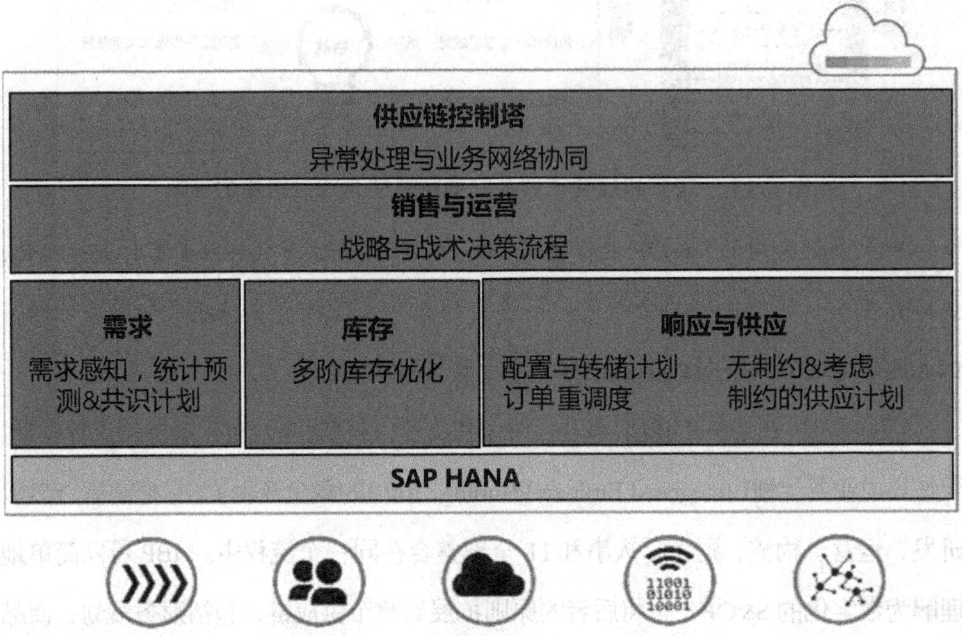

图 5.13　SAP 数字化 IBP 架构[9]

IBP 是 SAP 帮助企业进行数字化转型并实现数字化供应链建设所提供的新一代供应链计划平台。它提供了端到端的供应链计划业务流程和以下 5 个相对独立又紧密集成的模块。

● 供应链控制塔提供供应网络的整体可视与供应链绩效管理。

● 销售与运营衔接企业战略战术决策流程，为企业提供协同统一的产销平衡平台。

● 需求借助统计预测与机器学习技术提升需求管理准确率。

● 库存为企业优化全供应网络安全库存的设定。

● 响应与供应为企业提供订单级别供应计划、调拨计划等，提升对客户的快速响应能力。

5.4.4　算法供应链计划——ToolsGroup

在 2016 年高德纳的供应链执行会议上，两次分析师演讲描述了算法对供应链计划的影响，并以三个 ToolsGroup 客户为例。迈克尔·伯克特（Michael Burkett）介绍了《2025 年供应链：规划未来的供应链》；随后安布尔·萨利（Amber Salley）提出了《算法供应链计划：SCP 的未来》。算法供应链计划是一个影响深远的概念，其中包含许多功能，如洞察力（支持逻辑思维，对选项和自动响应能进行有意识探索），可配置性（适应于新环境），支持准确性和弹性的算法，连接支持环境信号（例如，IoT 的数据）和规划层。它还采用了其他新兴技术，如高级分析、机器学习及深度学习和数据湖。众所周知，供应链计划是基于对市场供需的预测。ToolsGroup，一个美国的供应链计划软件提供商，宣称它是世界上第一个采用机器学习算法将需求预测精度提高到 90% 的公司。图 5.14 描述了预测的演进过程。

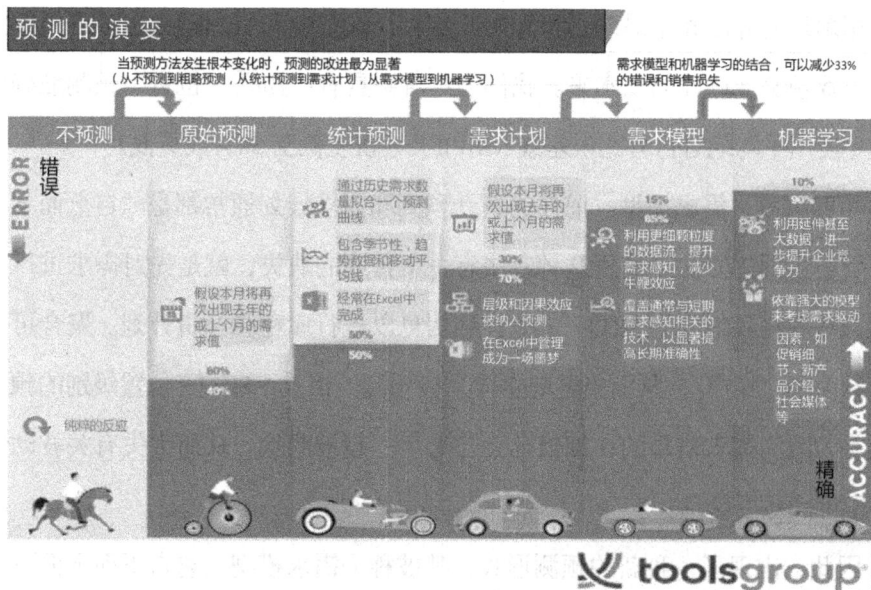

图 5.14　预测的演变过程

根据图 5.14，人们对事物的预测可分为以下几个阶段。

第一阶段，原始预测。早期人类的原始预测纯粹是反应迟钝导致的，或者假设上一时期发生的任何事情都将在这一时期再次发生（例如，如果昨天山上有十只山羊，那么今天那里可能会有类似数目的山羊）。一般 60% 的原始预测是错误的，仅 40% 的原始预测是正确的。

第二阶段，统计预测。原始预测演变为统计预测。虽不尽如人意，但前进了一大步。历史数据的时间序列可用于创建一个条形图，显示一个周期接一个周期的总需求。它向前预测了最近几个时期发生的事情，或者只是将 $X\%$ 添加到先前的数字中。这种演变催生了另一项进步——通过历史需求拟合曲线，创建移动平均线和趋势线。即使是季节性，也可以纳入计算（如冬天来了，山羊应该少一些）。预测的精度大约是 50%。

第三阶段，需求计划。通过将其他层次和因果效应纳入预测来提供帮助。但是，随着时间的推移，业务复杂性不断增加。在世界的另一部分，市场营销和销售为客户行为提供了线索。不幸的是，供应链仍处于相对"黑暗"的时代，大多数仍在使用烦琐的算法和水晶球进行预测。这种无法整合和利用越来越多可用数据的能力导致预测准确性的低水平。我们仍然看到具有"物品 – 位置"预测准确性的公司（使用平均绝对百分比误差或 MAPE）其误差低至 30% 或更低。

第四阶段，需求模型。前面的统计预测和需求计划通常都是"自上而下"的基于历史数据的方法。使用这种方法有一个普遍的缺失，就是先对需求进行总体预测，然后将其细分为 SKU- 位置详细信息以进行库存和补货计划。聚合可以消除变异性和"噪声"，从而更容易生成高级预测。但是，SKU- 位置级别的预测质量很差，因为需求信号的详细信息会与噪声一起被滤除，从而丢失有关波动性和误差幅度的重要信息。

因此，出现了一种新的预测形式，其被称为需求模型。它自下而上而不是自上而下进行预测。它开发了一个需求模型，该模型可以识别每个 SKU- 位置组合的独特每日需求模式。它将需求流分解为一系列内部和外部因素，并研究了每个因素如何影响需求。这些组成部分可以包括统计基线预测；季节性，日历和每日销售模式；通过引入新产品和其他方式来调整需求。它极大地提高了详细级别的预测准确性，并减少了使事情正常进行的手动干预。

这种方法很有价值，因为有关需求可变性和波动性的最重要信息会以最细化的细节层次显示。在那里，可以将预测汇总到任何级别，以支持整个网络的 S & OP 流程或运营库存部署。合并详细的渠道数据使其成为一种"由内而外"的方法，也称为"需求感知"。它将下游通道需求转换为每个上游 SKU- 位置的需求信号，从而提高了统计预测的可靠性并减少了需求等待时间。它的预测精度可达 85%。

第五阶段，机器学习。它是人工智能的一种形式。这种新兴的预测技术捕获需求信号并建模以形成复杂的模式，从而使预测人员能够不断地微调信噪比。这种先进的技术可以识别通过其他方法（例如标准统计技术或人工分析）很难发现或花费大量时间才能发现的隐藏的模式和趋势。然后将结果用于完善将来的分析，自动使系统随着时间的推移变得更智能、更准确。这种技术非常适合用于预测频繁促销、新产品推介、"长尾"需求和极端的季节性变化。例如，一个利用 Web 数据检测新产品成功的机器学习系统，将发现并了解哪些需求指标（页面访问量、规格下载、现场时间）最能说明问题，并随着客户行为的变化而更新其模型。其预测精度可达 90%。

图 5.15 描述了 ToolsGroup 的 SO99 数字化供应链规划与优化软件构建的平台，它取得了 SAP 认证并与 SAP ERP 6 集成在 SAP HANA 平台上运行。软件提供基于人工智能的核心需求预测，实现先进的流程，如需求感知、多级库存优化、贸易促进优化和新产品需求建模。该平台集成了两个协同中心。

第一，需求协同中心。一个基于 Web 的共识预测平台，它汇集了来自多个来源的需求和预测数据。它可处理随机、可变和间歇性需求。

第二，供应协同中心。一个基于 Web 的门户网站，用于发布公司的供应计划。它是一个可视性和协作平台，用于在扩展的端到端供应链中增强与供应商协同的规划。随着 SO99 提供了一个强大的供应链规划引擎，供应协同中心提供了与供应基地社区建立关系的协作。

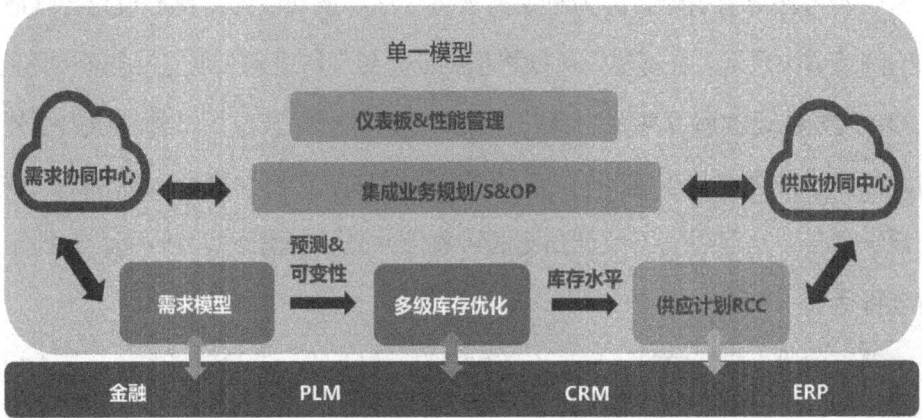

图 5.15 ToolsGroup 数字化供应链规划与优化平台

ToolsGroup 是全球领先的数字化供应链规划和需求分析软件供应商。ToolsGroup 克服多变的需求和挑战性的供应链，以较少的全球库存来提供准确和卓越的客户服务。工具组的解决方案涵盖关键供应链规划等方面的需求预测和协作、销售和运营计划、需求的感知、提升预测和多级库存优化。

ToolsGroup CEO 约瑟夫·沙米尔（Joseph Shamir）表示，"随着供应链融合物联网（IoT），大数据将无处不在。这将创建卓越的可见性，但也要求前所未有的粒度和可伸缩性。这种新的、互操作的解决方案非常适合需求行为和扩展供应链中日益复杂的问题。"

图 5.16 描述了 COSTA Express 采用 ToolsGroup 的数字化供应链计划和需求分析软件所搭建的预测商务平台。

图 5.16　COSTA Express 的预测商务平台

5.4.5　数字并行计划——Kinaxis 的 RapidResponse 平台

Kinaxis（金士奇）成立于 1984 年，总部位于加拿大渥太华。该公司产品 RapidResponse 平台是在 1995 年首次推出的，它是市场上增长最快、最具创新性的供应链计划系统之一。它号称是全球唯一的数字并行计划平台。图 5.17 描绘了 Kinaxis 的 RapidResponse（快速响应）平台的整体架构。

图 5.17　Kinaxis 的 RapidResponse（快速响应）平台[10]

从图 5.17 可见，该平台由以下三大部分组成。

第一部分，SaaS 云应用。这些应用是面向客户的，它包括合规、安全、单一登录、运营和开发管理五大服务。

第二部分，平台核心。平台核心包括以下五大层次的数字能力。

● 一个包括计划应用和核心算法的供应链控制塔，它集成了 S&OP/IBP、需求、供应、库存和生产能力五大系统。

● 可视化层，它具有报表、仪表盘、记分卡和工作簿的可视化功能。

● 智能层，它包括供应链自愈、自动机器学习、智能脚本、预警、任务流五大自动化功能。

● 并行计划引擎，它具有版本控制数据库、数字孪生、智能协同、同步计划、下一个场景是什么五大功能系统。

● 集成层，它包括实时、批量、API&Web 服务、连接算法、内置连接器五大系统和数据集成的能力。

第三部分，开发能力。它包括一个具有应用封装、可视化、算法、集成和安全及许可功能的开发工具，以及认证和许可批准功能系统。

平台的下方是整个物理供应链和数据源，包括内外部系统、运输、风险管理、供应商、采购、仓储、制造、销售、物联网和客户／顾客。

图 5.18 展示了采用 RapidResponse 平台的绩效。

减少产成品库存33%　　减少生产提前期20%　　缩短计划周期57%　　S&OP场景的创建与分析时间从48小时减少到30分钟
48 HOURS → 30 MINS

图 5.18　采用 RapidResponse 平台的绩效

● 减少产成品库存可达 33%。

● 减少生产提前期可达 20%。

- 缩短计划周期可达 57%。

- S&OP 场景创建和分析时间从 48 小时减少到 30 分钟。

平台核心有以下几个创新点值得企业学习。

- 采用供应链控制塔作为一个虚拟的决策中心。

- 智能自动化，如供应链自愈能力。

- 并行计划引擎采用数字孪生、智能协同、同步计划、场景预测等前沿的新兴技术。这样保证了供应链计划的同步化、水平对齐、纵向一致。基于云的单一平台、代码库和数据模型可同步供应链的各个方面，结果是动态的供需平衡，同时保证了计划与执行对齐，弥合计划与执行之间的鸿沟。

5.5 本章小结

本章首先指出供应链计划数字化变革是供应链数字化转型的核心，然后从七个维度描述了数字化供应链计划。其次描述了高德纳关于供应链计划的技术发展趋势。最后介绍了两个现代数字化供应链计划的案例：ToolsGroup 的算法供应链计划平台和 Kinaxis 的数字并行计划平台。

【参考文献】

[1] 德勤. 企业智慧供应链运营：趋势与转型升级，2019.

[2] IDC. An IDC InfoBrief, Sponsored by SAP，2018.

[3] SCD. Supply Chain Planning Benchmark Study，2014.

[4] HIPPOLD S. The 7 Dimensions of Digital Supply Chain Planning，Gartner，2019.

[5] Gartner. Hype Cycle for Supply Chain Planning Technologies, 2019.

[6] Gartner PAYNE T. Technology Reference Model for Stage 5 Maturity Supply Chain Planning，2018.

[7] 德勤. 同步数字供应网络使用人工智能进行供应链计划，2018.

[8] 卓弘毅. 从S&OP到IBP，升级的背后隐藏了什么样的商业逻辑？，2019.

[9] SAP. SAP数字化业务计划变革框架，2019.

[10] Kinaxis. Rapid Response Platform Overview，2020.

第 **6** 章

采购的数字化转型与变革

为什么要进行数字化采购？为什么要现在？怎样实现采购的数字化转型？本章试图回答这些问题。采购管理人员今天面临两大挑战：节省开支，重新考虑采购给他们的组织带来的价值。他们被迫重新考虑他们与供应商的合作模式，以配合业务需求，并将这些点连接起来，为最终客户创造价值。我们正处于数字经济时代，随着数字技术颠覆席卷各个行业，工业4.0及中国制造2025的潮流的势不可挡，企业面临着前所未有的竞争压力。作为供应链的核心流程之一的采购更是面临着如何从成本中心转变成利润中心的压力。传统的采购已经到了非变革不可的时候。

6.1 传统采购的"痛"

众所周知，采购是任何行业供应链的关键一环。以家电行业为例，原材料成本可占商品总成本的60%～70%，因此原材料采购在成本控制、保障生产、内部各业务单元间协同、上下游供应链企业的战略合作方面，起到了至关重要的作用。简单地计算，公式为：

企业的利润 = 总收益 - 总成本

一个年销售额为1 000万元的小企业，有可能盈利500万元。而某大型企业年销售额为1 000亿元，仍可能每年亏损5亿元。采购是成本中心，可能是其亏损的重要原因，也是传统采购模式最大的"痛"。

效率低下的人工采购流程是传统采购的另一痛点，传统采购之所以成为企业的成本中心是由于许多企业仍然采用传统的采购运作模式：采购部门以拉动采购的管理模式进行运作，围绕确定采购需求，供应商询价、议价，下订单，跟踪订单，跟踪交期，收货，付款等流程进行采购日常工作。为了降低可见成本，往往通过议价和供应商的选择进行采购优化，这容易造成采购低质的原材料和元器件，看似可见成本降低了，但造成隐性成本上升。后来发展的 e 采购解决了一部分采购的手工操作问题，但由于供应链没有真正完成数字化转型，筒仓式的组织管理使得某些先进的电子采购模式也不能完全把采购从成本中心解救出来。

采购成本通常由两大部分组成，如图 6.1 所示。

第一，可见成本。采购计划编制的成本、原材料、半成品或成品成本、采购管理成本、运输成本、验收成本、仓储成本。

第二，隐性成本。时间成本、缺货成本、库存积压成本、其他易于被忽视的成本，如劳动力成本、报废成本、保修成本、检查成本、现场故障成本、更换成本等，环境影响、计划外停工时间、风险管理和安全、培训和教育等。

图 6.1　采购成本组成

缺乏以数据分析为核心的决策系统是传统采购和 e 采购的"痛中之痛"。实际上那些采购数字化转型成功的企业告诉我们，企业采购是金矿，越挖越有价值。数字化采购的根本目标就是要从根本上进行传统采购模式的变革，变成本中心的采购为利润中心的采购，平衡可见成本和隐性成本，以降低总的采购成本。

6.2　采购决策者最想数字化采购解决的问题

著名咨询机构福里斯特咨询 2020 年 6 月发表了一份调研报告《合作共赢》[1]，该报告基于 325 家全球知名采购或供应链决策者调研数据指出图 6.2 所示的未来一年优先考虑的业务举措。所有举措都离不开采购的模式创新和采用新兴数字技术。

中国物流与采购联合会的一项调查表达类似的国内采购经理人的五个核心关注点，见图 6.3。

图 6.2　未来一年优先考虑的业务举措[1]

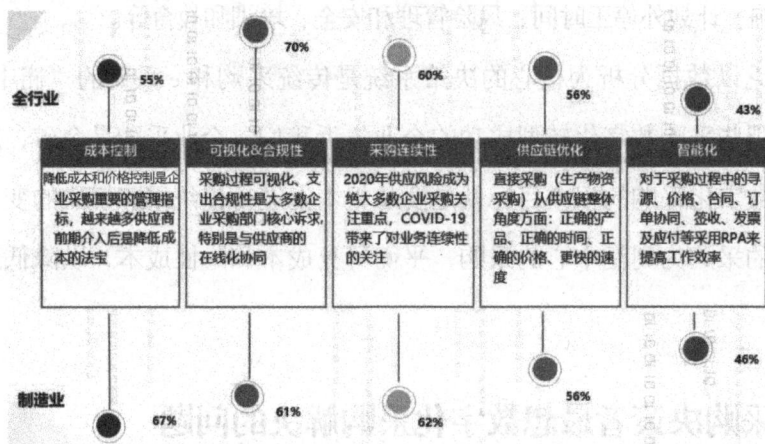

图 6.3　国内采购经理人的五个核心关注点[2]

综上，降本增效、创造价值是对数字化采购的共同期望。下面将讨论数字化采购如何帮助企业达到这个期望。

6.3　采购的数字化演进

技术一直是采购的催化剂和推动者，使采购从 20 世纪 80 年代的交易、笔和纸为主，发展到我们今天看到的数字、战略业务伙伴，见图 6.4。这一转变与促进采购成功的技术和工具的结构性转变同时发生。第一次真正意义上的重大的变化发生在 2005 年左右，那时电子采购和电子寻源兴起并逐渐成为主流。这前面两个阶段，主要形式是战术采购，效益是最重要的。到了 2015 年左右，预测分析与这些电子采购工具结合起来，产生了现在被认为是"数字化采购"的东西。从那时起，变化的速度令人吃惊，并且随着其他变革性技术的同步发展而不断进步，如人工智能、机器人流程自动化（RPA）、区块链，还有物联网。显然，现在采购部门的指导方针是拥抱和采用这些新兴技术，确定一个明确的实施战略，并重新设想对采购环境的看法，包括采购的战略地位、流程、管理和模式。实施变革性技术并利用它们来应对与采购相关的长期挑战，这就是今天数字化采购的意义。从 2015 年到现在，战略采购成为采购最重要的方式之一，价值创造是其关键。

到20世纪80年代初	从20世纪80年代初到2005年
事务性采购	**高效的采购**
・主要被认为是事务性采购	・重点从战术采购活动发展到与业务和职能经理合作，以推动更好的结果
・更强调从供应商处获得的价格	
要求：	**要求：**
・采购中心被视为战略合作伙伴	・有意义的伙伴关系在采购和战略业务部门之间形成
・协调采购与组织目标保持一致	・优先供应商计划整合

效益最重要：战术采购

2005年到2015年	2015年及以后
战略采购	**电子采购**
・技术集成采购生态系统	・下一代技术和新方法解决了长期存在的难题，包括合规、欺诈交易、100%花费的可见性、几乎完全的风险缓解、人才的人力投入等
・跨所有前端和后端系统集成的统一流程	
要求：	
・精简管理下的运作	
・增强可见性管理开支	**要求：**
・尽量减少尾部开支	・更高支出的可见性
・增强货到付款（S2P）集成系统/平台的采用	・实时智能
	・战略类别管理
	・自动化战术和战略活动
	・战略增值

增值是关键命题：战略采购

图 6.4　采购的数字化演进（来源：GEP）

图 6.5 描述了采购增值随着数字技术发展而与时俱进。显而易见，世界级的采购组织因为它们的数字能力强于非世界级的采购组织，因而能获得更大幅度的价值增长。

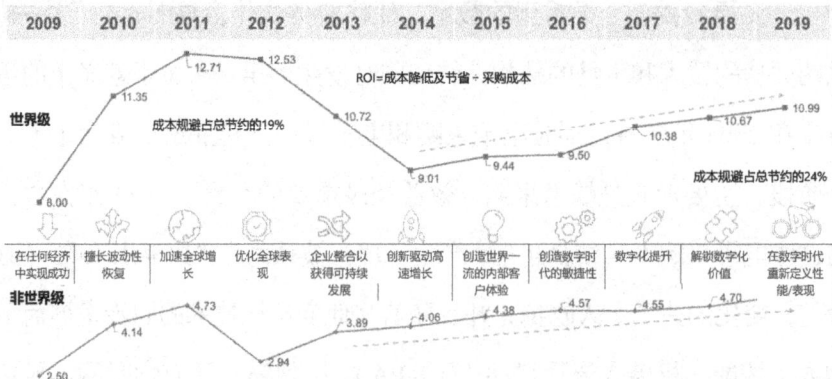

图 6.5   采购增值随着数字技术发展而与时俱进[3]

6.4   数字化采购框架

中医说，痛则不通。传统的采购之所以"痛"，是由于采购流程的各个节点不通（系统没连接），全人工或部分人工（如某些初步的 e 采购）使得流程（类似于人的经络）不顺畅（电话、QQ 等非数字化方法）。现在是时候进行采购的数字化变革了！德勤 2017 年的研究分析表明数字化将颠覆传统采购模式，数字化采购就是通过采用现代数字技术，如人工智能、物联网、机器人流程自动化和协作网络等实现采购过程的高效协作与自动化，从而实现降本增效，显著降低合规风险，将采购部门打造成企业新的价值创造中心。为此，德勤提出了一个一般的数字化采购框架[4]，见图 6.6。它包括以下方面。

- 可预测战略寻源。

- 前瞻性供应商管理。

- 自动化采购执行。

下面分别介绍德勤数字化采购框架的三个方面。

可预测战略寻源（见图 6.7），基于供应商协作网络沉淀的大数据，以及数据处理技术，在支出分析、寻源战略、决策制定、供应商协作方面提供更加精准、高效的数字化解决方案。

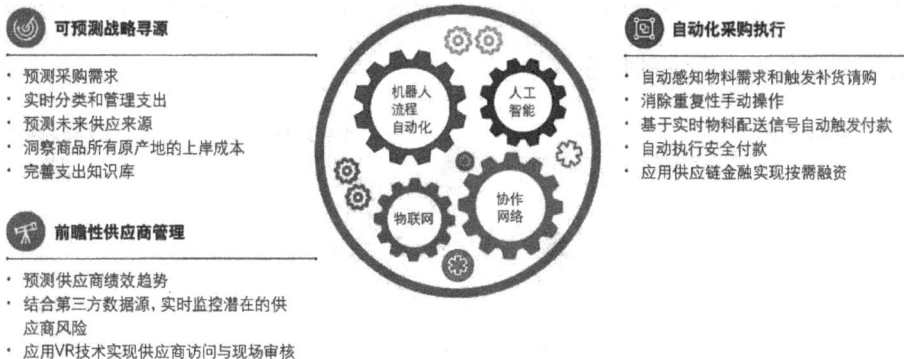

可预测战略寻源
- 预测采购需求
- 实时分类和管理支出
- 预测未来供应来源
- 洞察商品所有原产地的上岸成本
- 完善支出知识库

前瞻性供应商管理
- 预测供应商绩效趋势
- 结合第三方数据源，实时监控潜在的供应商风险
- 应用VR技术实现供应商访问与现场审核

自动化采购执行
- 自动感知物料需求和触发补货请购
- 消除重复性手动操作
- 基于实时物料配送信号自动触发付款
- 自动执行安全付款
- 应用供应链金融实现按需融资

图 6.6 数字化采购框架

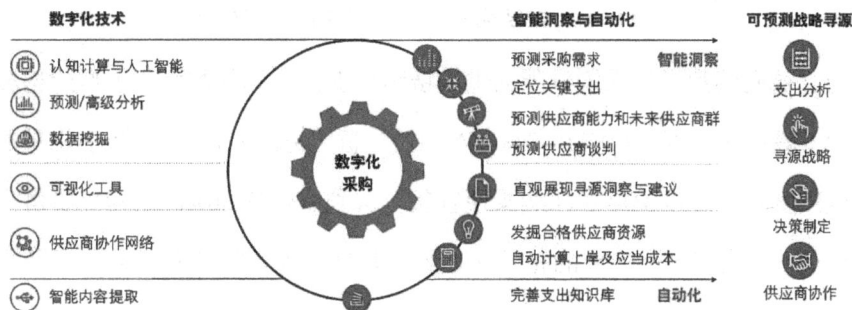

图 6.7 数字化采购——可预测战略寻源

前瞻性供应商管理（见图 6.8），实现众包基础上的网络可视化及过程追踪，提升供应商网络的绩效管理及风险管理水平。

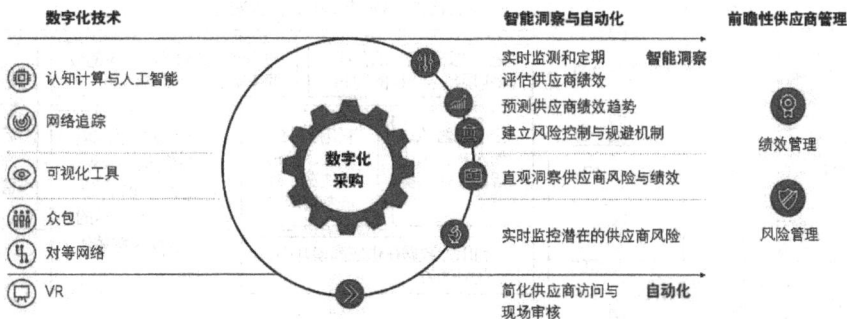

图 6.8 数字化采购——前瞻性供应商管理

自动化采购执行（见图 6.9），在执行环节实现从目录管理、采购到发票管理、

付款管理、风险与合规管理的批量、自动化执行，并在此基础上，可为供应商提供按需融资的供应链金融服务。

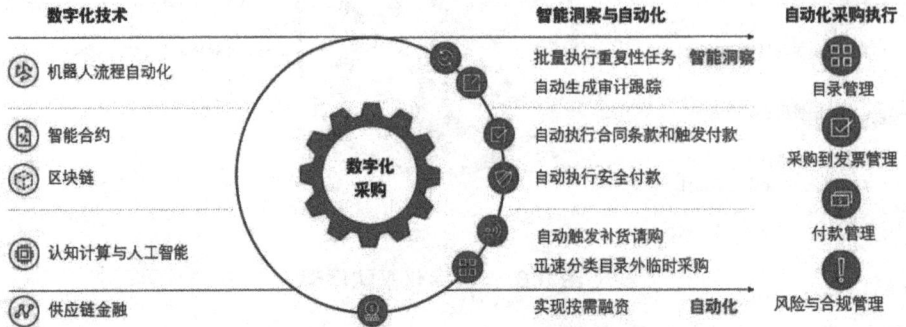

图 6.9　数字化采购——自动化采购执行

总之德勤的数字化采购框架为供应链组织提供了构建数字化采购架构和生态系统的一般指南。据 OLIVER WYMAN 的分析（见图 6.10），当数字化采购达到高的成熟度时有望以价格导向购买便宜货，占到采购的 20%，在购买质量上提高 20%～65%，能节省不必要的花费达 20%，并且极大地降低各种采购风险，促进采购创新。

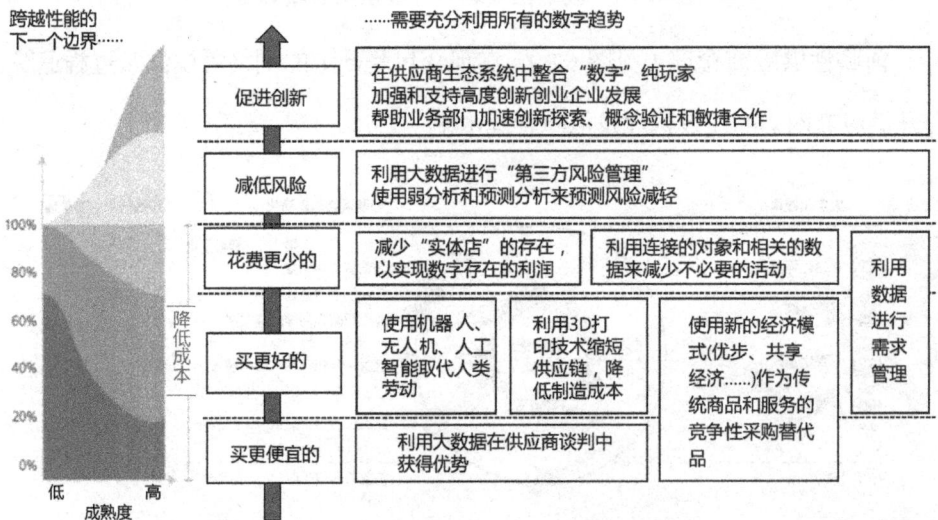

图 6.10　数字化采购绩效的前景 [5]

6.5　数字化采购价值创造的参考架构

在当前复杂、不确定的供应链中，产生价值变得更加具有挑战性。采购的未来将以创新驱动的价值增值为标志。作为采购，进行数字化改造，重点转移到采购的无缝交易方面，扩大战略采购工作，并允许资源投资集中于更高的增值活动。

图 6.11 是哈克特集团有名的采购价值金字塔[6]。金字塔从底层到顶层有五个层次：供应保障、价格、总拥有成本、需求管理、价值管理。越往上创造的采购价值越大，但要求企业数字能力也越大。

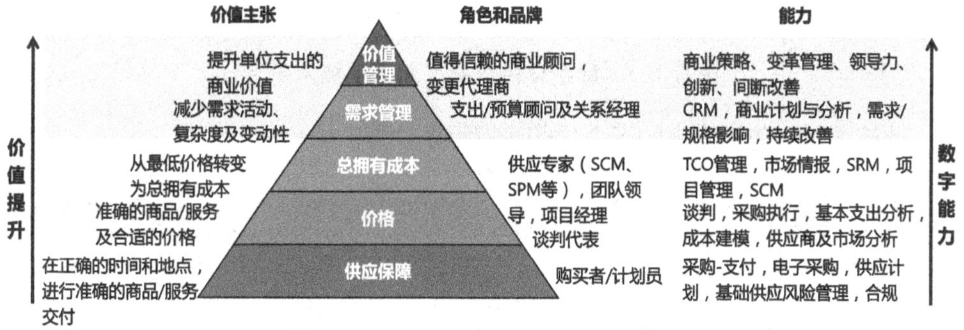

图 6.11　采购价值金字塔（来源：哈克特集团）

埃森哲 2015 年在研究报告《采购的下一个前沿》（*Procurement's Next Frontier*[7]）指出四项关键数字技术将产生一个新的数字化供应链的采购组织。

- 认知系统。
- 数据分析。
- 云计算。
- 工业物联网（Industrial Internet of Things，IIoT）。

埃森哲的报告提出了一个数字化供应链采购基础技术平台（见图 6.12），它将拥抱新领域内采购和帮助企业铺平道路，建立新的内部和外部的价值主张。

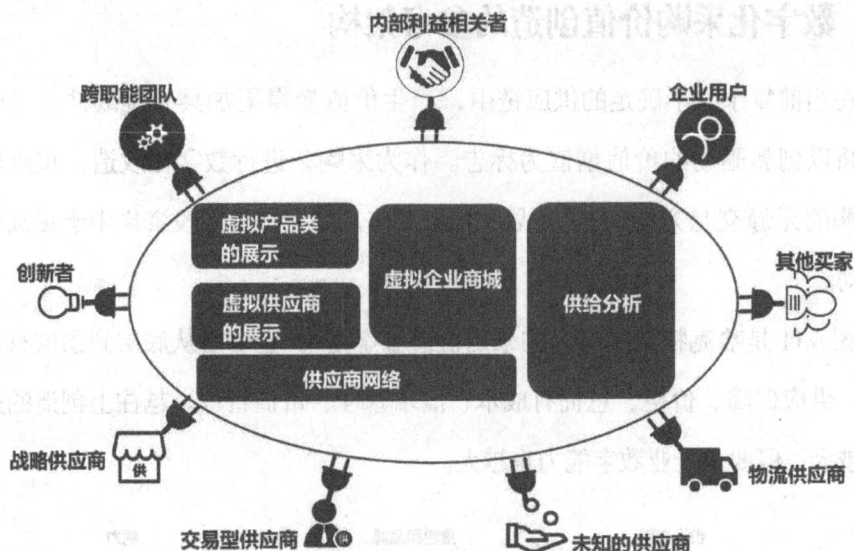

图 6.12 数字化供应链采购基础技术平台

此技术平台包括未来的五个采购应用程序，见图 6.13。

应用程序	功能描述	技术
虚拟企业商城	企业拥有采购管理，该企业商城将设有一套基于云的预先核准的私人和公共的"商店"（包括来自企业外的内容）。内部客户可以选择商品和服务，以业务逻辑为基础、以策略为基础指导采购，支持供应商和合同	云计算 工业物联网
供给分析	一个标准的仪表盘，它汇集了各种各样的数据，使采购和业务用户能够解决特定的问题或回答问题	大数据 数据分析和认知系统 人工智能和机器学习
虚拟供应商的展示	一个虚拟的协作室，使企业能够与战略供应商互动并通过虚拟集成企业促进创新	工业物联网 VR/AR
虚拟产品类的展示	在社交媒体的推动下，品类管理者将发现品类特定和相关的市场情报	工业物联网 VR/AR
供应商网络	应用程序连接企业与供应市场，支持投标、绩效评估、供应商的发现和与供应商的互动	工业物联网

图 6.13 数字化供应链采购基础技术平台五大采购应用程序

6.6 数字化采购技术趋势

本节介绍数字化采购技术趋势。自从 2011 年，每年德勤进行一次全球首席采购官（Chief Procurement Officer，CPO）调查，2019 年德勤调查了来自 38 个国家和地区的 481 名采购负责人，他们代表的组织每年的总营业额为 5 万亿美元。调研报告名为《复杂性：克服障碍抓住机遇》[8]。该报告指出复杂性是采购数字化变革的主要障碍，并指出新兴技术采用的现状和其克服复杂性障碍的前景。表 6.1 总结了四大主要障碍。

表 6.1 四大主要障碍

采购变革复杂性	复杂性描述
外部复杂性	采购必须获得并管理组织外部的一切，以服务于内部利益相关者
内部复杂性	管理职能间关系和使采购与更广泛的业务目标保持一致的挑战
人才复杂性	人员、组织模型以及采购团队如何执行其业务计划
数字复杂性	在其他三个复杂领域起中介作用的技术和流程问题，并推动数字化转型的努力

该报告指出采购组织唯一的出路就是掌握数字化采购技术以克服复杂性障碍。

掌握数字化采购技术以克服复杂性障碍如图 6.14 所示。

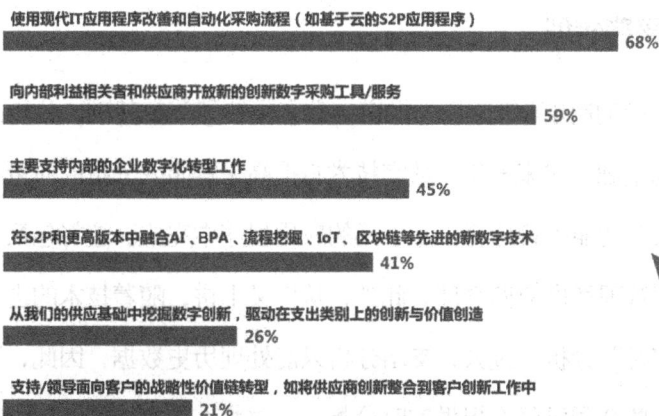

图 6.14 掌握数字化采购技术以克服复杂性障碍[8]

【下图】CPO调研：在采购中对于以下技术的应用情况

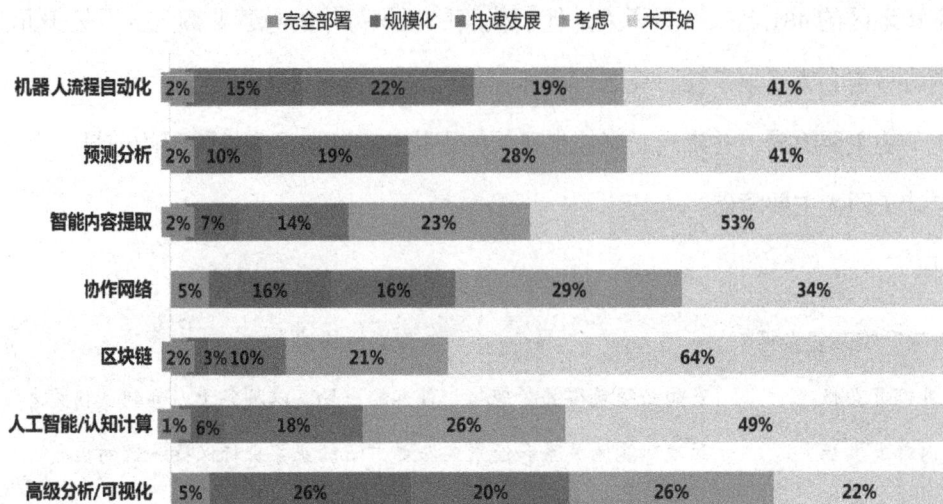

图 6.14　掌握数字化采购技术以克服复杂性障碍[8]（续）

图 6.14 中，上图的统计表明 CPO 正与其组织合作，利用各种策略来理解和实施"数字化采购转型"，而下图的统计表示颠覆性技术采用的现状，并显示与其他颠覆性技术相比，高级分析和协作网络在采购中的利用率更高。然而其他颠覆性技术，如人工智能技术将会在未来 3 ～ 5 年对采购产生革命性的影响。其实高级分析和协作网络也都渗透了人工智能技术，可以说未来的采购是以人工智能驱动的采购。

6.6.1　分析能力和采购转型

本书第 3 章 3.2.2 小节指出高级分析为供应链数字化转型奠定基础，分析能力也是采购数字化转型的基础。未来五年，数字技术将提高采购团队分析的质量和效用。首先，越来越多采购功能的管理将在基于云的应用程序中完成。这将包括支出分析、电子采购、合同管理和供应商管理。此外，从广义上讲，随着技术的进步，它将使分析更接近"实时"分析。过去，支出分析只能处理历史数据，因此，决策是基于过时的信息。一些公司已经在提供实时分析——这将在未来 3 ～ 5 年变得更加普遍。

更复杂的人工智能的发展可以使分析超越实时操作。人工智能可以进行"预测"分析，这意味着自动决策是基于过去经验的大量数据和实时操作产生的数据以及外部环境的数据（例如通过物联网）。显然，采购的一个主要趋势是朝着自动化流程和虚拟工具的方向发展。物联网正在快速发展，其中机器和其他物体与互联网的连接将加速其发展。物联网有可能以多种方式对采购产生作用。它将使人们更容易从客户那里收集实时反馈。这种实时收集来自对象的数据的能力也意味着采购团队将能够实时管理与他们的合作。例如，仓库中的物联网设备可高效跟踪交付量。然后，它可以非常精确地跟踪供应商的个人绩效。如果特定的供应商在交货时总是迟到或不准时，那么合同的变更可以非常迅速，甚至自动进行。

表 6.2 显示采购分析如何帮助采购部门选择最佳供应商。

表 6.2　采购分析如何帮助采购部门选择最佳供应商

采购分析	分析方案描述
供应商分析	● 对战略产品类别的供应商做出更好的决策 ● 评估现有产品类别的新供应商 ● 预测供应商流失风险 ● 深入了解供应商之间的欺诈检测框架和预测
目录分析	● 了解供应商的原材料要求 ● 促进假设情景分析，如改变供应商的潜在成本是多少
合同分析	● 优化公司合规性，如成本、交货期、数量 ● 改进合同管理，即优化单一来源合同与多源合同的合同期限
支付分析	● 优化供应商付款和信用期
其他场景	● 进行敏感性分析，即为客户群和市场可用性的增量增长提供所需的成本 ● 基于环境因素（即市场需求、生产计划、原材料需求）优化特定产品的供应商网络

在不久的将来，数据的分析将增强采购决策。有效的分析将改变企业管理其供应链采购的方式。

6.6.2　人工智能和采购转型

本书第 3 章 3.2.1 小节指出"人工智能自然适合供应链"，"95% 的表现最好的组织认为人工智能是其创新成功的核心"。数字化采购变革的分析和实践证明人工智能也自然适合采购，并且已开始展现其潜在的价值。图 6.15 简要描述了人工智能推动采购变革的五种方式。它不单推动已有的采购模式及管理变革，最重要的是它推动采购数字化创新，推动采购向自动化进军。下面是人工智能采购创新的例子。

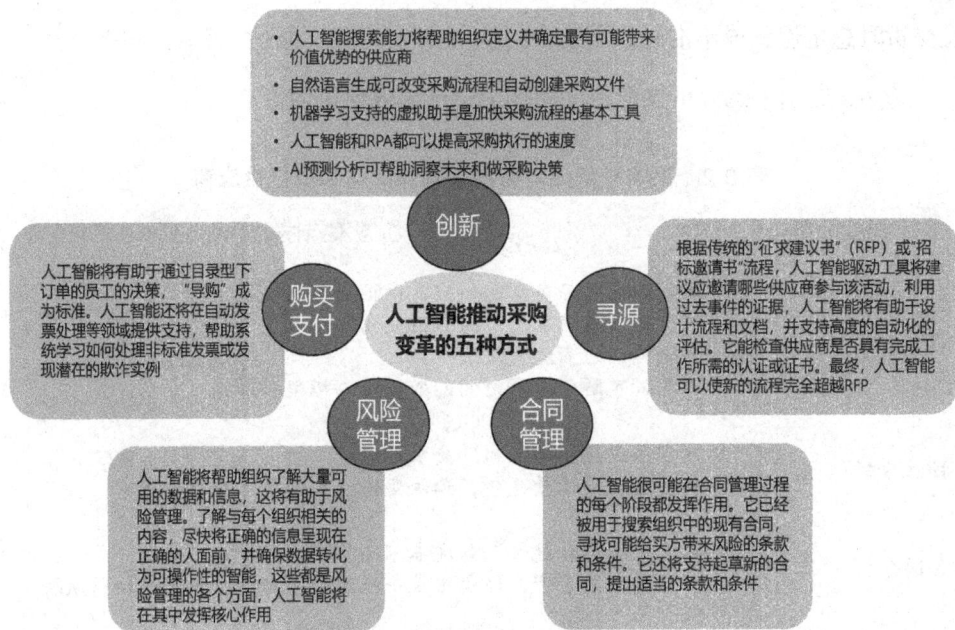

图 6.15　人工智能推动采购变革的五种方式

苹果和谷歌在消费者应用程序中使用自然语言生成（Natural Language Generation，NLG）和支持语音的技术引起了关注。它也能应用于数字化采购，NLG 可改变采购流程和自动创建采购文件。

创建询价单（Request For Quotation，RFQ），会话平台允许用户发出语音命令以执行简单的任务，如"创建询价单"。当平台从用户的请求意图中获悉时，系统可能会建议后续操作并开始主动完成活动，而不仅是提示。该平台可以通过一个简单的命令自动从系统的其他部分提取数据以构建 RFQ，从而为用户节省时间。然后，它可以为用户总结使用简单语言的询价。

创建合同文件，合同应用程序中的 NLG 功能可搜索特定合同、查看和执行任务以及批准或拒绝文件。该工具提供的自然语言反馈使交互变得轻松快捷。单击文件夹结构或滚动搜索结果列表的日子已经一去不复返了。

更强的数据洞察力，多个采购和采购软件套件可以通过对话式报告工具快速运行报告并显示复杂的分析。通过简单的语音命令，临时用户可以检索所需的信息（基于特定条件）。商业智能团队可以花更少的时间处理报告请求，而将更多的时间用于组织的战略工作。

JAGGAER ONE 是一个美国的采购和供应链解决方案提供商，它在整个采购范围内提供全数字化转型服务。特别是它位于 NLG 的前沿，它的 NLG 应用程序正在采购界引起轰动。以下是客户开始利用的一些功能：智能助手、情境反馈等。其 NLG 平台目前尚无法替代具有适当分析和数据科学技能的应用程序，增长空间仍然很大。为了从这项新技术中获得最大收益，请牢记采购中的适用场景，以了解在哪些地方进行更高级的分析最有意义。

认知计算[9]是人工智能的分支并使之更完美。它是关于建立一个结合人类和机器能力的系统，见图 6.16。该系统考虑人类天生拥有的能力，如想象力和情感，结合计算机擅长的能力，如数字运算、模式识别和处理大量信息。

认知计算利用机器优势以计算机模式来模拟人类思维的过程。认知系统使用技术，如机器学习、数据挖掘、自然语言处理和模式匹配来模拟人脑如何工作。这样的系统是与日益复杂的世界互动的理想的系统。

人类擅长于：
常识
道德
想象
同情
抽象
困境
做梦
一般化

认知系统擅长于：
定位知识
模式识别
自然语言处理
机器学习
消除偏见
无尽的能力

图 6.16　人类和认知系统是互补的 [9]

IBM 已承诺投入 10 亿美元，将其认知计算平台 Watson 商业化。2016 年 IBM 在研究报告《新的供应链时代已经来临》[10] 中定义了 Watson Supply Chain（或认知供应链），并指出"释放 Watson Supply Chain 的潜力，创建透明、智能且具预测性的供应链"。2019 年 IBM 发表了研究报告《认知采购：抓住人工智能的机会》（*Cognitive Procurement：Seizing the AI Opportunity*）[11]。该报告指出拥抱认知采购可以帮助组织获得竞争优势。图 6.17 从八个方面描述了认知技术（包括数据管理）如何提高采购能力。

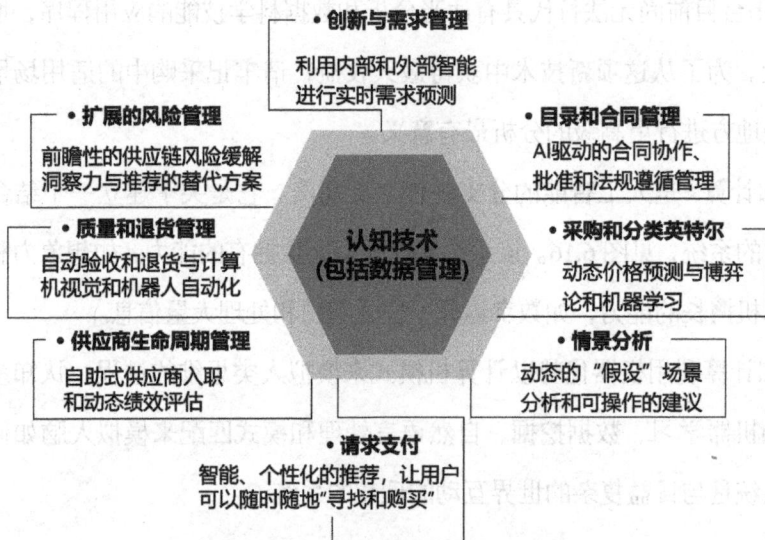

• 创新与需求管理
利用内部和外部智能进行实时需求预测

• 扩展的风险管理
前瞻性的供应链风险缓解洞察力与推荐的替代方案

• 目录和合同管理
AI 驱动的合同协作、批准和法规遵循管理

认知技术
(包括数据管理)

• 质量和退货管理
自动验收和退货与计算机视觉和机器人自动化

• 采购和分类英特尔
动态价格预测与博弈论和机器学习

• 供应商生命周期管理
自助式供应商入职和动态绩效评估

• 情景分析
动态的"假设"场景分析和可操作的建议

• 请求支付
智能、个性化的推荐，让用户可以随时随地"寻找和购买"

图 6.17　认知技术如何提高采购能力

6.7　数字化采购案例

6.7.1　海尔互联网采购平台

海尔企业购（见图6.18），致力于为用户提供专业化一站式智慧集成解决方案，从产品选型、方案配置到售后维保、日常运营，提供定制化、多维度、全品类的管家式服务。海尔企业购涵盖国内20个行业，1 095个行业类目，为用户提供安全、便捷、高效的信息服务和数据增值服务。

图 6.18　海尔企业购

6.7.2　理特采购4.0

理特咨询顾问公司的FP4.0助力传统采购成功转型为创新、敏捷、联动采购，如图6.19所示，包括以下特点。

● 企业价值大幅增加 5% ～ 10% 的息税前利润。提高创新水平，与供应商、客户一起，关注最佳生命周期价值。

● 100% 准时交货和全额交货。

● 作为创新领导者的采购和优先商业伙伴。

● 采购的高满意度和雇员高保留率（战略职位驱动）。

● 自动／数字处理释放时间（按需驱动）。

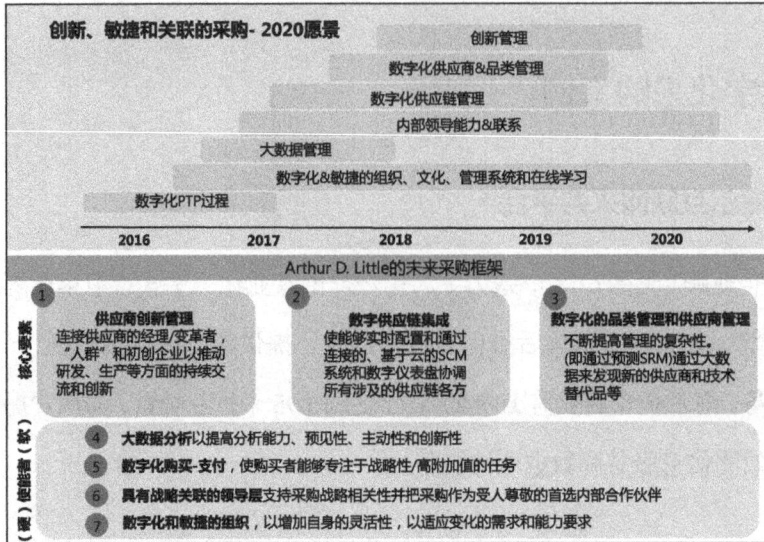

图6.19　理特咨询顾问公司（ Arthur D. Little ）采购 4.0 框架

6.7.3　SAP Ariba 使能采购的数字化转型

Ariba 公司成立于 1996 年，总部设在美国加利福尼亚州，最早只是一个基于互联网的采购平台，其功能提升和简化了采购流程。2012 年，全球最大的企业管理和商务解决方案供应商 SAP 以 43 亿美元收购 Ariba 公司之后，于 2016 年推出了全新的数字化采购品牌SAP Ariba。图6.20简要描述了 SAP Ariba 数字化采购解决方案架构。

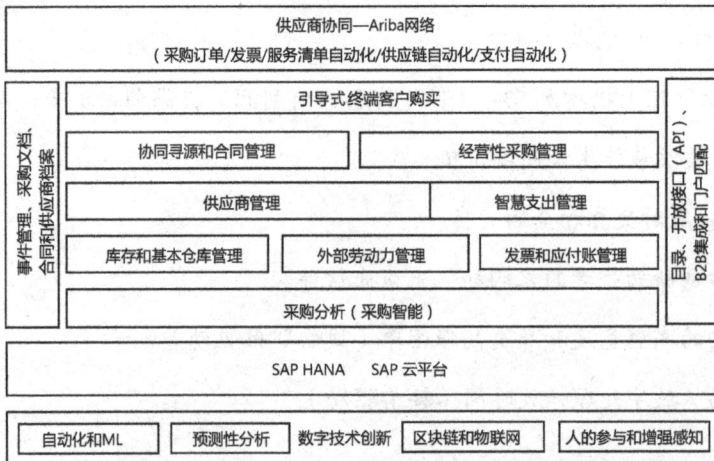

图 6.20　SAP Ariba 数字化采购解决方案架构

本书不详细描述该架构中的采购业务的数字化管理，而用表 6.3 描述它的创新点和优势。

表 6.3 SAP Ariba 数字化采购解决方案架构的创新点和优势

创新点和优势	简要描述
网络互联	● SAP Ariba 是全球领先的 B2B 网络、全球合作伙伴生态系统，在这样一个充满活力的数字化市场中，190 多个国家和地区的超过 360 万家企业实现了互联，年交易额高达数万亿美元 ● 供应商能够通过网络实现高度协同 ● 提供了一个端到端的自动化系统，该系统不仅能降低流程复杂性，还能让采购商和供应商在同一系统中集中管理从缔约到付款的所有流程
综合全面	● 涵盖所有流程：SAP Ariba 解决方案能够管理从寻源、采购到支付的整个流程 ● 覆盖所有支出类型：SAP Ariba 解决方案能够管理各种支出和费用类型，包括直接支出和间接支出 ● 涉及范围广泛：SAP Ariba 解决方案能够将企业与由合作伙伴和利益相关方组成的网络互联，并支持开展协作
适应性强	● 采用模块化方法，实施流程的数字化转型。SAP Ariba 将与客户一起，根据客户与供应商及其他贸易合作伙伴开展业务的方式，设计合适的解决方案。客户可以先选择合适的规模起步，然后随着企业的发展扩展解决方案
生态系统	● 利用 SAP Ariba 的全球合作伙伴生态系统，客户能够为自己量身定制解决方案，优化寻源到结算流程，并降低采购和供应链风险，从而交付更多企业价值
模式创新	● 向云端转型：近年来，SAP Ariba 致力于向云端转型，打造了一个公有云平台，是世界上较大的网络交易社区。SAP Ariba 在全球建立了 11 个数据中心，拥有强大的数据处理能力 ● SAP Ariba 虽然是一个公有云平台，但有着非常多的功能设计。SAP Ariba 是一个开放式的平台，通过使用开放式 API 的做法，使得 SAP Ariba 的用户可以根据自己特定的需求来选择，把不同的模块叠加在一起，实现解决方案的定制化，企业不需要外聘实施团队对 SAP Ariba 进行二次开发，就能开启系统中嵌入的很多应用，SAP Ariba 有很强的灵活性
借助新兴技术创新使能数字化采购变革	● 自动化（如 RPA）与机器学习：自治系统使生产率阶跃变化 ● 采用机器学习分析客户先前的行动，并将分析结果用于新的服务要求，以加速 SOW 的创建流程 ● 采用 ML 算法精确地从收据和发票的图片中获取信息 ● 采用基于对业务网络上信息流的 ML 分析的产品自动聚类匹配方法使能贸易伙伴之间的协同

创新点和优势	简要描述
借助新兴技术创新使能数字化采购变革	●预测分析：将数据转化为强大的洞察力，以推动主动战略和更智能的行动 ●大范围的供应商风险分析和监控 ●采用 SAP Fieldglass Live Insight 服务模拟和预测外部人才情景 ●SAP Ariba 还与 IBM Watson 人工智能系统进行深度合作，通过人工智能技术可以帮助 SAP Ariba 实时地把最新合同之间的条款和规定引入，同时优化高级分析功能，充实供应商风险解决方案
	●区块链和物联网：无中介机构的安全、透明和高效的资产和价值交换 ●可信的 B2B 商务：SAP Ariba 和 Everledger 合作追踪每个资产的移动和从起源到最终消费的内在价值 ●使能客户构建区块链扩展程序并具有与核心流程集成的能力 ●通过各种协议与大量设备安全连接，以获得与业务相关的数据。SAP Ariba 物联网服务在处理物联网数据和实时分析以及与数字核心交互的位置和方式方面具有灵活性
	●用户体验和增强的感知：连接物理和数字世界，实现良好的引导和更快的执行 ●导购能力：在一个地方购买，简化用户体验，为用户提供首选的购买渠道和为内置的政策提供导轨 ●现货购买目录：即买即用的地方，为用户提供消费级的体验和选择；为用户解决特立独行的问题和挑战，消除供应的长尾 ●采用 SAP Leonardo Conversational AI Foundation 系统：使人类能够使用自然语言与机器交互，推动更高的采用率、自动化程度和更高的生产率 ●采用 SAP AR Warehouse Picker 移动应用程序：结合增强现实和智能眼镜，从设备访问业务流程和信息，以增强便利性和生产力
行业价值	●随着先进技术的日趋成熟，企业将面临比以往更多的机会和变革，采购部门将在大多数企业中扮演越来越重要的角色。新兴技术和日益强大的商业网络生态系统将重塑每个支出类别的货物和服务的寻源、采购及追踪方式。SAP Ariba 在拥有大量用户基数的优势下，致力于关注新技术发展，通过打造云平台、将新技术与自身采购优势深度融合等手段，帮助企业重构业务模式、运营流程和工作方式，推动企业加速发展

在 SAP Ariba 数字化采购的架构中，智慧支出管理在企业采购降本增效过程中扮演了重要角色。在传统的采购中存在大量隐性成本，据 IDC 研究，

它们的产生是由于企业传统的采购缺乏对支出的管控，如物流成本过高，库存成本过高，缺乏对费用报告的审计，缺乏对替代供应商的了解，支出政策执行不力和员工过度履行等。表 6.4 比较了旧的支出管理和智慧支出管理的本质区别。

表 6.4　旧的支出管理和智慧支出管理的本质区别

	旧的支出管理	智慧支出管理
管理理念和技术	作为功能	作为战略
	手工为主	自动化
	孤岛式，系统无连接	相互连接
	反应性	预测性
	聚焦运作	聚焦价值

智慧支出管理基于数字管理理念和技术，具有以下五大特征。

● 用数据作为管理的基本要素：采用灵活的方式，识别、获取管理各种支出产生的数据。

● 端到端地嵌入智能：为了使数据产生价值，采用人工智能、机器学习和区块链等数字技术，提高支出决策水平和端到端的可见性。

● 实现整个企业范围内的系统间、部门间的互联。

● 突破企业限制：利用 SAP Ariba 网络，获取大量的洞察和情报，快速访问和利用供应商的数据，自动共享数据，利用开放性连接几乎任何第三方数据，包括履行的各种数据。

● 轻松扩展和增强解决方案，实现定制。

图 6.21 指出 SAP Ariba 数字化采购解决方案将为客户提升采购价值，其中智慧支出管理贡献很大。

降低成本
- 通过提高支出可视性和实现集中寻源，合理利用供应商群体
- 利用历史消费记录，在谈判中争取更优惠的价格
- 通过需求管理和即期报价，节约计息采购成本

4%~15%
平均单价降低4%~15%

提高流程效率
- 通过深入分析支出和即时发掘供应商资源，提高寻源效率
- 降低供应链运营成本
- 通过发票自动化管理流程，缩短周期，提高应收账款流程效率

40%~60%
运营成本降低40%~60%

提升财务控制力和流程合规性
- 通过选用合同约定的供应商和首选产品规格，避免违规支出和欺诈行为
- 确保供应商遵照首选条款，保证发票、采购订单、收据和合同一致

2 000万美元
每10亿美元支出中，合同相关损失减少2 000万美元

优化现金管理
- 利用正规化付款条款战略，避免意外的现金流限制
- 通过缩短发票处理周期，获取提前付款折扣，或充分利用供应链财务利润共享的价值

100万~200万美元
在每10亿美元支出中，节约100万~200万美元

图 6.21　SAP Ariba 数字化采购解决方案提升采购价值 [12]

6.7.4　用友的采购数智化云平台

用友是中国最大的企业云服务提供商，已累计服务了超过 566 万企业和公共组织数智化转型，在营销、制造、采购、金融、财务、人力、协同、平台服务等领域为客户提供数字化、智能化、全球化、社会化、安全可信的企业云服务产品与解决方案。下面主要介绍用友的数智化采购解决方案。

友云采是用友依托其 iUAP 云原生构建的采购数智化云平台，见图 6.22。它覆盖了采购核心流程及业务场景，以及合规监管需求。

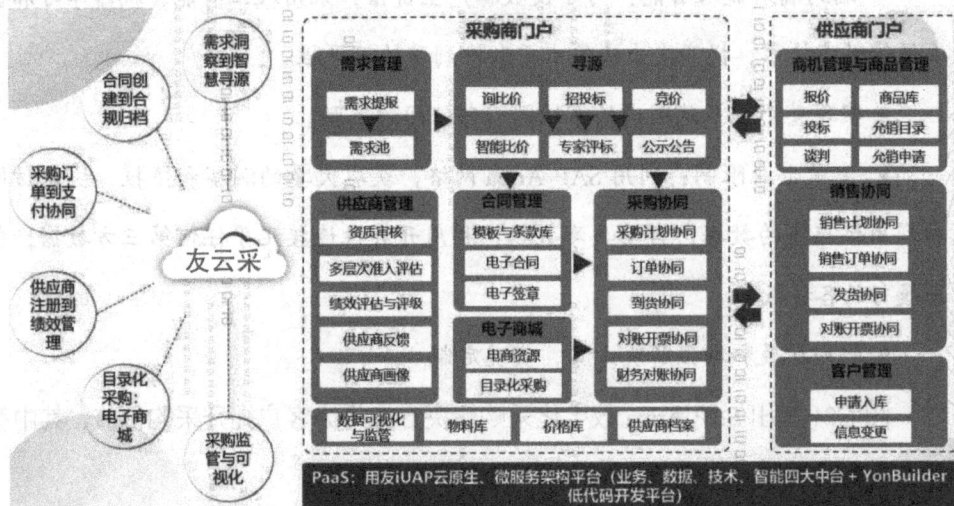

图 6.22　用友的采购数智化云平台——友云采 [13]

友云采不仅为大型企业打造智慧采购商业网络，而且它将传统的采购模式演进成社会化的开放、共享、共赢的采购服务模式。图 6.23 把采购数字化路径分为以下三级。

- 采购 1.0 结果信息化——采购结果节点记录，买方自用，企业级。

- 采购 2.0 流程协同化——采购流程电子化，买卖双方共用，供应链级。

- 采购 3.0 采购数智化 & 社会化共享——采购服务开放共享，采购云平台，社会级。

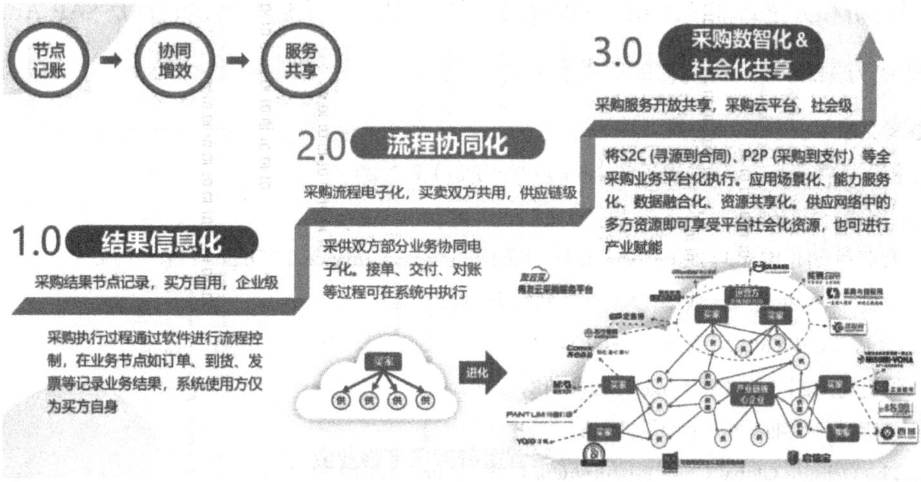

图 6.23　采购数字化路径 [13]

友云采就处在采购 3.0 的社会级，每月平台上询比价公告有 20 000 多个，招投标公告有 6 000 多个，总商机超过 26 000 个。在其平台上已聚集了大型采购商 240 多家（鞍钢、大唐这种采购商算一家），二三级采购组织有 4 000 多家，供应商有 10 万余家，活跃供应商有 6 万余家，2019 年年交易额为 1 740 亿元，2020 年预计年交易额近 3 000 亿元。

用友志在服务超过千万家企业客户，聚合十万家生态伙伴，形成亿级社群，让数智价值无处不在，一起共荣新的数字经济时代。

6.8 本章小结

本章首先讨论了采购数字化变革的必要性，变成本中心的传统采购为利润中心的数字化采购是企业进行采购数字化转型的主要动力。接着通过数字化采购的演进指出实施变革性技术并利用它们来应对与采购相关的长期挑战，就是今天数字化采购的意义。从 20 世纪 20 年代中期到现在，战略采购成为采购非常重要的方式，价值创造是其关键。然后介绍了德勤的数字化采购框架和埃森哲的数字化供应链采购基础技术平台。之后讨论了数字化采购的技术发展趋势，主要介绍了高级分析和人工智能的应用。最后介绍了几个数字化采购案例，尤其是 SAP Ariba 的解决方案架构，以及它的商业价值。

【参考文献】

[1] 福里斯特咨询. 合作共赢（Collaborate To Win），2020.

[2] 中国物流与采购联合会.

[3] 哈克特集团.World Class Procurement: Redefining Performance in Digital Era，2019.

[4] 德勤. 采购的未来：数字化颠覆传统采购模式：2017.

[5] OLIVER WYMAN. 数字化采购，2017.

[6] 哈克特集团. The CPO Agenda in 2018，2018.

[7] 埃森哲. 采购的下一个前沿. 2015.

[8] The Deloitte Global Chief Procurement Officer Survey 2019.2019.

[9] 唐隆基.认知计算机和它在数字化供应链及智慧物流中的应用，2018-08-27.

[10] IBM. 新的供应链时代已经来临，2016年10月.

[11] IBM. 认知采购：抓住人工智能的机会，2019.

[12] SAP.

[13] 刘天驰. 智慧采购，打造大型企业采购商业网络，2020.

第 **7** 章

生产 / 制造的数字化转型与变革

生产／制造是供应链中的一个重要环节，整个供应链都围绕着这个环节，为其服务，但生产／制造环节本身有其自身的组织、技术和服务。供应链是其重要的赋能者，两者相辅相成。本章着重讨论与供应链密切相关的生产和制造的数字化变革，这些变革将影响供应链的数字化架构和流程。

7.1 工业 4.0 和智能制造的生态系统

第四次工业革命（以下简称"工业 4.0"）是人类社会经济转型史上最伟大的一次社会经济转型，见图 7.1。正如世界经济论坛创始人克劳斯·施瓦布所说：我们正处于一场技术革命的边缘，它将从根本上改变我们的生活、工作和相互联系的方式。在规模、范围和复杂性方面，这种转变将不同于人类以往所经历的任何事情。我们尚不知道它将如何发展，但有一件事很清楚：对它的反应必须是综合和全面的，涉及全球政体的所有利益相关者，从公共、私营组织，到学术界、民间社会。图 7.1 描绘了工业 4.0 的宏伟图景——它将改变人类社会的一切。

本章关注的是工业 4.0 对生产制造及其供应链的变革。图 7.1 中高级制造和生产，也就是本书第 1 章讲的智能制造，是本章研究的重点。事实上，在工业 4.0 的宏伟图景中智能制造是重中之重，它由图谱中的融合新兴数字技术和数字经济时代的商业变革所驱动。美国国家标准与技术研究院（National Institude of Standards and Technology，NIST）为工业 4.0 智能制造制定了一系列标准。图 7.2 所描绘的智能制造的生态系统是其标准的核心。国内称之为智能制造三链模型，见图 1.8。图 7.2 说明了在智能制造系统中显示的关注点的三个维度。每个维度产品（图中的"产品"）—— 产品链、生产系统（图中的"生产"）——资产链和业务（图中的"商业"）——价值链都显示在其自己的生命周期中。产品生命周期从早期产品设计阶段开始，一直持续到产品生命周期结束的信息流和控制。生产系统生命周期集中于整个生产设施（包括其系统）的设计、部署、操作和停用。业务生命周期涉及供应商和客户互动的功能。在我们称之为制造金字塔的机器、工厂和企业系统的垂直整合中，每个维度都发挥了作用。在每个维度上集成制造软件应用程序有助于实现车间的高级控制和工厂／企业的最佳决策。这些观点和支持它们的系统的结合构成了智能制造软件的生态系统。这是制造数字化转型的架构指南。

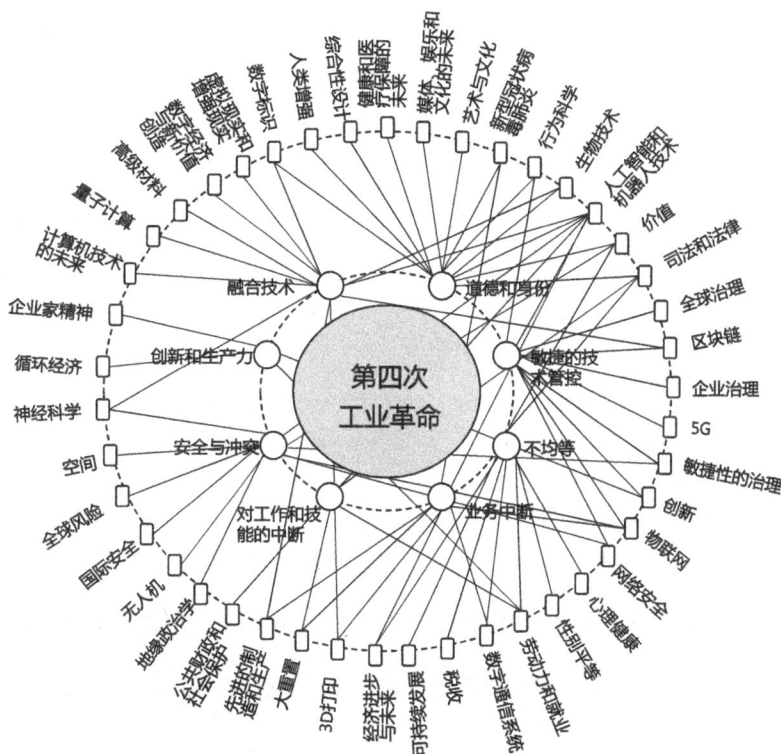

图 7.1　工业 4.0 的宏伟图景[1]

从历史上看，这些维度一直被当作筒仓来处理。事实上，即使是这些维度中的一个，集成也是一个不小的挑战，目前各国都在积极布局这三个维度（三链）自身的集成以及跨维度的集成，典型的战略有美国的工业互联网、德国的工业 4.0，以及中国的智能制造 2025。据观察，为整合这个生态系统的单一维度而成立的组织，其范围也正在扩大，以采用数字主线（图7.2中的"商业"箭头数字主线的概念，请见本章7.2.4小节）解决跨维度的集成。此外，持续流程改进（Continuous Process Improvement，CPI）、柔性制造系统（Flexible Manufacturing System，FMS）和面向制造与装配设计（Design for Manufacture and Assembly，DFMA）等范例都依赖于图7.2所示维度之间的信息交换。在这三个维度内和跨三个维度的紧密集成将导致更短的产品创新周期、更高效的供应链和更灵活的生产系统。这些因素的结合允许对自动化和决策进行最佳控制，以使高质量、高度定制的产品与对这些产品的需求紧密同步。

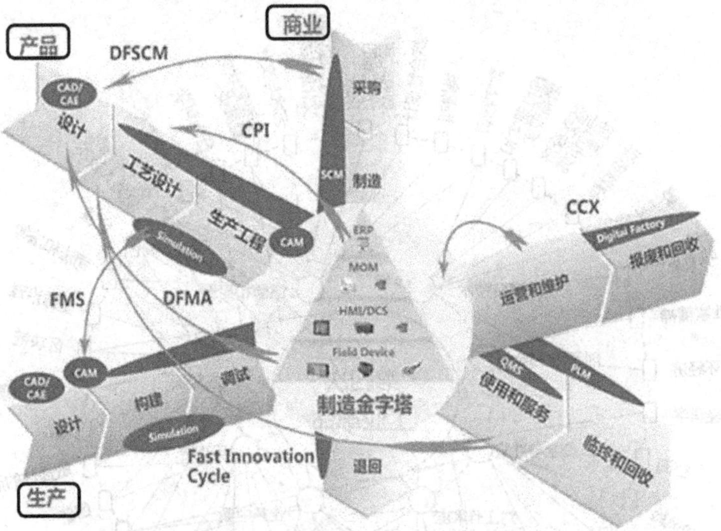

图 7.2   工业 4.0 智能制造生态系统 [2]

本质上，正是三个维度和制造金字塔内部以及二者之间的无缝集成形成了其功能。表7.1显示了图7.2中智能制造生态系统的组成要素、信息流及关键能力映射。

表 7.1   智能制造生态系统的组成要素、信息流及关键能力映射

	描述	信息流	关键能力映射
PLM	**产品生命周期管理**——是对产品的整个生命周期进行管理的过程，从一开始，到工程设计和制造，再到服务和处理制造的产品	产品和生产系统生命周期中的双向信息流	质量、敏捷性和可持续性

续表

	描述	信息流	关键能力映射
SCM	**供应链管理**——管理供应商、公司、经销商和最终消费者之间的物料、最终产品和相关信息的上游和下游增值流	供应链利益相关者——制造商、客户、供应商和分销商之间的双向信息流	敏捷性、质量、生产率
DFSCM	**面向供应链管理的设计**——设计产品以利用和加强供应链管理	供应链管理活动与设计工程师活动之间的双向信息流	质量、敏捷性
CPI	**持续流程改进**——是一组持续的系统工程和管理活动，用于选择、定制、实施和评估生产产品的过程	从实时制造系统到过程设计活动的信息流	质量、可持续性、生产率
CCX	**持续调试**——生产系统的诊断、预测和性能改进的持续过程	生产工程活动与生产经营活动的双向信息流	生产率、敏捷性、可持续性、质量
DFMA	**面向制造与装配设计**——为便于制造的零件设计和为便于装配的产品设计	从生产工程、运营活动到产品设计活动的信息流	生产率、敏捷性
FMS/RMS	**柔性制造系统/可重构制造系统**——机器是灵活的，可以被配置成在不改变过程的情况下产生改变的体积或新的产品类型	从产品工程活动到生产工程活动的信息流	敏捷性
Manufacturing Pyramid	由 ERP、MOM 和车间三层制造金字塔描述的现有制造系统的层级性	ERP、MOM 活动和控制系统之间的双向信息流	质量、敏捷性、生产率和可持续性
Fast Innovation Cycle	通过从产品使用中收集的数据和产品构思的反馈的趋势预测来快速改进新产品导入（New Product Introduce，NPI）周期	从产品使用到产品设计的信息流	质量、敏捷性

本章下一节将讨论和分析图7.2及表7.1中与供应链相关的制造的数字化变革。

7.2　生产/制造的数字化转型

7.2.1　3D 打印工业革命

3D 打印（或增材制造）工业革命是对传统的生产制造的数字化革命，3D 打印被认为是工业 4.0 中的"必不可少的成分"。那么什么是 3D 打印？ 3D 打印是根据 CAD 模型或数字 3D 模型构建三维实物对象。3D 打印可以指在计算机控制下将材料结合或固化以创建三维物体的各种过程，或者将材料（例如液体分子或粉末颗粒）添加在一起融合，通常是逐层的。鲜为人知的是 3D 打印将改变我们所知道的世界。最初，3D 打印仅与基础塑料和光敏树脂兼容。但是，此后已扩展到包括陶瓷、水泥、玻璃、金属、纤维等的许多其他材料，甚至包括人类软骨。现在，它可以以多种方式使用，因此 3D 打印的经济机会正在不断扩大。

尽管传统的设计已从手工转变为采用计算机方法，如计算机辅助设计（Computer Aided Design，CAD）工具，这是第三次工业革命的伟大进步。然而传统的制造方式仍然是根据设计、生产模型 / 具，对原材料进行减法加工，如切削、磨、钻、车等方法将零部件加工成型。传统的制造也叫减法制造，如近代先进的计算机数控（Computer Numerical Control，CNC），它在加工产品时会产生大量废料，而且产品不易定制修改。当设计改变后，必须进行新的减法制造。3D 打印的独特方面之一是，其按照用户在 3D 数字软件中创建的数字轮廓，逐层创建作品。这种细致的产品设计方法意味着，在定制产品时，企业将有更多选择。现在可以使用这项新技术来完成以前无法在批量生产中创建的详细设计和编织材料，从定制颜色以吸引特定受众到根据客户要求进行个性化定制，均可以实现。

此外，3D 打印也称为增材（加法）制造，它将产生比减法制造少得多的废料，这无疑减少了材料的浪费，有利于环保和促进企业的可持续发展。图 7.3 对传统制造和增材制造做了一个形象的对比。

采用增材制造，企业也能缩短产品升级和增强的周转时间。对于传统制造，发布新产品和改进产品需要大量的制造设置时间和成本，但是对于 3D 打印，企业可以仅通过调整数字蓝图来继续进行升级。

然而，没有完美的技术，3D 打印也存在它的局限性：如成本、材料限制等，本书不进行详细介绍。并且在它的早期被夸大了，由于材料问题、成本居高等，曾一度从兴起到衰微。但自 2017 年以来，由于金属 3D 打印的创新进展和其他 3D 打印及数字技术的发展，以及它为改革制造业带来的便利性、定制性、灵活性、环保性、适应性等居多好处及强大的竞争优势，它又再度兴起。德勤全球（Deloitte Touche Tohmatsu）曾预测，大型上市公司（包括企业 3D 打印机、材料和服务）与 3D 打印相关的销售额将在 2019 年超过 27 亿美元，2020 年将超过 30 亿美元。预计 3D 打印行业几乎将改变它所涉及的每一个行业，彻底颠覆传统的制造工艺，如图 7.4 所示。因此，德勤曾预计该行业的产值将在不久的将来呈爆炸式增长，到 2020 年将达到 52 亿美元，在短短 8 年内增长 300%。

图 7.3　传统制造和增材制造的对比 [3]

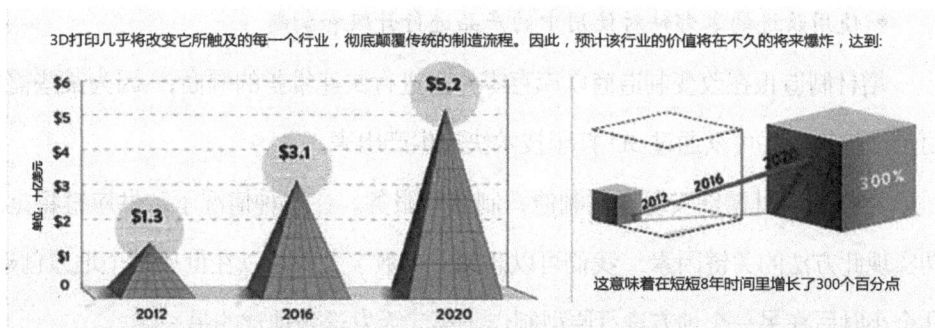

图 7.4　3D 打印行业的增长趋势（来源：3D PRINING）

3D 打印对某些行业的颠覆性可见于阿韦尼（Aveni）在他的文章《3D 打印革命》[4] 中的一个故事：美国助听器行业转变为 100% 的增材制造后，不到 500 天，没有一家坚持传统制造方法的公司幸存下来。

3D 打印行业产值爆炸式增长的故事还来自一篇讨论新冠病毒的流行推动着 3D 打印革命的文章。该文指出：随着 COVID-19 在全球供应链上造成严重破坏，将制造向客户靠拢的趋势可能会进一步发展到将微型制造工厂放置在人们的起居室中。因为有开源、免费的数字设计，可以使用 3D 打印机制作数百万个项目，并且其数量呈指数增长，这也是学术界所关注的开放式硬件设计。开源医疗硬件已经共享了一些设计，为预防新冠病毒大流行提供帮助，如面罩、口罩和呼吸机。免费的数字产品设计远远超出了大流行的硬件范围。3D 打印机的价格已经下降到足以使大多数美国人都能接受的程度。人们可以在家中下载、定制和打印各种产品，而且最终花费的成本通常低于购买产品的成本。

本书读者可能更关注的是增材制造对供应链和物流的数字化转型有何影响。下面列举了它是如何颠覆供应链和物流及驱动其变革。

增材制造使供应链能够提高可持续性的四种方法。

- 通过本地化生产（和就业）减少运输。
- 通过减少生产过剩和在某些情况下简化生产操作来减少材料消耗。
- 通过附加维修和按需备件延长产品使用寿命。
- 使用改进的零部件对使用中的产品进行升级和翻新。

增材制造正在改变制造商以库存零件来进行快速维护的局面，因为某些需要用于维护的零件可以通过 3D 打印技术快速生产出来。

增材制造可帮助实现按需制造，制造即服务。在这种情况下，供应链将是成功实现此方法的关键因素。我们可以想象一个数字文件可以在世界某个地方创建，几个小时后在另一个地方进行原型制作，第二天发送到地球的另一端。

增材制造将在供应链库存管理中发挥战略作用，并且能帮助优化物流流程。

自 2016 年，物流巨头之一 UPS 就将增材制造技术视为行业的下一个战略视野。现在 3D 打印正在成为 UPS 的核心重点。UPS 将 3D 打印视为 "物流的第四种模式"，UPS 创新战略经理亨特指出："陆运、海运和空运是前三种模式，而数字模式的货物运输是第四种模式。" 她的意思是，在前三种物流模式中，需要大量生产实物商品，将其存储在仓库中，然后从仓库运送到客户。通常，这些货物具有很高的最低起订量要求。在数字模式下，存储的是设计（不是存储在仓库中，而是存储在云中），零件是按需制造的，并且是在微型工厂中，如设在专用于 3D 打印的仓库或配送中心中的微型工厂，少量生产的，如 UPS 在路易维尔设有一家微型工厂。现在，它还在全国约 20 家 UPS 商店中提供 3D 打印服务。亨特说："我们几乎可以在 48 小时内从路易维尔得到世界上任何地方的零件。"该公司正在与总部位于芝加哥的按需制造解决方案提供商 Fast Radius 合作。

随着其发展数字制造策略，UPS 着眼于可用于增材制造的几类零件。第一类是难以利用传统制造方法制造的零件，如晶格结构。第二类是缓慢移动的维修零件，这些零件很关键，但偶尔会少量使用。利用 3D 打印，UPS 的维修零件供应商可以减少其零件库存，否则这些零件会在架子上放置数月或数年。第三类是批量定制，或者每次打印时都可以定制具有不同序列号的零件。还有加快产品开发和原型制作。那么，我们处于哪个阶段？ 3D 打印将如何改变供应链管理？亨特说，尽管降低生产级零件的打印成本很重要，但我们仍处于 "大量学习和快速创新的阶段"。她说："现在是寻求创新的客户进行试验的时候。"对于未来，她认为 3D 打印是供应链管理器工具箱中的另一个工具。她说："这是优化物流、库存和仓储能力的另一种方式。"

3D 打印正在促进传统供应链和物流的变革。增材制造运输、增材制造库存、按需制造、增材制造配送将成为供应链和物流的新模式。

7.2.2　从面向制造与装配设计到面向供应链管理的设计

工业 4.0 制造数字化转型的方法论之一就是制造过程端到端的无缝集成。作为制造过程的起始端的设计将影响整个制造过程，直到产品。因此人们很早就开始研究和实践如何优化设计，以获得预期的产品。1988 年美国国家防御分析研究所（Institute of Defense Analyze，IDA）完整地提出了并行工程（Concurrent Engineering，CE）的概念，即并行工程是集成地、并行地设计产品及其相关过程（包括制造过程和支持过程）的系统方法。并行工程是一种新的产品开发方法，旨在改善产品质量、降低开发成本、缩短开发周期、提高生产率。与之相对，传统的新产品开发是串行工程。长期以来产品开发工作一直采用传统的串行工程方法，先进行市场需求分析，将分析结果交给设计部门，设计人员进行产品设计，然后将图纸交给工艺部门进行工艺设计和制造准备，采购部门根据要求进行采购，一切齐备后进行生产加工和测试，对结果不满意时再修改设计与工艺，如此循环直到满意。而并行工程方法能够较好地兼顾产品生命周期中的各阶段的需求，并将它们在设计中加以考虑，因此也被称为"生命周期工程"。图 7.2 中的 DFMA 就是其中一个比较早的方案，叫作面向制造与装配设计（DFMA）。这种优化设计的解决方案统称为 DFX——Design For Excellent，其中"Excellent（优秀的）"代表任何对设计和制造有价值的特征元素，如 X=MA，就是 DFMA。事实上，DFX 就是基于并行工程的思维方法。图 7.5 列举了 DFX 的基本范畴。

DFM1 可制造性设计	DFU 可操作性设计
DFM2 可维护性设计	DFL 物流后勤便利性设计
DFA 可组装性设计	DFR 可靠性设计
DFT 可测试性设计	DFC1 低成本设计
DFS1 可修复性设计	DFC2 舒适性设计
DFS2 安全性设计	DFP 高性能设计
DFE1 人性化设计	DFF 高灵活性设计
DFE2 环保性设计	DFTTM 市场时间设计
DFE3 发展性设计	

图 7.5 DFX 的基本范畴

由于 21 世纪的企业之间的竞争已成为企业供应链之间的竞争，供应链的竞争力直接影响企业的产品及市场的竞争力，工业 4.0 制造数字化转型将供应链管理作为一个关键要素，见表 7.1。一个新的 DFX 叫面向供应链管理的设计（Design For Supply Chain Management，DFSCM）被添加到智能制造的三链模型（见图 7.2）中，这实际上把供应链置于整个产品的生命周期管理，包括曾经忽视的设计领域，这同时将极大促进供应链的数字化转型。实际上，在 DFX 的范畴中，已有几个方案与供应链管理有关，如 DFL、DFE2。DFSCM 把设计和整个供应链管理捆绑在一起是数字化转型的产物，这对设计和供应链管理两者无疑都是新的挑战。其目标是设计产品以利用供应链和加强供应链管理，它是供应链管理活动与设计工程师活动之间的双向信息流。事实证明，唯有利用新兴数字技术才能实现它。下面将以捷普的 inControl 平台的智能数字供应链解决方案中的 DFSC（Design For Supply Chain，面向供应链的设计）为例来说明数字技术如何实现它。

捷普（Jabil Inc.）是一家全球产品解决方案公司，为各个行业的电子和科技公司提供服务，位列 2018 年财富 500 强全美顶尖公司第 159 位 。

捷普智能数字供应链解决方案如图 7.6 所示。

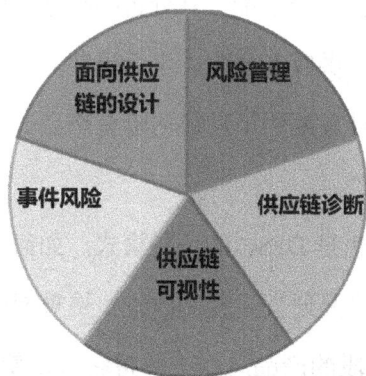

图 7.6 捷普智能数字供应链解决方案

图 7.7 描绘了捷普的面向供应链的设计的数字 SaaS 平台。该平台能在产品生

命周期的任何时刻优化供应链设计。在流程早期优化供应链，确保可持续产品的最大回报。此平台利用预测分析确保一旦产品准备好生产，供应链不需要较大的改变。在设计阶段早期进行评估，基于项目目标，确定潜在的风险和机遇以及主要内容的可行建议。平台采用模拟方法对备选方案进行优先级排序和比较，并显示不同的选择会如何影响供应链和项目。

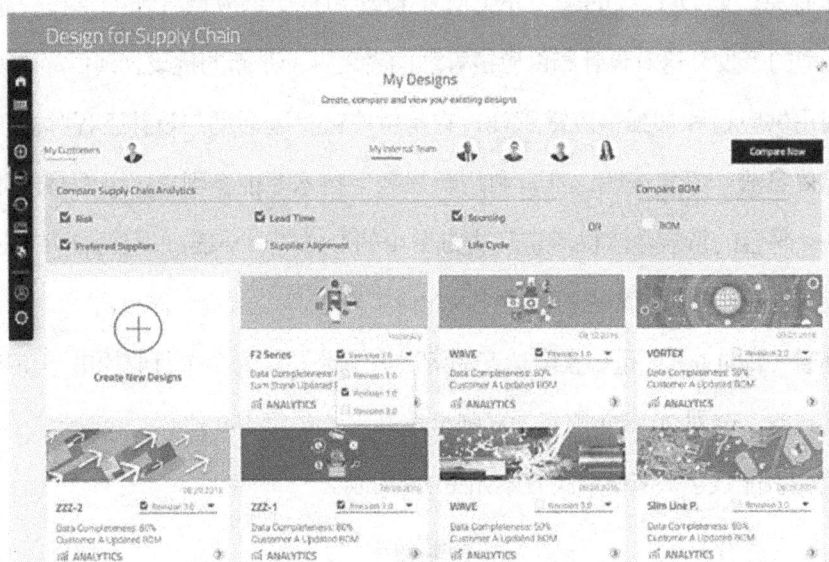

图 7.7　捷普的面向供应链的设计的数字 SaaS 平台

该平台具有强大的数据分析功能，其分析指标选项包括风险、交货期、采购或物料清单、首选供应商、供应商分配、生命周期。平台强大的分析功能驱动智能仪表盘，让从业者在设计周期的早期评估所有产品，优先推荐可以更快地分析产品设计备选的供应链方案。

梦寐以求的闭环研发也是 DFSC 的一种模式。如何利用产品在运行阶段的数据洞察和实际反馈来推动产品研发过程的改进？更重要的是，如何建立从需求管理阶段一直到产品运行阶段的产品总线，并将它真正使用在业务系统中？图 7.8 描绘了 SAP 的闭环研发体系，其中数字化供应链扮演着重要的角色。

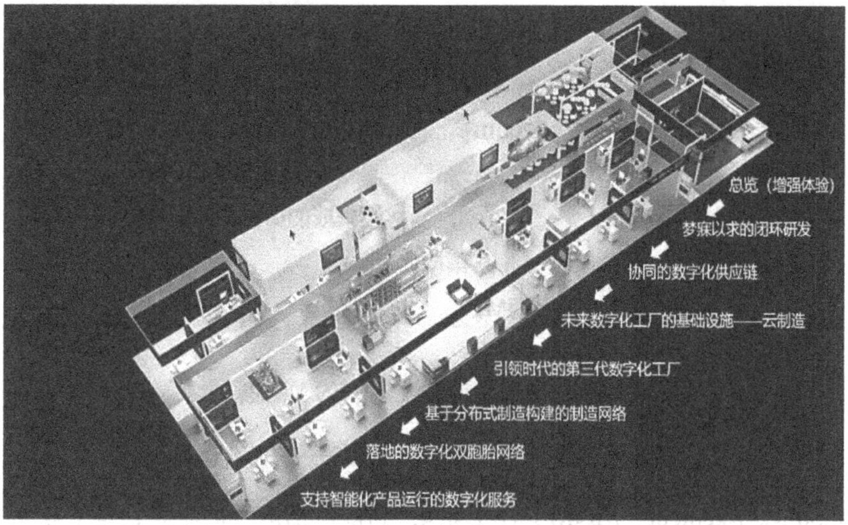

图 7.8 SAP 的闭环研发体系

相关的设计优化方案还有面向供应链可持续性的设计（Design For Supply Chain Sustainability，DFSCS）、面向回收的设计（Design For Recycling/Return，DFR）和面向物流的设计（Design For Logistics，DFL）等，本书不逐一介绍。

7.2.3 从制造执行系统到制造运营管理

制造执行系统（Manufacturing Execution System，MES）是面向车间生产的管理系统。20 世纪 80 年代末，美国先进制造研究机构（Advanced Manufacturing Research，AMR）首先提出 MES 的概念。1992 年，美国成立以宣传 MES 思想和产品为宗旨的贸易联合会——MES 国际联合会（MESA International）。MES 国际联合会对 MES 的定义为：在产品从工单发出到成品完工的过程中，制造执行系统起到传递信息以优化生产活动的作用。1999 年，美国国家标准与技术研究院（National Institute of Standards and Technology，NIST）在 MESA 联合会白皮书的基础上，发布有关 MES 模型的报告，将 MES 有关概念标准化。图 7.9 显示了制造执行系统（MES）的进化。

图 7.9　制造执行系统（MES）的进化[5]

MES 是第三次工业革命的产物。下一代 MES——制造运营管理（Manufacturing Operation Management，MOM）在工业 4.0 智能制造应运而生。它是工业 4.0 智能制造生态系统的制造金字塔的关键部件。图 7.10 描绘了 MOM 边界。

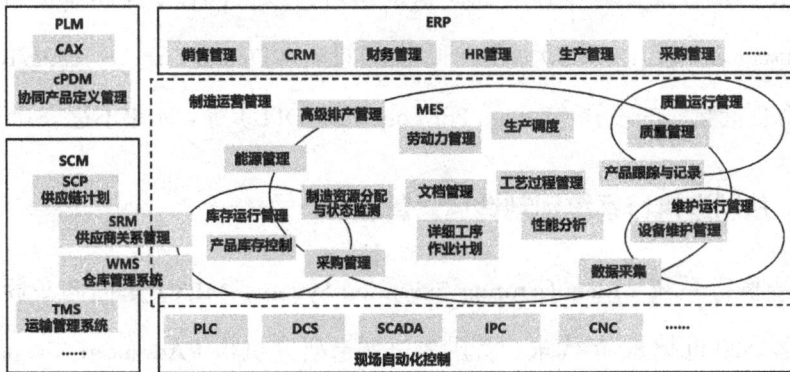

图 7.10　MOM 边界[6]**（翻译：罗戈研究）**

MOM 包含了 MES 的功能，并将维护运营管理、质量运营管理和库存运营管理与生产运营联系起来，它详细定义了各类运营管理的功能及各功能模块之间的相互关系，在下游行业的实际应用中，以整体解决方案的方式，对客户的具体需求具有更强的针对性和有效性。更重要的是，与 MES 不同，它集成了供应链，这包括产品库存控制、采购管理，并连接供应商关系管理（SRM）和仓库管理系统（Warehouse Management System，WMS）。此外它具有比 MES 更强的数据采集功能。制造金字塔是智能制造生态系统的操作系统，而 MOM 是其心脏。在制造金字塔里它上连 ERP，下连网络物理产品系统和现场自动化控制系统。它还与塔外各种工程系统连接，通过这些连接产生实时的制造信息流，在数据驱动下管理着整个制造过程。

7.2.4　数字主线和数字孪生助力生产 / 制造数字化转型

数字孪生是物理资产、产品、过程或系统的动态的数字表示。它对现实世界中对应的特征、条件和属性进行了数字建模。而"数字主线是贯穿于公司各个职能部门和产品生命周期的信息流，涵盖产品构思、设计、供应链、制造、售后服务等各个环节，乃至外部的供应商、合作伙伴和客户产生的数据，使其能对产品及其运行提供全景的动态信息，赋能数字孪生的开发和更新"。[7] 图 7.11 描绘了智能制造生态系统的数字主线和数字孪生，其中数字主线贯穿整个产品链和资产链。它包括产品链中的设计数据、工艺数据、工程数据、试验数据、仿真数据、生产数据，以及资产链的设备状态和维修数据的完整的动态信息流。这个信息流赋能制造数字孪生，数字孪生将数据进行各种分析，产生对设计、仿真、生产的洞察，为产品链提供各种决策，从而优化整个生产过程。同时它通过对生产设备状态的监控和分析，对设备提供预测性维护洞察，从而大大减少停机停产。

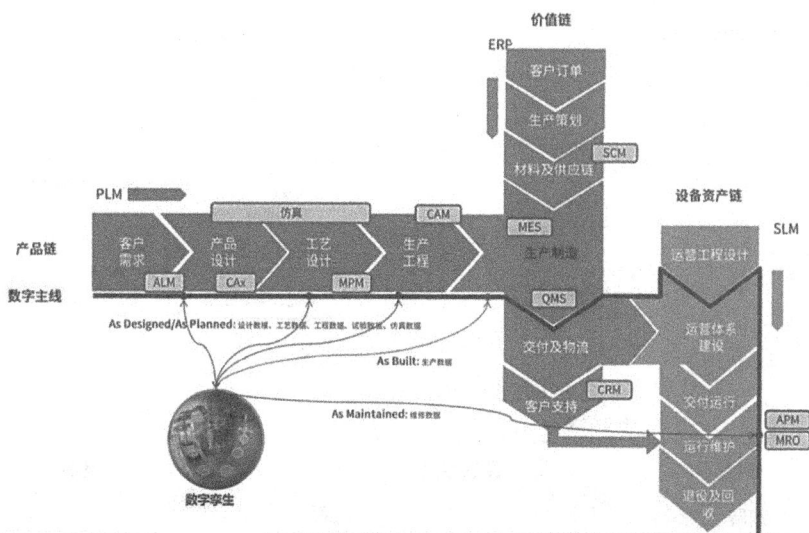

图 7.11　智能制造生态系统的数字主线和数字孪生[8]

此外仿真是智能制造中重要的工具，特别是对于设计、生产高精产品，如飞机发动机至关重要。仿真缩短了分析和设计周期，并通过允许更多变量的研究来确保更好的优化结果。人工智能支持创建仿真模型和识别趋势。模拟结果不再停留在封闭的环境中，而是可以在设备的整个生命周期中方便地共享给其他用途。数字孪生可通过数字镜像重要的数据和行为来促进开发仿真新的功能。在此过程中，它简化了从配置到状态监视和预测的活动。如果需要，这些数据甚至可以在手持设备上访问，如在增强现实技术的帮助下，以支持工厂的决策。

7.2.5 下一代数字连接的产品生命周期管理

产品生命周期管理（Product Lifecycle Management，PLM），是智能制造生态系统的核心部件之一，见图 7.11。在工程和制造业中，PLM 是一个贯穿整个生命周期的管理产品信息全过程的软件工具。它涵盖需求、设计、工程、制造、生产、支持、维护、处置和再制造。PLM 是工业互联网平台的核心部件之一[9]。它与供应链管理（SCM）的深度融合将促进和赋能双方的数字化转型。下一代数字连接的 PLM 是数字化供应链的赋能工具。图 7.12 展示了 PLM 的演变。

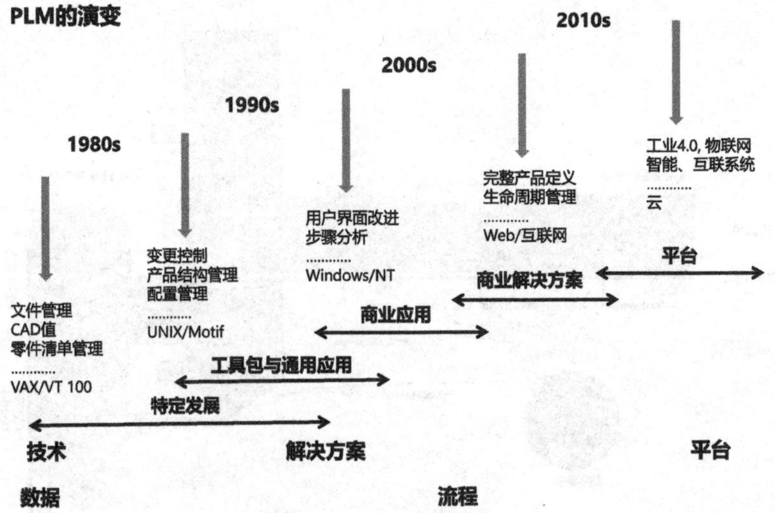

图 7.12　PLM 的演变[10]

从图 7.12 可见，PLM 产生于 20 世纪 80 年代，是第三次工业革命的产物。到工业 4.0 时期，它正朝着部署于云端、物联网基的数字化的智能连接系统方向发展。由现代平台驱动的数字化转型支持物联网、机器学习和高级分析的数字主线和数字孪生。为了面对工业的挑战，下一代数字连接的 PLM 必须具有以下数字能力，见图 7.13。

* 敏捷产品开发和模块化 PLM 架构。

* 与应用程序生命周期管理（Application Lifecycle Management，ALM）、产品数据管理（Product Data Management，PDM）和企业资源计划（ERP）集成。

* 实现数字主线模型和数字孪生。

* 是系统工程与基于模型的系统工程。

* 跨企业协同。

* 跨学科变形、配置和变更管理。

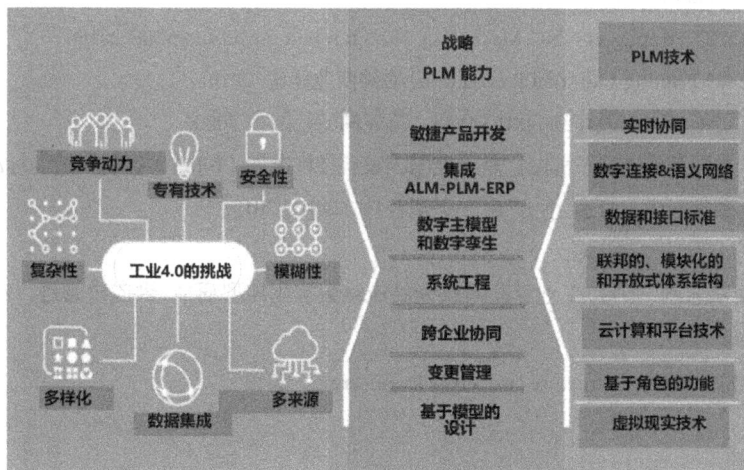

图 7.13　下一代数字连接的 PLM[11]

7.3　本章小结

本章描述和分析了工业 4.0 时期生产制造向智能制造的数字化转型，它包括组织、商业模式、技术和管理的数字化转型。本章着重讨论了与供应链有关的智能制造变革，包括两方面的内容。

第一，智能制造的生态系统和其组成要素的关键能力。

第二，智能制造的管理和技术革命，包括以下内容。

- 3D 打印工业革命。

- 从面向制造与装配设计（DFMA）到面向供应链管理的设计（DFSCM）的变革。

- 从制造执行系统（MES）到制造运营管理（MOM）的变革。

- 数字主线和数字孪生助力生产制造数字化转型。

- 下一代数字连接的 PLM 是数字化供应链的赋能工具。

【参考文献】

[1] 世界经济论坛.战略智慧图谱，2020.

[2] LU Y，MORRIS K C，FRECHETTE S.Current Standards Landscape for Smart Manufacturing Systems，NIST，2016.

[3] JAMIE D.3D Printing vs CNC Machining: Which is best for prototyping? 2018.

[4] AVENI. 3D Printing Industrial Revolution, 哈佛商业评论, 2016.

[5] 李英杰. 可能是史上最详细的MES介绍，智能制造社区， 2020.

[6] 林雪萍. 美国智能制造三部曲，基于美国国家科技标准局（NIST）智能制造的标准.

[7] 埃森哲. 数字孪生：打造生力产品，重塑客户体验[R].2019.

[8] PTC.

[9] 唐隆基，潘永刚，张婷. 工业互联网赋能供应链数字化转型研究,供应链管理，2020.

[10] CIM Data.

[11] PROSTEP.PLM Infrastructure and Smart Engineering，2018.

第 8 章

运营的数字化转型与变革

数字化已经涉及企业的方方面面，包括供应链运营模式。如今，RFID、GPS和 IoT 传感器等新兴数字技术已使企业能够将其现有的混合（纸质和 IT 支持流程的组合）供应链结构转变为更灵活、开放和协作的数字化模式。混合供应链模式导致了僵化的组织结构、无法访问的数据以及与分散的合作伙伴关系。与混合供应链模式不同，数字化供应链实现了业务流程自动化、组织灵活性和企业资产的数字化管理。供应链运营的数字化转型目的在于提高企业的运营效率和降低运营成本，以合适的成本和客户满意的绩效，执行供应链的计划和流程。供应链运营包括计划、寻源、制造、交付、退货。本书前面几章已经讨论了供应链计划、寻源、制造的数字化转型，本章将讨论一般运营数字化转型的框架和供应链执行的数字化转型，其中供应链执行（Supply Chain Execution，SCE）涉及面向供应链执行的系统，专注于面向执行的应用程序，包括仓库管理系统（WMS）、运输管理系统（Transportation Management System，TMS）、全球贸易管理（Global Trade Management，GTM）系统以及其他执行应用程序，如实时决策支持系统（例如，动态路由和动态采购系统）以及企业内部以及整个扩展供应链中的供应链可见性系统。有时，订单管理系统也包含在 SCE 中。退货实际上也是供应链执行的一部分，由于它的特殊性，本书将在第 9 章中研究。

8.1　当前企业供应链运营面临的挑战

在数字时代，企业外部经营环境发生了翻天覆地的变化，数据大爆炸、数字化变革，以客户为中心。而企业供应链运营模式往往还停留在过去，一部分小微企业至今仍然是纸质手工操作，大部分供应链物流企业仍然采用的手工＋IT 支持的混合模式。在新的竞争环境下，敏捷性、灵活性和快速响应能力是对未来企业的基本要求。当前企业供应链运营面临着六大挑战。

第一，供应链运营数字化转型和创新。在工业推动下，各行各业都在实行数字化转型或变革，作为"后勤"和服务的供应链运营的数字化转型在我国进展仍然缓慢。由于我国工业的碎片化，发展不平衡，因此大约不到 10% 数字领军企业，如阿里巴巴、京东、华为、准时达等供应链头部企业达到或赶上世界先进水平，而大多数企业仍在起步和追赶阶段。这里主要的障碍是企业的数字意识不强，数字化人才短缺。

第二，提高运营智能自动化水平，以提升运营效率。我国的供应链运营的智能自动化程度与发达国家相比较低。图 8.1 指出我国的物流自动化（包括自动仓储、物流机器人等）平均水平只有发达国家平均水平的四分之一。这无疑是提升运营效率的巨大挑战。

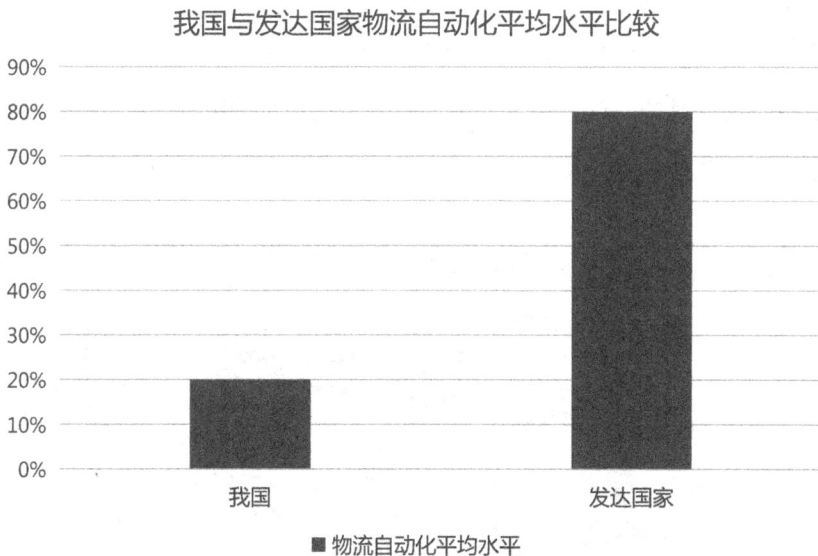

我国与发达国家物流自动化平均水平比较

■ 物流自动化平均水平

图 8.1　我国与发达国家物流自动化平均水平比较

第三，降低运营成本，提高盈利能力。目前，各国物流学术界和实务界已经将物流总成本简要概括为由三部分组成：运输成本（Transportation Cost）、存货持有成本（Inventory Carrying Cost）和物流管理成本（Logistics Administration Cost）。我国运输成本和存货持有成本呈逐年增长的趋势。我国物流管理水平仍然较低，导致物流管理成本居高不下。同时也可以看出，数字化物流管理将有助于降低物流管理成本。

第四，保持和提升竞争力。企业要保持和提升竞争力，供应链运营的数字化变革是关键之一，请参看本书第 1 章。

第五，提升客户体验和服务质量。数字经济时代，客户不仅要求物件交付的速度快，如当日达、次日达，而且要求有各种配送方式可选择，并要求运送的物件可追溯。这对供应链运营是一个挑战，传统的模式已经不能满足客户的需求，唯有采用新兴的数字技术，转型到智能的数字化模式才能服务好客户。

第六，世界充满不确定性，风险和机会并存。图 8.2 描绘了汽车行业面临的不断变化的复杂性和波动性挑战，这些挑战都起因于不确定因素，如全球化和由于新冠疫情所引发的供应链中断、供应链执行能力受限、客户个性化需求等。随着大环境、渠道及客户购买行为等一系列的变化，需求的波动与供应链网络的复杂程度将会与日俱增，这就要求企业的供应链的计划和运营要具备足够的柔性和敏捷性，才能化风险为机会。

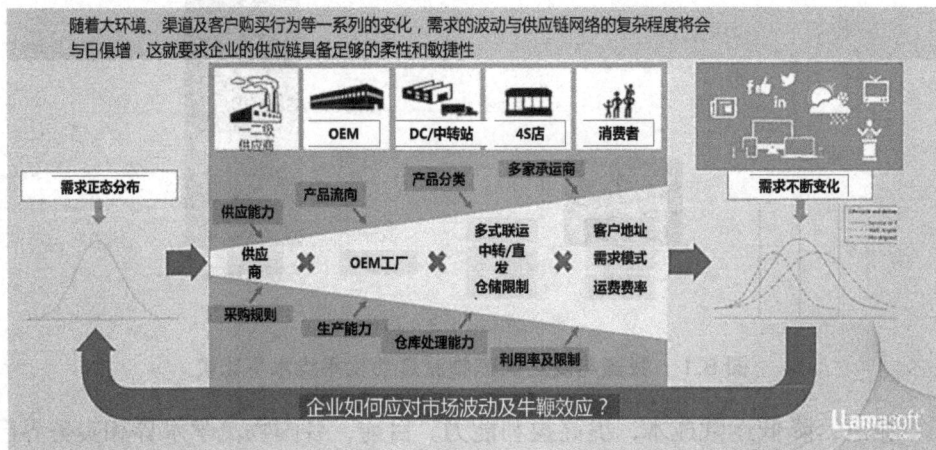

图 8.2　汽车行业面临的不断变化的复杂性和波动性挑战 [1]

新冠疫情给经济、生产企业，以及供应链服务企业造成了极大的不确定性，从而带来了生产停工、运输停止、供应链中断的风险。然而拥有强大数字化能力的企业表现出了良好的应变能力，甚至它们将风险化为机遇：一些智能自动化技术，如机器人、无人机技术得到进一步发展；一些新的运营模式，如无接触配送、数字化供应链及物流平台等崭露头角。新冠疫情成了促进企业数字化转型的驱动力。

8.2　智能数字化供应链运营决胜未来

面对数字时代供应链运营的挑战，企业唯一正确的对策就是制定供应链运营转型的战略和实施数字化转型。制定和实施供应链运营转型的战略需要考虑五大要素，如图 8.3 所示。下面分别讨论这五大要素。

智能数字化供应链运营生态系统：
生态系统可为企业带来更多数字技术能力的组合，助力企业供应链运营创新

数字创新型人才：
企业的供应链组织需要网罗各类掌握数字技术、把握行业和职能重心的创新和创业人才

卓越的供应链运营与客户体验

应用智能数字技术：
供应链执行自动化、智能数据分析和人工智能有助于供应链运营数字化转型

数据洞察：
数字化供应链运营生态系统内外的结构化和非结构化数据，以及由传感器产生的实时数据是获取深入洞察的基石

云赋能：
云计算能将智能数字化供应链运营的所有要素集成于数字平台，并能整合各数字平台的海量数据，以对其进行洞察和决策分析

图 8.3　智能数字化供应链运营的五大要素

8.2.1　数字创新型人才

拥有供应链数字创新型人才是保证供应链运营数字化转型成功的关键。但不

幸的是，供应链人才缺乏是一个世界性问题。而数字化供应链人才，加上具有创新精神的人才则更是稀缺。据 2019 年高德纳的研究：在过去的四年里，我们看到非 IT 岗位的技术技能需求增长了 60%。这种预期的转变正在加剧本已严重的供应链人才短缺。图 8.4 指出，每次增加新的技术技能需求，人才库就会缩小。这说明越是高端的供应链数字创新型人才越是稀缺。

除了国家需要加速投资数字化供应链人才的培养外，企业需要建立数字化供应链的人才战略。除从各学校及其他资源招收人才外，需要通过内训／外训培养在职的员工（管理人员，还包括司机、仓库工人等），让他们成为需要的人才。

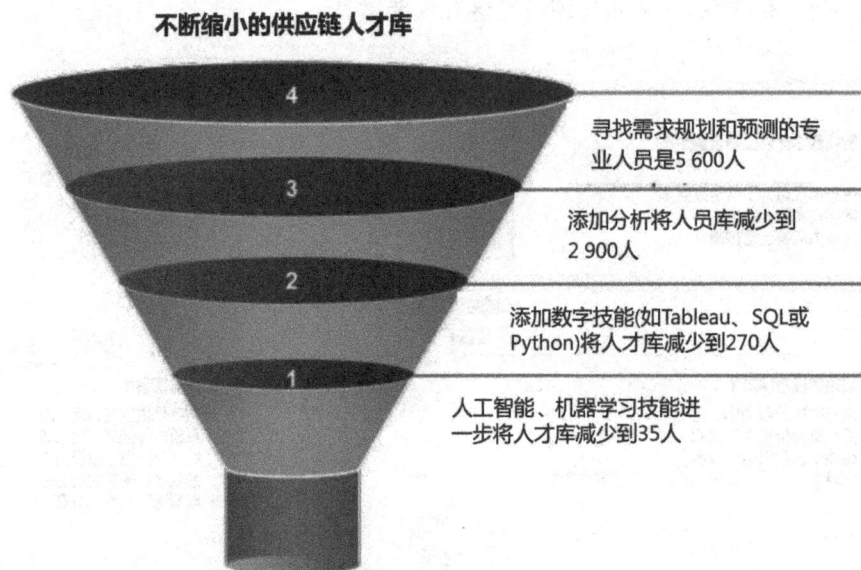

不断缩小的供应链人才库

4 ── 寻找需求规划和预测的专业人员是 5 600 人

3 ── 添加分析将人员库减少到 2 900 人

2 ── 添加数字技能(如Tableau、SQL或Python)将人才库减少到270人

1 ── 人工智能、机器学习技能进一步将人才库减少到35人

图 8.4　每次增加新的技术技能需求，人才库就会缩小 [2]

8.2.2　数据洞察

供应链运营的生态平台系统和供应链执行系统，包括运输、仓储、贸易、订单等会产生大量的结构化和非结构化数据。表 8.1 列举了部分数据。

表 8.1 部分结构化和非结构化数据

数据类型	数据源
结构化数据	● 供应链运营参与方的组织数据（客户、承运商、仓主、终端客户等） ● 各种供应链执行系统，如 OMS、TMS、WMS、GTM 等产生的数据 ● 订单数据 ● 产品数据 ● 各种运输数据（运输工具、运输方式、路线、在途状态等） ● 仓储数据（入库、库中、出库） ● 财务数据（结算、支付等）
非结构化数据	● 支持供应链运营的文件 ● 各种图片，如运输在途产生的图片 ● 传感器产生的某些实时数据 ● 天气预报等环境数据 ● 政府政策法规等 ● 未知的异常数据

这些数据是产生供应链执行运营洞察的基石。读者将会在本书第 10 章看到，供应链控制塔将利用这些数据提供运营端到端的可见性，使供应链的工作人员实时了解发生了什么，如运输遇到了坏天气需要及时通知司机和收发货方。它还通过对这些数据的分析，产生运营的洞察，如运输路线不当造成的成本上升，从而给出路线优化的决策方案。总之，充分利用运营数据能大大改善供应链执行运营，达到降本增效的目的，并且推动供应链执行运营的数字化转型。

8.2.3 应用智能数字技术

传统的供应链执行运营自动化程度低，存在许多人工或半人工操作，如货物包装、装车、仓库管理等，不仅工人劳动强度大，而且效率低，常出错误。应用智能数字技术是促进供应链运营数字化转型的必由之路。HfS2017 年提出了推动业务和流程转型的"三驾马车"：机器人流程自动化（RPA）、智能分析和人工智能（AI），如图 8.5 所示，这"三驾马车"合力就形成了实现服务交付（如供应链执行）的关键驱动因素。

根据 MHI2020 年全球 1 100 多位制造及供应链领域高管的调研，机器人和自动化、传感器和自动识别、预测分析和人工智能等被认为是企业未来 10 年供应链竞争的关键影响技术（见图 2.10）。

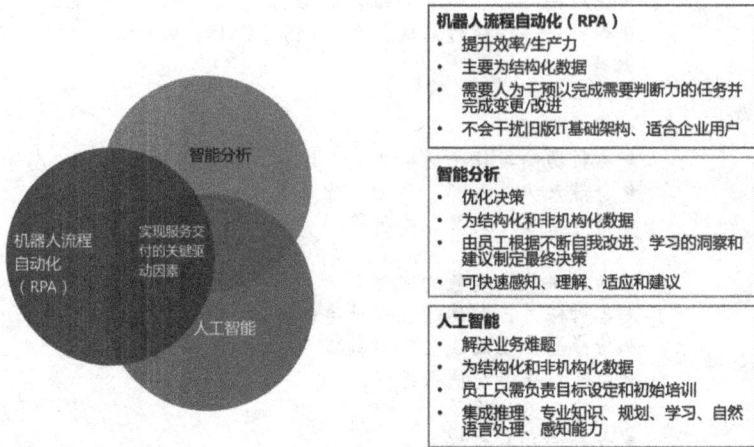

图 8.5　推动业务和流程转型的"三驾马车"：机器人流程自动化、智能分析和人工智能 [3]

高德纳在其预测 2019 年供应链运营的研究报告 [4] 中指出：供应链运营面临着采用新的业务模型和技术以在日益复杂和多变的世界中脱颖而出的压力，供应链领导者必须确定在何处进行创新并在新工艺和技术上进行投资。并且高德纳有以下预测。

● 到 2023 年，超过 30% 的可操作仓库工人将由协作机器人补充而不是取代。

● 到 2023 年，全球至少有 50% 的大型公司将在供应链运营中使用人工智能、高级分析和物联网。

我国 2016 年后在物流自动化方面增速非常快。根据 IFR 发布的 2017 年全球工业机器人市场报告，2016 年全球工业机器人销量达 29.4 万台，它曾预计未来三年仍将保持 15% 以上的增长速度，至 2020 年销量将超过 50 万台。在全球 15 个工业机器人销售市场，我国居首，2017 年预计销量将达 11.5 万台，市场规模达 42.2 亿美元，至 2020 年销量将超过 20 万台，占全球市场份额达 40%。其中，我国无人搬运车（Automated Guided Vehicle，AGV）的需求旺盛，需求领域相对集中，其中电商仓储物流占 15%。随着仓库自动化水平的逐步提升，AGV 的需求将伴随其在物流其他细分领域的渗透，有更大的增长空间 [5]。随着智能自动化程度的提高，我国的电商物流和快递已进入世界的先进行列。

8.2.4　云赋能

云计算技术是联结智能数字化供应链运营所有要素的基础和支柱，它可成为使供应链各方相互沟通的引擎。云计算技术能够加速并优化数据集成，支持企业按需调整规模大小。行业云可整合不同行业和云应用程序平台的洞察，从而帮助企业迈向"即用型数字化服务"环境。根据埃森哲的研究，超 90% 的受访企业希望访问即用型数字化服务，同时确保企业级的全方位安全，见图 8.6。今天的云计算技术已经能够满足企业的这个要求。例如华为云不仅通过了英国标准协会（British Standards Institution，BSI）对其 ISO27001 的复查，还在 CSA STAR（国际专业认证）的 16 个评估控制领域均获得金牌评分，覆盖了运营、运维、供应链、研发，包括合作伙伴管理、运营交易管理、开放网关、安全、运营数据分析、运行保障、内容管理等多个领域。华为云还高分通过 BSIMM 安全测评，软件安全能力进入全球前三，成为我国首家和独家获得此权威认证的云服务提供商。

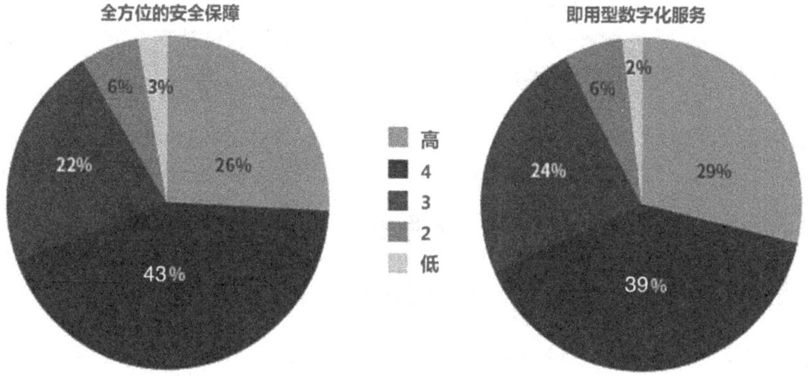

图 8.6　全方位的安全保障以及即用型数字化服务将为企业的实时运营能力带来多大影响 [3]

采用云提供的即用型数字化服务和其他硬软件服务将减少大量供应链组织及物流企业对数字基础设施的使用和节省后台管理人员的成本。云赋能够加速供应链运营的数字化转型。

8.2.5 智能数字化供应链运营生态系统

在当今竞争激烈的商业环境中，供应链组织及物流企业不能孤军奋战。它们需要合作伙伴的帮助，这些合作伙伴会带来独特的功能、数据、客户和行业知识，这些知识可以成为创新的源泉。行业领导者认识到生态系统的力量，这是一种可以推动增长的成熟构造。PWC（普华永道）提出了一个智能数字化供应链运营的生态系统框架，如图 8.7 所示。其中包括互相连接的四个生态系统。

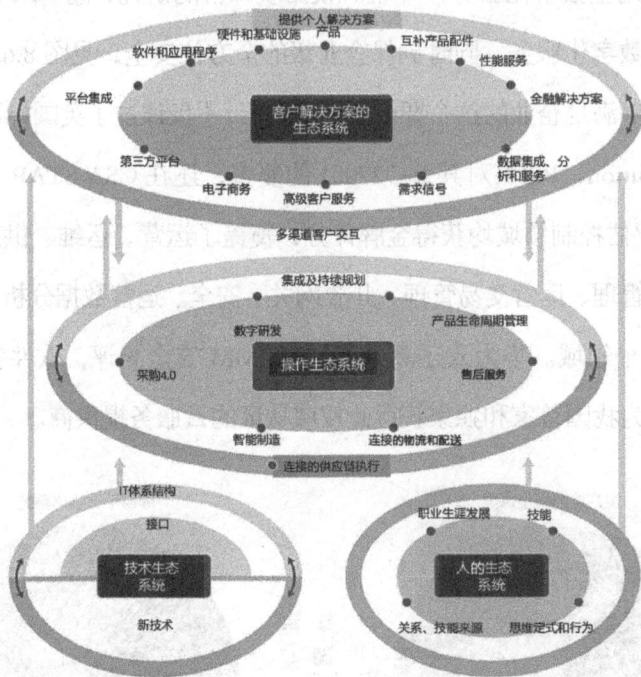

图 8.7　智能数字化供应链运营生态系统框架[6]

一是客户解决方案的生态系统。它支持平台集成，数据集成、分析和服务，多渠道客户交互，提供个人解决方案等。

二是操作生态系统。以数字化供应链运营为核心，它支持集成及持续规划、数字研发、产品生命周期管理、采购 4.0、智能制造、连接的物流和配送、售后服务，以及连接的供应链执行。

三和四分别是技术生态系统和人的生态系统。技术生态系统和人的生态系统是前两个生态系统的基础底座，它们保证整个运营生态系统的运行和为企业创造价值。

相比传统的服务交付模式，当前企业更倾向于与服务供应商开展密切合作。国内许多企业也开始走生态发展的道路，以推动供应链运营的转型。例如 2019 年 3 月 30 日易流同菜鸟、阿里云、博世、壳牌等多家生态伙伴联合发起成立了数字化供应链生态联盟，联盟横跨智慧物流、智能制造、技术服务等多个领域。此外，易流还公布了渠道开放战略，并现场与多家企业达成合作，聚合资源共推物流领域的数字化变革。

8.3 供应链物流的数字化变革趋势

物流是供应链的商流、信息流、物流、资金流四流之一，它的数字化对数字化供应链转型至关重要。据 Orbis Research 估计，全球数字化物流市场 2016 年的价值为 1026 亿美元，预计到 2022 年年底将达到 1636 亿美元，在 2017—2022 年预测期，预计年复合增长率为 8.1% 。

在物联网传感器，如 RFID 标签、信息集成和电子数据交换（Electronic Data Interchange，EDI）等技术的帮助下，物流的性能和质量得到了提高。智能物流（智能仓库、机器人、无人机、预测物流等）通过优化成本、减少库存和提供灵活的操作，给企业带来了卓越的性能。

本章前两节讨论了供应链运营面临的挑战和面对这些挑战进行智能数字化转型的五大要素。运营的智能数字化转型不仅带来了技术的变革，也带来了社会和商业的变革。这些变革还在不断发展。了解这些变革的发展趋势将有助于企业制定供应链运营变革的战略和战术。DHL 研究每年发布一个供应链物流的趋势雷达报告。图 8.8 是 2020 年的物流趋势雷达。

从图 8.8 可看到，在未来 5 至 10 年，数字化物流将会产生巨大的技术变革，也将产生崭新的商业模式，像 Uber 的共享经济物流和亚马逊的超级网络物流（报告预测超级网络物流将在 5 年后超越第四方物流）。此外，数字物流要支持绿色物流，承担社会责任，支持可持续发展。表 8.2 列出了 DHL 2020 年物流趋势雷达中的趋势。

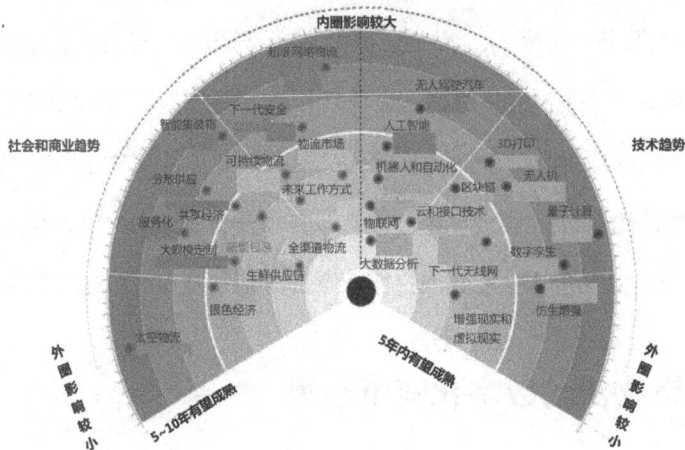

图 8.8 DHL2020 年物流趋势雷达

表 8.2 DHL 2020 年物流趋势

		在 5 年内的相关趋势	5 年以上的相关趋势
社会和商业趋势	高影响	全渠道物流 物流市场 可持续物流	下一代安全 超级网络物流
	中影响	生鲜供应链 共享经济 新型包装 大规模定制	智能集装箱 服务化
	低影响	银色经济	太空物流
技术趋势	高影响	大数据分析 物联网 云和接口技术 机器人和自动化 人工智能	无人驾驶汽车
	中影响	区块链 下一代无线网	3D 打印 无人机 数字孪生 量子计算
	低影响	增强现实和虚拟现实	仿生增强

和 2018/2019 年 DHL 物流趋势雷达相比，一些新的趋势被加入其中，如在社会和商业趋势中加入了下一代安全、新型包装、大规模定制等，以及在技术趋势中特别强调了数字孪生，本书在第 3 章有简单介绍。技术趋势中还加入了量子计算，并指出：量子计算机比超级计算机快上百万亿倍，它将释放出前所未有的计算能力，能够实时处理高度复杂的物流算法，并快速模拟和迭代产品和服务模型，从而建立一个性能更好的供应链。与之前的技术突破一样，量子计算机也将为网络安全带来新的机遇和风险。

8.4　数字化供应链管理生态系统的框架

供应链运营数字生态系统往往通过供应链运营的互联网和物联网平台来实现。供应链运营数字生态系统被高度集成到供应链的数字生态系统，通过数字化供应链的协同平台与数字化计划相融合，如图 8.9 所示。供应链的数字生态系统处于数字经济生态链、供应链外部环境生态、多级供应商网络，以及多级客户网络生态系统之中。它本身包含数字化供应链协同平台、数字化计划、数字化运营生态系统，中心是具有供应链智能大脑的数字化供应链控制塔（详见本书第 10 章），底层是数字化供应链的基础设施。数字化计划是供应链战略的核心，而数字化供应链运营执行数字化计划。供应链运营产生的数据通过供应链数字生态系统的分析大脑产生供应链运营的洞察，这些洞察将用于改进和优化数字化计划以及供应链运营、采购、生产、物流和服务。

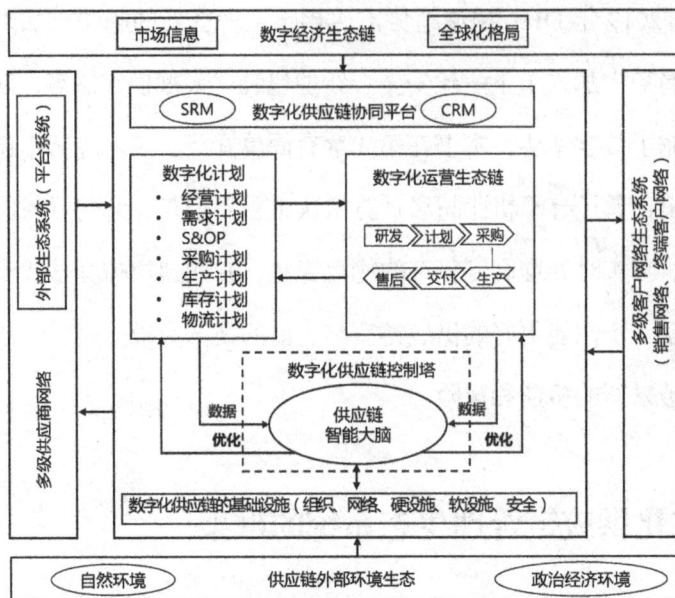

图 8.9　数字化供应链管理生态系统的框架

8.5　本章小结

供应链从计划开始到履约订单（包括售后服务）结束。供应链运营不仅关系到客户的满意度，而且关乎企业生存发展，以及业务成本、效率和盈利。本章指出了数字时代，企业供应链运营所面临的挑战，企业实现供应链运营数字化转型是应对数字时代挑战的唯一出路。为了实现供应链运营的数字化转型，本章提出了成功转型的五大要素。那么企业转型的目标是什么呢？有以下三个。

- 保持和提升数字时代的竞争力。
- 提高客户的满意度，并为客户创造价值。
- 降本增效，增利润、争发展。

供应链运营的数字化变革还在不断发展，本章指出了供应链物流的数字化变革趋势。最后描述了一个数字化供应链管理生态系统的框架，并且指出了供应链运营数字生态系统是整个供应链数字生态系统的一部分。

【参考文献】

[1] LLamasoft.

[2] STIFFLER D，JOHNSON J. Competing for Digital Skills: Unconventional Tactics for Sourcing Supply Chain Talent, 2019.

[3] 智能运营：决胜未来，HfS Research与埃森哲共同对460家企业开展的调查，2017.

[4] Gartner Predicts 2019 for Supply Chain Operations， 2018.

[5] 罗戈研究. 物流机器人研究报告，2018.

[6] 普华永道. Inclustry4.0 Global Digital Operations Study，2018.

第**9**章

数字化逆向供应链

本书架构篇中前面几章研究的供应链都是指如何从原材料到制造成产品，然后交付给终端客户一系列供应链活动和过程，这些活动和过程称为正向供应链。本章将研究与此相反的过程，也就是产品交付后所发生维护、退货、再制造，直至原材料回收的一系列供应链活动和过程，此活动和过程叫逆向供应链或者叫后市场供应链，历史上叫逆向物流。本章重点研究它的数字技术。

9.1 逆向物流规模上万亿——待挖掘的金矿

和正向供应链起源于正向物流类似，逆向供应链起源于逆向物流。随着数字经济的发展，逆向物流开始受到企业和社会的重视。图9.1描绘了在制造业、零售业、社会生活的部分逆向物流的场景。

零售业　2012——2019年中国网络购物市场交易规模　制造业

51.3% 59.4% 46.8% 36.8% 23.9% 19.1% 15.6% 13.1%

1.2　1.9　2.8　3.8　4.7　5.6　6.5　7.3

2012　2013　2014　2015　2016e　2017e　2018e　2019e

网络购物交易规模（万亿元）　增长率（%）

2017年中国大概有2.43亿辆汽车，小轿车大概有1.7亿辆，一辆汽车有3万左右个零部件
以汽车制造业为例，汽车整车厂1 000多家，上规模的有100家左右，全国4S店数量为24 318家，汽车零部件供应商上万家，以武汉神龙为例，每年光保修返件达7万×12=84万个
全国每年保修返件估计可达8 000万个零部件

一般零售退货率：5%~10%；电商退货是常态：
退货率>10%，双"十一"退货率>25%
无人问津的库存总计大约价值5 000亿美元(美国)

2010—2015年中国的电子垃圾量增加了一倍多，达670万吨

图 9.1　逆向物流的场景[1]

我国逆向物流市场规模上万亿元，是一座待挖掘的金矿，见图9.2。

市场容量

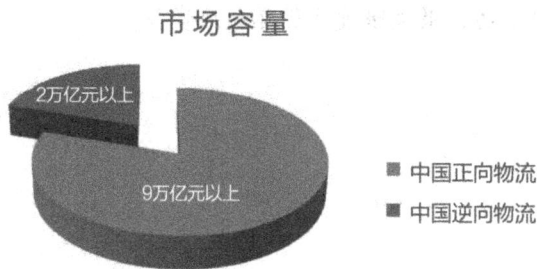

图 9.2　中国逆向物流市场规模 [2]

德勤在《中国物流产业投资促进报告 2015—2016》指出：逆向物流与绿色物流正大幕开启，逆向物流已成为新的发展战略之一。逆向物流的概念在中国还处于引进阶段，很多企业还未意识到逆向物流对产品生命周期的监测意义以及对整个销售过程的指导作用。

随着数字经济的深入，企业已经开始认识到这座待开发的金矿比估计的还要大，而且其社会意义更重要，因为它关乎社会和企业的可持续发展和人们生活环境的改善。

9.2　循环经济和循环供应链

传统的经济是线性经济，资源的循环利用、社会企业的可持续发展不是它的主要目标，而生产和消费是其主要战略。线性经济引导产生传统的线性供应链，它导致资源的无穷消耗，最终的结果是资源耗尽，社会和企业停止运行。现代经济，特别是数字经济反其道而行之，它要变革线性经济，走向循环经济（Circular Economy）。循环经济将导致循环供应链。

图 9.3 所示的循环经济模型的基本原理包括以下方面。

- 使用可恢复或再生的工业系统设计，以取代"生命终结"的概念。
- 通过使用阶段后重用或延长使用寿命来延长一个产品的生命周期。
- 旨在商业模式创新并通过优化材料、产品、系统的设计来消除浪费。
- 转向使用可再生能源。

● 治理供应链能力，最大限度地循环利用资源。

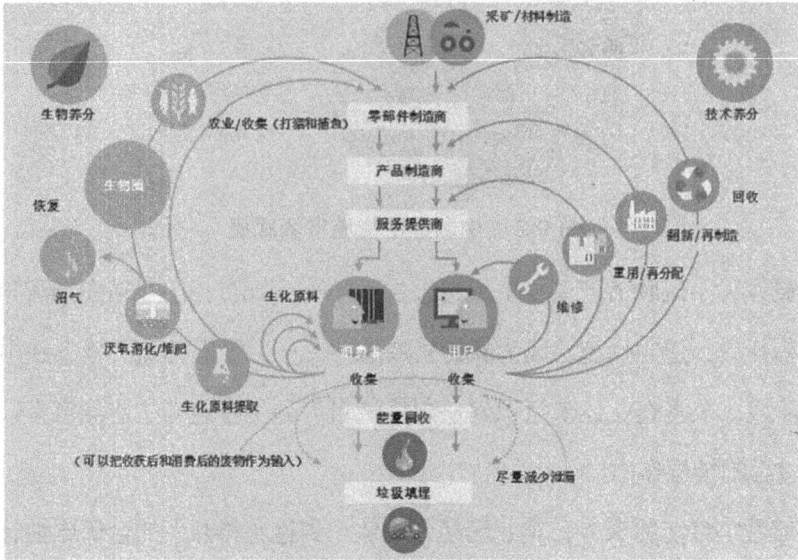

图 9.3　循环经济模型[3]

循环经济模型实际上已经勾画出了循环供应链的蓝图：以中间从上（原材料）到下（产品用于消费者或用户）的轴线对应正向供应链，而以两边的多层反向的弧线对应逆向供应链，这就描绘了一个循环供应链。

2019 年 9 月 26 日高德纳预测循环经济将在 10 年内（即到 2029 年）取代线性经济。高德纳在《供应链和循环经济调查》中指出：84％的参与者表示，在其组织的循环经济战略和计划中，供应链拥有或将拥有决策权。消费者越来越希望组织更加关注可持续发展、减少浪费的方法、绿色能源以及环境友好型计划和转型。各行各业的公司在相当长的一段时间内都感受到了不断变化的需求，尤其是年轻一代对这方面的期望更高。

高德纳将循环经济定义为一种经济模型，将实现经济增长的能力与自然资源的消耗区分开来。循环经济模型鼓励不断重复使用材料，以最大限度地减少浪费和对额外自然资源消耗的需求，见图 9.4。在向无浪费的循环经济转变的过程中，供应链扮演着关键角色。

图 9.4 从线性经济转变为循环经济 [4]

数字经济一定会发展成为数字循环经济，而数字化供应链一定要成为数字化循环供应链（本书中如没有特别说明，数字化供应链就是指数字化循环供应链，并且供应链的数字化转型是指循环供应链的数字化转型）。

9.2.1 循环供应链

世间万物，有阳必有阴，有正必有反。供应链和物流也不例外。有供应链就会有逆向供应链，有物流就会有逆向物流。图 9.5 描绘了一个正反合一的供应链全景，称为全供应链，这实际上是一个多重循环供应链。

全供应链 = 正向供应链（含正向物流）+ 逆向供应链（含逆向物流）。

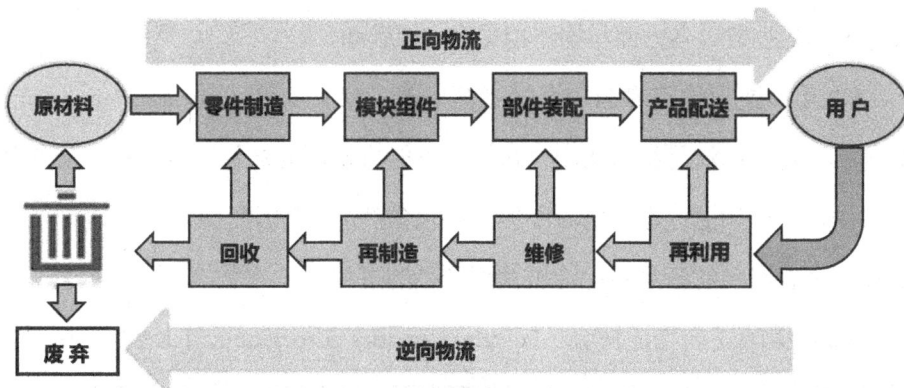

图 9.5 全供应链 [5]

传统上，企业集中精力改善其产品的正向供应链（例如制造商、批发商和零售商）。然而，随着商业环境的竞争越来越激烈，它们也越来越重视对向后循环的优化。逆向物流实践已经存在很长一段时间了，尤其是在汽车行业，制造商试图从回收汽车零部件中回收价值。

不单单是汽车行业，所有制造业、零售业以及其他行业、企业、机构都存在产品和资产再利用和创造再生价值的机会。尤其是在数字经济时代，客户已经改变了选择和购买商品的方式，电商为了适应客户这种行为的变化，推出各种退货的政策和方式。大量的退货产生了新的库存，如何变废为宝是当今企业面临的挑战。此外企业及社会生活产生的废物废料，如电子垃圾、生活垃圾，日益增加并在破坏环境和生态，这是全社会面临的挑战。逆向物流曾经和现在都在废物再生、再利用和回收处理方面扮演重要的角色。

1981年，美国学者道格拉斯·兰伯特（Douglas Lambert）和詹姆斯·斯托克（James Stock）最早提出了逆向物流的概念[6]。他们将逆向物流描述为"与大多数货物正常流动方向相反的流动"。

1992年，美国物流管理协会（Council of Logistics Management，CLM）首次正式给出了逆向物流的定义："逆向物流是指在循环利用、废弃物处置和危险物质管理方面的物流活动，它广义上包括废弃物的源头削减、循环利用、替代利用及重新利用与处置等各方面与物流相关的一切活动。"

1997年，逆向物流界的知名学者莫里茨·弗莱施曼（Moritz Fleischmann）则认为："逆向物流是指市场中，从用户不能再使用的产品到可再用产品的整个物流活动。"他指出，逆向物流不但需要包含产品和物质的逆向运输，而且还需要有生产者将回收的产品转化为可使用产品的过程。

2002年美国逆向物流协会（Reverse Logistics Association，RLA）成立，它在推动逆向物流在全球的发展中发挥了重要作用。特别是2013年它从循环供应链的角度重新定义了逆向物流，将其提升到逆向供应链的高度。2013年，RLA发布了从产品生命周期的角度描述的逆向物流的定义，见图 9.6。

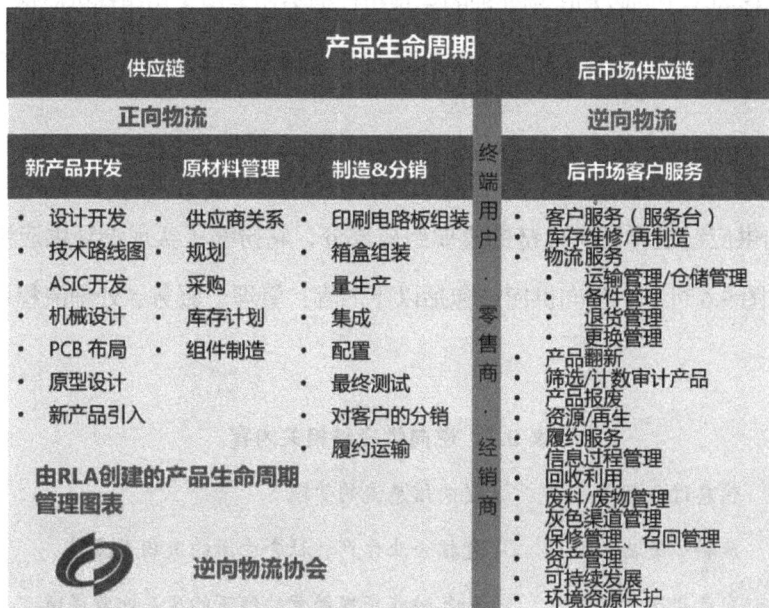

图 9.6   产品生命周期的概念 [7]

RLA 定义逆向物流为后市场供应链。从图 9.6 可以看出，通常讲的供应链（Supply Chain）即正向供应链（含正向物流），而后市场供应链（AfterMarket Supply Chain）即逆向供应链（含逆向物流）。RLA 进一步指出："逆向物流是各行业和各学科的任何部门管理资产的过程。" 此定义表达了更深层的意义——逆向物流不仅仅是一系列的物流活动，它是一个管理资产的过程：商流、物流、信息流和资金流四流合一的逆向供应链过程。因此，它奠定了现代数字化、信息化、智能化逆向物流的基础。

总之，循环供应链是未来的发展方向。线性供应链将被循环供应链取代，制造商通过翻新废弃的产品以进行转售。为了应对原材料成本不断上涨以及其易变的可用性的问题，许多公司选择分解其产品并将其转换为原材料。

循环供应链可以帮助降低成本，而无须执行新流程。有了循环供应链，公司可以减少原材料支出，从而降低价格波动的风险。此外，循环供应链减少了浪费，有助于公司减少对环境的总体影响。

更严格的关于回收和废物处理的法规也促使公司考虑采用循环供应链。具有可持续实践的企业也可能会从其努力中获得激励，其中大多数消费者更喜欢环保产品。

9.2.2　逆向供应链

逆向供应链是循环供应链的重要组成部分，它扮演了实现循环供应链的关键角色。从图 9.6 可见，逆向供应链包括以下内容：管理、服务、处理流程和责任，见表 9.1。

表 9.1　逆向供应链相关内容

	信息过程管理	逆向信息流的管理
管理	废料 / 废物管理	包括企业生产、社会生活的废物及废料
	灰色渠道管理	如各种非正规经营的线下的废品回收渠道
	保修管理 / 召回管理	产品的保修期内保修管理和有问题产品召回管理
	资产管理	主要指企事业单位的资产管理，如更换、回收报废等
服务	客户服务	如呼叫中心、退换货中心等客服运营
	物流服务	运输（收集废旧退物品、送处理、处理后的运输等） 仓储（存储、分类、预处理等） 备件（用于维修） 退货（电商或 B2B） 更换（电商或 B2B）
	履约服务	包括退换货、退款、上门维修等
处理流程	库存维修 / 再制造	库存维修管理客户退回的受损产品的维修 再制造是指将特定产品拆解、清洗、修理然后重新组装以再次使用的过程
	产品翻新	产品翻新是指改善损坏或过时的产品的过程
	筛选 / 计数审计产品	筛选 / 计数审计退货及损坏或过时的产品
	产品报废	损坏或过时的产品报废处理

续表

处理流程	资源再生	是指生产和消费过程中产生的废物作为资源加以回收利用
	回收利用	回收是将废料转化为新材料和新物体的过程。材料的可回收性取决于其重新获得材料的能力
责任	可持续发展	供应链的可持续性是一个在环境、风险和废物成本方面影响组织的供应链或物流网络的业务问题。供应链不能脱离企业对环境、健康和安全的社会责任的关注
	环境资源保护	供应链有责任保护好人类赖以生存的大气、淡水、海洋、土地和森林等自然资源和环境

9.3 逆向供应链的数字化变革

尽管人们对逆向供应链的认知晚于正向供应链，但近年来由于循环经济发展的需要，逆向供应链逐渐受到重视。在新兴技术推动下，逆向供应链的数字化转型已成趋势。

9.3.1 逆向供应链技术变革历程

逆向供应链信息技术的发展远迟于正向供应链信息技术。在其发展历程中有几个开拓者值得回顾。以下仅以美国的逆向物流巨头 GENCO 和德国的供应链管理软件开发商 SAP 的信息技术为例。

GENCO 是北美最大的第三方物流提供商之一，它首创了一个基于互联网的自动化流程来有效地处理退货产品。它的系统 R-Log（见图 9.7）是当时最具综合性和灵活性的回收管理软件。它使回收工时减少 80%，退货库存量减少 30% ~ 50%，处理回收物流工时减少 50%。在一年之内它能处理大约 6 亿件商品，并从这些商品的销售中挣到约 16 亿美元。 2014 年，这个逆向物流行业中规模最大的公司被国际物流巨头 FedEx 收购，并将其更名为联邦快递供应链。

图 9.7　GENCO R-Log 回收管理系统

　　SAP 是世界知名的企业管理解决方案的提供商。它提供制造业供应链信息技术的集成方案，其集成软件不仅包括正向供应链管理的功能，如供应计划、仓储管理、补货、物料管理等，还包括零部件逆向物流软件管理系统，如图 9.8 所示，用以简化、合理化供应链中零部件服务的延伸网络。与此同时，它还具有数据分析功能。借助于软件的分析功能，供应链中的参与企业可通过分析当前的服务水平与关键指标，尽快找出关键问题并及时纠正。该系统主要包括售后管理、索赔处理、授权管理、上门维修、返厂维修、废弃物回收管理。

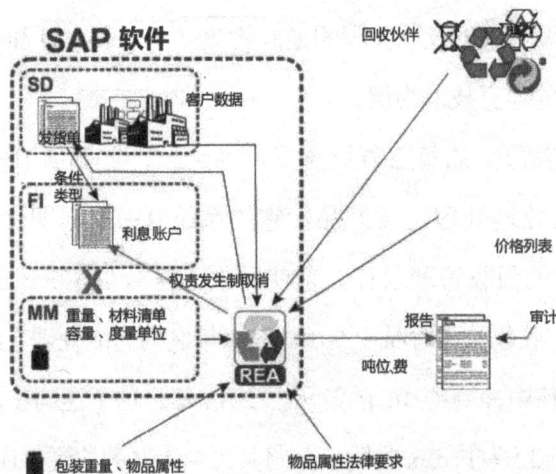

图 9.8　SAP 逆向物流软件管理系统

9.3.2 新兴数字技术赋能循环供应链

根据高德纳 2020 年 2 月 26 日发布的《供应链的未来》（该调查报告收集了 1 374 位负责高科技、医疗保健、零售和物流等行业的供应链及相关功能工作的受访者的数据），70% 的供应链领导者计划在未来 18 个月内投资循环经济。然而，到目前为止，只有 12% 的供应链领导者已将其数字经济和循环经济战略联系在一起。

循环经济创造了物质生态系统。以前被视为浪费的东西现在具有价值。但是，这些生态系统很复杂，并且包含许多相互依存关系和反馈回路，见图 9.5。数字技术具有提供可视性并改善原材料和服务决策的潜力。已经有 35% 的公司认为新兴数字技术将成为其循环经济战略的关键推动力，但只有极少数公司为此目的而利用相关技术。

该报告指出：没有单一的技术可以使组织走向循环经济。相反，几种组合可以导致此结果。调查结果表明，组织将把重点放在四种关键技术上以推进其循环经济活动：高级分析、3D 打印、物联网（IoT）和机器学习（ML），见图 9.9。这四种关键技术加上人工智能是循环供应链，特别是逆向供应链的重要推动力。一些案例，如逆向供应链领域的新秀 Optoro，表明新兴数字技术造就了逆向供应链的新的力量和新的模式。

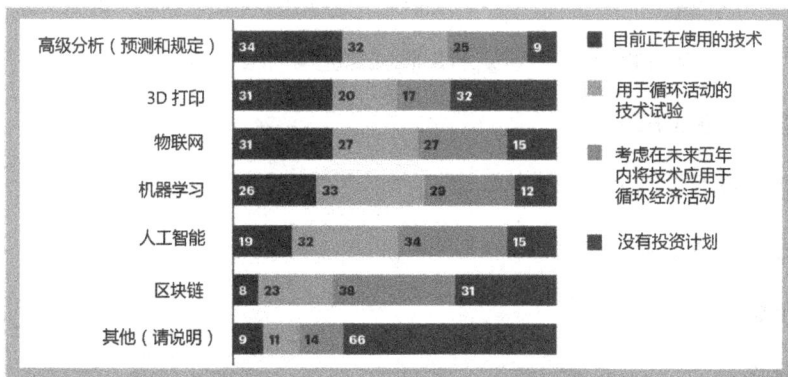

图 9.9　用于实现循环经济活动的数字技术 [8]

案例一：Optoro 智能逆向供应链物流平台

Optoro 提供了优化的端到端的逆向物流解决方案，帮助零售商管理和销售退货和过剩库存。Optoro 数据驱动逆向供应链物流平台通过增加过剩库存和退货的价值颠覆了传统的市场规模达 500 亿美元的逆向物流行业，已获得超过 1.5 亿美元的投资。Optoro 智能逆向供应链物流平台架构如图 9.10 所示。

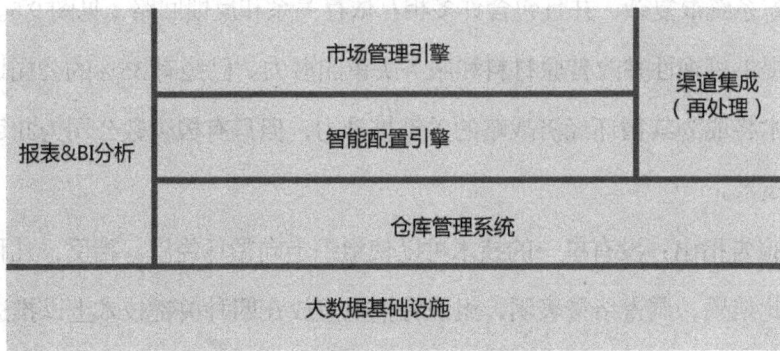

图 9.10　Optoro 智能逆向供应链物流平台架构[9]

图 9.11 是 Optoro 平台运营系统的架构，它对每一件退货、过时产品和过剩产品在它的自动处理线上设置一个带有识别码的物件信息档案，这些信息首先将被送入它的智能逆向物流操作系统，经过分析后决定每个物件处理渠道，这些待处理的物件将由物流配送到不同渠道，相关渠道如下。

- 直接再售（B2C）。

- 批发给再售商（B2B）。

- 返回到供应商。

- 捐赠。

- 回收。

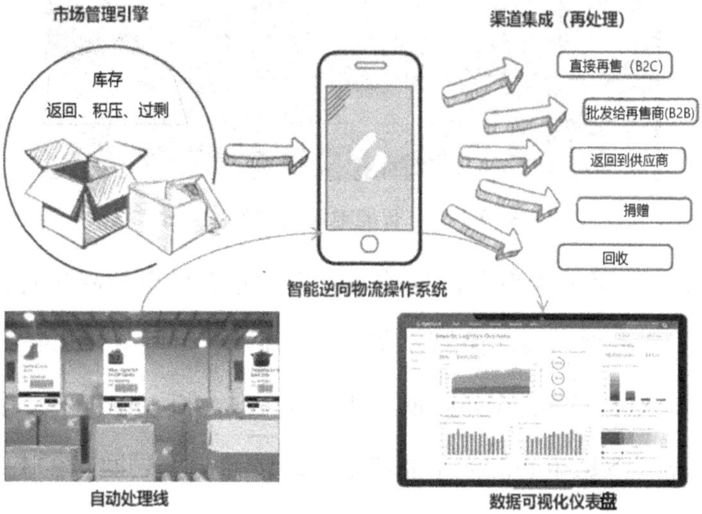

图 9.11　Oporto 平台运营系统的架构[9]

Oporto 的智能逆向物流操作系统采用了现代的数字技术，它通过大数据市场分析充分挖掘退货、过时产品和冗余库存的市场，并通过平台的智能配置系统的识别、分析及分类，找到最佳的处理渠道，从而变废为宝，使废旧产品的剩余价值极大化。此外它提供的数据可视化仪表盘极大地改善了逆向供应链的端到端的可见性，它帮助逆向供应链的参与企业，包括制造商、零售商、处理商能快速做出各种决策，如废旧物收集网络优化、各种处理方案等。

案例二：智能电池回收

废弃电池是有害物质，如果只简单地作为垃圾处理将污染环境。小小电池有回收利用的价值，然而电池回收处理的一大挑战是如何识别和分类成千上万的各类电池。

Battery Solutions 是美国最大和最有效的电池分拣企业。它结合最好的、训练有素的员工与人工智能技术以达到高精度电池分类，见图 9.12。在此基础上，它不断提升能力，提供和探索新的、以前未开发的深度学习（神经网络算法）和统计知识用于电池回收。

图 9.12　智能电池回收系统 [10]

Call2Recycle 是北美专业的电池回收商。它提供电池回收解决方案和端到端的服务，以确保以最环保的方式回收电池。它采用了 Battery Solutions 的智能电池回收技术，该公司回收便携式电池如 AA 和 AAA 电池、智能手机电池及用于汽车和数据中心的大工业电池。2016 年该公司回收了 14 万磅约 6.3 万千克的电池。

图 9.13 是瑞典哥德堡大学和查尔姆斯理工大学的研究成果：智能电池分类机器。瑞典已经根据研究成果研制了一个新的、使用人工智能技术的电池分类机器。一台机器现正在被英国使用，它分拣了英国全国三分之一的再生电池。

图 9.13　智能电池分类机器

案例三：逆向物流 4.0—逆向物流的网络物理系统

公司在市场的成功越来越取决于随同其产品的服务以及降低生命周期成本和环境影响。这将通过提供端到端的方法和服务达到，以便能对产品设计、分发和逆向物流实现整体管理。因此，在整个过程链需要有透明的信息。这在逆向物流中并不容易实现，公司往往无法获得有关信息。这些信息包括以下方面。

● *产品在哪些情况下使用？*

- 产品使用多久？

- 材料多旧了？

- 它的纯度是多少？

- 在使用阶段何时何地有材料更换、修理或损坏？

- 材料可以回收或代替吗？

德国不来梅大学和 BIBT- 生产和物流研究所设计了一种智能解决方案（见图 9.14）：网络物理系统（Cyber-Physical Systems，CPS）嵌入产品，如 RFID 标签可以用来识别单个构成要件。嵌入在产品中的传感器和数据存储提供产品使用阶段的信息，并可以转送这些信息到云系统，从而可用于自动访问不同的产品临终处理选项。这允许近红外光学分离器做出适当的临终处理过程的决策。通过这套系统可以收到具有可追溯性的数据和有关材料质量的文档。基于 CPS/ 物联网传感器嵌入产品的方法，该研究项目将进一步采用人工智能技术来支持数字工厂的自动逆向物流流程。

图 9.14　智能解决方案[11]

9.4　供应链可持续发展的数字化变革

可持续发展被定义为"在不损害子孙后代满足其自身需求的能力的情况下满足当前需求的发展"[12]。它有三个维度，见图 9.15。

- 经济维度：经济发展要考虑可持续性。

- 社会维度：社会要进步，消除贫困和不道德等。
- 环境维度：要保护和改善环境和生态资源。

数字经济的兴起和数字技术的变革应该有助于社会和企业的可持续发展。

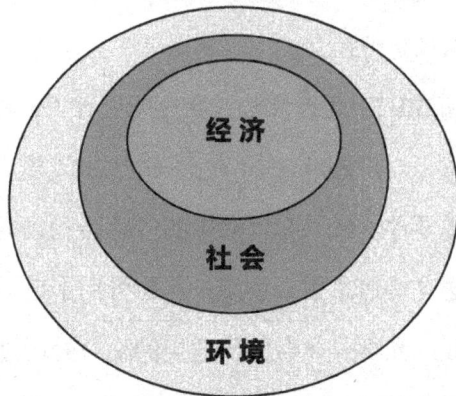

图 9.15　可持续发展的三个维度

在前面几节所讨论的循环供应链，特别是其中的逆向供应链是解决经济可持续发展的重要工具，并且循环供应链对保护环境资源也有很大贡献。然而循环供应链并不是供应链可持续发展的全部。要达到供应链的可持续发展，还需要供应链和物流更多地承担社会可持续发展以及环境可持续发展方面的责任。数字技术将有助于推动供应链全面可持续发展。

9.4.1　供应链可持续发展的现状

BSR ™是一家全球性非营利组织，与250多家成员公司和其他合作伙伴建立网络合作，旨在共同建立一个公正、可持续发展的世界。BSR ™ 25 年来在可持续发展领域一直保持着领导地位，它通过咨询、研究和跨行业合作开发可持续的商业策略和解决方案。

BSR™2017 年设计了供应链可持续性领导阶梯模型，从不同视角评估供应链可持续发展的成熟度。这个领导阶梯共分四级，见图 9.16。

- 第 1 级：建立可持续性意识。

- 第 2 级：保证合规性。

- 第 3 级：管理优先级。

- 第 4 级：驱动影响。

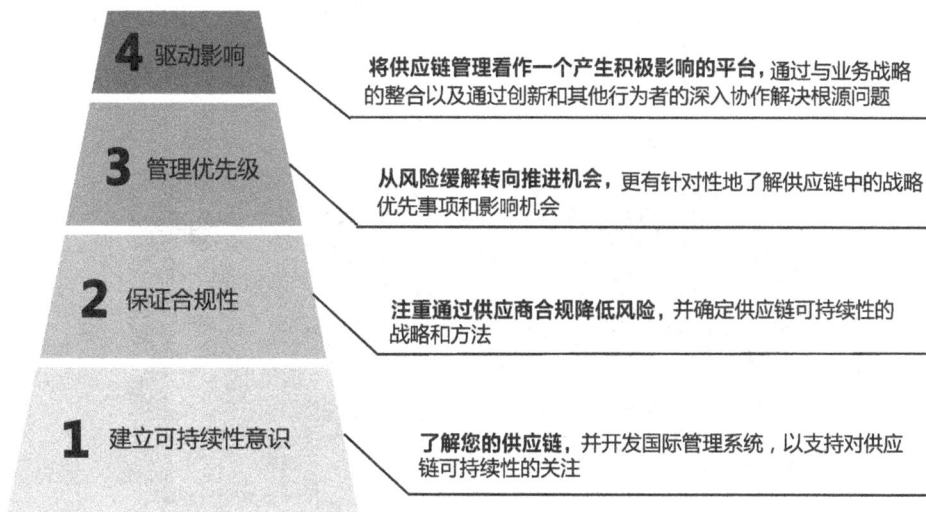

图 9.16　　供应链可持续性领导阶梯 [13]

BSR™ 的观点是，公司供应链可持续性努力的成熟度取决于计划的设计程度，该计划旨在对供应链的最关键领域施加最大的积极影响，同时也实现公司的绩效目标。一个公司越发展，它就越有可能产生积极的影响，并从计划中获得价值。

从对 32 家公司的评估 [13] 来看，见图 9.17，不分行业，公司计划中最常见的成熟度级别是第 2 级，以保证合规性。从计划的范围和结构、现有的治理和管理实践到供应商通过合作和报告可持续性问题的参与，在内部和外部层面都是如此。

处于保证合规性水平的公司将重点放在通过供应商合规降低风险上，并且仍在确定其可持续发展战略和方法。越来越少的公司在第 1 级建立可持续性意识，在第 3 级管理优先级。很少有公司被列为真正具有领导影响力的公司。在这个水平上，与外部因素相比，被列为对内部维度有驱动影响的公司略多于对外部维度有驱动影响的公司，这表明公司仍需努力实现其领导潜力。

一个关键的发现是，一个公司在其实施成功率方面可以有所不同。有些公司在某些方面的表现比其他公司好。然而，公司排名在不同维度上的分布受其在其他领域排名成熟度的影响。在领导阶梯的一个维度上达到第 1 级的公司在其他任何维度上的排名都不会超过第 3 级。通常，被确定在某些维度上具有推动作用（处于第 4 级）的公司在其他领域已经有了良好的实践基础，在各维度中排名在第 2 级及以上。

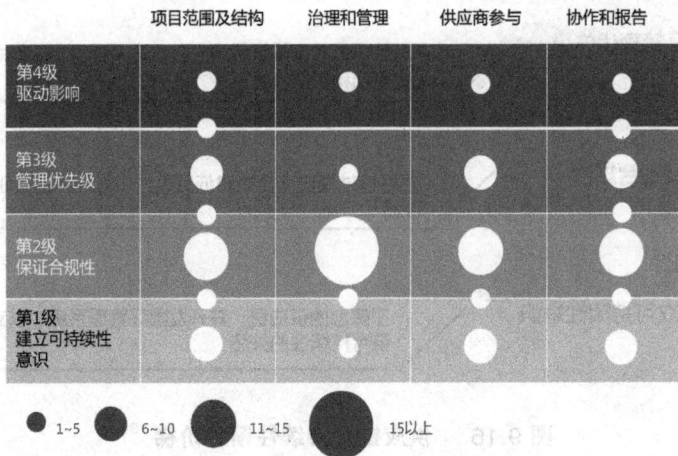

图 9.17　领导阶梯基准结果——被评估公司成熟度水平

9.4.2　供应链可持续发展的数字技术

通过概念化物质、能源和信息的组合，物理产品和生产的数字化已经成为可持续发展的一个新兴理念。数字化为应对全球可持续发展挑战提供了巨大机遇。目前，包括无人机、传感器、GPS 和大数据处理算法在内的数字技术对阐明（和解决）世界的社会和环境挑战至关重要。

事实证明，数字技术有助于提高企业供应链可持续发展的成熟度。达到成熟度水平第 3 级及第 4 级的企业通常有较高的供应链数字化成熟度水平。新兴的数字技术和其他新兴技术将在以下方面推动和赋能供应链的可持续发展。

- 新兴的数字技术推动和赋能循环供应链，特别是其中的逆向供应链，此处不赘述，请见 9.1～9.3 节。

- 新兴的数字技术，如物联网、传感器、GPS 等大大提高了供应链的可见性和透明度，这将助力减少供应链运营风险。许多供应链运营风险将造成对社会、环境的破坏和对员工的伤害，减少这类风险无疑有利于可持续发展。

- 物流的智能自动化，如物流机器人，不仅提高了物流的效率和准确性，而且减少和代替了工人繁重、重复的劳动，提高了工人的幸福指数。

- 新兴数字技术，如人工智能中的机器学习算法有助于企业认识影响供应链的战略和机会，从而将供应链的不确定性和风险转变为发展机会。

- 高级分析和人工智能能帮助企业找出问题的原因和改善供应链协同，并做出正确的可持续发展的决策。

- 数字化供应链管理平台提供最佳的供应链计划、最优的网络设计和最优的运输线路规划，大大提高了物流的效率，减少了运输次数和缩短了运输距离，这实际上改进了供应链可持续发展。

- 采用新能源车辆进行运输可减少二氧化碳排放，从而有利于环境保护。

亚马逊是供应链可持续发展的典范。它不仅仅采用新兴数字技术颠覆了传统的供应链，而且它也是巴黎气候变化协定的参与者和践行者。亚马逊于 2019 年 9 月宣布了一系列可持续发展目标，包括承诺到 2040 年实现净碳零排放，比巴黎气候变化协定设定的目标日期提前 10 年。亚马逊还制定了巴黎气候变化协定承诺，它是第一个签署协议的企业。

据报道，亚马逊表示将通过"提高效率、使用可再生能源、减少材料和其他碳排放消除战略"来实现这些目标。亚马逊表示，它还将通过低碳抵消剩余排放。

亚马逊向制造商 Rivian 订购了 10 万辆电动送货车，电动送货车如图 9.18 所示。这家电子商务公司将于 2021 年开始向使用电动面包车的客户送货，到 2030 年，10 万辆电动送货车都将上路。亚马逊表示，到 2030 年，使用电动面包车每年将减少 40 亿千克碳排放。

图 9.18　亚马逊电动送货车

表 9.2 是亚马逊的可持续发展计划战略。

表 9.2　亚马逊的可持续发展计划战略

可持续发展目标	目标值和日期
零碳排放	到 2040 年达到 100%
再生能源	到 2024 年达到 80%，到 2030 年达到 100%
净零碳装运	到 2030 年达到 50%
电动送货车	到 2030 年有 100 000 辆上路
太阳能板	到 2020 年已经覆盖到 50 个屋顶

9.5　本章小结

本章首先从介绍逆向物流入手，引入了循环经济和循环供应链的概念，并指出循环供应链或全供应链是供应链未来的形态。然后特别讨论了逆向供应链及其数字化转型。最后介绍了供应链可持续发展的概念、现状，以及新兴数字技术如何推动和赋能供应链可持续发展。

【参考文献】

[1]　唐隆基.数字化逆向物流发展趋势，2017.

[2]　2016—2022年中国逆向物流行业市场分析及投资趋势研究报告，2016.

[3]　麦克阿瑟循环经济基金会，2013.

[4]　Gartner. Gartner Predicts Circular Economies Will Replace Linear Economies in 10 Years，2019.

[5]　唐隆基.什么是逆向物流？逆向物流的好处又是什么？，2017.

[6] LAMBERT，DOUGLAS M，STOCK JR. "Physical Distribution and Consumer Demands," 1981.

[7] 美国逆向物流协会, 2013.

[8] Gartner. Gartner Survey Shows 70% of Supply Chain Leaders Plans to Invest in the Circular Ecoromy，2020.

[9] Oporto 官网.

[10] Battery Solutions 官网.

[11] 德国不来梅大学和BIBT -生产和物流研究所.

[12] 维基百科.

[13] BSR.The Supply Chain Leadership Ladder 2.0-BSR Maturity Model for Supply Chain Sustainability，2019.

第 **10** 章

数字化供应链控制塔的
理论和实践

　　随着供应链变得越来越长、越来越全球化和越来越复杂，供应链管理专业人员需要审视他们的网络，以确保所有的部分都在一起按要求移动，并按预期执行。业内专家认为，数字化供应链控制塔（以下简称"控制塔"）是端到端管理的最佳方法[1]。供应链控制塔已逐渐成为企业，特别是大型全球化的制造业，如Caterpilar、Jabil，在其延伸的价值链上获得可见性和做出智慧的供应链决策的越来越重要的工具。控制塔致力于成为计划和执行之间的连接组织，越来越成为企业开始实现供应链现代化和数字化、跨越组织孤岛的解决方案。罗戈研究较早地在国内引进了供应链控制塔的概念、方法，以及软件架构[1]，并且指出它是企业实现供应链数字化转型的重要工具。接着罗戈研究还在一系列文章中介绍了供应链控制塔的进一步发展[2-4]。这个概念已开始被国内企业广泛接受，一些供应链数字化转型的领军者已开始建设它们的供应链控制塔。本章讨论和分析数字化供应链控制塔的概念、分类、参考架构、成熟度，以及新的发展趋势和应用价值。

10.1　数字化供应链控制塔产生的背景

　　随着经济全球化，许多企业走向全球化，随之，供应链也在走向全球化。知名供应链管理专家马丁·克里斯多弗在1992年提出的论断"21世纪的竞争不是企业与企业之间的竞争，而是供应链和供应链之间的竞争"如今早已成为现实。全球化的供应链是一种动态的网络型的供应链，它比传统的线性资产驱动的供应链要复杂得多。特别是，当供应链网络是全球性的，也就是供应商、制造商、消费者……在不同的国家，供应链的复杂性将急剧增加。

另一个趋势是传统的供应链正在向数字化供应链——价值网络转型，并且越来越受需求驱动，如图10.1所示。

供应链	价值网络
· 链（相对简单）	· 网络（复杂）
· 制造商推动产品	· 合作关系精心策划的
· 里面出来	· 从外向内
· 卓越运营	· 卓越运营和创新

图 10.1 传统的供应链正在向数字化供应链——价值网络转型（来源：高德纳[5]）

问题是我们如何应对复杂的供应链，实现数字化供应链，并达到新供应链目标。IBM全球首席供应链官调查报告《智慧的未来供应链》列举了供应链主管所面临的五大挑战。事实上，它们仍然是今天供应链主管所面临的重大挑战，见图10.5。

高德纳2013年的研究列出了十大实现新供应链目标的障碍[5]，其中前四大障碍是不确定性、协同、可见性和复杂性。

- 预测精度低和需求不确定性。

- 无法或难以协同的端到端供应链过程。

- 缺乏端到端供应链能见度。

- 供应链网络的复杂性：在以下情况下，供应链可被视为复杂。

范围是全球性的或洲际的或大国跨多省/跨多州的。

依赖性很高，如依赖多家供应商、一个或多个外部的核心技术等。

许多供应链活动已外包。

客户的服务要求越来越具有挑战性。

由于不确定性，缺乏端到端的可见性和复杂性，供应链充满风险。图10.2数据显示供应链风险例子。

每年30%货物中有760亿件损坏、延误或丢失	每年价值600亿美元的货物被盗	每天被盗货物的平均值为233 000美元	30%易腐货物不能从农场运到餐桌	过去12个月，全球76%的公司报告供应链中断

图 10.2 供应链风险例子

如何更有效地管理供应链风险，避免收入损失？为了达到新供应链的目标，解决新供应链所面临的问题，供应链控制塔应运而生。

10.2　数字化供应链控制塔的前身

为更好理解现代供应链控制塔的概念和技术，本节追溯它的两个前身。

10.2.1　航空控制塔

众所周知，世界航空网络非常复杂。为了控制和管理飞机的按时起降，以及避免空难事故，任何大中型机场都设有航空控制塔，它实际上是一个空中交通管制（Air Traffic Control，ATC）系统。1921 年，伦敦的克罗伊登机场（Croydon Airport）引入了第一座空中交通管制塔楼，这样做是为了更好地管理日益复杂的运营并确保每位飞行员和乘客进出航班的安全。该系统是由地面空中交通管制员提供的一种服务，指挥飞机在地面滑行和通过管制空域，并能为非管制空域的飞机提供咨询服务。全世界实行空中交通管制的主要目的是防止碰撞，组织和加快空中交通的流动，为飞行员提供信息和其他支持。在一些国家，空中交通管制扮演着安全或防御的角色。航空控制塔的作用和功能非常接近供应链运营中心控制和管理物流的系统的要求。因此它成了供应链控制塔的前身，物流控制塔的"祖先"。航空控制塔如图 10.3 所示。

图 10.3　航空控制塔

10.2.2 物流控制塔

随着公司成长并扩展到新兴市场，供应链变得更加复杂，在整个供应链中集中控制和获取信息至关重要。为了与竞争对手保持同步并利用不断变化的格局，企业需要从线性供应链向敏捷、全球化的网络转变。为了满足不断变化的需求，托运人现在依靠各种运输方式的多渠道物流。毫无疑问——是复杂的系统，使供应链的可见性和控制成为更大的挑战。近年来一些跨国大型物流公司，如 C.H.Robinson（罗宾逊）、Kuebne+Nagel 借用了航空控制塔的方法，推出了物流控制塔（Logistics Control Tower）。它们通过单个技术平台连接的全球 Control Tower 地点网络优化了供应链网络，简化了物流提供商之间的通信和连通性，并改善了组织的按时交货和周期时间。罗宾逊在上海以及芝加哥、阿姆斯特丹和孟买的 TMC 控制塔控制和管理着全球 66 000 多家运输公司并将为大型跨国托运人管理其全球供应链提供适当工具。

高德纳 2013 年定义物流控制塔为："控制塔是一个物理或虚拟的仪表盘，用于提供来自组织内部和跨组织及服务运营供应链的准确、及时和完整的物流事件和数据，以协调所有相关活动。"图 10.4 指出全球化越明显的企业，如 Kimberley-Clark、Wal-Mart 以及具有 4PL 管理模式的企业越适合采用物流控制塔技术。

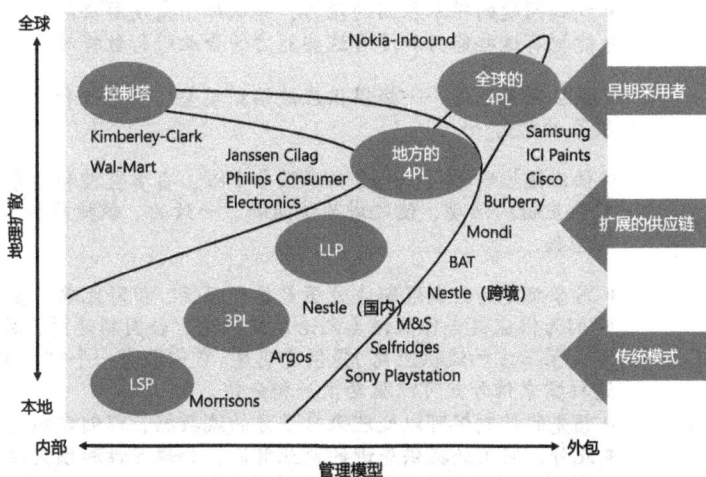

图 10.4　物流控制塔采用矩阵（来源：高德纳 [5]）

10.3 数字化供应链控制塔的理论

在物流控制塔被许多跨国企业成功采用之时，一些供应链管理研究和咨询机构，如高德纳（Gartner）、凯捷咨询（Capgemini）、核心研究（Nucleus Research）、埃森哲（Accenture）、阿伯丁（Aberdeen），把物流控制塔上升到供应链控制塔的概念，并把建立供应链控制塔作为供应链数字化转型的重要举措之一。本节讨论供应链控制塔的概念、分类和参考架构。

10.3.1 控制塔的概念

表 10.1 列举了几个早期供应链控制塔的定义。

表 10.1　几个早期供应链控制塔的定义

定义来源	供应链控制塔定义描述
凯捷咨询[6]（2011 年）	●供应链控制塔……一个中心枢纽，具有所需的技术、组织和流程，以捕捉和使用供应链数据，以提供与战略目标相一致的短期和长期决策的可见性
阿伯丁[7]（2012 年）	●解决跨越供应链的复杂性问题，提供一个端到端的无缝整体可见性 ●提供实时警报，问题可在供应链中任何地方解决 ●大幅减少过程和数据延迟 控制塔通过能力的定义： ●集中式供应链功能 ●找到问题的根本原因的能力，并从那个角度解决问题 ●能把有这些能力和没有这些能力的企业进行数据对比
高德纳[5]（2013 年）	●供应链控制塔……提供供应链端到端整体可见性和近实时信息和决策的概念……
埃森哲[8]（2014 年）	●供应链控制塔……一个共享服务中心，负责监控和指导整个端到端供应链的活动，使之成为协同的、一致的、敏捷的和需求驱动的供应链
核心研究[9]（2016 年）	●当今领先的控制塔解决方案更具包容性，视野比单一企业更开阔。它们为供应链合作伙伴（无论是供应商、合同制造商、运输承运人还是第三方物流供应商）提供透明度。它们还有一个前端来捕捉需求，这样需求信号就可以驱动生产和分销 ●领先的控制塔可以处理来自多方的流数据，以创建端到端的图景 ●此外，它们还提供先进的商业智能，如规定性和预测性分析，以指导供应链管理者做出数据知情的决策

从表 10.1 可知，虽然各机构对供应链控制塔的定义不同，侧重点不同，但对供应链控制塔的定义都有共同的认识。

第一，供应链控制塔不是一个真正的像航空控制塔一样的塔。

第二，它是一个概念。在物理上，它可以是具有以下公认能力的供应链控制 / 管理中心。

- 提供端到端的无缝整体可见性。
- 提供实时数据分析。
- 提供预测和决策。
- 及时解决问题。
- 协同的、一致的、敏捷的和需求驱动供应链。

此外，笔者认为供应链控制塔与智慧城市的可视化的控制和管理中心非常相似。智慧城市的可视化的控制和管理中心用数字智能技术来集中控制和管理城市的市政、企事业、运输、物流、教育、人口等，而供应链控制塔用数字智能技术来集中控制和管理单个或多个复杂的供应链或全球供应链。

随着数字智能技术的发展、供应链数字化转型的浪潮，供应链控制塔的概念和技术得到了进一步发展，它已从一般控制塔发展成数字控制塔。

哈佛商业评论在 2018 年发表了专栏文章《供应链管理之死》（*The Death of Supply Chain Management*）[10]，该文用 30% 的篇幅介绍数字化供应链控制塔，指出：其中许多公司正在探索的一个关键概念是"数字控制塔"———一个虚拟决策中心，提供对全球供应链的实时、端到端可视性。对于少数几家主要零售公司来说，控制塔已经成为其业务的神经中枢。一个典型的"塔"实际上是一个物理房间，配备了一组全天候工作的数据分析师，监控着一个高清晰度屏幕。屏幕提供从订单到供应链交付的每一步的实时信息和 3D 图形。视觉警报会在库存不足或流程瓶颈发生之前发出警告，以便一线团队能够在潜在问题成为实际问题之前快速纠正。报道实时数据、无可置疑的准确性、持续关注客户、卓越的流程和分析领导力是这些零售业务控制塔运营的基础。

工业公司也在接受这一概念。一家制造商的复杂网络每天移动超过一百万个零部件。控制塔在潜在供应问题出现时标记它们，计算问题的影响，并使用预先确定的操作自动更正问题，或者为系统升级团队标记问题。同样，一家钢铁公司在其控制塔平台中构建了一个定制的场景规划工具，以提高供应链的响应能力和弹性。该工具模拟重大、意外的设备故障（即所谓的"重大故障"）对业务的影响，并指出最佳的风险缓解措施。

该文预言供应链管理之死，供应链管理真的会死吗？其实该文作者的真实意图是传统的供应链管理将死，它将会被数字控制塔这样的数字化供应链管理代替。

另一篇重要文章[11]是高德纳对供应链控制塔概念的澄清和新的功能定义。该文指出：控制塔这个词广泛出现在供应链市场。它的模糊概念导致不少误解。有几十家控制塔技术供应商，它们中的大多产品没有考虑到它的局限性和与供应链如何融合。该文还指出：端到端的可见性、信息中心和数字孪生是控制塔的三大支柱。高德纳视控制塔为一个概念并强调控制塔产品（虚拟的数字产品）与物理的供应链的融合。控制塔通过适当组合的技术元素将人员、流程和组织结合在一起，具有以下功能。

- 数据驱动：端到端供应链洞察力。

- 可视化：交互式数据可视化功能。

- 诊断：通过供应链的统一模型诊断症状的根本原因。

- 预测：预测未来（例如，事件对供应链的影响），并预测未来事件发生的概率。

- 模拟：通过供应链统一模型模拟和预测中断或事件影响的能力。

- 响应：为特定事件或中断创建一系列解决方案（结果不同）。通常以接近实时的方式完成。

● 协作：对于还不能自动支持与利益相关者、组织内部以及实时环境中跨多个企业协作的解决方案，信息可以在各种设备中访问，并与信息的正确合作者和消费者共享。

● 学习：利用人工智能、机器学习来检测异常、趋势或从事件和反应中学习（自学供应链的基础）。

● 自动化：使用各种技术（例如，可见性、上下文协调、机器学习和场景生成）实现不同程度的决策自动化。

● 资源和核心供应链功能：例如，不同类型的流程管理、资源管理、业务合作伙伴管理以及 SCP 和 SCE 功能。

● 供应链成熟度背景下的控制塔：在不同的供应链成熟阶段控制塔应支持不同的功能组合，重塑在市场上的控制塔技术产品。

根据高德纳发表的 2020 年供应链战略成熟度曲线（见图 2.13），上面定义的数字化的供应链控制塔还处于周期曲线左边的创新萌芽期，需 5 ～ 10 年才趋于成熟。这与现在只有顶尖的供应链软件公司如 E2open 和 BlueYonder 等和领军的数字化供应链企业如亚马逊等，正在开发和应用这类高级供应链控制塔的状况是一致的。

10.3.2 控制塔的分类

现代供应链控制塔按供应链管理的需求可分为三大类，如表 10.2 所示。

利用数字技术，供应链控制塔概念可以设计成产品或服务，这些产品和服务可以部署在企业内部的私有云，如 Caterpillar 的控制塔，或者部署在特定 / 专门的公有云，如工业互联网上作为一个 SasS 服务，如 JDA Luminate 智能控制塔，或者作为一个子系统部署到一个特殊供应链平台上，如 SAP 的 JBP 平台中的控制塔。

表 10.2　供应链控制塔分类

特征描述	运营型控制塔		分析型控制塔	决策 + 运营型控制塔
	物流控制塔	供应链控制塔		数据来自供应链端到端以及外部影响供应链的事件和系统。兼有供应链分析、预测及决策、运营管控的功能。它是具有供应链智能的控制塔。供应链智能可连接到内部和外部，结构化和非结构化的各种数据源，提供作为存储库的数据湖，然后应用智能和通过数据以提供可见性和建议的智能响应
典型特征	专注于物流，数据仅来自物流系统及物流设施，具有有限管控物流能力（如物流订单处理、跟踪和追踪、物流成本控制、物流异常处理等）。它与其他供应链流程隔离，无法提供物流的端到端可见性，并缺乏业务流程协调能力	专注于多企业供应链，确保内部和外部端到端流程和里程碑的可见性、可控性。除运输外，还包括销售和采购订单，内部和外部供应商的库存，制造以及维护和维修。因为它们在整个供应链网络中提供了真正的端到端供应链可见性和应用程序内控制，所以它们可以与供应商、合作伙伴进行更全面、实时的协作	一些技术供应商还将其分析解决方案称为"控制塔"。分析系统可以合并和显示数据，但不允许用户对看到的内容采取行动。尽管可见性和分析有助于计划阶段，但控制塔必须使用户能够根据此见解采取行动	
运营管控	仅限于物流	整个供应链	N	整个供应链
支持 SCE	仅限于物流	整个供应链	N	Y
支持 SCP	N	N	Y	Y
连接外部数据	仅限于物流运营	仅限于供应链运营	Y	Y
端到端的可见性	仅限于物流运营	整个供应链	Y	Y
风险管理	仅限于物流运营	仅限于供应链运营	仅限于风险分析	风险分析、预测及决策
可视化	Y	Y	Y	Y

续表

特征描述	运营型控制塔		分析型控制塔	决策+运营型控制塔
数据分析	仅限于物流运营：大多描述性或诊断性分析	仅限于供应链运营：大多描述性或诊断性分析	高级分析：预测或规范性分析，包括机器学习等人工智能	高级分析：预测或规范性分析，包括机器学习等人工智能
预测能力	N	N	Y	Y
洞察力	仅限于物流运营执行的洞察力	仅限于供应链运营执行的洞察力	供应链分析和预测的洞察力	供应链分析、预测、执行的洞察力

10.3.3 控制塔的参考架构

2017 年埃森哲提出了概念性的供应链控制塔的参考架构，见图 10.5。这个架构把控制塔分为以下三个层次。

层次 1（L1），可见性。它包括边缘的数据层，它与供应链内部和外部的各种系统的数据源（内部数据包括来自供应商、制造商、品牌商、分销商、零售商以及直接客户的数据，外部数据包括政治、社交、气候、灾害等数据）和物联网的实时的数据源（如车联网、库联网、港口、机场网络等）连接，获取实时数据，经加工后显示于仪表盘，并对外部风险数据生成供应链预警，告诉供应链管理者现在发生了什么，以提供实时的可见性。

层次 2（L2），分析。这是任何控制塔的核心部分。它将基于层次 1 获取的实时数据集对现在发生的事件进行分析。这包括异常事件根源分析，用供应链优化模型模拟，并通过当前和历史数据预测未来需求，还包括风险分析和响应管理。从而告诉供应链管理者为什么当前状态会这样、接下来会发生什么，并且提供提高当前供应链计划及运营水平的决策性意见。

层次 3（L3），执行。这是控制塔的执行层。根据分析层所提供的决策性意见，启动和优化相应流程执行，它包括传播信息和行动计划，监控执行合规，以及供应链计划和运营的持续改进。

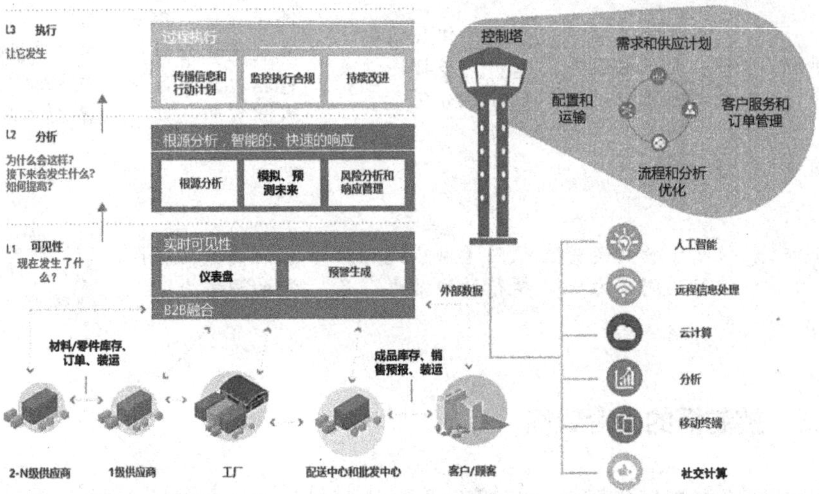

图 10.5　埃森哲供应链控制塔概念性参考架构

　　埃森哲提出的概念性的供应链控制塔的参考架构对企业构建供应链控制塔极具参考价值。随着数字技术进一步发展，应供应链数字化转型的需求，控制塔的概念及架构也在不断发展创新（见 10.3.1 小节中高德纳的定义）。供应链控制塔（Supply Chain Control Tower，SCCT）作为一个服务（SCCTasS），即云端的控制塔，以及把供应链控制塔作为一个数字供应链孪生等都是新的发展趋势。

　　总之，供应链控制塔是物流控制塔的延伸和发展。

　　它是更广泛而深刻的概念，也是控制和管理模型与数字化供应链网络的关键组成部分。

　　它具有比物流控制塔更多和更强的功能。它可以被实现为一个硬件＋软件的智能平台，此平台连接到供应链内外的各种数据源、数据／大数据分析系统，智能设备、可视化显示装置、合作伙伴系统、内部系统或云系统（SCM、QMS、CAPP、PLM、TMS、WMS、OMS、CRM、ERP、EDI、IoT……）等。读者将从本章后面几节看到它将成为颠覆传统的供应链管理的新兴模式和技术。

10.3.4 控制塔的演进和供应链控制塔 4.0

根据供应链可见度水平、分析成熟度、技术水平，Nucleus Research（研究机构）和 One Network Enterprise（供应链软件供应商）描述了供应链控制塔的演进和基于人工智能的下一代数字化供应链控制塔 4.0，见图 10.6。

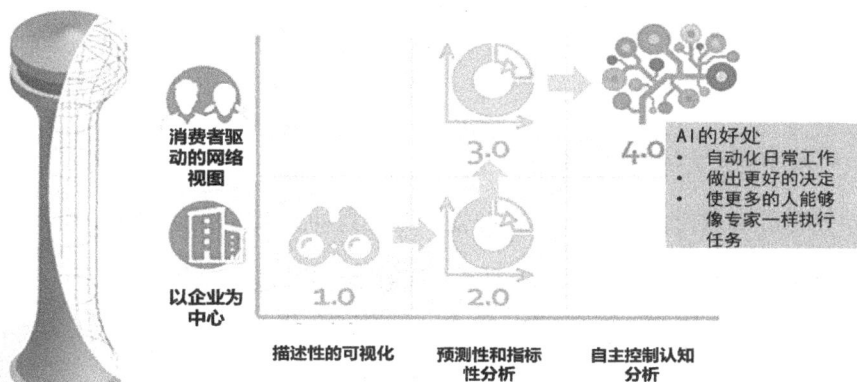

图 10.6　供应链控制塔的演进和基于人工智能的下一代供应链控制塔 4.0

供应链控制塔 1.0 和 2.0 是传统方式的控制塔。它们都以单个企业为中心，贸易伙伴是外部的，能见度有限，信息共享程度低。控制塔 1.0 只有描述性的可视化，控制塔 2.0 有预测性分析能力，但可能没有指标性分析能力。

控制塔 3.0 与控制塔 1.0 和 2.0 有本质的区别，它是在客户驱动的供应链网络中并且控制和管理整个供应链网络。它具有以下特点。

- 企业是供应链网络的一部分。

- 展示价值链的完整视图，具有对供应链每个阶段能力的可见性。

- 实时数据流。

- 具有指标性分析能力，也就是基于数据学习（如机器学习），为决策者提供优化建议和制定最佳的行动方针。

上面提到的供应链网络具有以下特征。

- 供应链网络是一个社区，包括消费者、零售商、分销商、制造商、供应商、运营商、物流服务提供商等。

- 供应链网络不是集线器，因为每个节点都可以在自己的优势点成为集线器。
- 多个端到端的业务流发生在供应链网络，如订单到现金、采购到付款等。

研究表明供应链网络能实现以下好处。

- 多达 90% 减少短缺／持股出局的风险。
- 达 75% 加快降低成本。
- 超 100% 增加库存周转。
- 超 100% 增加准时出货量。

控制塔 4.0 和控制塔 3.0 一样都处于客户驱动的供应链网络中。然而，控制塔 4.0（见图 10.7）是基于人工智能的下一代数字化供应链控制塔。它有以下特征。

- 自主反应与学习。
- 协同共享信息。
- 自校正供应链。
- 机器学习。
- 认知分析。

认知分析就是通过交互式学习的方式，让分析能力逐步成长、认知水平逐步提高的过程。它能分析大数据并从数据中提取供应链的商业价值，以便做出最好的解决方案和决策。

图 10.7　控制塔 4.0 的场景

10.3.5 控制塔的成熟度

2011 年凯捷咨询公司首先发布全球供应链的控制塔观点[5]。从那时起，其他咨询公司、研究中心、IT 解决方案提供商和服务提供商就相继出版了许多有关供应链控制塔的内容。现在对这个话题的注意力似乎在减少。供应链管理的新技术趋势已定位在 2015 年高德纳的供应链技术成熟度曲线，见图 10.8，它表明供应链相关趋势的成熟度。早期的供应链控制塔和共享服务中心（Control Tower and Shared Service Center）已被定位为成熟的技术。2015 年 7 月凯捷咨询研究报告[12]指出：我们发现 62% 供应链可视化软件供应商支持控制塔的功能，高德纳评选的世界前 25 家供应链公司中至少有 10 家现在在使用控制塔。我们基于这些数据得出的结论是，"控制塔解决方案已经成熟并进入供应链技术成熟度曲线的生产力平台"的说法是有道理的。

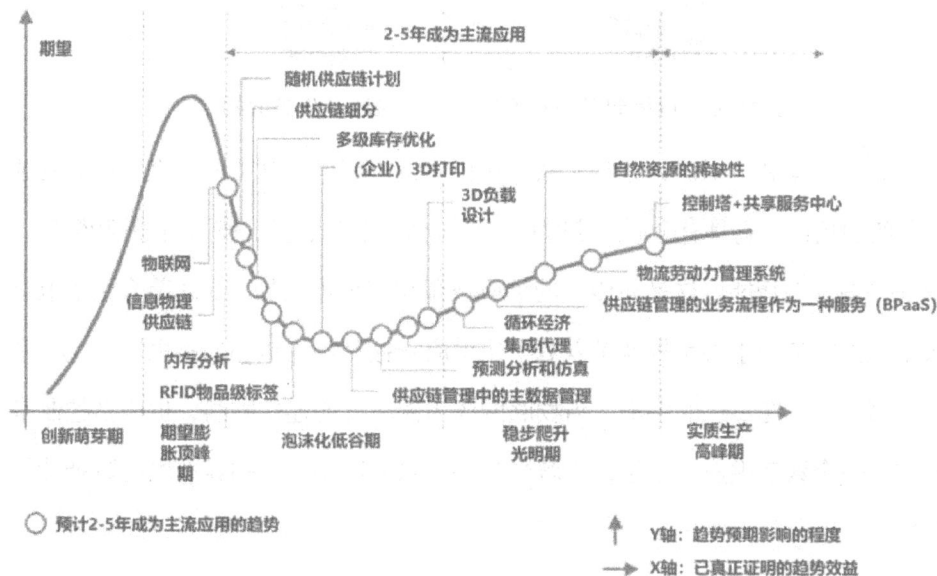

图 10.8 2015 年高德纳的供应链技术成熟度曲线

目前，国外已有成熟的控制塔 3.0，控制塔 4.0 正在发展之中。宝洁（Procter & Gamble）拥有世界上最好的供应链之一。宝洁通过供应链控制塔进入了一个"装有实时导航仪的供应链"，宝洁认为，销售额增长了 1% ～ 2%，利润率提高了

2%～5%，资产利用率提高了 5%～10%。

10.3.6　以控制塔为核心的数字化供应链架构

把数字化供应链控制塔作为供应链生态系统的核心的架构最早见于 2016 年有名的美国咨询公司 PWC（普华永道）发表的白皮书《工业 4.0》，见图 10.9。

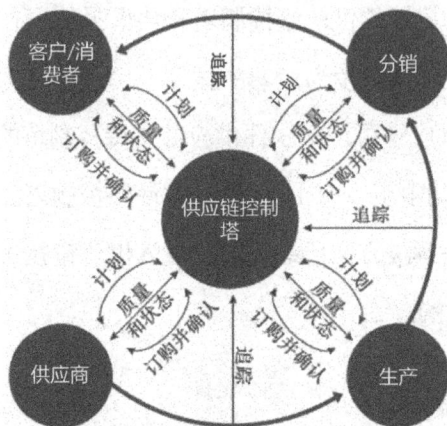

图 10.9　以控制塔为核心的数字化供应链生态架构[13]

这是一个全新的供应链架构，数字化供应链控制塔扮演了一个供应链大脑或操作系统的角色。它具有全局的实时可见性（像人的眼、鼻、皮），控制和管理，以及决策编排的智能。这是与传统的供应链架构完全不同的。10.4 节介绍的 JDA 的数字化供应链的生态系统就是以数字化供应链控制塔为核心的新供应链生态系统。本书预计，在不远的将来，当物联网成为供应链的连接网络，供应链控制塔将演化为一个数字供应链孪生，也就是与物理供应链相对应的具有供应链智能的虚拟数字孪生。

10.4　数字化供应链控制塔的价值矩阵和实践

10.4.1　Nucleus Research 的供应链控制塔价值矩阵

Nucleus Research 成立于 2001 年，是总部设在美国波士顿的独立研究机构，旨在为行业带来基于事实、数字驱动的分析方法。它专注于投资回报率和可衡量的结果，以提供业界独立、客观和诚实的研究。Nucleus Research 自 2014 年以来每年发表一份供应链控制塔的研究报告，如《控制塔的价值矩阵》（*Control Tower Value Matrix*）2018[14] 和 2019[15]。该研究以"更好的功能"和"更高的可用性"将供应链控制塔的解决方案及软件产品划分成四个象限。

- 促进者。

- 领导者。

- 专家。

- 核心供应商。

图 10.10 所示为 2019 年和 2020 年报告内容的节选。在矩阵中被选中的控制塔供应商（包括促进者、专家和领导者）都一定是核心供应商。Nucleus Research 每年从全球主要的控制塔供应商中选出核心供应商，并根据上面两个标准将它们分布在价值矩阵的四个象限。2019 年矩阵中共有 12 个核心供应商，2020 年矩阵中共有 13 个核心供应商。其中除 MPO 是新加入的促进者外，其余也都在 2019 年的价值矩阵中。与 2018 年相比，PearlChain 和 Amber Road 没有被选中在 2019 年的价值矩阵中，已知的原因是 Amber Road 已被矩阵中的领导者 E2open 收购。此外，Infor 从 2019 年价值矩阵中的专家上升为 2020 年的领导者。2020 年现在共有 5 位领导者：Kinaxis、JDA Software、One Network、E2open 和 Infor，其中 E2open 由于它很强的控制塔功能而连续 7 年被选为价值矩阵中的领导者。

在此价值矩阵中，Nucleus Research 根据供应商如何通过其软件的可用性和功能向客户交付价值，提供了市场的快照。价值矩阵还反映了供应商相对于市场其他部分的投资方向，即供应商今天进行的投资承诺在未来可能实现的价值。这有助于客户和潜在客户了解供应商目前在市场上带来了什么，以及预期会有什么进展。

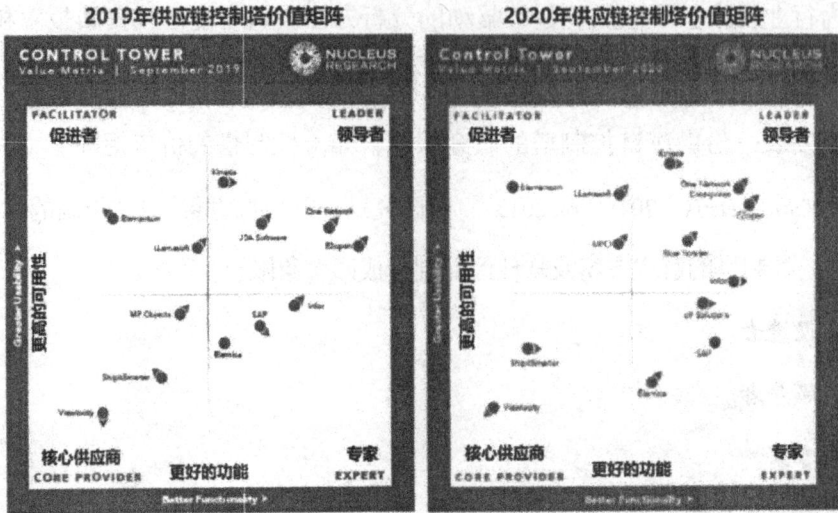

图 10.10　2019 年和 2020 年供应链控制塔的价值矩阵

10.4.2　One Network 控制塔 4.0

供应链控制塔一直致力于为企业的直接贸易伙伴提供可见性。但随着多方、消费者驱动的网络的发展，先进的控制塔现在提供实时可视性、协作性和强大的人工智能能力，使其从决策支持转向决策和自主控制。ONE Network 智能控制塔 4.0 具有全局的供应链网络的洞察力，并能提供实时的可见性、协同性和 AI 驱动的决策及自主控制。

从端到端的可视性到先进的自动化，控制塔提供了相当大的好处和相当强的能力。以下是在控制塔解决方案中的一些关键功能。

● 端到端可视性：供应链合作伙伴的可视性，包括供应商、合同制造商、运输承运人、第三方物流。

● 协作信息共享：实时共享信息和协作。

● 预警警报和异常管理：在供应链中断之前解决问题。

● 预测性和规定性决策支持：使用预测性和规定性分析。

● 自主决策和控制：让机器人脱离人类，提高生产力。

● **认知**：具有决策和机器学习功能的自我修正供应链。

新兴的区块链技术可以大大改善控制塔的运营。区块链是一个分布式账本系统，它使业务网络的每个成员都拥有账本的镜像副本。当新交易添加到分类账本时，它们将同时通过镜像副本反映到整个网络。区块链和网络为实现控制塔的愿景提供了一个巨大的机会。它提供的协调整个贸易伙伴网络并优化各方消费者和客户体验的能力，对于公司保持竞争力和采用新的商业模式至关重要。区块链使多方能够进行可信的交易和建立数据关系，而这些交易和数据关系在过去 15 年中一直是公司投资的重要方面，并且也是传统的 EDI 方法难以或几乎不可能实现的。图10.11 展示了 One Network 实时供应链网络及控制塔 4.0 与区块链集成的上层架构。帝国物流把区块链使能的控制塔技术成功用于医药供应链管理[16]。

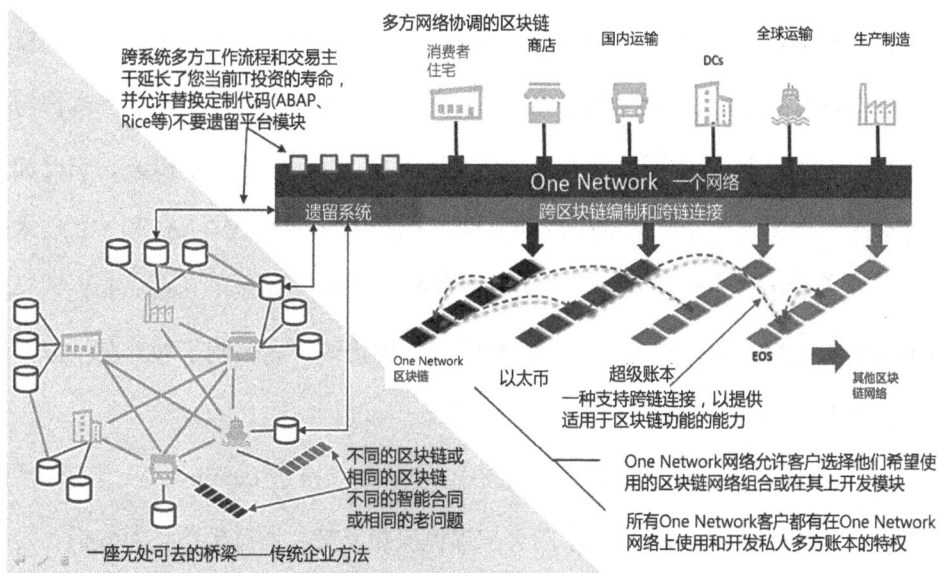

图 10.11 One Network 实时供应链网络及控制塔 4.0 与区块链集成

10.4.3 Blue Yonder Luminate 控制塔

图 10.12 是 Blue Youder（原 JDA）的数字化供应链解决方案和生态系统。其中，控制塔是它生态系统的核心，也就是一个供应链的智能决策中心。

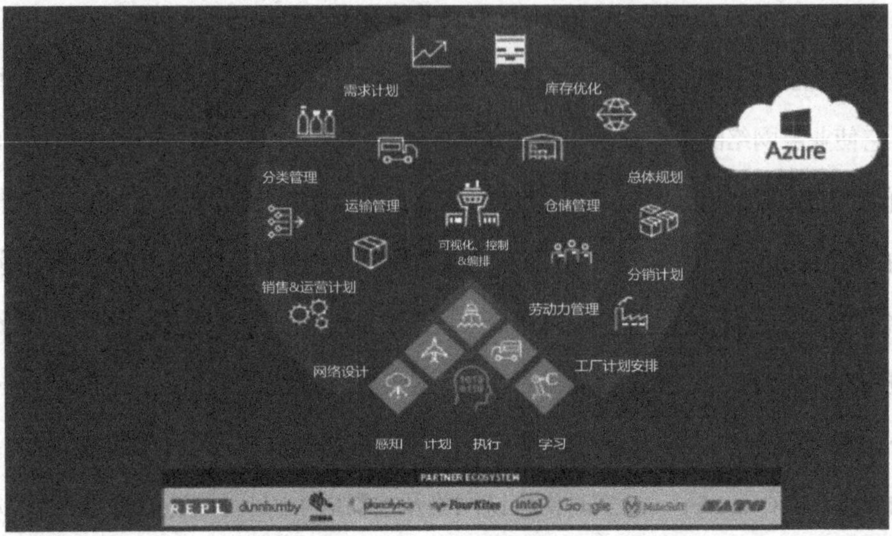

图 10.12 JDA 的数字化供应链解决方案和生态系统

Blue Yonder（BY）是 2019 年和 2020 年控制塔价值矩阵的领导者。它的新控制塔解决方案 Luminate 控制塔提供了规划和执行二者兼得的可见性，使客户与其外部利益相关者之间能够紧密协作。自 2018 年 8 月 JDA 收购 BY 以来，它已加速实现其提供决策支持和自主供应链的目标。为此，JDA 将 BY 的 AI 和 ML 技术放在 JDA 平台的中心，将这些功能嵌入其所有应用程序，Nucleus Research 发现，即使用例相对狭窄，客户也开始从这些技术中实现价值，这表明了 ML 在供应链环境中的承诺。

在 BY Luminate 控制塔发展路线图中，BY 继续推进 Luminate 应用，包括供应链解决方案和协同。BY 专注于向客户提供决策支持，通过机器学习分析，控制塔解决方案产生了若干规定性建议。该系统能够查看历史数据以及上下文、实时数据。尽管 ML 的使用还处于初级阶段，BY 正在通过控制塔的早期采用者展示它在哪里可以有效地应用。Nucleus Research 预计，该供应商将继续凭借其新的控制塔解决方案在市场上获得吸引力，并在未来版本的价值矩阵中保持领先地位。

BY Luminate 控制塔 2018 年获得综合的 SaaS 平台的 Appealie 奖，它的主要优点包括以下方面。

- 预测未来的供应链中断。

- 促进高效、有效和有力地应对供应链中断。

- 实现跨扩展型企业的智能计划。

- 加强内部和外部协同。

- 提高客户服务水平。

- 降低服务总成本。

BY 目前正在通过引入更多查看选项和异常类型分类来开发其多方计划功能。规划者将能够根据所选变量（从 ETA 到收入流）对异常事件进行深入研究，以做出更明智的影响评估。一个例外工作台将很快提供给计划人员，根据预测的影响和公司的目标自动排列特定用户和中断事件的优先级，以提高生产力和灵活性。随着 2020 年 7 月收购 Yantriks，BY 可以整合商业和交易服务，以管理上游订购和下游履行流程，扩大其用户的功能范围，尤其是在零售领域。Nucleus Research 认识到 BY 为向用户供应链注入弹性而进行的逐步升级，并相信它将继续在这些努力中引领市场。

10.4.4　LLamasoft 控制塔技术

LLamasoft 是一个知名供应链优化设计方案的提供商，近年来它也成了控制塔的核心供应商之一。它是 2020 年控制塔价值矩阵的促进者 [14]。它通过向客户提供可见性（通常是在战略层面）将其在供应链设计方面的专业知识带到了控制塔空间。从 2019 年价值矩阵以来，LLamasoft 凭借其数字设计和决策中心取得了长足进步。数字设计和决策中心被设计成企业价值链的端到端数字孪生，它有四个关键组件：数据集线器、可视化工具、建模器和应用程序构建器。这些组件协同工作，使用 Visualizer 向客户提供可见性，根据数据中心内的合并数据引用模型提供各种视图和数据显示。LLamasoft 的控制塔允许其客户在指导采购、制造、分销、库存和服务的政策上考虑复杂的权衡。LLamasoft 不将策略视为硬约束，而是允许组织放松这些约束，并运行场景以驱动最佳成本的服务模式。

2020 年 1 月，LLamasoft 宣布发布一个企业级平台，将人工智能（如机器学习增强功能）整合到其分析能力中，而且该供应商已在其全球客户群中看到了该平台的大量采用情况。公司可以使用无代码设计工作室快速配置和部署应用程序，使业务用户能够运行多场景分析、评估运营权衡，并实施关键的供应链决策。2020 年 3 月供应商使用该平台，启动了 LLamasoft COVID-19 响应中心，以帮助因全球大流行病受到运营损害影响的客户。响应中心集合专门设计用于帮助客户恢复运营并提高其供应链长期弹性的应用程序和服务。

LLamasoft 在帮助公司克服其局限性方面尤其强大，能够根据短期和长期义务制定优化计划。LLamasoft 没有将政策视为公司的指导方针，而是帮助公司绕过这些约束，找到能够指导最佳长期供应链战略的模型。Nucleus Research 预计，LLamasoft 从设计阶段提供供应链优化的独特方法将继续为客户带来价值，其在控制塔技术方面的持续投资将提高其在未来价值矩阵版本中的地位。

10.4.5　数字化供应链控制塔的技术发展趋势

早期的控制塔的技术主要提供物流和供应链的端到端的可见性，但这对于数字时代的供应链管理是远远不够的。控制塔技术利用现代数字技术已有长足发展，前文的《控制塔的价值矩阵》研究报告 [14] 总结了这些核心控制塔供应商的技术发展以及未来潜在的价值趋势。

- 供应链的实时可见性（连接各种传感器和数据源）和控制能力（通过高级分析和算法驱动的控制机制）的强组合构成供应链大脑——虚拟决策中心。
- 智能控制塔使用人工智能，作为一个跨贸易伙伴参与的系统，并协调公司、人员和事物实时协同工作，为最终消费者服务。
- 将 AI 和 ML 等高级算法引入其应用程序来提供一个自主的供应链。

- 为了提高产品的可用性，通过桌面界面和移动设备提供所有可用的功能。

- 把控制塔设计作为企业价值链的端到端数字孪生。

- 采用灵活的内存数据库以提高其解决方案的可伸缩性。

- 采用 AI 需求建模来提高预测精度。

- 供应链控制塔（SCCT）作为一个服务（SCCTaaS），即云端的控制塔，如 BY Luminate 控制塔。

- 与区块链技术相结合的区块链使能控制塔，以提供可信的交易可见性和提高决策的可信度。例如 One Network 区块链使能控制塔。

10.5 本章小结

本章首先介绍了供应链控制塔的前身和现在，然后着重讨论和分析了数字化供应链控制塔的概念、分类、概念性参考架构、成熟度，以及它的新发展趋势和应用价值。笔者高兴地看到控制塔技术已经在我国一部分优秀的数字化企业落地开花，如易流科技、准时达等。我国企业还在技术引进和采用阶段，把控制塔作为供应链生态系统的核心还未见有案例。希望本章能帮助我国企业在采用控制塔作为供应链的数字化转型的重要举措的征途中更进一步。

【参考文献】

[1] 唐隆基. 数字化供应链控制塔4.0，2017-11-02.

[2] 唐隆基. 数字化供应链的进展和未来十大趋势，2019-03-06.

[3] 唐隆基. 供应链控制塔的趋势及应用，2019-05-29.

[4] 唐隆基. 数字化供应链控制塔新进展，2019-10-18.

[5] GARTNER.ROTEN-BERG A. Logistics Control Towers, 6th European Conference on ICT for Transport Logistics，2013-10-（23-25）.

[6] BHOSLE G, KUMAR P, GRIFFIN-CRYAN B, et al. Global Supply Chain Control Tower, 2011.

[7] BALL B, MUNROE K，Supply Chain Control Towers: Concept and Impact. Aberdeen Group, 2012-10-31.

[8] BLEDA J. Prepare for Takeoff Supply Chain Control Tower, 2014.

[9] LIPPINCOTTS. Control Tower Value Matrix 2016，Research Note，2016-11-15.

[10] LYALL A，MERCIER P，GSTETTNER S. The Death of Supply Chain Management，Harvard Business Review，2018-06-15.

[11] TITZE C，PAYNE T，PRADHAN A. Don't Believe the Control Tower Hype：Buyer Beware，Gartner ID G00366213，2018-08-17.

[12] BHOSLE G, KUMAR P, GRIFFIN-CYARN B, et al. Supply Chain Control Towers: Is the Hype over? Supply Chain Transformation Blog, 2015.

[13] 普华永道.工业4.0白皮书，2016.

[14] LIPPINCOTT S. Control Tower Value Matrix 2018，Research Note，2018-11-20.

[15] LIPPINCOTT S.Control Tower Value Matrix 2019，Research Note，2019-10-01.

[16] DESOUZA C. Imperial Logistics' Blockchain-Enabled Control Tower for the Pharmaceutical Supply Chain，2018.

第三篇

方法篇

第三篇

古诗篇

第 **11** 章

供应链数字化转型方法论

本书第一篇主讲供应链数字化转型的战略思维和战略技术趋势。而第二篇着重讲数字化供应链的架构。从前两篇可见，供应链数字化转型是一场长征式的变革旅程，不可一蹴而就，需要长期演进，持续发展才能成功。本篇将提供推动数字化转型的一些实战方法和路径，帮助企业少走弯路，取得转型的成功。

11.1　数字化业务目标：转型还是优化?

企业的数字化业务目标是什么，转型还是优化？这是一个企业领导者首先必须回答的问题，这关乎企业数字化业务战略的方向、目标范围和执行路线图的确定。

数字业务转型是一种数字化旅程，其目标是追求全新的收入流、产品/服务和商业模式。它必须在颠覆性行业中适应，或者希望为破坏其行业的企业所青睐。

数字业务优化是一种数字化旅程，其目标是通过提高生产力、增加现有收入并改善客户体验来改善现有业务模型。短期内不受行业颠覆影响的企业会青睐它。

表 11.1 以实际例子比较了这两种数字化业务模式。

正确地选择数字化业务模式将极大影响到企业的数字化创新项目的成功，并能够有效地降低项目的风险。数字化项目的领导者可以通过以下高德纳的建议[1]来选择数字化业务模式。

首先，数字化业务目标的选择。根据表 11.1 所定义的概念和用例来选择数字业务优化、转型。

其次，调研企业所在行业和邻近行业的转型时机。数字业务转型往往出现在S 曲线的顶点。在数字世界中，通常会出现一种使新产品或商业模式成为可能的技术。它一直发展到主导整个行业。在其支配地位达到顶峰时，可能会出现甚至更新的技术以及新产品和商业模式。这从旧模式中获得收益并改变了行业。

表 11.1 两种数字化业务模式的比较

数字业务优化在不影响商业模式的前提下增加了显著的价值		数字业务转型带来新的净收入和商业模式创新	
提高生产力和现有收入	提高资产利用率	带来产品和服务的净收入	创新商业模式
●提高现有收入：如利用分析优化采购价格 ●提高营业利润率：如用数字渠道优化销售和营销 ●提高员工素质：如人工智能和机器人流程自动化在不增加员工人数的情况下提高效率 ●提升客户体验：如用数字渠道和物联网提供互联体验	●优化库存和产量：如用分析更好地预测和用物联网跟踪库存 ●优化物理资产：如用物联网最大限度地延长正常运行时间、寿命、产量和减少能源消耗 ●优化财务资产和现金：如用分析降低资产风险和提高收益	●出售现有数字资产：如销售数据和算法 ●数字化产品与服务：如菜鸟数字物流网络 ●销售计量收入：如按使用付费的销售（云服务） ●基于共享风险结果的互联：如价格根据共享结果度量而变化	●经营平台业务：如卖家和买家都在同一平台上工作的业务（例如用友的采购平台） ●进入附加产业与新产业：如3D打印

- 在生长期间，沿着S曲线的上升斜率，优化策略是有意义的。
- 当行业接近顶点时，转型战略就更有意义。

甚至推荐优化模式的数字业务领导者也应注意其行业中的数字业务转型。数字业务转型创建了一个新的范式，使旧的业务模型过时了。因此，优化策略会使企业处于较弱的竞争地位。

最后，选择数字化业务目标时要考虑自己的竞争姿态。一旦数字业务领导者及其企业了解了其行业何时、是否会达到临界点，企业就可以选择数字化业务目标。在一个简单的层面上，如果该行业即将翻新，那么企业应该寻求一条转型之路。如果不打算"付小费"，那么它们可以选择数字业务优化路径。但是，行业动态并不是唯一的决定因素。竞争或企业文化概况也决定了所选择的道路。更具侵略性的企业通常会选择走数字业务转型的道路，无论转折点有多远，它们都希望成为早期采用者。一些人甚至计划成为破坏者，这将导致整个行业崩溃。在某个时间点（用垂直线表示），更具进取心的企业可能会在临界点之前寻求转型。

企业可以选择追求任何数字化业务目标，但是选择错误的目标会引起以下问题。

● 转型类企业可能会在没有实现的转型上浪费大量时间和金钱。

● 优化级企业不会投资于数字业务转型，但它们也否认自己有机会改变其市场竞争格局。选择优化的企业不会对行业引爆点感到惊讶。在瞬息万变的行业中，这种风险尤为明显。

● 支持类企业认为它们的市场将持久并且看起来与以往一样。如果它们是正确的，则将继续进行较小的改进。如果确实发生了转变，那么它们可能会远远落后以至于无法再竞争了。

为了避免不必要的风险，高德纳建议首席信息官和数字业务领导者注意以下两个方面。

● 首先查看企业外部，确定企业的数字业务优化和转型组合：如果企业的行业（或邻近行业）正在经历颠覆性变化，那么企业别无选择，只能自己设定一个转型过程。如果企业的行业没有进行转型，则可以选择进行业务优化课程——除非企业想成为颠覆者并迫使行业转型。

● 设定反映企业选择的数字化业务目标的预算和计划范围：这个问题与企业选择转型的过程特别相关。很多时候，我们看到企业声称它们正在追求转型，但随后依靠一个小的创新团队和预算来追求这些目标。如果要真正实现数字业务转型，则应该计划启动新的业务部门，增加或转移制造能力，向市场推出新产品，或进行合并和收购。

本书全篇着重于数字化转型模式的数字目标，特别是供应链的数字化转型的战略、战术和方法论。

11.2 供应链数字意识指数框架概述

越来越多的供应链的领导者认识到数字化供应链是供应链的未来，供应链的数字化转型是大势所趋。然而，供应链的数字化变革的进程缓慢，随着技术颠覆的影响力日益扩大，许多领导者对如何实现供应链数字化转型心存焦虑，裹足不前。这实际上使企业面临失去竞争力，而被数字化领先者赶超的风险。这些企业往往在受到严重威胁时无法做出响应。那么企业怎么样才能加快变革的步伐，成为供应链数字化变革的领先者呢？纵观领先的企业正在提升它们的"供应链数字意识"，以推动创新，使它们能够获得竞争优势，并在当今数字经济持续增长的情况下蓬勃发展。 因此提升企业领导者供应链数字意识是一个关键举措。国际贸易协会（MHI）和德勤（Deloitte）2019 年开发了供应链数字意识指数（Digital Consciousness Index，DCI）框架[2]，以帮助企业评估其数字化思维，并评估其在迈向数字化的过程中取得的进展。提高供应链的数字意识是很重要的，因为它有助于组织获得数字化视角，并更快地找到数字化解决方案。

11.2.1 供应链数字意识指数框架

供应链数字意识指数框架描述了供应链数字意识的四个层次，包括五个数字意识类别。本小节首先描述供应链数字意识的四个层次，见图 11.1。

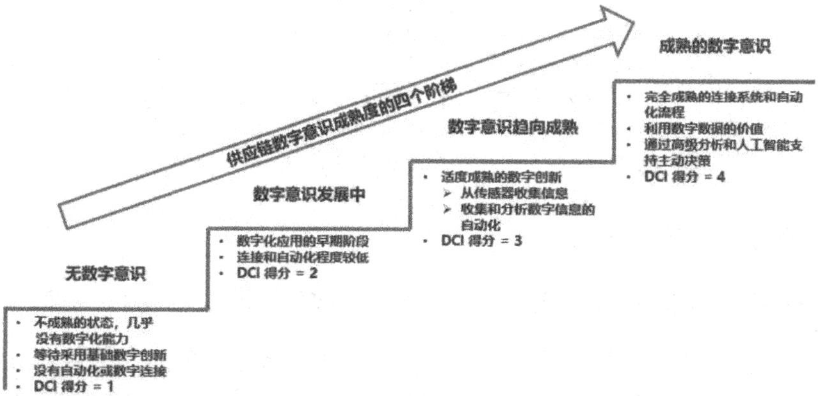

图 11.1   供应链数字意识的四个层次

供应链数字意识指数框架有五个数字意识分类，每一类都按上面的数字意识成熟度（见图11.1）分成四个层次。每一类有两种按照成熟度自我打分评估的方式。

- 对现状的打分评估。

- 对未来期望的打分评估。

最后评估的结果是上述五类数字意识评估的两个总分：对现状打分的评估总分和对未来期望打分的评估总分，每一项最高分是 20 分。所得两个总分就是该公司当前供应链数字意识指数和未来期望的供应链数字意识指数。下面将分别描述该框架的五类数字意识和打分评估方法。

1. 领导力

公司领导专注于调整公司的战略、劳动力、文化和技术，以满足客户、员工和贸易伙伴的数字化期望。领导力数字意识水平评估如表 11.2 所示。

表 11.2　领导力数字意识水平评估

无数字意识	数字意识发展中	数字意识趋向成熟	成熟的数字意识
● 与客户、员工和利益相关者无连接；不了解市场动态或竞争威胁 ● 缺乏关于技术如何支持其业务战略的清晰性 ● 抑制创造力，不屑一顾 ● 缺乏对新兴创新的认识和理解	● 开始与客户、员工和利益相关者建立联系，倾听反馈和想法 ● 意识到新兴技术的创新，对技术投资持开放态度 ● 开始鼓励变革和采用新兴技术 ● 了解新兴技术如何支持其业务战略	● 始终与员工、客户和利益相关者保持联系，并根据反馈和想法采取行动 ● 定期交流其战略并阐明创新在支持战略中的作用 ● 使分析成为决策过程中不可或缺的一部分 ● 对新兴的创新和技术有清晰的了解，制定了技术路线图	● 通过数字镜头审视业务，以确定技术可能会产生重大影响的领域 ● 制定了全面的长期数字创新战略，明确地实现了业务目标 ● 以最高管理层创新 / 数字官员的形式创建创新的执行官包容性 ● 承担战略风险以投资新兴的创新和技术

2. 创新 / 技术

一种实验和创新的文化正在形成，推动着数字化进程。此外，还制定了技术战略，通过数字镜头探索可能的艺术——将技术与核心业务能力相结合，使公司能够在适应快速变化的数字环境的同时跟上步伐。创新 / 技术数字意识水平评估如表 11.3 所示。

表 11.3　创新 / 技术数字意识水平评估

无数字意识	数字意识发展中	数字意识趋向成熟	成熟的数字意识
● 很少或根本不使用现有或新兴的创新技术 ● 与竞争对手相比，受旧系统的限制很大 ● 厌恶创新和技术	● 开始使用互联或自动化创新 ● 开始探索利用数据和分析方法基于历史消极趋势采取纠正措施的方法 ● 开始冒小风险进行创新	● 根据其业务影响使用互联和自动化创新 ● 收集、利用数据和分析进行前瞻性计划 ● 制定采用更多技术的具体计划；为创新承担风险	● 根据其业务影响使用或采用互联、自动化和高级分析以及人工智能创新 ● 组合、利用数据和分析以获得预测性和规范性见解 ● 将创新定义为核心重点和能力，技术路线图完善并定期更新 ● 为创新承担风险，快速找到失败的原因

注：高级供应链控制塔（Supply Chain Control Tower，SCCT）、数字供应网络（Digital Supply Network，DSN）和多企业供应链协同网络（Supply Chain Collaboration Network，SCCN）都代表高度的供应链数字化成熟度。

3. 客户参与度

以客户为中心的思维方式，寻求与客户建立联系，有效地预测和影响客户的需求。客户参与度数字意识水平评估如表 11.4 所示。

表 11.4　客户参与度数字意识水平评估

无数字意识	数字意识发展中	数字意识趋向成熟	成熟的数字意识
● 未与客户建立联系，对需求变化的意识有限 ● 缺乏对客户偏好或价值触发因素的洞察力 ● 在客户服务方面对现状感到满意 ● 不断减少的客户群	● 优先考虑客户的见解并尝试保持他们的参与度机制 ● 建立反馈循环机制以捕获客户反馈和配置文件数据 ● 根据客户反馈对服务和产品进行调整	● 为新老客户进行"生活中的一天"练习 ● 优先通过多种渠道与客户建立关系 ● 主动感知和预测客户需求，并深入了解客户价值杠杆	● 使客户体验成为战略重点，通过多种渠道与客户联系 ● 利用技术，通过与客户互动收集的数字信息，为每个客户提供个性化的体验 ● 创建程序以刺激和预测客户和市场需求

4. 数字化人才

数字化人才和技能遍布整个组织，为吸引、留住和培养未来的数字化人才制定了明确的战略。数字化人才数字意识水平评估如表 11.5 所示。

表 11.5　数字化人才数字意识水平评估

无数字意识	数字意识发展中	数字意识趋向成熟	成熟的数字意识
●继续只专注于招聘具有现有技能的新员工 ●提供最少的培训或有关特定新兴创新和技术的信息以供学习 ●最少投资于人员或技术	●开始专注于保留和招聘具有包括数字能力在内的技能的员工 ●开始扩大培训课程以涵盖新的创新和技术 ●开始允许员工组成社区来了解创新和技术进步 ●开放投资于人员和技术	●为新出现的创新和技术提供一致的培训课程 ●允许员工参与平台和社区，以分享想法并向其他组织的专家学习新技能 ●制定全面的人才招募、保留和发展计划 ●投资人与技术	●通过业务洞察力和技术技能来吸引资源（"紫色人"） ●鼓励员工定期开会并参加平台和社区，以交流想法并向其他组织的专家学习新技能 ●培养多样化的劳动力 ●为员工提供专业成长和学习计划

5. 工作环境

接受并使用数字技术、人才是关键。创造一个有吸引力和令人信服的工作环境和文化，有助于吸引和留住人才。工作环境数字意识水平评估如表 11.6 所示。

表 11.6　工作环境数字意识水平评估

无数字意识	数字意识发展中	数字意识趋向成熟	成熟的数字意识
●在工作场所几乎没有使用创新技术 ●提供最少的个人或专业发展机会 ●提供一个员工不喜欢花时间的工作场所	●开始在工作场所尝试新技术 ●探索工作空间概念，以鼓励交流、协作和想法共享 ●鼓励和支持以创新和技术为重点的员工社区的形成	●通过员工主导的举措鼓励开放／共享的文化 ●开放使用新工具和灵活的工作时间表 ●鼓励个人的企业，承担社会和个人责任 ●创建一个工作环境，让员工享受工作时光	●鼓励和支持持续学习，尤其是有关数字创新和技术的学习 ●使用针对每个劳动力细分市场的适应性培训计划 ●为员工提供个人和专业成长的机会，使员工成为人才 ●结合技术支持的灵活工作安排，使工作移动化

11.2.2 供应链数字意识指数框架基准

MHI[3] 构建了一个基于 Web 的供应链数字意识指数自我评估的工具，重点关注 DCI 以及企业如何看待自己在数字化成熟方面的进展，补充调查包括 440 名受访者。成熟度中位数接近数字意识发展中水平的中期，见图 11.2。超过 70% 的受访者认为自己处于或低于数字意识发展中水平，约 10% 的受访者认为自己处于无数字意识水平（休眠阶段）。只有 3% 的受访者认为自己达到成熟的数字意识水平。

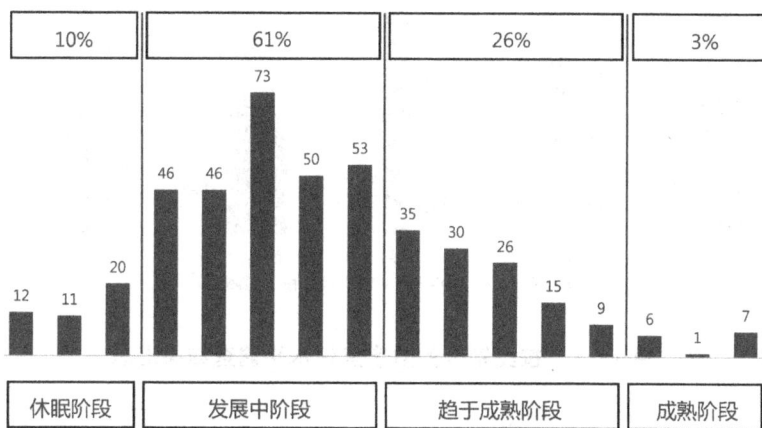

图 11.2 数字意识水平调查结果

图 11.3 描述了按数字意识类别分的数字意识水平调查结果汇总。对于所有数字意识类别（领导力、客户参与度、数字化人才、创新 / 技术和工作环境），只有不到 9% 的企业将其成熟度评定为成熟的数字意识水平。同时，将自己列为无数字意识水平企业的比例为 13% ～ 26%，具体取决于类别，其中领导力的数字意识水平最低，为 13.9%，而数字化人才的数字意识水平最高，为 26.4%。22% ～ 27% 的受访者认为自己使用数字技术来建立吸引、招募和留住顶尖人才所需的文化方面（数字化人才和工作环境）的数字意识处于无数字意识水平。而 13% ～ 21% 的企业认为自己在领导力、客户参与度和创新 / 技术三方面处于无数字意识水平。

上述调研结果表明当今企业的供应链数字意识水平是中间大两头小，也就是处于数字意识发展中和数字意识趋向成熟水平的企业占 60% 以上，而处于无数字意识水平的企业低于 20%，处于成熟的数字意识水平的企业低于 10%。这和全球供应链数字化转型的现状基本一致。数字意识成熟的领先企业，如华为、阿里巴巴、京东等已在供应链数字化方面硕果累累、收益丰厚。这表明供应链数字化变革前途无限，但供应链领导者仍需努力！

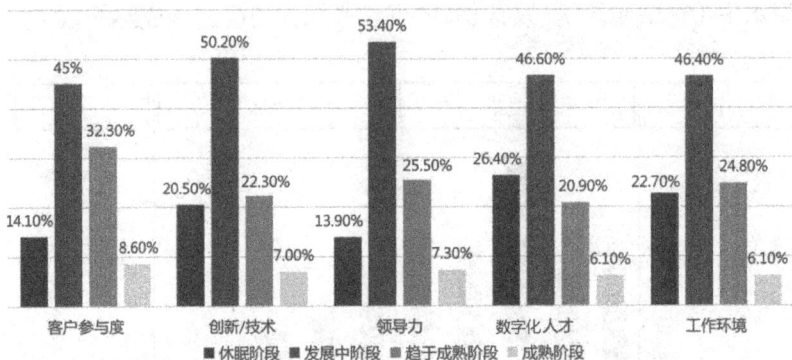

图 11.3　按类别分的数字意识水平调查结果汇总

11.2.3　识别和管理供应链 DCI 优先级

识别和管理供应链 DCI 优先级对正确制定供应链数字化变革的行动计划有很大帮助。MHI 开发的基于 Web 的工具通过数字意识水平评估当前和期望水平来帮助企业定位，确定各类数字意识水平的优先级，从而用于制定变革或转型的行动计划。具体步骤如下。

第一，根据企业当前状况和未来期望，给五类数字意识打分，每类数字意识将会获得两个分数：当前水平分数（记为 A）和未来期望的水平分数（记为 B）。

第二，分别计算它们的变化差异，记为 $C=B-A$

第三，设变革优先级为 5 个级别，1 级为最高级，5 级为最低级。企业可采用以下优先策略来确定变革的优先级。

● 根据从最小到最大的变化差异对类别进行分组。

- 首先对差异较小的类别进行优先排序。变化差异最小的类别需要较少的操作来引发，并且更容易更改。它们应该是企业展示早期成功和快速成功的首要任务。

- 对于具有相同变化差异的类别，优先考虑"当前"状态较低的类别；对于当前状态较低类别的更改在数字化供应链时代具有较大的增长潜力。

- 完成五个类别的排名后，使用 DCI 工具箱为每个类别创建一个行动项目列表。将 DCI 提升到每个类别的所需水平时，应考虑操作项旁边列出的技术图标。

- 可以关注一个 DCI 类别，也可以同时关注多个类别，具体取决于企业需求。在当前水平取得进展后，可以重复此过程以不断改进 DCI。

下面是一个具体例子。

某公司供应链主管张总完成 DCI 评估后，收到了 DCI 排名。然后，张总计算每个类别的变化差异，并使用该差异和当前水平创建一个表 11.7 的优先排序。

表 11.7 变革优先级计算

数字意识类别	当前意识水平层次	期望意识水平层次	$C=B-A$	变革优先级
领导力	无数字意识：1	数字意识趋向成熟：3	2	2
创新 / 技术	数字意识发展中：2	数字意识趋向成熟：3	1	1
客户参与度	数字意识趋向成熟：3	数字意识趋向成熟：3	0	5
数字化人才	数字意识发展中：2	成熟的数字意识：4	2	3
工作环境	数字意识发展中：2	成熟的数字意识：4	2	4
	10 分	17 分		

- 客户参与度的变化差异为 0，这意味着张总不想改变这种状态。变更差额为 0 是最低优先级（优先级等级 5）。

- 创新/技术的变化差异为 1，因此其排名将具有最高优先级（优先级等级 1）。

- 领导力、数字化人才和工作环境的变化差异均为 2，因此现在张总会查看当前状态以确定优先级。

- 领导力的当前状态在三者中最低，因此排名第二（优先级等级2）。

- 数字化人才和工作环境具有相同的变化差异和相同的当前状态，因此可以根据公司需求确定优先级（优先级等级3和4）。

此外，在变革优先级确定之后，MHI开发的工具对每一类数字意识还提供了提升其数字意识水平的具体举措，见表11.8～表11.12。

表11.8　提升领导力数字意识水平的具体举措

提高到数字意识发展中水平的举措	提高到数字意识趋向成熟水平的举措	提高到成熟的数字意识水平的举措
●定义衡量领导参与度的指标 ●开始与客户和员工讨论改进措施并收集反馈 ●开发新兴创新环境扫描计划 ●通过行业活动、出版物和专门的研究发现新兴创新及其商业应用 ●公开接受数字化转型，将其作为数字化文化的手段，以收集数据并寻求工作自动化的机会	●积极参与团队反馈和改进意见 ●确定/建立数据源，以便更好地了解领导效能和团队情绪 ●将具有数字专业知识的个人添加到治理/咨询委员会中 ●制定通过创新实现什么目标的战略，并为期望的结果和目标建立一个商业案例 ●对业务应用程序和技术进行投资，以自动化部分工作，并利用数据作为决策输入	●采用试验性工具和技术，收集和解释来自外部和内部数据源的非结构化反馈 ●围绕持续创新制定实施路线图，并根据短期目标跟踪收益 ●在组织内建立一个由"数字冠军"组成的领导团队，通过所有级别的参与来推动数字化文化

表11.9　提升创新/技术数字意识水平的具体举措

提高到数字意识发展中水平的举措	提高到数字意识趋向成熟水平的举措	提高到成熟的数字意识水平的举措
●从小额投资/快速获利开始，连接运营。准备好接受早期成长的痛苦，并迅速取得成功 ●将遗留系统中的数据整合并清理到一个有组织的数据存储库中，以便进行跨功能分析 ●认识到对真理的多个来	●投资于数字创新，最初的重点是建立一个连接平台，通过自动化、传感器和物联网收集数据 ●利用数据，通过高级分析推动基于历史和当前趋势的前瞻性见解 ●广泛采用扩大成功的试点项目	●利用互联网平台，通过高级分析和人工智能从数据中获取见解 ●使用高级算法根据收集到的数据做出决策 ●开始从数据源中收集/吸收数据，以训练/支持机器学习算法 ●积极寻求业务创新领域，

续表

提高到数字意识发展中水平的举措	提高到数字意识趋向成熟水平的举措	提高到成熟的数字意识水平的举措
源/版本是否仅仅代表了不同的观点 ● 识别低风险的创新机会，将运营影响降至最低 ● 寻求自动化例行的、可重复的、很少出错的过程	● 寻找试点项目中的"亮点"，即使最初的结果并不理想 ● 确定急需创新的业务职能部门（因缺乏创新而面临风险）	利用新兴技术获得竞争优势 ● 将注意力从更快的工作转移到确定如何以不同的方式为人力和技术资产实现价值最大化

表 11.10　提升客户参与度数字意识水平的具体举措

提高到数字意识发展中水平的举措	提高到数字意识趋向成熟水平的举措	提高到成熟的数字意识水平的举措
● 开始收集数据以了解客户的需求和难点（例如客户反馈） ● 创建基础设施以构建客户数据存储库 ● 对客户的反馈做出反应，解决客户关注的问题，以提高客户体验	● 培养以客户为中心的文化，以更好地理解提升客户体验的需求和愿望 ● 开始根据客户的价值触发因素和偏好细分客户 ● 发展先进的分析能力来评估客户的反馈并预测客户体验的改善领域	● 通过调查、社交媒体和在线支持网站收集和清理客户反馈，并通过人工智能进行分析，以响应客户需求 ● 利用数据配置文件值触发器提供更个性化的客户服务和体验 ● 通过人工智能驱动的客户数据洞察，提供有针对性的建议和开展营销活动

表 11.11　提升数字化人才数字意识水平的具体举措

提高到数字意识发展中水平的举措	提高到数字意识趋向成熟水平的举措	提高到成熟的数字意识水平的举措
● 利用招聘平台瞄准精通数字技术的人才 ● 修订和确定工作角色和职责，以吸引具有数字化能力的人才 ● 从技能型招聘向人才型招聘转变 ● 为员工提供行业参考资料和创新信息交流 ● 为人才和技术投资制定专门的预算计划	● 从培养人才向发展人才转变 ● 开发继续教育课程和计划，以保持劳动力的新发展 ● 授权组织内的主题专家开发创造性的解决方案 ● 与战略合作伙伴建立联盟，获取重要创新信息 ● 通过外部研究和贸易展览营造学习环境 ● 自动化重复的、平凡的任务，以释放劳动力，完成更多价值驱动的任务	● 提升品牌声誉，展示技术创新、人才培养和一流运营 ● 在招聘工作中寻求多样性，并创造分享知识的环境 ● 鼓励主题专家定期与内部团队分享最佳实践/创新想法 ● 鼓励主题专家与外部利益相关者进行创新实践 ● 提高人才的安全性、生产力和对技术和高级分析的满意度

表 11.12 提升工作环境数字意识水平的具体举措

提高到数字意识发展中水平的举措	提高到数字意识趋向成熟水平的举措	提高到成熟的数字意识水平的举措
●收集员工反馈，以更好地了解安全、高效工作的需求 ●创造一个安全、协作的工作环境，促进思想和创新的共享 ●营造学习和发展的环境	●建立技术冠军小组，推动技术采用的变更管理 ●为运营制定企业社会责任战略 ●寻求机会建立灵活的工作安排，并采用支持远程工作的工具	●启动基于技术采用和持续学习的奖励计划 ●根据每个员工期望的职业道路制定个性化的发展计划 ●在适用于运营的情况下，鼓励建立灵活的工作时间表

11.3　供应链数字化转型的制胜指南

11.3.1　基于数字意识指数框架的供应链数字化转型方法论框架

图 11.4 描述了一个基于数字意识指数框架（见 11.1 节）的供应链数字化转型方法论框架。此框架由以下五个步骤组成。

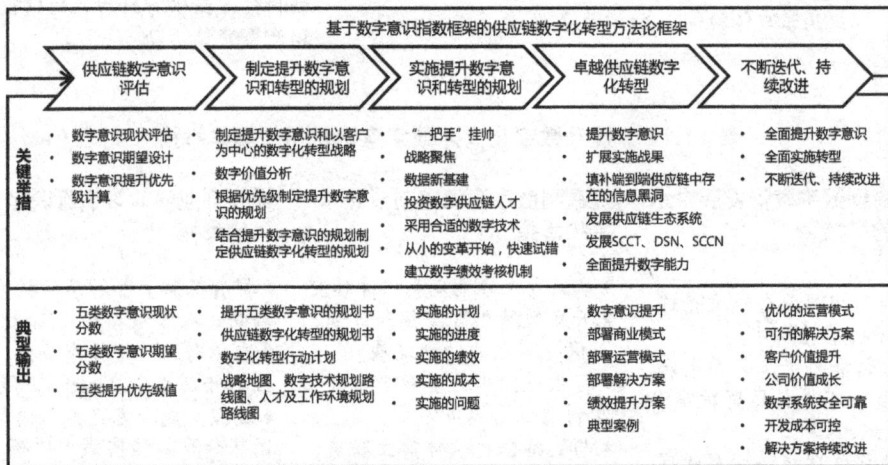

图 11.4　基于数字意识指数框架的供应链数字化转型方法论框架

第一，供应链数字意识评估。

第二，制定提升数字意识和转型的规划。

第三，实施提升数字意识和转型的规划。

第四，卓越供应链数字化转型。

第五，不断迭代、持续改进。

从图 11.4 可见，该框架的每一个步骤都提供了关键举措和典型输出。每个企业根据数字意识的自我评估，以及提升数字意识的优先级和 11.2.3 小节的五个方面的举措来因地制宜地制定本企业的供应链数字意识提升及数字化转型的战略规划和行动计划，然后实施这些计划，并向其高级数字化成熟度发展，不断迭代、持续改进；当达到一个新的数字意识成熟度之后，继续使用 11.2 节的数字意识指数框架做新一轮评估，朝更高的数字化成熟度进军，以达到客户价值提升、企业价值成长的目标。

11.3.2 供应链数字化转型执行框架

美国数字化供应链研究院（DSCI）组织了来自 24 家具有数字化供应链转型经验的公司的"全球专家组"，并且调查了另外 30 家全球公司，它们分布在软件制造、服装生产和运输行业。调查显示，88% 的公司已经把数字化供应链的一些要素整合到其商业模式中了，100% 的公司正在努力成为"游戏规则的改变者"。它们的研究表明：搭建"数字化供应链"或者从传统的供应链演进为"数字化供应链"是很重要的，但要真正落地也面临着很大的挑战。这是因为，向数字化供应链转型的公司和供应链为了发挥出"数字化供应链"的全部潜力必须做出很大的改变。为了帮助公司和供应链加速数字化转型，美国数字化供应链研究院"全球专家组"编写的"数字化供应链"白皮书定义了一个执行框架[4]，在这个框架中客户是中心，围绕此中心有四个管理要求，需要公司总裁和高层管理人员特别注意和支持。这四个管理要求是：管理需求、管理团队、管理技术和管理风险。它们应该成为公司战略方向的奠基石，因为它们能够区分出真正成功的、有市场领导地位的"数字化供应链"公司。

这个执行框架对指导供应链数字化转型的战略实施有重要意义。该框架包括一个中心——以客户为中心和四个"管理"，包括需求、团队、技术和风险，如图 11.5 所示。

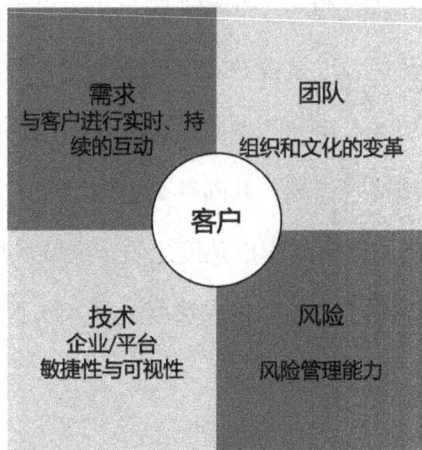

图 11.5　供应链数字化转型执行框架

1. 以客户为中心

执行数字化供应链变革要以客户为中心。反之，数字化供应链可以更好地以客户为中心。在当今的商业世界里，把客户放在业务的前沿变得越来越重要，数字化供应链可以为组织提供所需的实时可视性，以向买家交付优越的客户体验。

企业的客户包括个人和企业。然而，在数字化大趋势的洗礼下，B2B（Business-to-Business，企业对企业）和 B2C（Business-to-Customer，企业对客户）的界限将逐渐模糊。事实上，行业数字化的一个重要特征就是：过去习惯同企业级客户往来的企业，突然间不得不像面向个人的企业一样思考，这也就是所谓的"行业消费主义"的一个表现。这意味着无论是对消费品企业还是 B2B 工业企业而言，最终成果体验和服务质量好坏将成为决定成败的标准——最终也将成为企业价值的重要来源。

只有客户能决定企业是赢了，还是输了。企业对客户的全球经济越来越成为一个趋势，企业对企业的客户经济正在消失。大数据和分析、物联网以及社交媒体都能使各个部门的企业接触到，从而更好地了解和满足客户的需求。数字化供应链拥有实时数据的承诺，以感知需求、推动创新、降低成本，并在适当的时间以适当的价格向客户提供合适的产品。

此外，作为一家企业，必须把自己与市场上的客户区别开来。在供应链中拥有端到端的可见性和能力是很重要的。一个数字化供应链（包括物联网、大数据、分析和其他技术）可以让企业今天比几年前做更多工作。这种差异可增加企业的收入和市场份额，同时也大大降低了成本。

2. 管理需求

以客户为中心的数字化供应链的需求管理要利用现代数字技术通过与客户进行实时持续的互动，从而获取和认知客户的需求并进行需求预测，创造和做出更好的"数字化供应链"决策。有些供应链组织，只聚焦于采购、制造、货运和物流，对于它们来说，实现数字化供应链转型是很困难的。对于数字化供应链，聚焦于前端客户是正确的方法。SAP 总裁孟鼎铭（Bill McDermott）曾说："了解客户的客户。"他正在致力于确保他的团队了解真正的需求源，能够设计出正确的产品解决方案，以满足客户需求。在 DSCI 的"全球专家组"中，有一个成员的目标是成为全球供应链的领导者，目前它已经取得了收入的增长。这个成员发现，在好几个地方的好几个行业里，"数字化供应链"是主要的增长驱动因素。

当需求管理基于前端的数据以及新的数据源（如有关外部数据），就能创造和做出更好的"数字化供应链"决策，需求预测就会得到改善（见 5.4.4 小节）。在许多公司中，需求预测是由销售团队基于已有的数据和直觉所做出来的。现在成功的公司正在使用人工智能（AI）来匹配需求与供给。如果公司开发算法，根据可观察到的需求信号来补充库存，则存货会降低 30% 之多。

3. 管理团队

数字化供应链变革需要人去推动和执行，因此管理"人"至关重要。由于数字化供应链将改变传统的流程和管理方式，公司的组织和文化必须要变革。所有的组织变革，都取决于人是否有意愿、是否有能力走向未来。对于数字化供应链来说，也是这样的。在这一征途中，需要教育、沟通、重新设计组织，重新设计流程，并且招募新人。被调查研究的大多数公司，都有正式的供应链管理架构。越来越多的公司任命专门的员工来管理供应链，直接向总裁汇报，并被授予了决策权。这样的岗位，是一条新的通往高层管理人员的晋升之路。原因是，这样的岗位有权威并且有潜力管理整个公司的成本和收入。在几乎所有的案例中，公司都开发了"决策权矩阵"。这个矩阵，清楚地定义了谁在什么条件下能够做什么样的决策。

对于供应链部门来说，关键的变化是从一个专门的支持组织转变为具有决策权。供应链领导者也具有重要的支撑作用。这一点很重要，因为在组织中，管理者之间总是会有关于优先级的冲突。例如：谁决定使用哪家供应商生产间接材料？当外部供应商可用时，谁来决定建造或使用什么工厂？最后，工程部或采购部是否决定将哪些组件构建到新设备中？在准备打造新的"以需求为核心"的数字化供应链时，如果总裁不明白供应链高管的意图，是一件有风险的事。大量的新数据从数字化供应链涌入，将从根本上改变公司如何、何时及在何地做出决策。对于高层管理人员来说，其中一个重要的战略是，决定谁应该做公司哪一层级的何种决策，以及需要什么样的数据来做决策。决策流程越复杂，则协作要求越高。跨部门的内部协作，是加快实现数字化供应链成功转型的要求之一。定义和加强每一个参与角色的决策权和级别是非常重要的。这样，管理层可以监控他们是否符合正式发布的政策，使每个人都各司其职。事实上，当你改变有关"人"（包括"组织"）的方方面面时，必须改变的是文化。必须改变人运作和运用供应链的方式。

评估现有供应链员工的技能，也是很重要的一件事。他们的技术水平达标吗？他们有数据挖掘和数据分析的技能吗？被 DSCI 调查访谈的每一家公司都提到，如果是"数据科学家"，他们会被作为新员工招聘进来，因为他们知道如何收集并利用新的数据。有些公司表示，需要一些"数据管家"来管理部门之间数据的收集、编译和分发。另外，78%的受访者同意，他们必须雇佣具备新技能的新人，加入数字化供应链，33%的受访者则强烈同意这一观点。

4. 管理技术

数据正在以前所未有的速度增长，根据2018年IDC发布的Datasphere研究报告，到2025年，世界数据的总和将从2018年的33ZB（泽字节）增长到175ZB，复合年增长率为27%。很难想象175ZB的数据有多大，因为1ZB=1万亿GB。

全球数据领域的年度规模如图11.6所示。

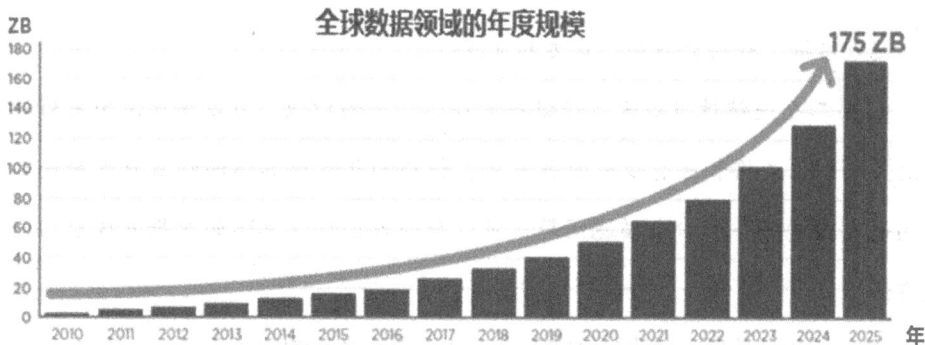

图11.6　全球数据领域的年度规模（来源：IDC）

175ZB等于175万亿GB，这相当于地球上每个人将平均产生约21 000GB的数据。其中物联网设备预计将产生90ZB的数据，大约占数据总量的51%。这些数据将有助于数字化供应链、产品设计、发货、交付、销售和分销。有人认为今天的组织已经有太多数据，所以不能用来支持管理决策了。另外，许多公司报告说，它们还有一些ROT（Redundant、Outdated、Trivial）数据，即多余的、陈旧的、微不足道的数据。几乎所有和DSCI合作的公司都报告说，它们今天难以获取清晰、可靠的数据，以用于未来数字化供应链的管理和决策。这一问题要尽快得到解决，因为清晰、可靠的数据是数字化供应链管理和决策的基础。这里列出几个"管理技术"的挑战。

管理数据是管理技术的关键性挑战，它包括数据采集汇聚、数据存储治理等。

有了好数据，决定采用什么算法对什么数据进行分析和如何利用这些数据来做出更好的决策也都是关键性挑战。应对数据挑战，通常公司需要建立具有数据管理、供应链算法及模型和数据分析挖掘引擎的数据分析平台。

对于企业家或供应链高管来说，数据分析能力的投资决策面临着两个关键性挑战。

● 第一个关键性挑战是，已经产生的或存在的数据量——我们可能真的不清楚我们需要什么样的数据，这些数据可能不完整或不简洁，我们普遍没有训练有素的、有能力的"数据管家"和资源。积累好的数据资产需要很长的时间，但是短期绩效占据了我们更多的注意力和资源。

● 第二个关键性挑战是，保证投资在数据中的价值，可以用来做出更好的商业决策。制作表格和经营仪表盘并不难，但难的是体现具体的收益或者解决具体的问题。围绕一个中心来描述问题，可以帮助我们评估具体的数据管理能力，并获得认可。

决定使用什么样的数据是关键。公司不得不将新的数据来源划定优先级，并决定投资多少到数据采集中。75% 的 DSCI 调研的公司正在实验或使用基于社交媒体的数据来做数字化供应链的决策。79% 的公司计划使用来自传感器和物联网的数据作为新的来源。然而搭建信息系统来捕捉和消化所有新数据是一个巨大的挑战。

移动技术，对于客户和员工来说都是很重要的。随着无人机和无人驾驶汽车的部署，交付技术将给许多行业带来翻天覆地的变化。另外运用区块链技术，也能创造一个很好的机会。未来，区块链将改变"数字化供应链"的运作方式。令人激动的新技术一直会出现，任何公司都可以进行投资。建议将投资划分优先级，让技术支持公司"向供应链数字化飞跃"。

5. 管理风险

数字化供应链将提供新的、更高级的方式识别风险。大数据将搭建早期预警系统，使公司可以更积极主动地防御风险。公司将能够更有效地降低风险，公司也能够比降低风险做得更多。如公司能够化风险为竞争优势，在某一目标领域超越其他公司。

从最根本的角度，供应链风险分为两类：经营绩效风险和合规监管风险。数字化供应链对两者都有重大影响。"数字化供应链行动"的一项调查，让受访者从 10 个选项中选出 5 个最影响供应链的风险。有 3 个答案很突出：90% 的人选择了供应链绩效，76% 的人选择了数据整合与分析，76% 的人选择了供给匹配需求。供应链风险如图 11.7 所示。

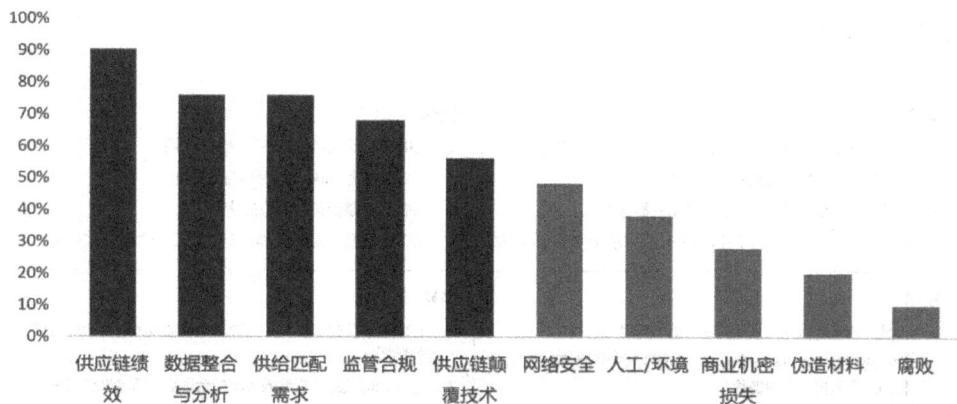

图 11.7　供应链风险[4]

大数据和预测分析，将帮助公司更好地降低与自然灾害和政治动荡相关的经营存续风险。反过来，泄露机密信息和商业秘密的风险将一直存在。虽然供应链高管经常不把腐败放在前五大风险之列，但是合规总监和销售总监经常把它放在前五大风险之中。图 11.7 为常见的供应链风险。因此，虽然大数据将降低"数据整合与分析"以及"供给匹配需求"的风险；但是，还是需要从内部推动跨部门的协作，增强腐败风险的意识，防范快速增长的网络安全和知识产权盗窃的风险。

11.3.3　供应链数字化转型路线图

前一小节给出了数字化供应链转型执行框架，企业家和高级管理人员将需要获得关于如何定位企业和制定供应链数字化转型的执行路线图以抓住这些机遇的建议。然而每个企业都会有不同的执行路线图。"数字化供应链"白皮书以向企业家提问的方式提出了以下一般执行路线图（见图 11.8），说明如何管理需求、团队、技术和风险，并且提供了从哪里开始、如何开始的指导原则。每一个格子说明如何执行新的"数字化供应链"框架，给不同的企业提供不同的起点，使之适应具体条件，旨在帮助管理者在"数字化供应链"的工作中找到方向、衡量标准和建立问责机制。

需求

1. 你现在获得了你需要的实时数据，以完成数字化转型了吗？
2. 你能用实时数据来确定客户需求吗？
3. 你的供应链部门是否可以直接创造并抓住需求？
4. 你现有的衡量指标是否适用以客户为中心的数字化供应链呢？

团队

1. 你准备好定义供应链的组织界限了吗？
2. 你的组织有"向前飞跃"所需要的技能吗？
3. 你的团队是否有合适的领导者候选人？
4. 你现有的绩效衡量指标可以激励有目标性的协作吗？

技术

1. 你是否依赖现有的技术保持企业的敏捷性与可视化？
2. 你在使用新技术以提升供应链的制造和交付能力吗？如3D打印、无人机、区块链等。
3. 你是否有能力把新技术整合到现有的商业模式中？
4. 你如何衡量技术给公司带来的投资回报率？这些衡量指标适用于数字化供应链的新价值吗？

风险

1. 你知道数字化供应链如何降低经营绩效风险和合规监管风险吗？
2. 你认为最大的经营绩效风险和合规监管风险来自哪里？
3. 你能保护自己免受不断升级的网络犯罪和知识产权盗窃的威胁吗？
4. 你如何衡量公司供应链的完整性和可靠性？

图 11.8　供应链数字化转型的执行路线图 [4]

11.3.4　中小企业如何应对供应链数字化转型

中国电子技术标准化研究院等 2020 年发表了《中小企业数字化转型分析报告（2020）》。该报告指出：中小企业作为数量最大、最具活力的企业群体，是我国实体经济的重要基础。中小企业是制造业数字化转型的主战场，是实体经济的主力军。但是，根据报告，89% 的中小企业仍在数字化转型探索阶段，8% 的中小企业处于数字化转型践行阶段，只有 3% 的中小企业处于数字化转型深度应用阶段，见图 11.9。

在我国，绝大部分的制造与流通企业都是中小企业，这与我国的工业化进程有关。西方国家经历了工业 1.0、2.0、3.0 的发展，市场已完成了初步的整合与规范，基础设施设备相对完善，以美国为例，一个州只有 10 家左右供应链企业，在此基础之上，当工业 4.0 大潮到来之时，数字化供应链的转型是顺其自然的。而我国尚没有完成第三次工业革命，不论是生产制造，还是流通、物流市场，都处在高度分散、碎片化的状态，中小规模参与者普遍信息化程度较低，商业链条复杂。传统中小企业要进行数字化转型，资金从哪里来？人才从哪里来？要克服这些困难，中小企业，特别是小型企业，其中特别是小微流通、供应链物流企业需要整合。而对于大多数中小企业，首先需要解决的，不是数字化，而是信息化。下面是传统中小企业如何应对供应链数字化转型的几点建议。

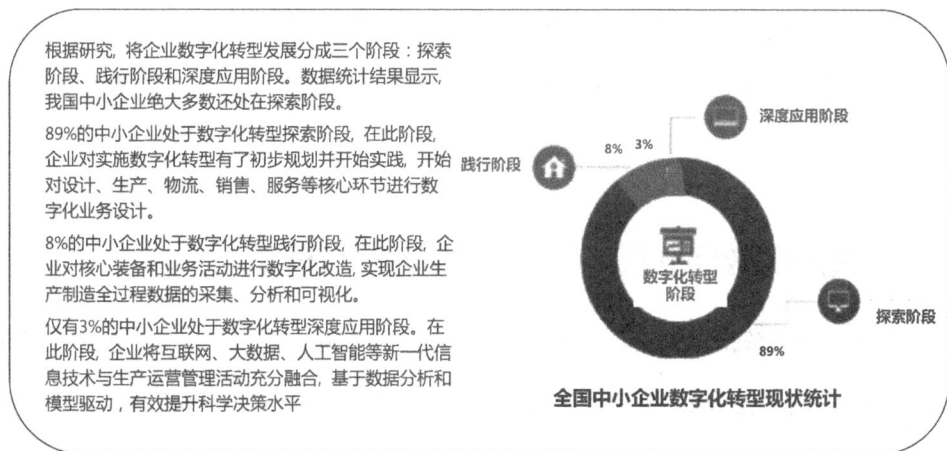

根据研究，将企业数字化转型发展分成三个阶段：探索阶段、践行阶段和深度应用阶段。数据统计结果显示，我国中小企业绝大多数还在探索阶段。

89%的中小企业处于数字化转型探索阶段，在此阶段，企业对实施数字化转型有了初步规划和开始实践，开始对设计、生产、物流、销售、服务等核心环节进行数字化业务设计。

8%的中小企业处于数字化转型践行阶段，在此阶段，企业对核心装备和业务活动进行数字化改造，实现企业生产制造全过程数据的采集、分析和可视化。

仅有3%的中小企业处于数字化转型深度应用阶段。在此阶段，企业将互联网、大数据、人工智能等新一代信息技术与生产运营管理活动充分融合，基于数据分析和模型驱动，有效提升科学决策水平

深度应用阶段　3%
践行阶段　8%
数字化转型阶段
探索阶段　89%
全国中小企业数字化转型现状统计

图 11.9　中国中小企业数字化转型现状

● 了解所处行业的市场格局与数字化现状，分析行业的发展趋势与格局变化。

● 确定企业在生态圈中的角色与定位，分析企业的核心竞争力与信息化能力现状。

● 基于综合分析，以及企业的发展目标，确定企业的数字化转型战略，是与生态圈中的核心企业合作，还是独立发展。合作应该选择什么样的平台，如何满

足平台的管理要求；独立发展应该如何强化核心竞争力，并吸收更多资源支持企业的发展。

- 完善企业的信息化能力，结合企业的数字化转型战略，考虑合作如何满足平台的信息化能力要求与平台的系统进行对接；独立发展应该如何构建企业的信息化能力与体系，实现对内的企业、业务数字化管理，对外与上下游合作伙伴之间交互的数字化。基于云端的信息系统，可帮助企业实现低成本、灵活高效的数字化管理与数据共享。

从国家和资本层面，除在资金扶持和人才培养方面加大对中小企业的数字化转型之外，建议在公共数字化转型基础设施方面加大投资，包括以下方面。

- 云计算基础设施建设，鼓励中小企业上云，以解决数字化所需基础设施的需求。

- 大力发展工业互联网平台，赋能中小企业数字化转型。

- 建设人工智能、数据分析的公共服务平台，以服务中小企业的数字化转型需求。

11.4 供应链数字化转型的技术战略执行框架

本书的第 2 章指出技术创新是供应链数字化转型的加速器，还描述了转型的技术战略思维，并且指出新兴数字技术将推动供应链数字化。要采用新兴数字技术来加速供应链数字化转型，建立可行的数字技术转型战略规划和行动路线图极为重要。在当今充满不确定性的时代，随着供应链的变革步伐加快和数字技术的迅速发展，企业需要建立数字时代动态、敏捷的技术战略。那些传统的、依赖于计划的做法已经行不通了。这并不是说不再需要计划，而是应对数字时代的瞬息万变需要敏捷、动态的计划技术。根据《EDGE 价值驱动的数字化转型》（见第 2 章 2.1.7 小节）作者的建议，传统的计划—执行的框架必须代之为假想—探索的框架。本节描述本书所提出的基于假想—探索框架的供应链数字化转型的技术战略执行框架，见图11.10，以助力企业制定可行的数字技术转型战略规划和行动路线图。

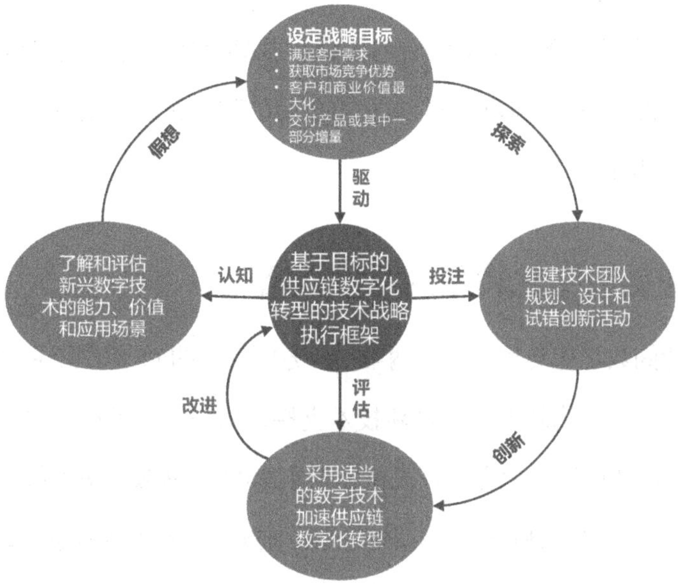

图 11.10 供应链数字化转型的技术战略执行框架

在这个环形框架中，战略框架是核心，它连接四大步骤，并形成一个由五步组成的闭环。

1. 认知与假想

了解和评估新兴数字技术对供应链变革的能力（速度）、价值（客户需求）和应用场景（适应性）。基于技术认知，规划如何设定和实现战略目标。

2. 设定战略目标与驱动

包括满足客户需求、获取市场竞争优势、客户和商业价值最大化、交付产品或其中一部分增量。之后，目标驱动战略执行框架。

3. 探索与投注

技术团队基于"假想"进行探索规划、设计、快速迭代、试错和创新。根据假想规划的优先级，投注资源（人才、资金、设施等）。

4. 创新

探索技术团队的输出结果，用于加速供应链数字化转型。

5. 评估与改进

根据战略目标，评估技术创新的价值，找到差距，然后制定改进的计划。通过数字技术再学习、再假想—探索和再创新的闭环达到持续改进并加速供应链数字化转型的目的。

11.5　供应链数字化转型的双模战略

传统企业的数字化转型面临着两难，一方面存在的 IT 组织不可能一夜之间变成原生数字化团队，为转型提供创新技术支持，另一方面存在需要维护的业务系统并提升它们以适应数字化需求。高德纳早于 2015 年从数字信息技术的开发的角度定义了双模 IT 的概念和方法论。该模式后来被发展到其他领域，如供应链的数字化转型，称为双模供应链、双模计划等。高德纳定义双模为：双模是管理两种独立但连贯的工作方式的实践———种侧重于可预测性，另一种侧重于探索性。模式1针对更可预测和更容易理解的领域进行了优化。它专注于开发已知的资源，同时将遗留环境改造成适合数字世界的状态。模式2是探索性的，尝试解决新问题，并针对不确定性领域进行优化。这些计划通常以一个假设开始，该假设在涉及短迭代的过程中被测试和调整，可能采用最小可行产品（Minimun Viable Product，MVP）方法。这两种模式都是创造实质性价值和推动重大组织变革的关键，两者都不是一成不变的。将更可预测的产品和技术演变(模式1)与新的和创新的模式(模式2)结合起来是企业双模能力的本质。两者在数字化转型中都起着至关重要的作用。

供应链数字化转型包括 IT 和 OT 的转型，因此双模 IT 将助力于供应链数字化转型。双模 IT 如表 11.13 所示。

表 11.13 双模 IT（来源：高德纳）（翻译：罗戈研究）

模式 1		模式 2
可靠性	目标	敏捷性
价格性能	价值	收入、品牌、客户体验
瀑布式、V 模型、高规格 IID	方法	敏捷、看板系统、低要求 IID
计划驱动	治理	经验、连续
企业供应商，长期交易	采购	新、小供应商，短期交易
擅长常规项目	人才	擅长新项目和不确定性项目
以 IT 为中心，远离客户	文化	以业务为中心，贴近客户
长（月）	周期时间	短（天、周）

采用双模 IT，企业 IT 部门必须建立两个团队。

● 模式 1 团队主要负责维护和提升存在的业务系统。这些系统大多存在于公司能力的差异化系统层和记录系统层，见图 11.11，它们将保证公司当前业务的运营，任何更改要保证可预测性、准确性和稳定性，因此需要更多治理。

● 模式 2 团队主要负责公司的技术创新项目，这些项目主要产生公司的创新系统，见图 11.11，并可能影响到公司其他已有的系统。创新系统是数字化转型的技术创新系统，其目标是增加公司的竞争力和创新商业模式，因此要求快速试错和迭代更新，强调敏捷性和速度，以及较少的治理。

接着高德纳把双模 IT 策略扩展到供应链领域，[5] 简·巴雷特在高德纳的博客发表题为《建立双峰供应链并掌控您的数字未来！》的文章，该文指出数字创新将导致一种新的供应链方法——双模供应链，见图 11.12。它同时管理两种截然不同的并行运行模式，被认为是非常有效的创新方法，它涉及"管理两种独立但连贯的工作方式的实践：一种侧重于可预测性，另一种侧重于探索性"。在第一种模式下，供应链必须继续关注效率和卓越运营——传统的运营看守。在第二种模式下，必须并行进行尝试，失败（快速）、创新和接受新的想法。这需要不同的人员、激励措施和文化。企业必须雇用数据科学家和社会学家，对无人机和其他智能机器进行试验，利用非结构化数据并设计前所未有的端到端连接流程。分析必须成为嵌入式和主流。高德纳的研究主管大卫·威利斯（David Willis）在高德纳 2016 年主题为"双模供应链：应对今天，为明天做准备"的供应链高管会议开幕式上对供应链战略家说：成功地在整个业务范围内协调使用数字技术的供应链领导者应当与只经营传统供应链部门的人彼此分开。

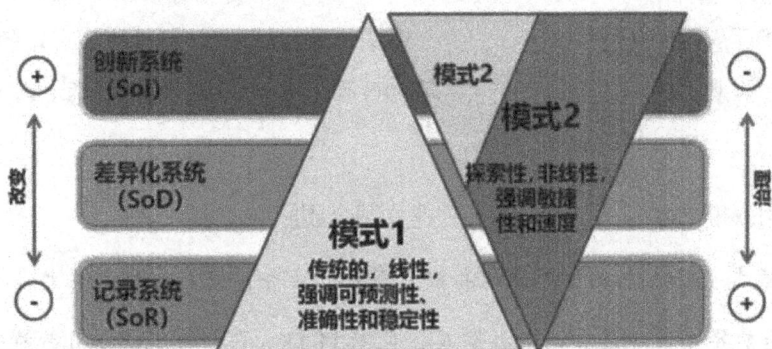

图 11.11　高德纳的 PACE 分层应用双模 IT 策略

供应链组织必须在创新和卓越运营之间保持微妙的平衡，这种平衡取决于双模供应链：传统的和探索性的模式，见图 11.12，这种供应链可以改进和运行既定的盈利方式，同时引入新技术和策略，从而带来竞争优势。

像双模 IT 一样，双模供应链需要两个供应链管理团队，模式 1 团队负责运营存在的传统供应链，模式 2 团队负责供应链的数字化转型。双模采取并行的工作方式及目标各不同。

- 模式 1 主要是寻求降低总成本、最适合可预测需求的情况。该方法沿用了效率、增值和减少浪费的概念。这里的重点是在保持现状的同时保留传统的业务往来。

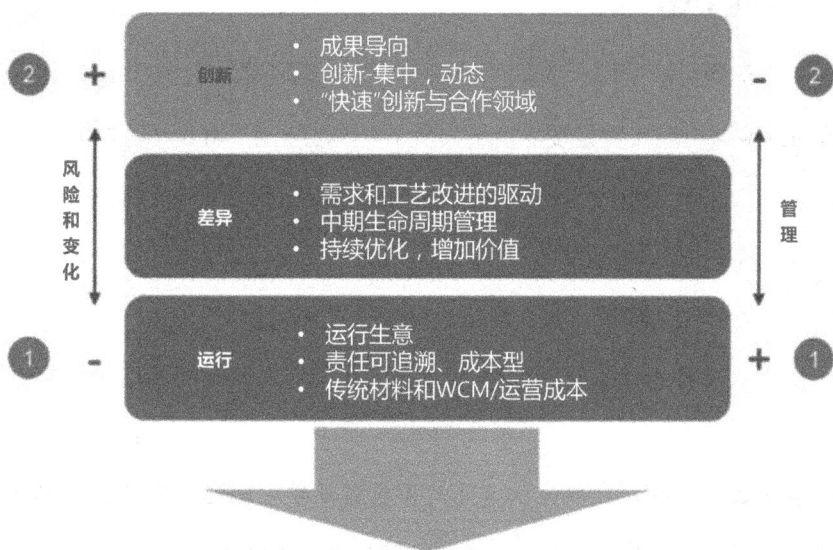

图 11.12　高德纳的双模供应链（来源：高德纳，2015 年 12 月）

● 在创新的驱动下，模式 2 专注于敏捷和灵活的解决方案，这些解决方案采用深入新市场的方式并推出前沿解决方案所需的策略。模式 1 试图保持平衡，而模式 2 则侧重于供应链如何适应新的风险和机遇。

最典型的案例就是本书第 5 章中提到的供应链计划的数字化转型需要较强的双模计划。

● 模式 1 是指公司现在如何计划和计划的最佳实践。

● 模式 2 是关于计划创新和流程的改进。

在数字化转型时代，供应链双模战略是一种新的供应链战略思维，它达到了一种趋同思维（模式 1）和趋异思维（模式 2）的平衡，从而使供应链组织的当前业务和数字化转型创新能齐头并进，互相促进，推动创新，减少风险，达到双赢。而供应链双模战略的成功极大取决于供应链战略思维的转变，以及双模人才的布局和组织及文化的变革。

11.6　本章小结

　　人们的正确行动来源于人们的正确意识。供应链数字化转型也取决于供应链管理者的数字意识的成熟程度。本章首先介绍和分析了 MHI 和德勤联合创立的供应链数字意识指数框架，然后指出了供应链数字化转型的几点制胜指南。这个指南包括以下内容。

- 如何正确选择数字化业务目标：转型还是优化？
- 基于数字意识指数架框的五个步骤，提升供应链数字意识和转型的方法论框架。
- 美国数字化供应链研究院建立的供应链数字化转型的执行框架和执行路线图，它可以集成到本章的方法论框架的规划和实施步骤中。
- 中小企业如何应对供应链数字化转型。
- 供应链数字化转型的技术战略执行框架。
- 供应链数字化转型的双模战略。

【参考文献】

[1] Gartner.Digital Business Ambition: Transform or Optimize，2018.

[2] MHI，Deloitte. 2019 MHI Annual Industry Report，2019.

[3] MHI，Deloitte. 2020 MHI Annual Industry Report，2020.

[4] 美国数字化供应链研究院.数字化供应链，2017.

[5] Gartner. Innovate Vnder Every Condition：The Bimodal Supply Chain，2016.

第四篇

案例篇

第 12 章

京东的智慧数字化供应链

12.1 京东供应链的智慧数字化转型战略

12.1.1 京东及其供应链组织

京东，中国自营式电商企业，旗下设有京东商城、京东金融、拍拍网、京东智能、O2O 及海外事业部等。

京东的物流十年磨一剑，从电商物流发展到供应链物流企业，2017 年成立京东物流集团，见图 12.1，已具备全面核心能力。京东物流集团已成为京东主要的供应链组织。京东从信息化自营物流企业，经过十年的数字化转型，已成为一个开放的智慧数字化供应链服务企业。本章将介绍京东供应链智慧数字化转型的创新战略、架构和最佳实践。

京东物流：中国领先的技术驱动的供应链解决方案及物流供应商

京东物流发展大致可分为三个阶段：

- 1PL，第一方物流阶段（2007年至2010年）：京东为提高消费者的购物体验，开始自建物流体系，为自营商品提供物流服务；
- 2PL，第二方物流阶段（2010年至2016年）：随着第三方卖家在京东电商平台的占比提升，京东物流逐渐开始为其提供服务；
- 2PL+3PL，介于第二方、第三方物流之间的阶段（2017年至今）：京东物流子公司成立并独立运营，对外承接社会化订单，跃升为独立的物流企业；京东物流自身已成为成熟的第三方综合快递物流服务商，并能够组织社会快递物流力量服务于京东商城和客户，其中源自京东集团的关联性收入低于50%，未来将朝着京东物流的第四阶段，即3PL+4PL的方向发展。

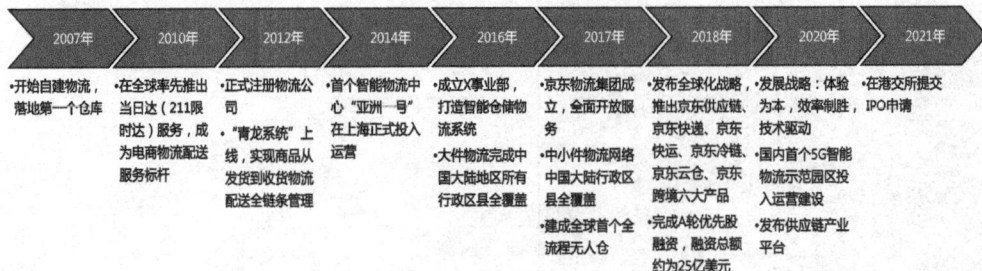

2007年	2010年	2012年	2014年	2016年	2017年	2018年	2020年	2021年
·开始自建物流，落地第一个仓库	·在全球率先推出当日达（211限时达）服务，成为电商物流配送服务标杆	·正式注册物流公司 ·"青龙系统"上线，实现商品从发货到收货物流配送全链条管理	·首个智能物流中心"亚洲一号"在上海正式投入运营 ·大件物流完成中国大陆地区所有行政区县全覆盖 ·建成全球首个全流程无人仓	·成立X事业部，打造智能仓储物流系统 ·中小件物流网络中国大陆行政区县全覆盖	·京东物流集团成立，全面开放服务	·发布全球化战略，推出京东供应链：京东快运、京东冷链、京东云仓、京东跨境六大产品 ·完成A轮优先股融资，融资总额约为25亿美元	·发展战略：体验为本，效率制胜，技术驱动 ·国内首个5G智能物流示范园区投入运营建设 ·发布供应链产业平台	·在港交所提交IPO申请

图 12.1 京东物流集团（JDL）

12.1.2 供应链智慧数字化转型战略

1. 京东的技术转型和人工智能战略

2017 年年初，京东发布未来 12 年战略。总结下来就是六个字："技术！技术！技术！"京东技术转型走入第二年之际，在 2018 年 4 月 15 日下午召开的京东人工智能创新峰会上，京东副总裁、AI 平台与研究部负责人周伯文，揭开了京东 AI 的面纱——京东 AI 全景图。京东 AI 体系涵盖了三大主体、七大应用场景和五个人工智能产业化的布局方向，并以增强科研能力为基础，见图 12.2。AI 在京东的应用主要在零售供应链和金融两大方面。

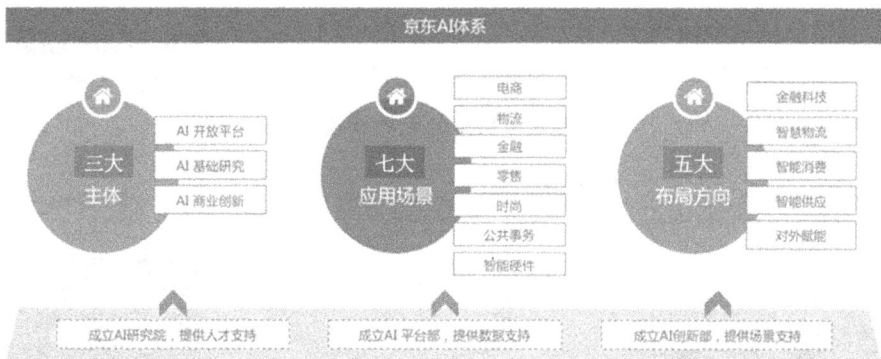

图 12.2　京东 AI 体系 [1]

京东的技术转型和 AI 战略为其制定供应链智慧数字化转型战略奠定了基础并提供了支持。

2. 供应链智慧数字化转型战略

随着世界数字经济的发展，京东近年来在数字经济及数字技术的推动下创建了它的无界零售生态，见图 12.3。

构建无界零售生态是京东的核心商业战略，而京东的技术转型和 AI 战略是京东向科技公司进军的转型战略，然而供应链战略需与之相匹配。因此实现供应链智慧数字化转型和构建智能无界供应链物流成为京东的核心战略。2017 年 JDL 提出了短链（Short Chain）、智能（Smart）、共生（Synergic）的 3S 理论，数字技术驱动供应链变革是其三大核心战略之一，这正与京东的技术转型和 AI 战略相匹配，也是对 3S 理论智能的实践。3S 理论成为 JDL 无界物流三大制胜的核心要素，见图 12.4。

图 12.3　京东的无界零售生态

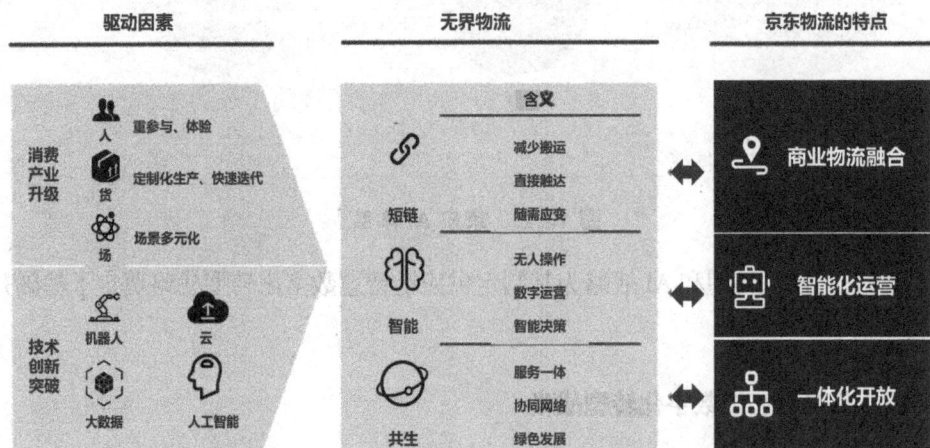

图 12.4　JDL 具备无界物流三大制胜核心要素

2016 年 6 月京东物流集团成立了智能物流 X 事业部，专注于发展智能物流体系，无人车、无人机、无人仓是其核心能力。同年 11 月京东物流集团还成立了京东智慧供应链 Y 事业部，专注于打造智慧供应链，人工智能（如机器学习）、区块链、无人化、智慧供应链解决方案是它的核心能力。

2019 年 5 月京东联合罗戈研究共同发布了《数字化供应链综合研究报告》，在供应链数字化转型的战略认知上更上一层楼。

2019 年 8 月 29 日，在上海盛大举行的世界人工智能大会开幕式上，中华人民共和国科学技术部公布了新一批国家人工智能开放创新平台名单，宣布依托京东建设国家新一代智能供应链人工智能开放创新平台，京东领衔智能供应链国家战略发展。京东——智联云集团成立，旗下的智能供应链国家实验室应运而生。京东智能供应链国家新一代人工智能开放创新平台将从基础资源、能力支撑、应用生态三个层面进行平台架构设计，形成"三三三"总体框架和任务：夯实三大基础资源，创造智能供应链的运行条件；集成三大核心能力，以完全开放的机制支持智能供应链的应用开发；联合生态，以价值共创机制赋能三大应用场景，促进智能供应链的生态繁荣。

12.2　京东智慧供应链物流体系

京东覆盖六大复杂的供应链运营网络，并且订单时效要求高，见图 12.5。2016 年全面对社会开放后，供应链运营网络更为复杂。

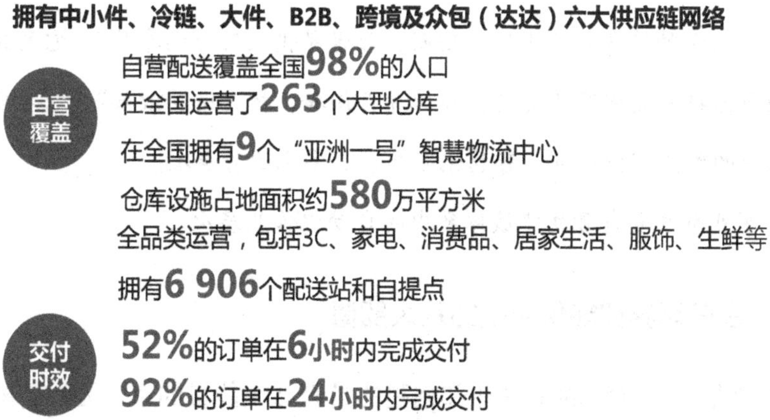

拥有中小件、冷链、大件、B2B、跨境及众包（达达）六大供应链网络

自营覆盖
自营配送覆盖全国**98%**的人口
在全国运营了**263**个大型仓库
在全国拥有**9**个"亚洲一号"智慧物流中心
仓库设施占地面积约**580**万平方米
全品类运营，包括3C、家电、消费品、居家生活、服饰、生鲜等
拥有**6 906**个配送站和自提点

交付时效
52%的订单在**6**小时内完成交付
92%的订单在**24**小时内完成交付

图 12.5　京东复杂的供应链运营网络

对于如此复杂的供应链运营网络，京东提出无界物流和智能供应链的概念。为了高效运营它，建立敏捷的数字化供应链迫在眉睫。京东为此创建了智慧供应链物流体系，见图12.6。

该体系包括智能分析决策、智慧化布局、数字化运营和自动化作业四大层次。

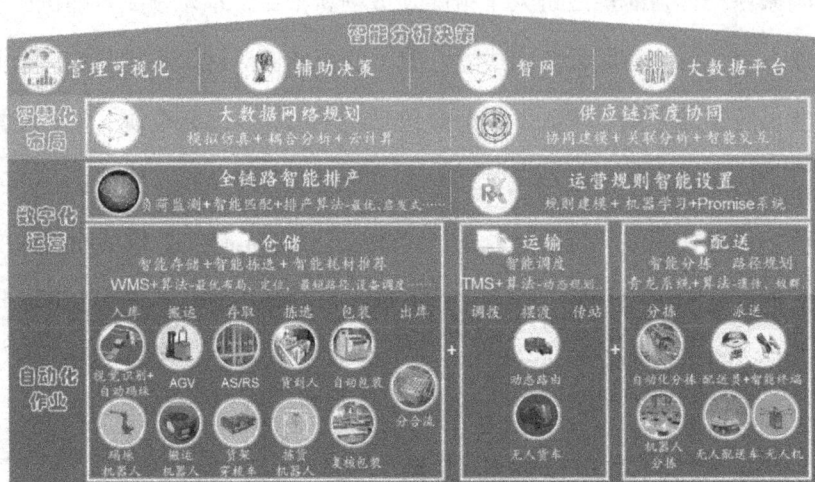

图12.6   京东智慧供应链物流体系

JDL的Y事业部和X事业部负责研发、设计和构建了京东智慧供应链物流体系。

- Y事业部的使命是"用技术创新，让世界供应链迈向卓越"。它的工作目标是"应用前沿技术优化商业决策，降低库存周转，提升运营效率"。它主要负责构建该体系中的智能分析决策、智慧化布局、数字化运营层次。

- X事业部主要负责构建该体系中的自动化作业层次。

12.2.1   京东无界智能供应链的八大能量

图12.7描绘了JDL的Y事业部创建的具有八大能量的京东无界智能供应链的顶层架构。

图12.7中的顶层架构的最上层是京东无界智能供应链的八大应用。具有八大

能量的京东无界智能供应链的顶层架构的下方是这八大应用的数字技术的基础设施。它的核心是一个连接四个平台的供应链控制塔。这四个平台包括：预测平台、舆情平台、优化平台和仿真平台。其八大能量实际上是八大数字技术支撑的智能业务系统：计划管理、选品管理、供应链趋势、供应链协同、价格管理、库存优化、订单履约和区块链防伪追溯。

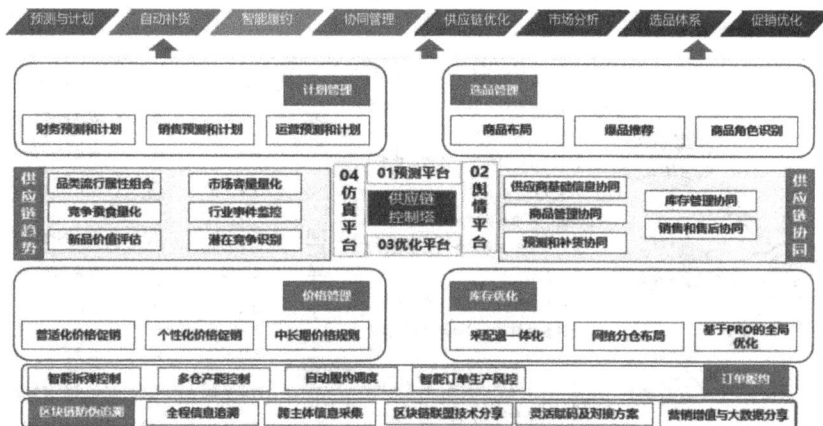

图 12.7　具有八大能量的京东无界智能供应链的顶层架构

12.2.2　京东智能物流体系

图12.8描述了JDL的X事业部的智能物流体系，其核心能力是无人车、无人机、无人仓和各种自动化作业解决方案。

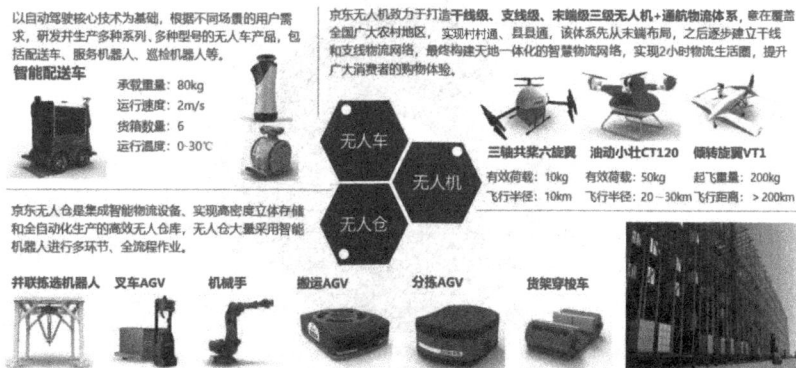

图 12.8　JDL 的 X 事业部的智能物流体系

12.3　京东的智能价值供应链

2020年4月京东副总裁及京东物流首席战略官傅兵在其演讲《洞见供应链趋势，创赢共赴未来》中把京东物流定义为智能价值供应链，并指出"京东物流——价值供应链，提炼数十年行业运营经验，运用大数据与智能算法，牵手合作伙伴，将需求和计划相结合，为企业提供端到端智能供应链的咨询和产品服务。"见图12.9。

图 12.9　京东的智能价值供应链

为了应对消费品、3C、服饰、家电、汽配、家居等不同行业面临的多元业务挑战，以及供应链体系面临的不确定性的挑战，京东推出了图12.10所示的数字化价值供应链管理平台——京慧。

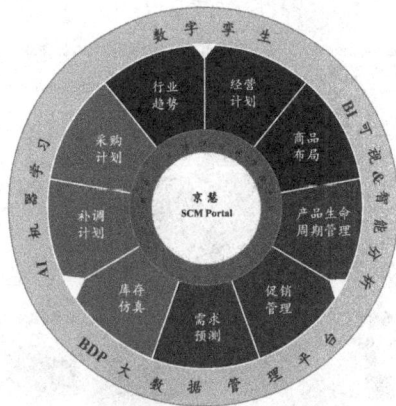

图 12.10　数字化价值供应链管理平台——京慧

人工智能和商业智能的融合、新兴的数字孪生技术的采用是京慧平台的亮点，它的核心技术包括以下几种。

- BDP 大数据管理平台。

- AI+BI。

- 数字孪生和库存仿真技术。

京慧为企业提供全方位的供应链解决方案。图 12.11 展示了京慧数字化供应链平台整体架构。该架构由以下四个层次构成。

- 企业级用户体验层：其具有灵活配置、简单流畅和多场景适应三大特征。

- 产品应用层：其包括供应链规划设计、供应链计划管理和物流控制塔三大板块。

- 智能决策引擎层：它包括人工智能、最优解推演、调度算法、预测模型、What-if 分析和端到端仿真模拟六大模块。

- 供应链数据中台层：它具有数据治理、数据集成、实时计算、数据开发、数据安全和数据资产六大数据处理能力。

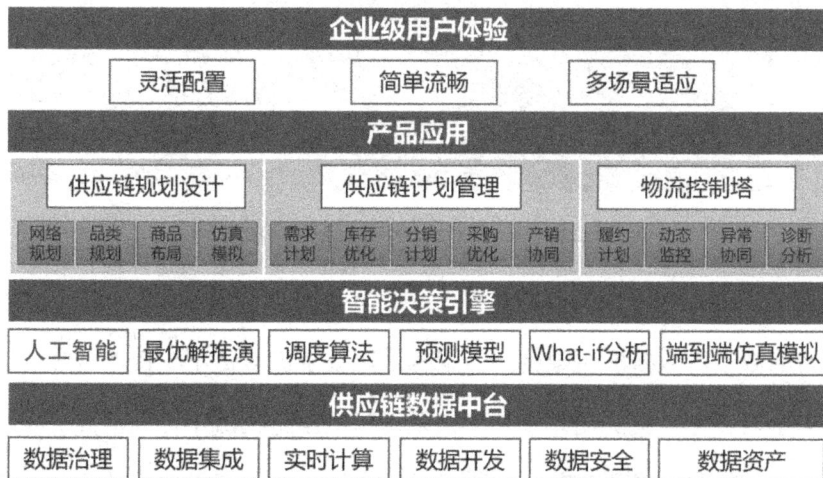

图 12.11 京慧数字化供应链平台整体架构

从业务梳理，到可视化数据建模优化，实现数据反哺业务，价值良性循环是京慧平台的核心竞争力之一，见图12.12。

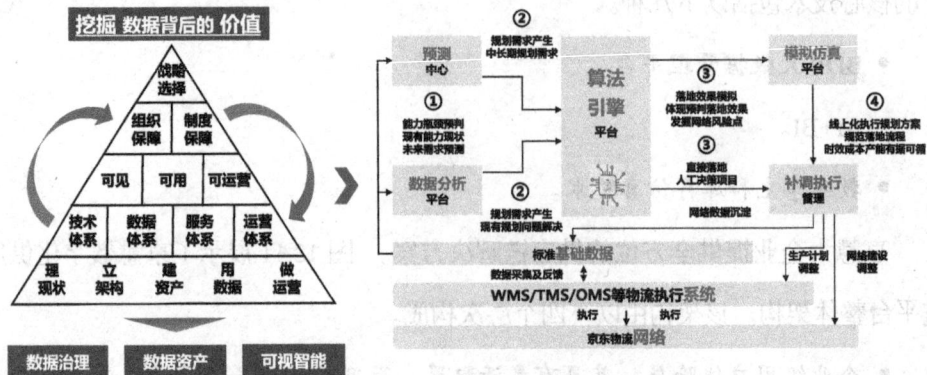

图 12.12　京慧平台的高级分析能力架构

京慧平台的高级分析能力采用在其供应链控制塔（见图12.13）中的数据分析平台和算法引擎平台，用可视化工具等挖掘出海量数据的价值，从而产生基于实时数据的供应链物流的决策和行动。

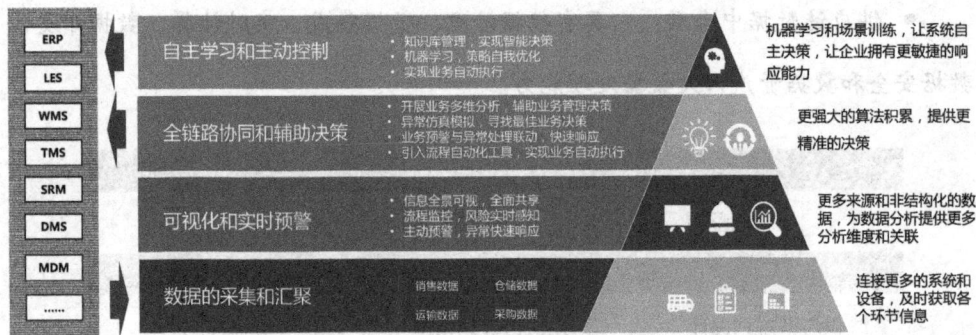

图 12.13　京慧平台的供应链控制塔架构

京东是国内少数几家首先采用数字供应链孪生技术的企业。图12.14展示了京慧平台的数字供应链孪生架构。该架构采用数字供应链孪生技术构建了一个自感知、自学习、自决策的闭环系统。该系统将供应链物流（物理世界）映射到一个数字世界（数字供应链孪生），通过数字世界中的分析洞见，产生行动决策，然后反过来通过物理世界中的传感器和促动器将决策化为物理世界的链接聚合，从而优化物理世界的供应链物流、纠其错或规避其风险。

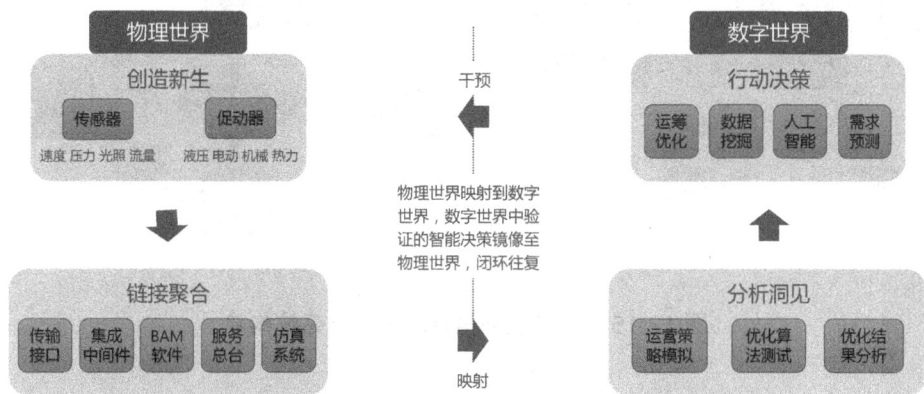

图 12.14 京慧平台的数字供应链孪生架构

12.4 供应链服务升级和生态构建

京东物流集团（JDL）借助新兴的数字物流技术通过整合共享、技术赋能和平台开放不断提升供应链物流的服务水平。与此同时，JDL 以整合共享为基础，以系统和数据产品服务为核心，输出物流技术、标准和品牌，赋能商家和合作伙伴，建设物流和商流相融合的云物流基础设施的数字平台，以此为基础，构建由数字平台、商家网络以及合作伙伴网络组成的京东物流生态系统。该生态系统的核心是基于数字技术的精细化的物流运营能力，见图 12.15，它包括以下方面。

- 在产品市场方面以标准服务为基础，满足商家差异化需求。

- 以 B2B 和 B2C 业务为基础的客户需求的洞察和匹配。

- 为合作伙伴提供品牌服务，采用智能协同（包括信息共享和资源共享）以整合合作伙伴能力，并且以区域化中小物流企业为主体，为其提供仓运配一体化赋能。

- 借助于对需求的快速响应和采用智能协同及调度，以达到成本风控。

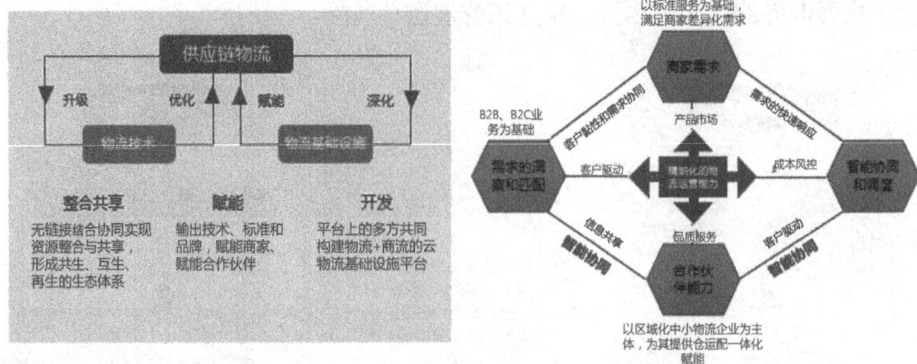

图 12.15　供应链服务升级和生态系统构建

12.5　供应链数字化变革带来的硕果

京东实行的供应链数字化转型战略和投资给其带来了高效的业务绩效、强市场竞争力、高顾客满意度、丰厚的回报和其他硕果。此处仅介绍它的部分数字化成就。

12.5.1　供应链数字产品带来的用户吸引度和市场竞争力优势

通过京东与友商在供应链数字产品方面的对标（见图 12.16），京东的供应链数字化变革带来了在用户吸引度，特别是市场竞争力的优势。尤其在库存健康、时效产品、仓配网络等方面，京东具有明显优势。

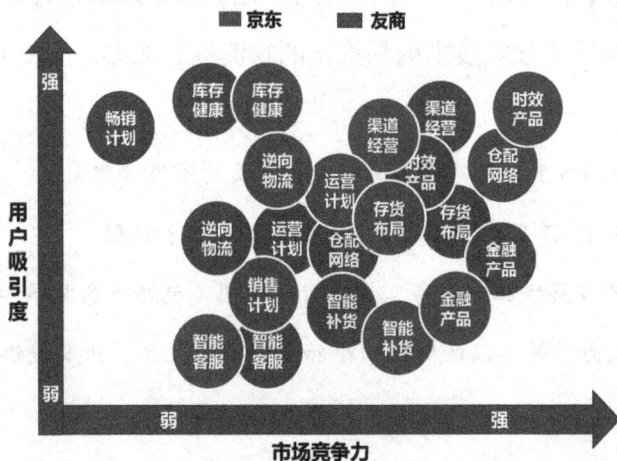

图 12.16　京东与友商在供应链数字产品方面的对标

12.5.2 最佳客户体验

在大数据、物联网、人工智能、高级分析和机器人流程自动化等数字智能技术推动下，京东的供应链物流在响应敏捷、服务多样化、服务质量上都有大幅度提升，许多方面在行业中处于领先地位。图 12.17 所示为京东数字智能带来的最佳客户体验。

- 完美订单率高于行业：90% 以上在 24 小时内完成订单，平均配送时长低于行业平均 65%。

- 用户口碑远超行业：有效申诉率为 0.29，远低于行业平均有效申诉率 1.03。

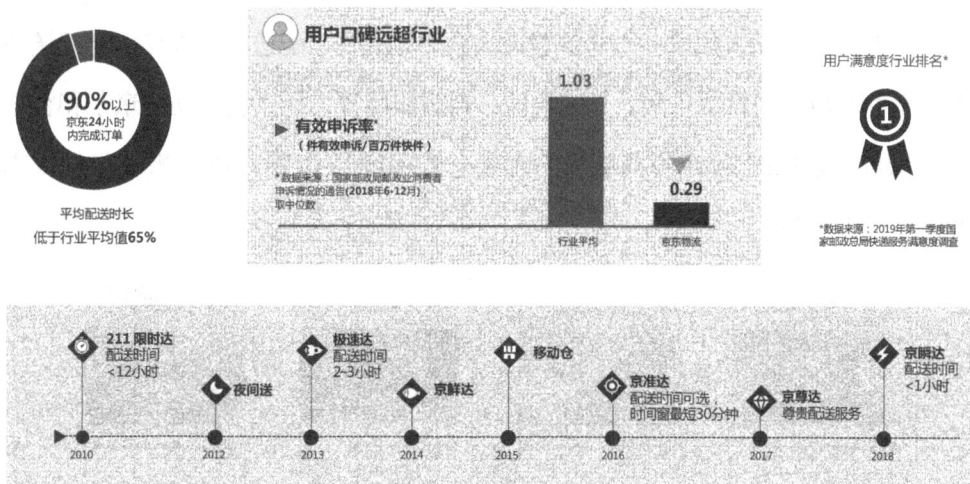

图 12.17　最佳客户体验

12.5.3 智能履约平台助力优化供应链

京东的云端的智能履约平台已被国内外 200 多个合作伙伴采用，该 SaaS 平台采用人工智能和大数据技术助力优化合作伙伴供应链的绩效指标。图 12.18 中展示了某知名文具电商所获供应链优化率，其中库存准确率的优化率高达226%。

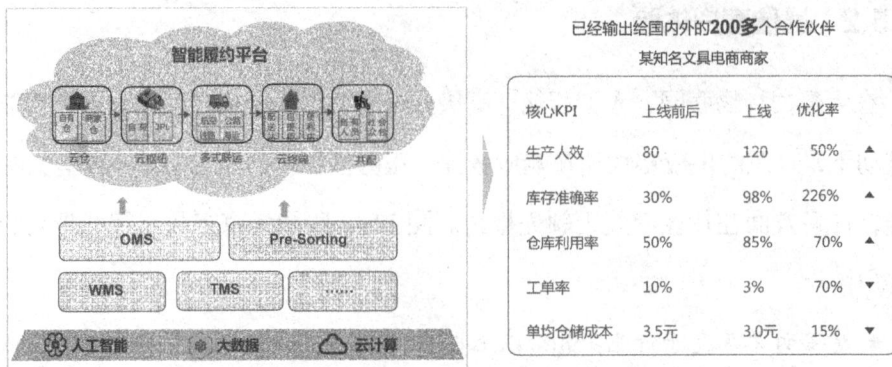

核心KPI	上线前后	上线	优化率	
生产人效	80	120	50%	▲
库存准确率	30%	98%	226%	▲
仓库利用率	50%	85%	70%	▲
工单率	10%	3%	70%	▼
单均仓储成本	3.5元	3.0元	15%	▼

图 12.18　智能履约平台助力优化供应链

12.5.4　全面开放智能无人技术助力仓配运降本增效

京东的智能无人技术——全流程无人仓、无人机、配送机器人和智能配送站等已全面开放，如日本乐天、新宁物流、君威集团等。无人技术助力京东和客户降本增效，京东的 50 个不同层级的无人仓效率提升 10 倍，10 年累计降低成本 30%，见图 12.19。

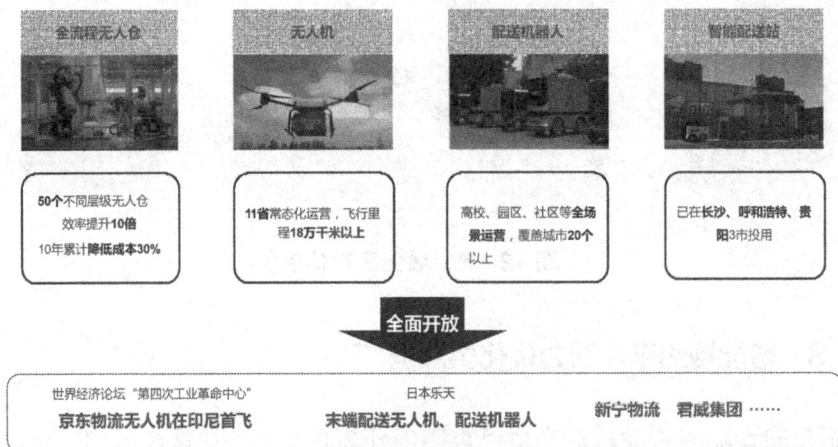

图 12.19　无人技术降本增效

12.5.5　数字化供应链智能平台助力商家全环节降本增效

京东的数字化供应链智能平台采用了当今先进的数字技术，如供应链控制塔、人工智能、高级分析、算法供应链，因此它能够助力京东和其合作伙伴、客户在供应链的全环节降本增效，见图 12.20。

全盘接管某快消品牌客户的一体化供应链业务，每年为其节省物流费用约 **3 500万元**

物流成本降低 **3 500万元**　　库存占用降低 **5亿元**　　周转天数减少 **40天**

图 12.20　智能平台助力商家全环节降本增效

12.5.6　供应链服务化开创新商业模式

供应链的服务化是数字化供应链的一类商业模式的创新，近年来，随着京东向社会开放、能力输出，其在供应链的服务化上已硕果累累，见图 12.21。京东依托它的数字化供应链平台，如京慧平台，构建了它的数字化供应链物流生态。京东生态承共生共赢的宗旨，不断以新兴技术提升自身的供应链服务能力，而且持续向它的生态伙伴赋能。图 12.21 总结了部分京东数字化供应链服务的成果案例。

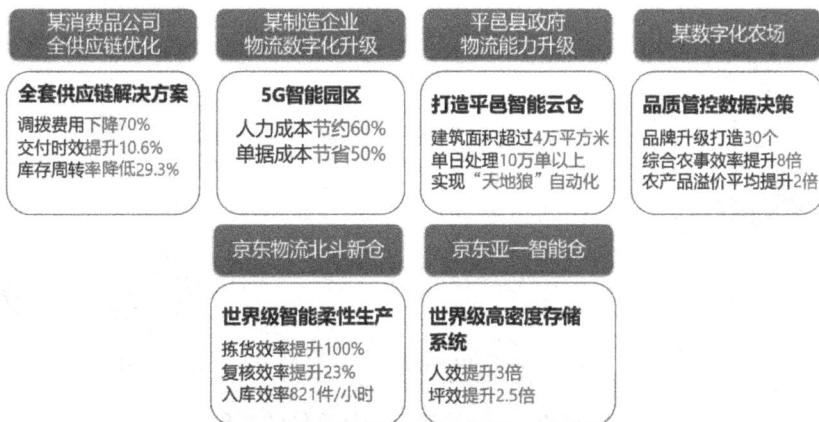

图 12.21　京东数字化供应链服务成果案例

总之，京东坚持的供应链数字化转型和转型后的持续改进及创新，以及数字化重塑京东（包括人工智能引领、构建商业和技术生态系统、开放智能技术等）已经给京东带来丰硕的成果和商业价值。数字化转型和重塑使京东成了行业中的数字化领军企业和世界 500 强企业，并名列 2019 福布斯全球数字经济 100 强榜第 44 位。

12.6　持续践行绿色可持续发展

京东供应链的管理者深刻地认识到，数字化供应链不仅仅是使能供应链敏捷、富有弹性、高绩效、低成本，而且必须是可持续发展的，必须肩负绿色环保的社会责任。因此京东供应链组织长期持续践行绿色可持续发展，见图 12.22。京东从三方面实行绿色持续发展的战略。

- 基于高度可持续发展认知，制定地球、人、利润三足鼎立的青流计划。
- 持续投入资产支持可持续发展，如成立京东物流绿色基金，先期投入 10 亿元。
- 创新可持续发展的数字智能技术和绿色环保技术，如数字化逆向物流、新能源车、减量包装等。

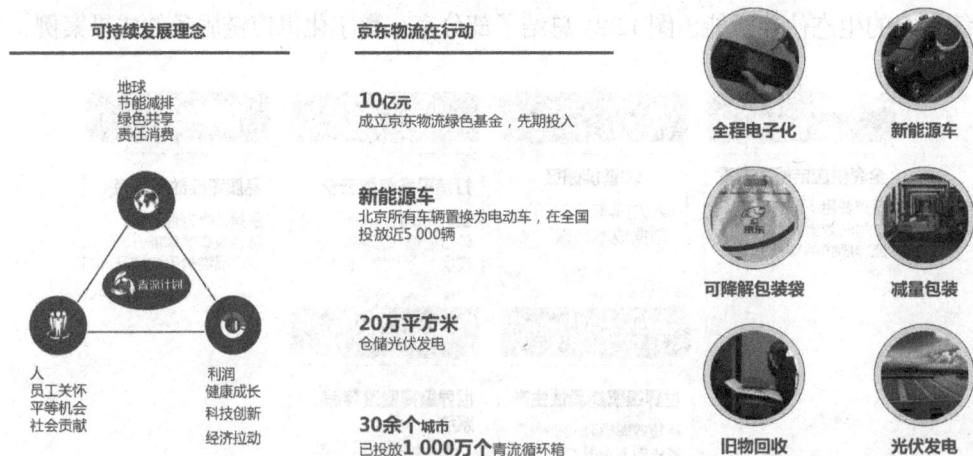

图 12.22　持续践行绿色可持续发展

12.7　本章小结

读者从京东供应链数字化转型的案例中能学习到什么？值得学习的京东供应链数字化变革的成功经验主要有以下几点。

- 制定与公司数字化转型战略相匹配的供应链数字化转型战略，用战略作为变革的主要推动力。

- "一把手"领导供应链数字化变革和重塑。

- 建立以数字化人才为主体的数字化能力发展组织（如京东数科、智联云、JDL 的 X 和 Y 事业部）是数字化变革成功的基本保证。

- 采用新兴数字技术推动变革。

- 重视建设以人工智能为核心的供应链软硬实力的新基建。

- 建立以客户为中心的智能数字平台生态模式，满足客户的新型数字时代需求。

- 从自营闭环模式走向开放的生态模式，包括：开放的无界零售及数字化供应链管理；开放的人工智能平台及智能自动化技术；京东开放的生态模式使其从供应链数字化转型走到数字化重塑的高级阶段，从而以生态的力量获取更大的竞争优势。由于京东强势的数字技术能力，特别是开放的人工智能战略使它成为其日益壮大的网络生态的核心，因此京东具有生态的竞争优势。

- 持续践行绿色可持续发展是供应链数字化变革成功的标志之一。

【参考文献】

[1]　中国科学院.2019全球人工智能发展白皮书[R].2019.

第 **13** 章

菜鸟的数智化供应链

13.1 阿里巴巴及其供应链组织——菜鸟网络

阿里巴巴网络技术有限公司（以下简称"阿里巴巴"）是以曾担任英语教师的马云为首的 18 人于 1999 年在浙江省杭州市创立的公司。阿里巴巴经营多项业务，另外也从关联公司的业务和服务中取得经营商业生态系统上的支援。业务和关联公司的业务包括淘宝网、天猫、聚划算、全球速卖通、阿里巴巴国际交易市场、1688、阿里妈妈、阿里云、蚂蚁金服、菜鸟网络等。

阿里巴巴的使命是让天下没有难做的生意。它旨在助力企业，帮助其变革营销、销售和经营的方式，提升其效率。它为商家、品牌及其他企业提供技术基础设施以及营销平台，帮助其借助新技术的力量与用户和客户进行互动，并更高效地进行经营。

它的业务包括核心商业、云计算、数字媒体、娱乐以及创新业务。除此之外，它的非并表关联方蚂蚁集团为其平台上的消费者和商家提供支付服务和金融服务。围绕着它的平台与业务，一个涵盖了消费者、商家、品牌、零售商、第三方服务提供商、战略合作伙伴及其他企业的数字经济体已经建立。

截至 2020 年 3 月 31 日的 12 个月，阿里巴巴数字经济体产生了人民币 70 530 亿元（10 000 亿美元）的成交总额（Gross Merchandise Volume，GMV），主要包括通过它的中国零售市场交易的人民币 65 890 亿元（9 450 亿美元）的 GMV，以及通过它的国际零售市场和本地生活服务交易的 GMV。因此它是我国数字经济的支柱型企业之一。

网购的快速发展带来了快递量的暴增，但快递业服务质量亟待提升。网购市场的快速发展给快递业带来了巨量的需求增长，2008—2017 年的 10 年，异地件快递量复合增速为 39.5%。快递量的快速增长下，快递企业对服务质量的保证存在压力，特别是投递质量。京东通过自建物流提升配送体验，阿里巴巴通过打造平台化的菜鸟网络应对竞争。区别于 C2C 的集市形态，B2C 模式下，C 端对购物体验提出了更高要求，其中物流体验是重要部分。为了提升平台快递服务质量，阿里巴巴于 2013 年联合零售、地产、物流等企业，打造菜鸟网络成为一个科技型的供应链数字平台公司。菜鸟网络（以下简称"菜鸟"）成为阿里巴巴旗下的供应链物流组织。

历经 7 年数字化变革和重塑，从三网（天网、地网、人网）到今天的一横两纵数智化重塑，菜鸟已构建了一个超级供应链网络和数智化的供应链平台，为实现"全国 24 小时，全球 72 小时必达"搭建物流网络。2019 年和 2020 年连续两年阿里巴巴的供应链被知名机构高德纳评为全球前二十五名的供应链组织。

2021 年 6 月 9 日至 10 日，以"数智物流：新发展、新机遇"为主题的 2021 年全球智慧物流峰会在浙江省杭州市举行。对于菜鸟到底是一家什么样的企业，菜鸟 CEO 万霖在会上给出了定义：客户价值驱动的全球化产业互联网公司。万霖强调，菜鸟能够在 8 年时间内取得如今的成绩，离不开四大坚持：坚持数智创新；坚持开拓增量；坚持普惠服务；坚持开放共赢。万霖还对如何进一步在业务层面落脚进行了说明。

13.2　阿里巴巴生态链布局战略

招商证券 2018 年发布的《变革已至，拥抱未来——新零售研究框架》报告[1] 指出："阿里巴巴中心化策略：希望自己成为生态圈的核心，通过做大平台来支撑无数个小前端、通过多元的生态体系赋予企业能量。在这个前端布局上，阿里巴巴已经覆盖了电商、金融、企业服务、流量分发、O2O、娱乐等各个互联网场景。"图 13.1 描绘了阿里巴巴中心化策略生态链布局战略。

和阿里云一样，菜鸟是阿里巴巴大商业生态圈中支柱性的成员，见图 13.1。后面读者将看到，菜鸟也遵循阿里巴巴的中心化生态战略。

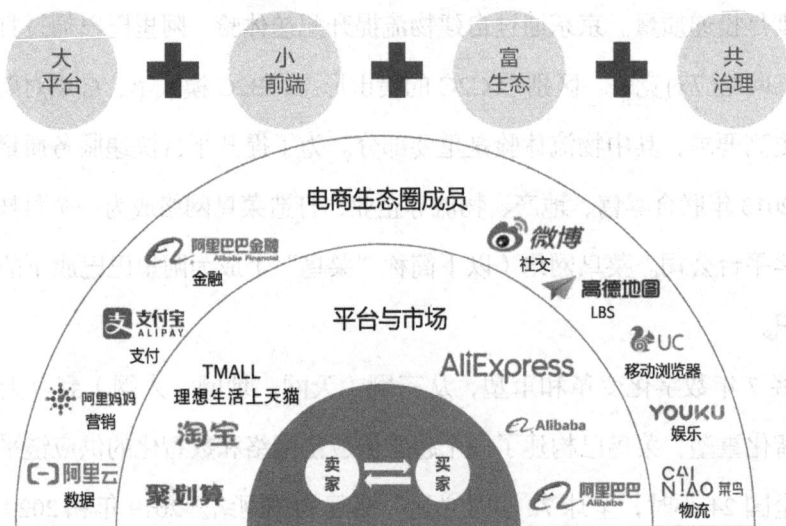

图 13.1　阿里巴巴生态链布局战略

13.3　菜鸟的供应链网络和数智化战略

本节介绍阿里菜鸟的供应链网络和数智化战略，主要材料参考兴业证券交通运输与物流研究的研究报告[2]，以及其他菜鸟的研究报告。菜鸟定位为科技公司，专注于为物流公司赋能。菜鸟是一家互联网科技公司，专注于搭建四通八达的物流网络，打通物流骨干网和"毛细血管"，提供智慧供应链服务，目标是与物流合作伙伴一起，加快实现"全国 24 小时，全球 72 小时必达"的物流网络。为此，菜鸟近年推进"一横两纵"战略，包括建设整个物流行业的数字化基础设施，搭建面向未来的、基于新零售的智慧物流供应链解决方案，以及打造一张全球化的物流网络。

13.3.1　初期战略：天网、地网、人网

菜鸟成立初期的战略是构建三张网络：天网、地网和人网，希望通过三张网络加强物流行业效率和质量。

菜鸟天网主要指通过数据信息构建网络。菜鸟天网负责构建联通商家、电商平台、物流公司和消费者的物流大数据分享平台，利用数据赋能物流行业，提升行业效率，主要产品包括物流预警雷达、大数据路由分单、菜鸟鹰眼、大数据反炒信系统电子面单、菜鸟物流云等。菜鸟天网主要产品及描述如表13.1所示。

表13.1 菜鸟天网主要产品及描述

菜鸟天网主要产品	描述
物流预警雷达（2013年）	通过大数据对包裹量进行提前预测，在"双十一"这类旺季单量剧增时可起到核心协调枢纽的作用
电子面单（2014年）	高效环保的信息化面单，有了它，一个包裹能在上亿个包裹中被识别、处理和配送
大数据反炒信系统（2015年）	该系统可对消费者下单、卖家发货、物流运转详情、买家签收过程当中的数据进行全程监控，并且根据炒信订单特征，自动识别炒信运单号以及对应商家的商品订单
大数据路由分单（2015年）	运用了大数据分析，结合高德地图的空间定位技术，可用数据实现包裹跟网点的精准匹配，准确率达98%以上，随着大数据沉淀，准确率可接近100%
菜鸟鹰眼（2015年）	利用大数据对超时件高发区域进行锁定、查找原因，为快递企业提供相应的建议和解决方案
菜鸟物流云（2015年，国内首个）	监控，赋能人、车、货、场，提升物流行业的整体效率，让每一个包裹快速安全抵达。韵达速递率先将所有业务系统搬上云

菜鸟地网主要指通过综合各类物流基础设施构建的网络。菜鸟地网负责联通全国仓储网络、配送网络和末端驿站等节点，打造菜鸟网络的物流基础设施，有效调配社会物流资源。地网包括园区、跨境物流、云仓+骨干网、最后一公里配送网、快递网、新农村物流网。

菜鸟人网主要指构建快递员和消费者两张服务网络。菜鸟人网在帮助各大快递公司提高快递员的工作效率的同时，还包括大量针对消费者的线下实体服务体系的建设，如进到小区的服务站、自提点等体系，即物流服务+便民服务+O2O服务（目前已覆盖26省、101市、494县、1.8万实体站点、20万日均单量）。

13.3.2　中期战略：全链条网络

菜鸟中期战略细化至物流链条，其中快递、仓配和末端延续至天网、地网和人网。为了更好地为行业赋能，2016 年前后菜鸟调整了发展战略，将战略细化至物流全链条，包括快递、仓配、末端、国际和农村 5 个方面，其中快递、仓配、末端网络主要延续自天网、地网、人网。快递领域，菜鸟与快递公司合作打造配送网络，自身主要利用数据赋能。仓配领域，菜鸟联合合作伙伴，构建全国范围的仓配网络，提升物流效率。末端领域，基于菜鸟驿站等终端，菜鸟构建直接面对消费者的服务网络。

国际网络建设迎合跨境电商趋势，目标为"全球 72 小时必达"。随着跨境电商市场的壮大，阿里巴巴积极进行国际化，2015 年是阿里巴巴的国际化元年。菜鸟也与境外物流企业积极合作，大力发展跨境物流业务。目前菜鸟网络的跨境物流合作伙伴数量已经有 89 家，覆盖全球 224 个国家 / 地区，跨境仓库有 231 个，搭建起一张真正具有全球配送能力的跨境物流骨干网。

13.3.3　新战略："一横两纵"数智化转型

2018 年 5 月，2018 全球智慧物流峰会上，马云表示将再投资 1 000 亿元建设国家智能物流骨干网，同时菜鸟发布第二个 5 年发展战略——"一横两纵"，聚焦数智化转型趋势，见图 13.2。2019 年在"一横两纵"战略下提出数字化加速计划，数智化趋势逐步落地。2019 年 5 月，2019 全球智慧物流峰会上，菜鸟宣布启动智能物流骨干网数字化加速计划，未来 3 年通过数字化和模式创新、服务创新、IoT 技术创新，为行业创造 500 亿元新价值。同时，菜鸟发布物流 IoT 开放平台，目标为打造"每家公司用得起的普惠物联网"，并发布丹鸟物流品牌，致力于数智化打造本地生活物流体验。

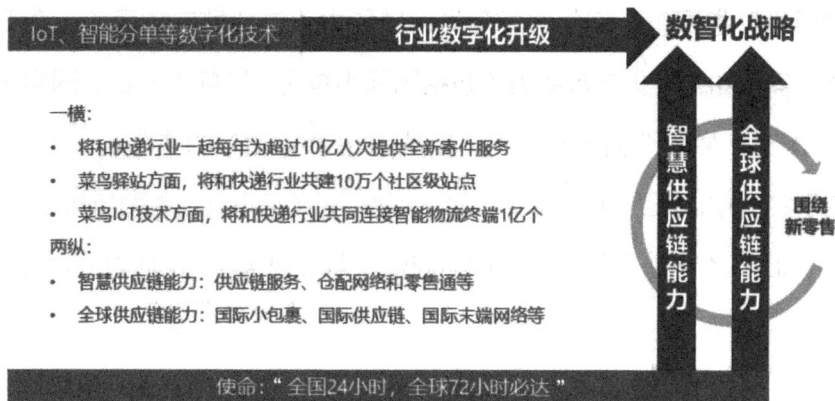

图 13.2　"一横两纵"数智化转型战略 [3]

"一横"指行业数字化升级，主要利用 IoT、智能分单等数字化技术，推动行业数智化转型，持续为各个节点赋能，提升行业效率。从菜鸟 2019 年提出的 3 年数字化目标来看，一横主要针对快递行业：其一，将和快递行业一起每年为超过 10 亿人次提供全新寄件服务；其二，菜鸟驿站方面，将和快递行业共建 10 万个社区级站点；其三，菜鸟 IoT 技术方面，将和快递行业共同连接智能物流终端 1 亿个。在 2019 全球智慧物流峰会上，菜鸟网络 CTO 谷雪梅宣布，将和行业共建物流 IoT 开放平台（见图 13.3），该平台基于数字孪生、AI 和 IoT 技术打造，可以接入任意设备，实现仓储、运输、配送和驿站代收等物流全链路数智化升级。

图 13.3　基于物流 IoT 开放平台的菜鸟数字孪生仓库

"两纵"指围绕新零售的智慧供应链能力（包括供应链服务、仓配网络和零售通等）和全球供应链能力（包括国际小包裹、国际供应链、国际末端网络等），即对应菜鸟"全国 24 小时，全球 72 小时必达"的使命。

为了实现阿里巴巴全球买全球卖的商业战略，菜鸟不仅打造我国国内智能物流骨干网，而且正在打造未来全球五大物流枢纽，以加速实现"全球 72 小时必达"的愿景。

13.4　阿里巴巴的数智化供应链架构

13.4.1　阿里巴巴新零售生态

2016 年 10 月马云在云栖大会提出了新零售的概念。 2017 年 3 月阿里研究院定义新零售为"以消费者体验为中心的数据驱动的泛零售形态"。

马云 2016 年 10 月在云栖大会说："电子商务"已是传统的概念，纯电商时代很快会结束，未来的说法将是"新零售"。新零售是线上、线下和现代物流结合，创造出来的新零售业。

图 13.4 描绘了阿里巴巴新零售生态，它由三大体系构成。

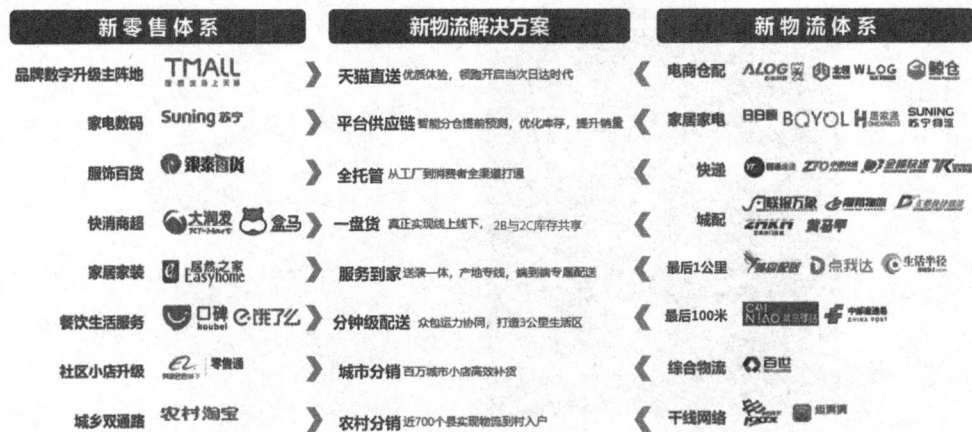

图 13.4　阿里巴巴新零售生态

- 新零售体系：从品牌数字升级主阵地"天猫"到城乡双通路"农村淘宝"。

- 新物流解决方案：各种配送解决方案和平台供应链。

- 新物流体系：综合物流体系和运输网络。

而菜鸟在阿里巴巴新零售生态中扮演了新物流解决方案和新物流体系的赋能者。

13.4.2 阿里巴巴的数智化供应链架构

为了支撑复杂的阿里巴巴新零售生态，菜鸟采用人工智能、大数据、物联网等新兴数智技术构建了数智化供应链架构，见图13.5。该架构由以下三个层次构成。

- 顶层是前台，包括人、货、场的各种业务应用。

- 中层是数据中台，包括数据引擎和数据仓库。数据引擎包括各种分析引擎、智能算法可视化工具。数据仓库包括数仓模型、数据管理和开发管理。

- 底层是后台，它是整个架构的基础设施，它包括数据采集、数据储存和数据处理。

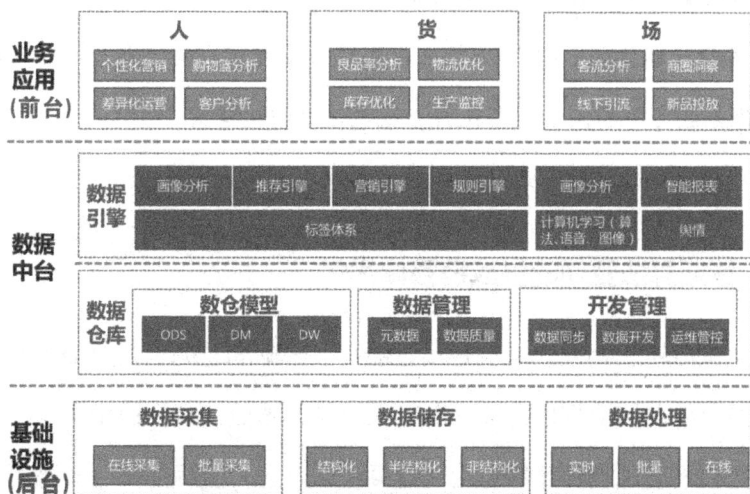

图 13.5　菜鸟的数智化供应链架构

13.4.3 菜鸟基于供应链中台构筑的平台服务能力

菜鸟的供应链中台赋能生态系统中的业务平台和应用。图 13.6 描绘了菜鸟基于供应链中台构筑的平台服务能力。

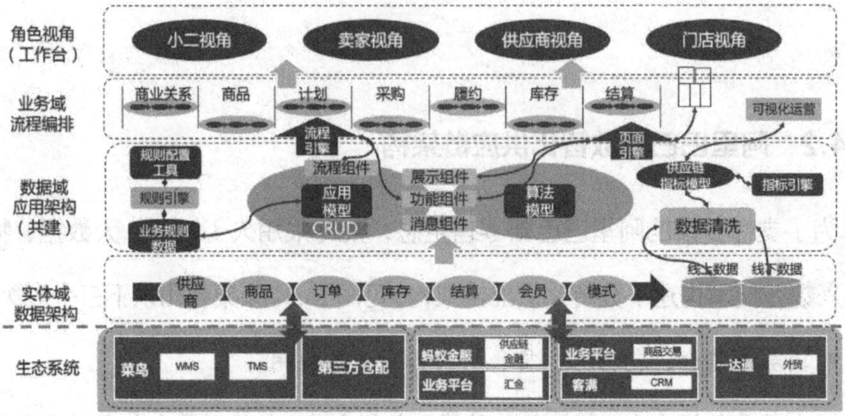

图 13.6 菜鸟基于供应链中台构筑的平台服务能力

这些能力包括自下而上的四个层次。

- 实体域数据架构，包括线上和线下数据的管理。

- 数据域应用架构，包括各种应用模型和算法模型，供应链指标模型及指标引擎，规则配置工具、业务规则数据和规则引擎。

- 业务域流程编排，包括从商业关系到结算所有流程的自动编排，编排通过数据域和业务域之间的流程引擎执行，还包括可视化运营。

- 角色视角，包括具有运营可视化的各种视角的工作台。

13.4.4 智能算法驱动的供应链整体优化

数智化供应链的特征之一就是用智能算法来驱动它的运营及流程。采用智能算法能从供应链数据中挖掘价值，洞察供应链的绩效，从而做出正确决策，以获得整体优化和规避风险。菜鸟利用智能算法从全运营流程的每一步进行分析，从而获得供应链的整体优化，见图 13.7，包括货品管理优化、分仓预测优化、履行决策优化、干线运输优化、末端配送优化等。

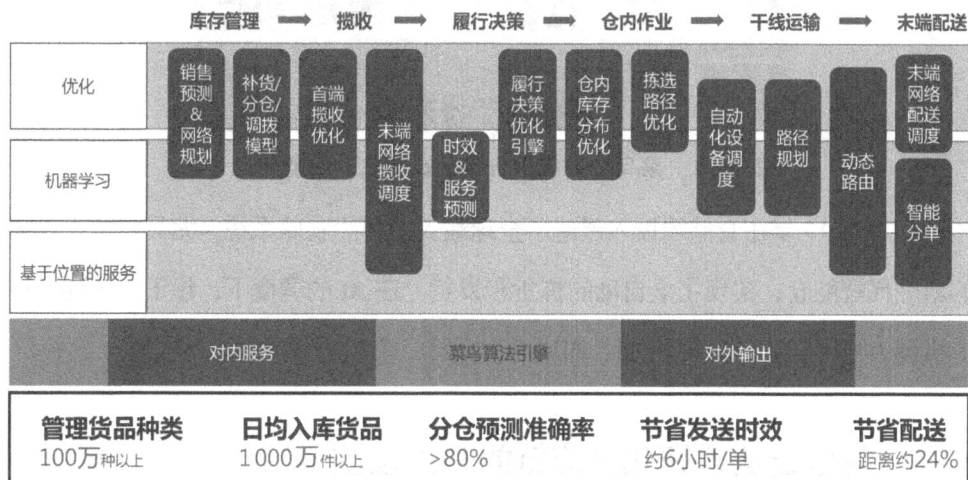

图 13.7　智能算法驱动的供应链整体优化

智能决策是智慧物流的关键。在物流的各个环节中有大量决策问题，网络规划、路径规划、基于数据的智能算法的决策引擎能帮助找到正确的履约决策，从而达到物流的全局优化，降本增效，见图 13.8。

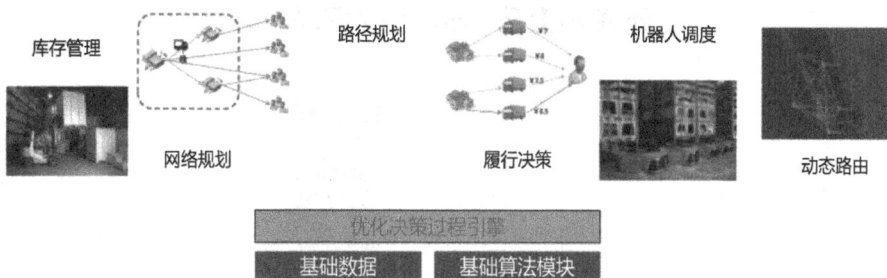

图 13.8　智能决策是智慧物流的关键

13.4.5　菜鸟数智化供应链的自动化运作

随着数智技术和智能硬件的发展，菜鸟使其供应链的运作插上了自动化、智能化的翅膀，使菜鸟物流步入智能时代，见图 13.9。

图 13.9　菜鸟数智化供应链的自动化、智能化运作

菜鸟 2019 年在仓储端投入建造了全球最大的智能仓储系统。尤其是位于无锡的新一代智能仓，实现了全自动的拣货和发货。在 AI 的调度下，超千台不同类型的机器人协同作业，发货能力比 2018 年"双十一"提升了 60%。

13.5　阿里云是数智化供应链的基础设施

本章指出："云计算现在被认为是一个真正的供应链游戏改变者，它提供了一种途径，通过这种途径，供应链管理人员可以快速有效地访问创新的供应链解决方案——通过 SaaS 模型交付并大规模部署它们。" 采用云计算（"上云"）是企业数字化转型的大趋势（见图 13.10），特别是实现供应链的数智化转型的重要举措和技术战略之一。

上云或不上云：不再是个问题

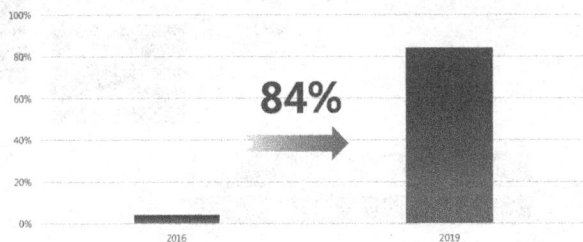

84%的公司CIO表示，他们将会在2019年之前，重资投入云计算，而这个数字在2016年仅为4%

图 13.10　采用云计算（"上云"）是企业数字化转型的大趋势

图 13.11 描绘了采用云计算的企业数字化演进之路。

● 在数字化四阶段的时间维度上，前两个阶段主要聚焦在现有 IT 系统的顺利上云，而后面两个阶段主要聚焦在新兴数字技术与云计算的融合，如何实现云上数据共享（打破数据孤岛）、数据分析和用云计算赋能人工智能和大数据，挖掘数据价值。

● 在纵向云产生的收益维度上，数字化转型越走向高级阶段，云产生的收益越高。

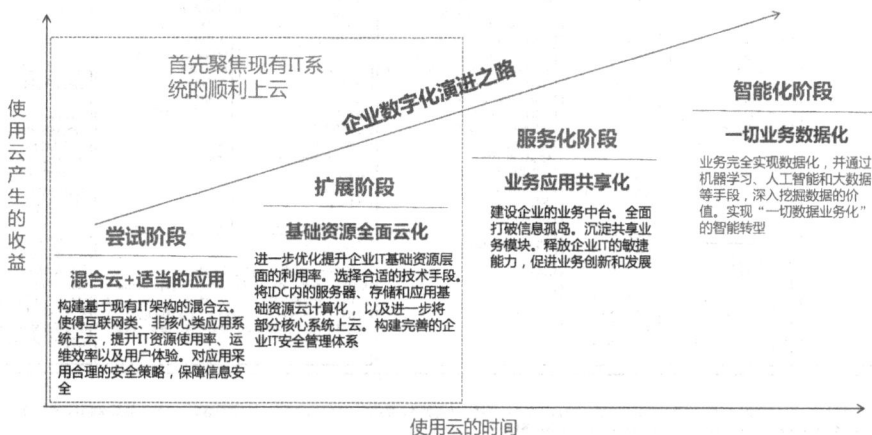

图 13.11　采用云计算的企业数字化演进之路

根据 IDC 调研的数据[4]，2020 年第一季度受疫情影响，很多企业云计算策略都发生了一定的变化，有 48% 的企业计划将云战略部分向公有云服务转移。28% 的企业计划全部向公有云服务战略转移。而从图 13.12 可见，阿里云占我国公有云 40% 以上的市场份额。阿里云不仅是菜鸟及其生态合作伙伴供应链技术的基础设施，许多中小供应链物流企业也采用或正打算采用阿里云作为信息化的基础设施。

2020年第一季度前五大中国公有云IaaS+PaaS厂商市场份额占比

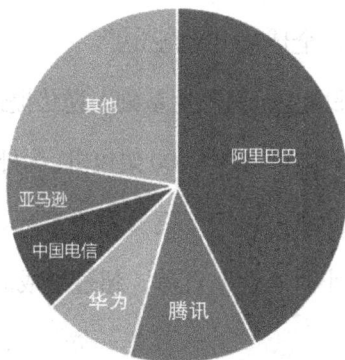

图 13.12　2020 年第一季度前五大中国公有云厂商市场份额占比

阿里云丰富的产品和服务（见图 13.13），以及支持全球化，使其成为企业数字化转型的专家。

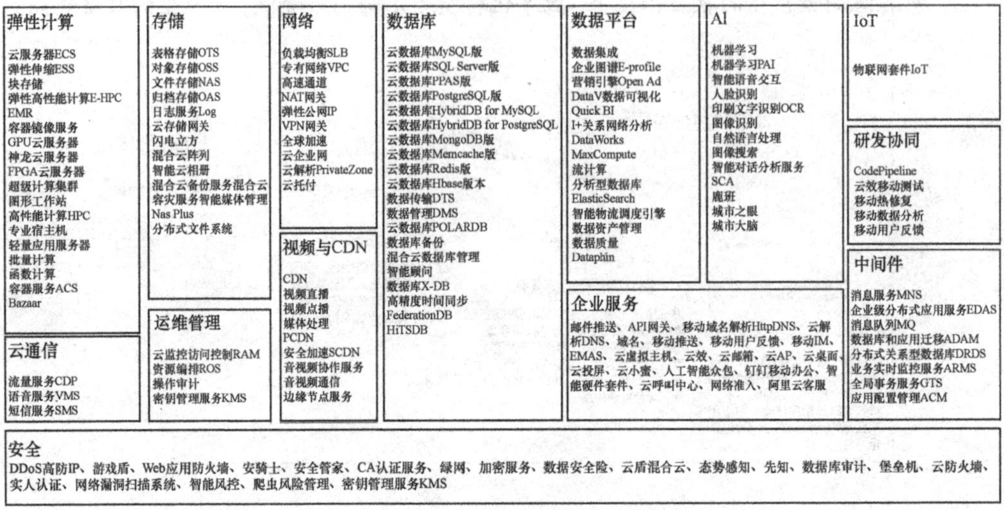

弹性计算	存储	网络	数据库	数据平台	AI	IoT
云服务器ECS 弹性伸缩ESS 块存储 弹性高性能计算E-HPC EMR 容器镜像服务 GPU云服务器 神龙云服务器 FPGA云服务器 超级计算集群 图形工作站 高性能计算HPC 专业宿主机 轻量应用服务器 批量计算 函数计算 容器服务ACS Bazaar	表格存储OTS 对象存储OSS 文件存储NAS 归档存储OAS 日志服务Log 云存储网关 闪电立方 混合云阵列 智能云相册 混合云备份协作 混合云智能媒体管理 Nas Plus 分布式文件系统	负载均衡SLB 专有网络VPC 高速通道 NAT网关 弹性公网IP VPN网关 全球加速 云企业网 云解析PrivateZone 云托付	云数据库MySQL版 云数据库SQL Server版 云数据库PPAS版 云数据库PostgreSQL版 云数据库HybridDB for MySQL 云数据库HybridDB for PostgreSQL 云数据库MongoDB版 云数据库Memcache版 云数据库Redis版 云数据库Hbase版本 云数据库POLARDB 数据传输DTS 数据管理DMS 数据库备份 混合云数据库管理 智能顾问 数据库X-DB 高精度时间同步 FederationDB HiTSDB	数据集成 企业图谱E-profile 营销引擎Open Ad DataV数据可视化 Quick BI I+关系网络分析 DataWorks MaxCompute 流计算 分析型数据库 ElasticSearch 智能物流调度引擎 数据资产管理 数据质量 Dataphin	机器学习 机器学习PAI 智能语音交互 人脸识别 印刷文字识别OCR 图像识别 自然语言处理 图像搜索 智能对话分析服务 SCA 鹿班 城市之眼 城市大脑	物联网套件IoT
		视频与CDN				研发协同
		CDN 视频直播 视频点播 媒体处理 PCDN 安全加速SCDN 音视频协作平台 音视频通信 边缘节点服务				CodePipeline 云效移动测试 移动热修复 移动数据分析 移动用户反馈
云通信	运维管理			企业服务		中间件
流量服务CDP 语音服务VMS 短信服务SMS	云监控访问控制RAM 资源编排ROS 操作审计 密钥管理服务KMS			邮件推送、API网关、移动域名解析HttpDNS、云解析DNS、域名、移动推送、移动用户反馈、移动IM、EMAS、云虚拟主机、云效、云邮箱、云AP、云桌面、云投屏、云小蜜、人工智能众包、钉钉移动办公、智能硬件套件、云呼叫中心、网络准入、阿里云客服		消息服务MNS 企业级分布式应用服务EDAS 消息队列MQ 数据库和应用迁移ADAM 分布式关系型数据库DRDS 业务实时监控服务ARMS 全局事务服务GTS 应用配置管理ACM

安全
DDoS高防IP、游戏盾、Web应用防火墙、安骑士、安全管家、CA认证服务、绿网、加密服务、数据安全险、云盾混合云、态势感知、先知、数据库审计、堡垒机、云防火墙、实人认证、网络漏洞扫描系统、智能风控、爬虫风险管理、密钥管理服务KMS

图 13.13　丰富的阿里云产品和服务

13.6　数智化供应链云生态使阿里巴巴腾飞

建立于新兴数智化技术基础之上的菜鸟超级供应链物流网络（见图 13.14）是阿里巴巴商业的支柱之一。它为阿里巴巴腾飞创造了市场的竞争优势，并且为打造阿里巴巴的数字经济体提供了关键的能力。2020 年疫情发生以来，菜鸟启动旗下国内和国际物流网的再加速，同时向全球骨干网和乡村"毛细血管"加大投入，以加快实现"全国 24 小时，全球 72 小时必达"。

菜鸟率先在保救援、保民生、保外贸基础上逆势提速。菜鸟在已经提供 260 架次包机保障出口的基础上，计划再增加 1 000 架包机，为外贸出口企业扩大增长通道。

菜鸟把出口海外仓增加到了 30 个，近百万平方米。通过提前备货到海外，这些仓库里发出的"全球 72 小时必达"订单，超过九成的订单都如约快速送到了海外消费者手中。

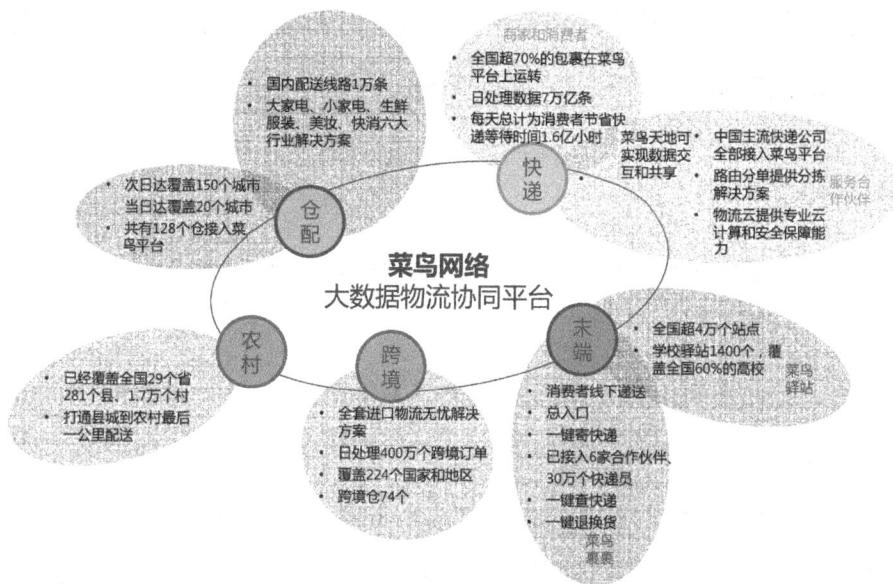

图 13.14 菜鸟网络生态

海外商家如果要进入中国市场，借助菜鸟进口物流是非常有竞争力的选择。菜鸟的保税进口合作口岸已经扩大到 30 多个，单日峰值清关能力近 3 000 万单，规模和效率都稳居全国第一。菜鸟在海外专门设立了 14 个进口仓库，帮助海外品牌更便捷地货通中国。

这轮物流提速也在国内产业带和广大农村地区进行。菜鸟首期目标是进入 10 个产业带集群，为 1 000 家制造业工厂建立仓库，省掉中间环节，让 80% 的订单可以在 72 小时内送到消费者手中。菜鸟在农村与通达快递一起，对乡村物流的分拨、运输、派送都进行了优化，来提高操作规范和效率，截至目前已经在全国 21 个省市 500 多个县实现升级。这张乡村物流网络将联合淘宝、天猫、盒马、大润发等平台，为乡村农户提供生鲜农产品的产供销解决方案，助力精准扶贫。

与此同时，菜鸟的供应链网络正在通过模式创新，运用技术能力对预售商品进行"社区级下沉"，创造了订单普遍小时达的天猫"6·18"速度。这些订单配送距离缩短到只有几千米，80% 都可以当日送达。

菜鸟新一轮物流提速是在"高速路上踩油门"，也标志着阿里巴巴新零售按下了快进键：分钟达、小时达、当日达、定时达。这构筑了全新的城市消费需求响应网络，让消费者的需求可以随时随地被满足。

13.7　本章小结

读者能从菜鸟网络供应链数智化转型和重塑的成功经验中学到些什么？总结起来有以下几点。

- 正确的数字化转型战略是其成功的根本保证之一。首先是战略，而不是技术在驱动企业的数字化转型。

- 企业的 CEO 重视和领导这场变革是使其成功的另一个根本保证。

- 搭建国内国际四通八达的物流网络是菜鸟的核心竞争力之一，而采用数智化技术连接和赋能这个超级业务网络是它的另一个核心竞争力。

- 从数字平台到数字平台生态是从数字化转型到数字化重塑的变革。菜鸟凭借它的两个核心竞争力而成为其供应链物流生态的核心，这使得它获得了整个生态的竞争力。

- 数字化转型不是简单的 IT 转型，它包括商业模式的创新，菜鸟从纯线上零售模式转变为线上与线下，以及与物流相结合的新零售模式，使它形式了一个数智化的超级业务网络，这将使得它能达到"天高任鸟飞"的境界。

- 持续坚持技术创新，重视采用新兴技术，如物联网、大数据和人工智能等，使其如虎添翼，匹配其战略，赋能其网络，以此获得竞争优势。

【参考文献】

[1] 许荣聪，邹恒超.变革已至，拥抱未来：新零售研究框架，2018.

[2] 王品辉，龚里等.菜鸟网络研究之一：数智化赋能快递行业，2019-11-25.

[3] 罗戈研究.菜鸟物流研究，2020.

[4] IDC中国，2020.

第 **14** 章

数字化如何重塑家电巨头美的及其供应链

14.1 美的及其供应链组织

美的集团（以下简称"美的"）是一家集消费电器、暖通空调、机器人及工业自动化系统、智能供应链、芯片产业的科技集团。美的1968年成立于中国顺德，现总部位于广东顺德北滘新城内，在世界范围内拥有约200家子公司、60多个海外分支机构及10个战略业务单位，同时为德国库卡集团最主要股东（占股比例约为95%）。美的的业务包括以厨房家电、冰箱、洗衣机及各类小家电为主的消费电器业务，以家用空调、中央空调等供暖及通风系统为主的暖通空调业务，以德国库卡集团、美的机器人公司等为核心的机器人及工业自动化系统业务，以安得智联为集成解决方案服务平台的智能供应链业务，美仁半导体公司的芯片业务。美的发展历程和经营业绩如图14.1所示。

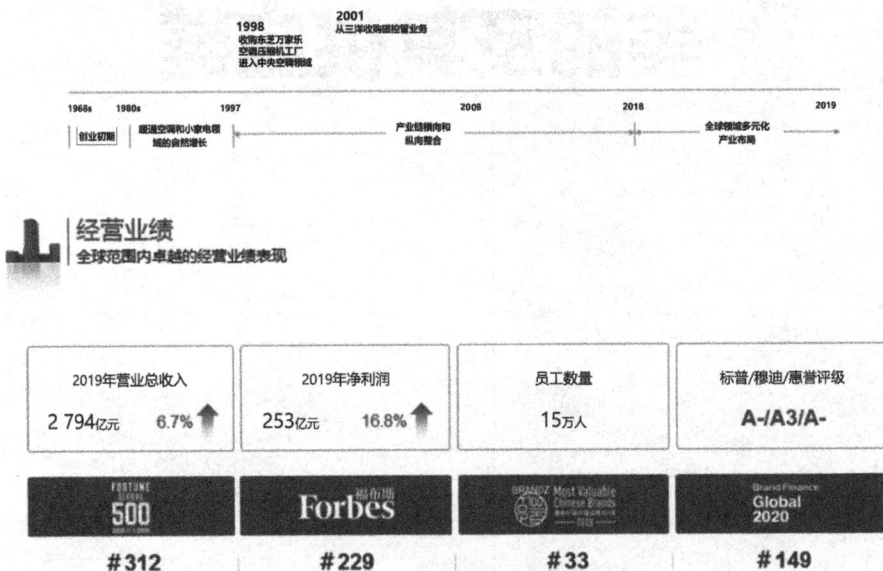

图 14.1　美的发展历程和经营业绩

美的坚持推行企业数字化转型和重塑，使其成为国内外知名制造业企业和数字化转型领军企业。

2018 年 7 月，美的名列财富世界五百强第 323 位。

2020 年 1 月 9 日，胡润研究院发布《2019 胡润中国 500 强民营企业》，美的以市值 3 770 亿元位列第 9 位。

2020 年 1 月，"2020 全球最具价值品牌 500 强"榜单发布，美的排名第 149 位。

2020 年 8 月，《2020 中国品牌 500 强》排行榜发布，美的排名第 17 位。

2020 年 5 月 13 日，美的名列 2020 福布斯全球企业 2000 强排行榜第 229 位。

2020 年 9 月，美云智数荣获"2020 数字新基建数字化转型最具影响力企业"称号及"2020 中国工业互联网优秀企业奖"。

2020 年 10 月 9 日，美的案例入选研究报告《2020 中国企业数字化转型指数研究》[1]，成为 2020 年的"转型领军者"。

根据美的的组织架构，其供应链组织由以下三部分组成。

● 经营主体中的美云智数作为供应链的数字技术支撑，而采购中心负责供应。

● 集团职能中的产品与供应链品牌传播，负责管理和风险管控。

● 协同平台中的以安得智联科技股份有限公司（以下简称"安得智联"）为集成解决方案服务平台的智能供应链业务。

美的于 2020 年 9 月 30 日投资成立了美的智联（上海）供应链科技有限公司，使美的供应链组织向科技型供应链组织转型开启了新的历程。

14.2　美的数字化转型和重塑的战略和路线

图 14.2 描绘了美的数字化转型和重塑的战略和路线。美的数字化路线从 2012 年的数字化 1.0，到 2017 年的数字化 2.0，基本完成全面数字化转型，然后开始数字化重塑的历程，这包括 2018 年进军工业互联网，2019 年开始的数字美的战略，以及 2020 年战略升级——美的宣布启动"全面数字化、全面智能化"。

2012年	2016年	2017年	2018年	2019年
632	**632+互联网**	**数字化2.0**	**工业互联网**	**数字美的**
• 一个美的、一个体系、一个标准 • 美的最优的"一"	• T+3 • 移动化 • 大数据 • 智能制造	• 数据驱动、数据预警 • C2M • 数字营销、智慧客服 • 平台化、模块化 • 数字化工艺、仿真 • 柔性制造	• 全球模板 • 工业AI、工业云 • 软件化+数字化+自动化 • 细分专业解决方案	• 数字化：软件驱动全价值链卓越运营 • 全球化：全球运营、协作 • 智能化：智慧美的 • 生态化：行业协同平台

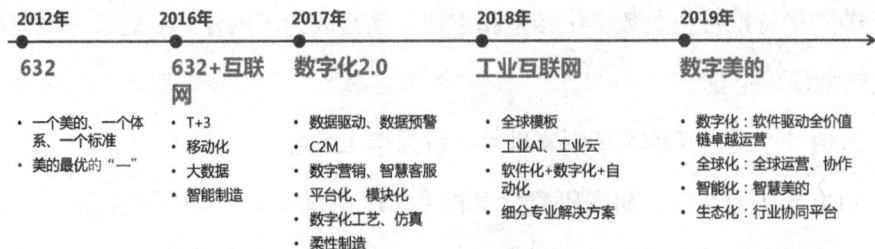

图 14.2　美的数字化转型和重塑的战略和路线

14.2.1　数字化 1.0：632 和 632+ 互联网战略

美的 2012 年之前的 IT 系统是按子集团、子平台运作的，流程基本上都是以各部门管理为主，没有集团级的流程管理组织与管理体系，不同平台流程定义与标准差异很大，甚至同一流程在同一平台不同事业部都无法贯通，集团各层级流程都是割裂的，整体运营效率难以评价，也就无从着手整体优化。换言之，美的多年打造的 IT 系统成了一个个信息孤岛。痛定思痛后，2012 年 9 月，美的对 IT 系统的重构启动了 632 战略[2]，即在集团层面打造 6 大运营系统、3 大管理平台、2 大技术平台。彼时，美的希望通过打造 632 战略体系，构建集团级的业务流程、集团级的主数据管理以及集团级的 IT 系统，其目标可以用"三个一"来概括：一个美的、一个体系、一个标准。表 14.1 描述了 632 战略体系。

表 14.1　美的的 632 战略体系

美的的 632 战略体系		
6 大运营系统	3 大管理平台	2 大技术平台
• 产品生产周期管理系统 • 企业资源计划管理系统 • 高级计划排程系统 • 制造执行系统 • 供应商关系管理系统 • 客户关系管理系统	• 企业决策系统 • 财务管理系统 • 人力资源管理系统	• 统一门户平台 • 集成开发平台

2015 年到 2016 年，是美的 632+ 互联网战略实施阶段，主要有移动化、大数据、

智能制造，以及系统落地了以销定产的 T+3 业务变革。美的的数字化 1.0 完成了整个企业，也包括供应链的数字化转型的第一步，逐步实现了业务、流程及信息系统的一致性，为完成数字化转型的第二步奠定了坚实的基础。然而由于当时技术条件限制，数字化 1.0 在数据反馈与处理的及时性方面还存在不足。

14.2.2　数字化 2.0

2016 年 11 月美的成立美云智数科技有限公司（以下简称"美云智数"），开始对外输出其数字化转型能力。2017 年美的推进了数字化 2.0。一方面通过大数据平台，实现数据预警与数据驱动；另一方面通过柔性定制的搭建，推进数字营销，智慧客服、平台化、标准化、模块化以及数字化柔性制造等深度的业务变革和系统升级。数字化 2.0 完成了数字化转型的第二步（见图 14.2），即美的已成功转型为一个数字化的制造业企业。同时美的收购德国库卡，跨界进入机器人行业，为进军工业互联网和向外赋能共建生态奠定了基础。

数字化 2.0 构建的数据与互联网信息洞见平台以打造企业数据生态圈、助力企业数字化运营为使命，是基于开源技术框架自主研发的大数据体系。该体系（见图 14.3）包括美云水晶球、互联网大数据系列产品，全方位整合外部互联网数据、内部业务数据和智能设备数据，为企业在精细化经营管理、用户营销、服务及产品改善与创新领域提供完整的大数据支持。

数字化 2.0 所构建的美云智数移动平台（见图 14.4）通过移动互联网技术，连接企业内外，就像架起一座桥，消除企业信息孤岛，实现全价值链的互联互通，是数字化转型的绝佳选择。特别是对于打通整个复杂供应链网络（人、车、仓、配、运，各种物流设施，各个供应链参与方）的信息通道至关重要。美云智数移动平台产品以 App 为入口、消息为驱动、平台为支撑，专注企业诉求，为企业提供一整套产品，帮助企业构建移动应用开发、集成、运营、运维能力，助力企业运营更高效。

大数据套件：深度和广度兼备的企业数据与互联网信息洞见平台

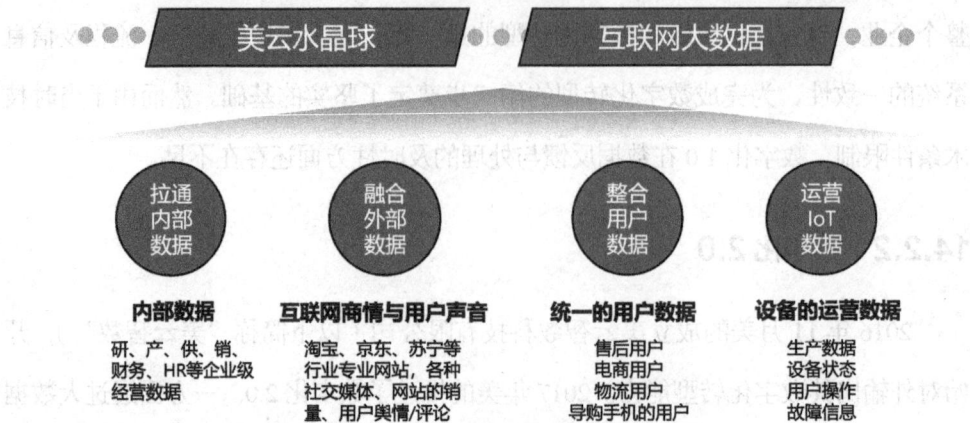

美云水晶球　　　互联网大数据

拉通内部数据	融合外部数据	整合用户数据	运营IoT数据
内部数据	**互联网商情与用户声音**	**统一的用户数据**	**设备的运营数据**
研、产、供、销、财务、HR等企业级经营数据	淘宝、京东、苏宁等行业专业网站，各种社交媒体、网站的销量、用户舆情/评论	售后用户电商用户物流用户导购手机的用户	生产数据设备状态用户操作故障信息

图 14.3　数据与互联网信息洞见平台 [3]

移动化套件：赋予企业移动信息化自理能力

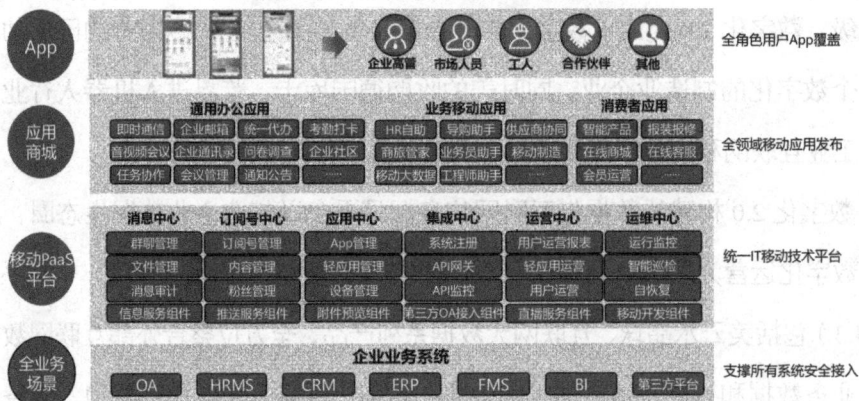

图 14.4　美云智数移动平台

数字化 2.0 以数据驱动卓越运营，数据安全成为数字化转型的重要挑战。目前，大部分企业开通权限需要 IT 人员来做。数字身份作为数字化转型新基建的定位，无论是从安全还是用户体验及信任链角度，都是绝对的底层支撑。首先，需要通过柔性制造的方法治理组织身份主数据，协调账号和组织架构间关系问题。其次，实现零信任访问控制，也叫动态持续控制。再有，业权一体化也叫内生增长，即把权限从 IT Operation 层面转移出，回归业务的本质。业务部门负责权限问题，IT 部门提供大数据和 AI 支撑。最后，审计采用实时的数据驾驶舱的方式来运营，让数据驱动，拿数据说话。另外，数字化转型也面临个人隐私保护的重要问题，企业内部基于数据驱动，越来越多的数据和隐私密切相关，需要引起重视。

图 14.5 描绘了美云智数独特的数据权限管理平台的架构。该平台分为三层。

- 底层是数据。

- 中层是一个 AI- 机器人学习中台，它是一个权限管理的决策大脑。

- 顶层是一个可视化的权限管理的用户界面，包括各种权限及审核自助服务，将所有的系统权限放到可视化平台上，由用户自己选择所需权限、释放权限，将权限问题变为用户的互联网体验，从而做到零等待的效率、零思考的体验和零信任的安全。

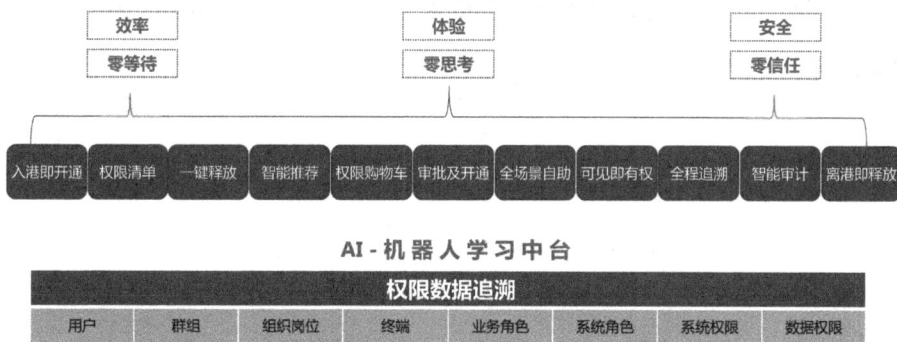

图 14.5　美云智数的数据权限管理平台架构

14.2.3　美的数字化重塑

至 2018 年，美的已在数字化转型上投资了近 80 亿元，已经成为数字化企业的美的没有停下来，而是继续向数字化重塑的高阶段进军。在美的数字化转型的历程中，其数字化转型与经营战略转型密不可分。美的董事长方洪波在 2019 年 1 月的一次公开演讲中表示，增长红利已经成为过去，要寻求存量裂变，对开发、生产、销售三个环节进行重构，摸索的路径就是自动化、信息化、数字化、智能化，重构怎样开发产品、怎样制造产品、怎样把产品卖给用户这三个基础环节。在方洪波看来，数字化转型的基本路径就是首先做到精益生产，在此基础上做自动化，在自动化基础上做信息化，在信息化基础上做数字化。数字化是指企业价值链的数字化，利用新技术对企业所有数据进行分析、计算、重构，来透视经营管理的全过程。在数字化的基础上，再做到智能化，乃至发展工业互联网，这是一个漫长的过程。

1. 进军工业互联网

2018 年美云智数结合收购的库卡，打造工业互联网平台 M.IoT，对外赋能。建立工业云和工业 AI，实施三化——软件化 + 数字化 + 自动化，打造全球产品模板，提出家电各细分专业解决方案，从而为家电生态化打下坚实基础。2020 年 11 月 17 日美的正式发布它的工业互联网 2.0，它集矩阵制造业知识、软件和硬件三位一体，瞄准"数聚共赢，智擎未来"的宏伟目标，为"中国制造 2025"计划和新基建献力，见图 14.6。

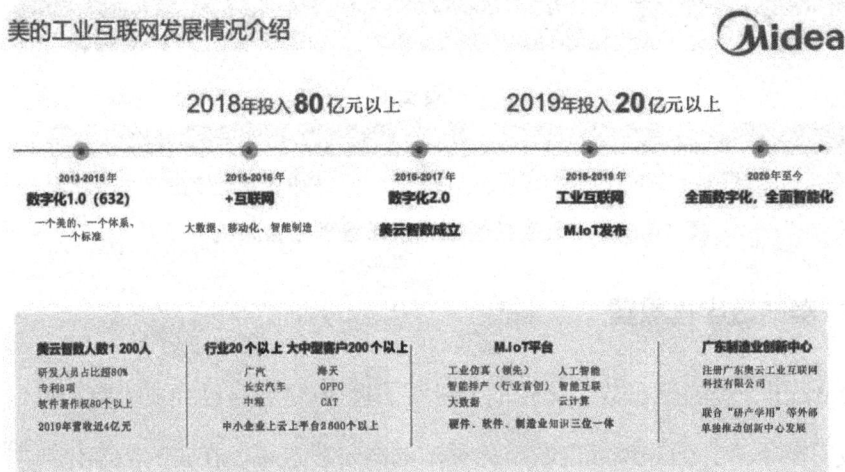

图 14.6　美的工业互联网 2.0 发展情况

美的通过 M.IoT 提供的，不仅仅是云端的链接、海量工业数据的汇聚，更是将制造业知识、软件、硬件三者结合生成的研、产、销全价值链集成解决方案。依托这样的差异化优势，美的可在工业互联网竞争中占据有利地位。美的工业互联网助力美的向科技集团转型，见图 14.7。

图 14.7 布局工业互联网，夯实数字化经营地基[4]

由于美的 M.IoT 应用成果显著，获评中华人民共和国工业和信息化部（以下简称"工信部"）"2018 年工业互联网试点示范项目"，并承建工信部"2019 年工业互联网创新发展工程——工业互联网标识解析二级节点（家电行业应用服务平台）"。2020 年，美的集团广州南沙家用空调工厂被世界经济论坛（WEF）评为"灯塔工厂"。以先进智能制造为基础，M.IoT 纵向贯通各领域，服务于全价值链应用软件；横向覆盖全产业链闭环，微观下沉到生产制造全流程，形成跨行业、跨领域的美的工业互联网生态系统。

2. 数字美的战略

2019 年开始实施数字美的战略，美的为实现四化继续投入在数字化上的预算超过 20 亿元人民币。

- 数字化：数据驱动的全价值链卓越运营。

- 全球化：全球运营和协作。

- 智能化：智慧美的——创造智慧和有温度的智能产品和全价值链数字化运营的智能制造。

- 生态化：建设行业协同平台，搭建家电的生态系统。

3. 数字美的战略升级：全面数字化、全面智能化

疫情期间，卓越的数字化能力让美的在危机中展现出强大的企业韧性，截至

2020 年 3 月，美的全体员工复工率达到了 87%，产能恢复 84%，供应商的整体复工率达到了 98%。2020 年，美的宣布启动"全面数字化、全面智能化"的新战略，这是美的继 2012 年制定"产品领先、效率驱动、全球经营"三大战略主轴和转型之后的又一次重要集团战略升级。未来三年，美的将进一步以用户为中心，实现贯穿研发、制造、营销、售后的全价值链条数字化，孵化 IoT 生态、美云销、工业互联网三大平台，用数据驱动全价值链运营。

14.3　美的供应链数字化转型的路线和架构

从 14.2 节可知，美的的数字化转型的战略是要实现智能制造和全价值链的智能运营。根据本书第 7 章的图 7.10，供应链是智能制造及运营全价值链中最重要的环节之一，因此供应链的数字化转型和重塑是整个数字化转型和重塑的重要组成部分。下面主要讨论和分析美的供应链的数字化转型和重塑战略、路线和架构。

14.3.1　制造业供应链的复杂性

在当今数字时代，供应链日趋复杂，供应链的复杂性是其数字化转型的原动力。相较于零售业供应链，制造业的供应链更复杂。制造业供应链的复杂性产生于以下几个方面。

● 制造业供应链，如美的供应链，是所谓长链，它包括了所有供应链的流程和活动，从产品设计、计划、寻源采购、生产制造、成品销售交付，一直到售后服务，比通常零售业的短链要复杂得多。

● 大型制造业企业，如美的，大多已全球化，供应商和客户的跨国分布大大增加了其供应链的复杂性。

● 复杂庞大的供应商网络，如美的 2017 年有供应商 23 000 家以上（其中材料供应商 3 000 家以上、非材料供应商 20 000 家以上）。

● 客户驱动供应链复杂性（见图 14.8），包括客户留存（让客户满意）和客户增长。

客户驱动供应链复杂性

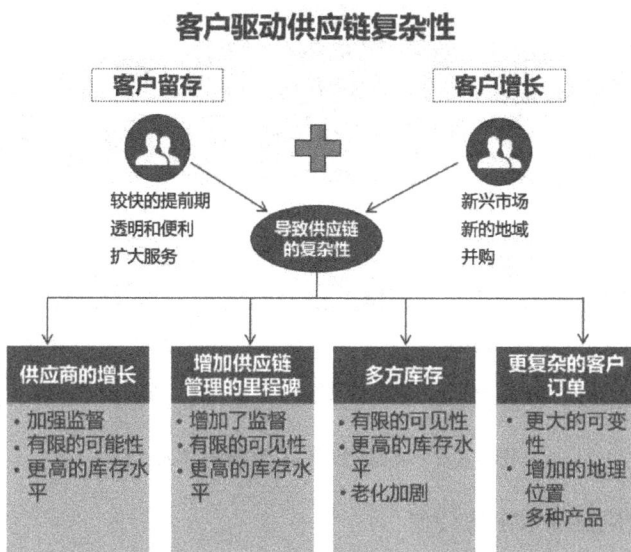

图 14.8 客户驱动供应链复杂性

美的家电及空调产品每年全球销量达 4 亿台，中国每个家庭平均拥有 4.6 台美的产品，全球每个家庭平均拥有 1.6 台美的产品。美的 2017 年有客户 20 000 家以上，这个数字在不断增长。要保持这么大的客户群和应对客户量及客户需求的增长，必须建立一个复杂供应链物流交付和产品服务的网络。这使得美的供应链面临复杂性的挑战。这也是驱使美的供应链数字化转型和重塑的原动力。

14.3.2　美的供应链数字化转型的路线

美的供应链数字化转型的战略是与美的数字化转型战略匹配的，因此其转型路线也与集团的转型路线同步，同样也经历了三个大的阶段。

1. 数字化传统的供应链

数字化传统的供应链是美的数字化 1.0 的 632 和 632+ 互联网战略的实施成果（见图 14.9）之一，它包括了重构供应链的信息系统、建立供应商协同平台和集成安得物流平台等。

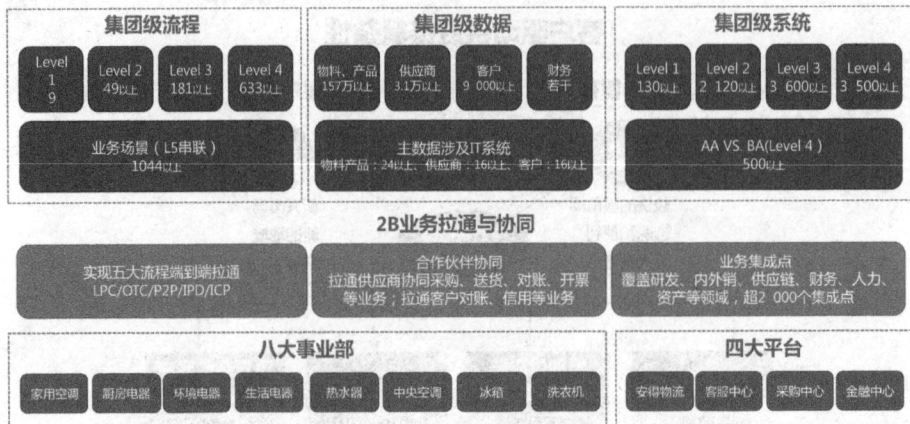

图 14.9　632 数字化传统的供应链

2. 实现供应链的数字化转型

如 14.2.2 小节美的数字化转型 2.0 所指出的，在实现集团数据驱动的全价值链数字化转型的同时也实现了美的供应链的数字化转型，见图 14.10。

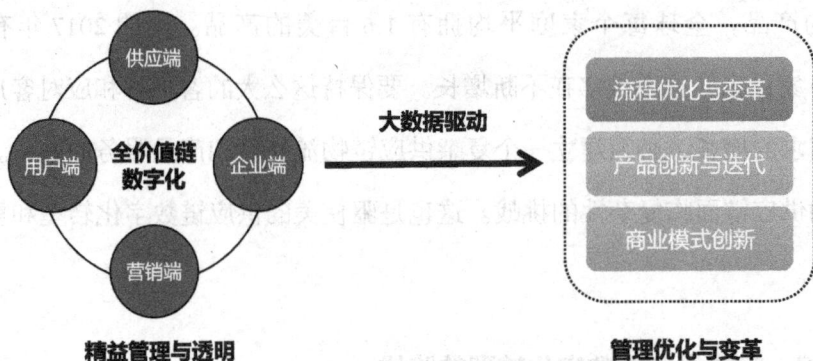

图 14.10　数据驱动的全价值链数字化转型

3. 供应链数字化重塑，实现供应链智能化

2018 年美的开始打造工业互联网平台 M.IoT，进一步赋能供应链数字化重塑。2019 年开始实施数字美的战略，美的董事长兼总裁方洪波表示，技术进步带动产业升级，并积极开展工业互联网平台研究与建设，推出 M.IoT 平台；2020 年将"全面数字化、全面智能化"提升至集团核心战略，视为美的的创新变革的重中之重。美的数字化改革并不是停留在某个节点上，而是围绕研发端、生产设备端、供应链端等全价值链构建

完成的。这也是美的未来数十年发展的新基建。随着大数据时代的来临，数字化已经成为物流行业发展的方向，也是物流行业发展的动力和基础。据悉，安得智联数字化建设包括仓干配的网络数字化和构建开放、共享的生态体系两个方面，见图14.11。

美的于2020年9月30日投资成立美的智联（上海）供应链科技有限公司。该公司经营范围包括供应链管理和物流的智能技术、智能机器人研发、物联网技术、数据服务等。

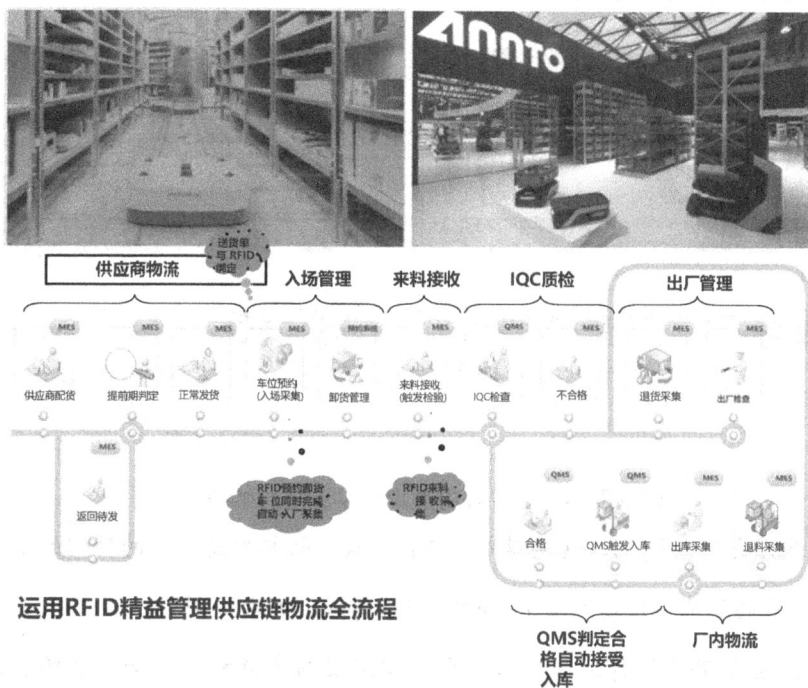

图 14.11 供应链数字化重塑，实现供应链智能化

安得智联是美的旗下定位为以技术驱动运营，以科技改变物流，为企业提供全渠道物流运营服务，并提供智能装备（自动化）解决方案的物流企业。此次安得智联展出的四大机器人Air-pick、Air-carry、Optimus Prime及Bumblebee系统，分别代表不同的智慧仓储应用，见图14.11。安得智联在整合内部KUKA、Swisslog和外部技术及设备资源的同时，可以为客户提供覆盖全部物流应用环节和场景的智能物流产品及服务，提供从简易到局部，再到高端集成的解决方案。

14.3.3　美的数字化供应链的架构

美的数字化供应链的架构（见图 14.12）与美的数字化业务架构融为一体，它支撑集团的全价值链卓越运营。此架构的底座由数字化运营的决策和基础层构成。该底座支撑一个生产制造与供应链管理及物流融为一体的数字化运营体系。该运营体系由以下两个层次构成。

图 14.12　美的数字化供应链的架构

* 底层是不断进化的制造模式，包括传统大规模制造、美的独创的基于 T+3 模式（需求的供应链快速响应）、新的 C2M 模式（顾客定制）。

* 上层是供应链计划和执行融合的供应链四步流程，包括计划物流、采购执行、供方协同和生产出货，每步之间通过以下三个拉通策略，使得计划与执行趋于同步。

一是计划到采购拉通——拉通计划到采购首先是进行信息流和数据的拉通，它依赖于经营预测和分析的数字技术，以产生基于正确决策的供应链计划。

二是采购到供方拉通——拉通采购到供方则主要靠供应商管理和与供应商协同的数字化，打通采购与供方之间的信息流。图 14.13 描述了美的供应商管理与供应商高效协同。

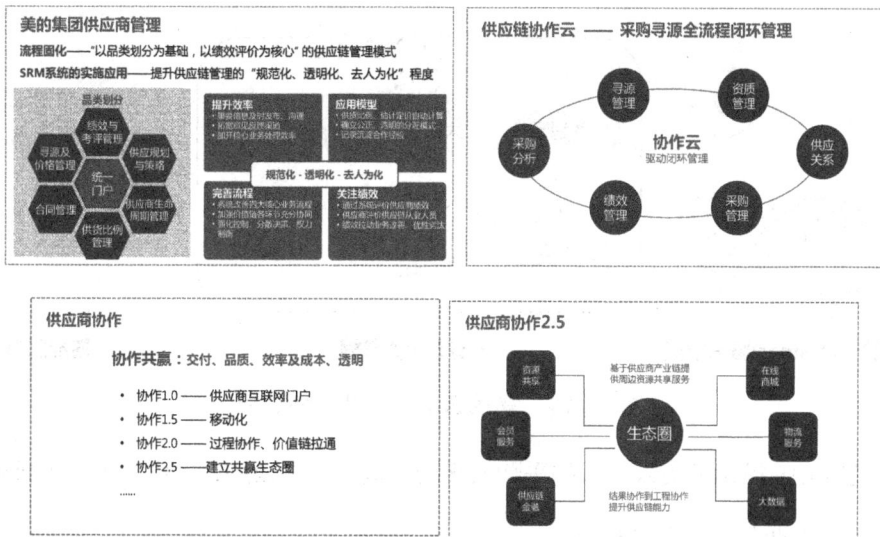

图 14.13　供应商管理与供应商高效协同

三是生产到物流拉通——拉通生产到物流的解决方案是将安得智联的智能物流平台与供应链管理平台及业务数字化系统集成，打通生产与物流之间的信息流，将智能物流解决方案融合于生产系统中，敏捷和精益解决入厂、厂中及线边和出厂的物流管理和执行。

美的数字化供应链的架构建立在一个数字运营平台的底座上。这个底座包括以下两个层次。

● **基础层**：产品主数据、供应商生命周期管理、绩效管理、招标寻源、合同管理、模具设备。

● **决策层**：领导决策视图、经营分析、业务报表。

14.4　美云智数美的云——供应链云

美的将云计算美的云作为它数字化转型的基础设施。美云智数美的云构建了基于 Open Stack 开源云平台的 IaaS，并且在其上构建了十多朵 SaaS 云，见图14.14，其中包括供应链云。

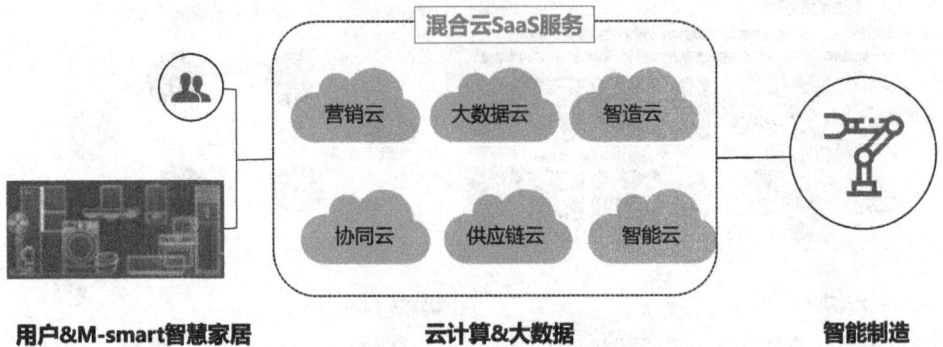

图 14.14　美的云的十多朵 SaaS 云

图 14.15 描绘了美云智数的采购云平台。该平台多云融合，可实现云上采购，是一站式企业数字化服务专家。

智造云和协作云部署（见图 14.16）使智能供应链与智能制造融合，从而支持全价值链过程的协同。

图 14.17 描绘了美的云公有云的快速扩张和私有云的广泛应用，包括支持数字化供应链。

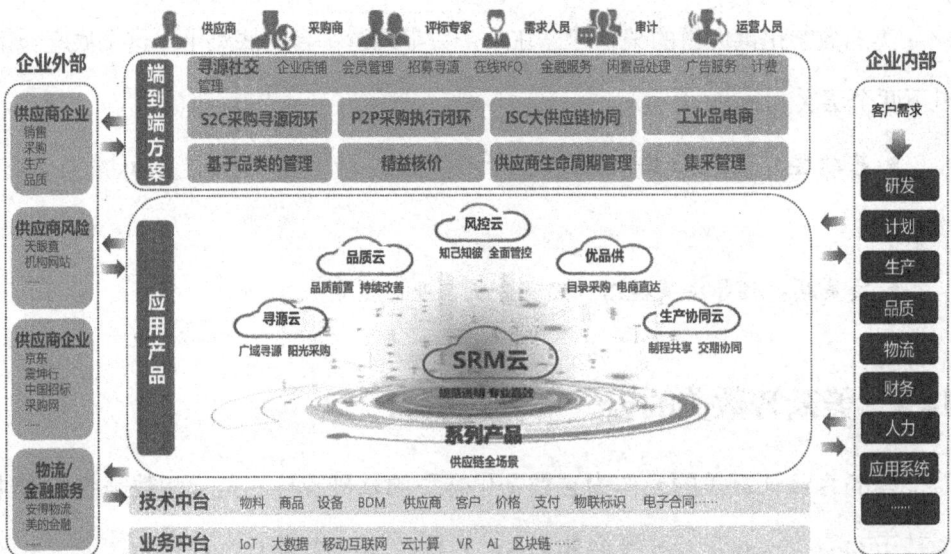

图 14.15　美云智数的采购云平台

智造云 + 协作云部署

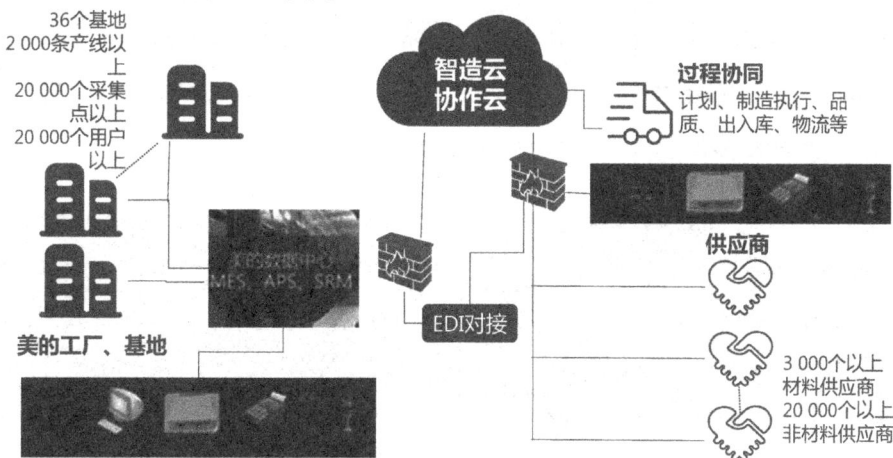

图 14.16　智造云和协作云部署

销售额	排产工单	制造基地	美的产线	产线数据采集点	美的供应商	用户数
超1400亿元	1270万以上	36个	2000多条	2万个	3万个	2.2万个

图 14.17　美的云的快速扩张和广泛应用

14.5　美的工业互联网赋能供应链数字化转型

工业互联网赋能供应链的数字化转型，美的工业互联网 M.IoT 平台是一个典范。2020 年 11 月 17 日，美的发布了其工业互联网 2.0。美擎，是美的工业互联网 2.0 平台的新名称，寓意为"美的经验，工业引擎"。经过全面升级，工业互联网 2.0 对比之前的工业互联网 1.0 有了进一步的强化。美擎号称四横八纵，构建美的工业互联网蝶变之路。图 14.18 所示为美的工业互联网平台 M.IoT2.0，它整合了美的多个产业单元的软件、硬件、技术和服务能力，横向架构有四层，分别是能力层、应用层、商业层和产业层。纵向来看，该平台由美云智数、安得智联、库卡中国、美的机电事业群、美的暖通与楼宇、美的金融、美的采购中心、美的模具八大矩阵联合锻造，"集大成"打造美的工业云生态，赋能全产业链数字化转型。M.IoT

支持全价值链数字化，它软硬结合，可以支持 C2M 客户定制和相应的柔性制造、数字化工艺以及仿真、质量优化、设备预测性维护等多种业务场景和能力。它不仅为供应链协作方提供了连接，还提供了大数据平台、人工智能平台、机器人与自动化以赋能智能供应链，以及赋能智能物流。

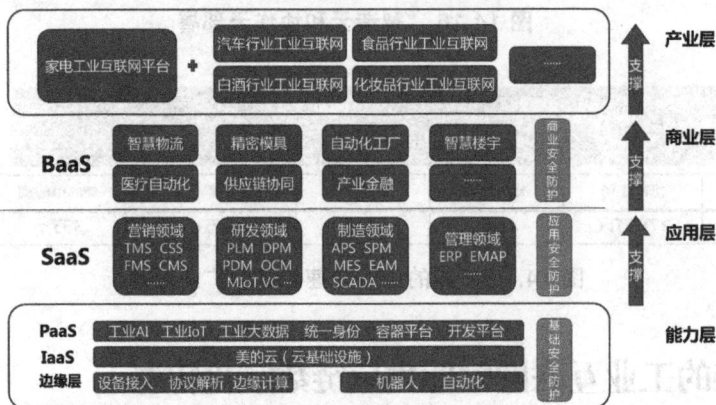

图 14.18　美的工业互联网平台 M.IoT 2.0

14.5.1　美的工业互联网平台应用核心成果

图 14.19 展示了工业互联网平台支撑美的快速发展的核心成果。美的从家电制造领域进入科技领域，在产业升级方面已经是先行者，其 2012 年开始布局数字化转型战略，进行深度业务变革，打造美的工业互联网平台。基于近八年的美的数字化转型所形成的能力和成果，美的工业互联网对美的近期的高速发展起到了非常关键的作用，在推动制造业升级和新兴产业发展历程中，也在不断提升科技创新支撑能力。

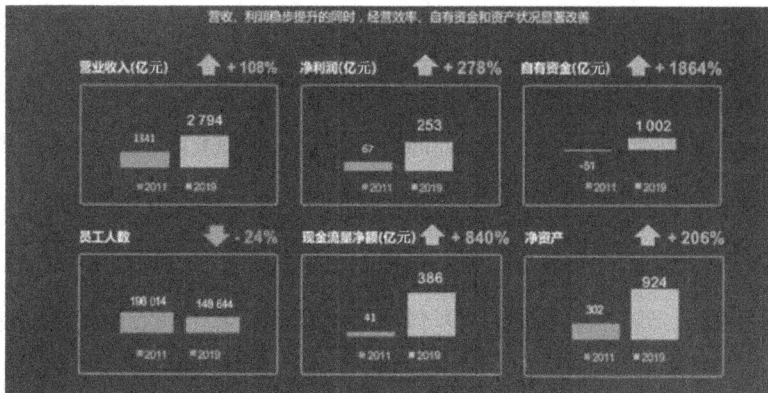

图 14.19　工业互联网平台支撑美的快速发展

目前，美的工业互联网 M.IoT 通过美云智数对外输出服务，已经广泛应用于 40 多个细分行业、200 多家行业领先企业，开展产业集群工业互联数字化转型，促使工业经济各要素实现高效共享。

14.5.2　安得智联一盘货智能物流打造从供应链到价值链的新引擎

作为美的工业互联网的物流托盘，安得智联也针对 2B 市场推出了一盘货智能物流标准解决方案服务产品，包括咨询方案、物流运作的网络基础、运作模型和物流信息化的 IT 系统。安得智联一盘货深入整个价值链中，从产销计划协同、采购计划协同到制造体系协同，再到最后的成品领域的物流流通，安得智联都能够快速响应来自前端业务方的各种物流需求；一盘货借助统仓统配实现了商流、物流、资金流、信息流的统合优化，为企业从供应链到价值链提供新引擎，见图 14.20～图 14.23。

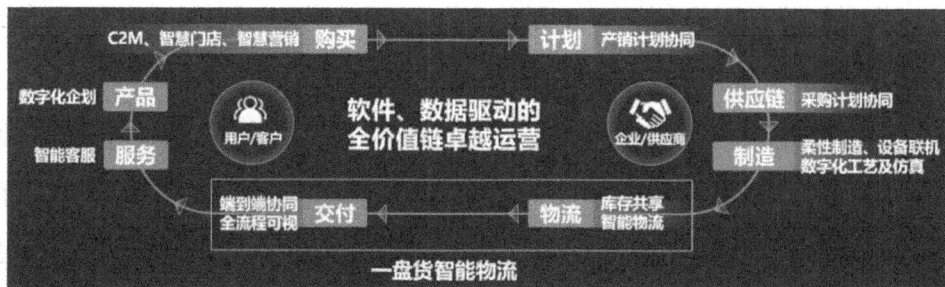

图 14.20　一盘货智能物流提供从供应链到价值链的新引擎

安得智联一直强调全价值链，这不是一条链路，而是一条闭合的环路，在其中物流能够起到怎样的作用？安得智联产品中心总监张亚明给出了答案："多年来，人们一直把物流看作成本中心，而在美的内部，我们已经成功地把成本中心转变为价值中心。安得智联通过一盘货、统仓统配建立起来的能力是开放性的，对于我们的外部客户来说，他们可以直接把这个成果拿去复用，而不用经历我们遇到过的困难。一盘货解决方案主要包括渠道优化方案、统仓统配的规划、线上线下一盘货，这三部分将基于企业实际需求逐渐递进。安得智联正在积极拓展业务合作，帮助外部客户实施这样的计划。"

近年来安得智联同时向上下游延伸：向下游延伸是一张覆盖全国的城配网络和覆盖末端的乡镇的 2C 网络；向上游延伸则是两个方面，一个是入厂物流，另一个就是工厂厂内物流。向上下游延伸的解决方案给全价值链的效率带来了提升。以前成品物流和入厂物流是两拨人在干，相互之间没有联通，而现在通过安得智联的平台，入厂物流和成品物流的运营能够协同起来，见图 14.21。这样，安得智联可以深度参与整个经营制造的各环节。

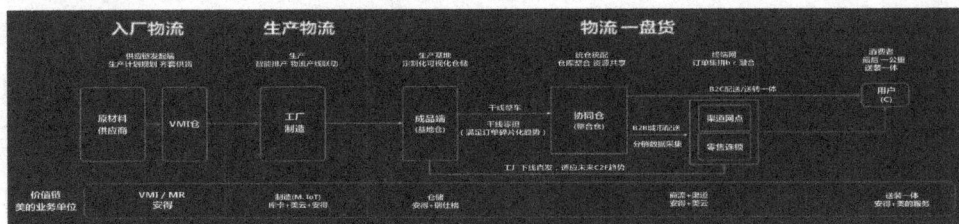

图 14.21　向上下游延伸，使全价值链的效率提升

随着制造业和服务业的融合，随着全价值链上下游的协同更加紧密，市场必然会形成一个相互协同、相互制约、相互促进的局面，因为只有这样才能实现全价值链的效率提升。效率提升指的不是某一个环节的效率提升，而是协同上的效率提升，是一整套的产销协同、排产、系统层面数据的拉通，包括物流系统、IT系统的打通。图 14.22 描绘了安得智联如何用数字化能力打通从订单、仓储到运输的链路，支持渠道一盘货变革。

有数字化能力，打通订单、仓库、运输全链路，支持渠道一盘货变革

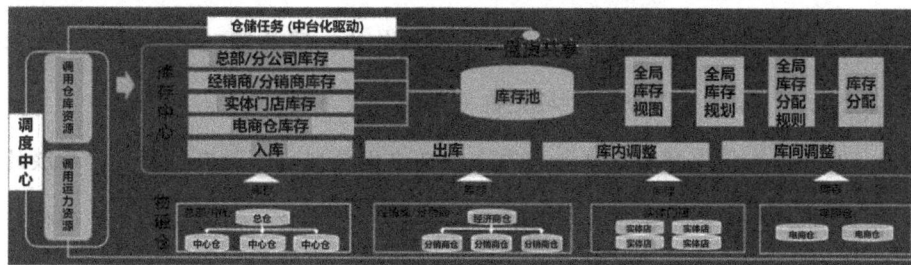

图 14.22　安得智联用数字化能力支持渠道一盘货变革

安得智联的供应链物流的数字化变革产生了巨大客户价值和企业效益，如图 14.23 所示。比如 10 个仓库变成 1 个仓库，必定有的代理商变近了，有的代理商变远了，物流费用肯定不一样，谁也不愿意多出。安得智联从顶层规则上解决了这个难题，将离岸价变成了到岸价，商品费用已经包含了物流费用，这样所有代理商都不用付物流费用，大家入仓的积极性进一步提升。这为代理商创造了价值。此外订单交付周期从变革前的 45 天减少到 20 天，这直接为终端客户创造了价值。所有这些指标的改善无疑为美的的全价值链战略创造了巨大的商业价值。

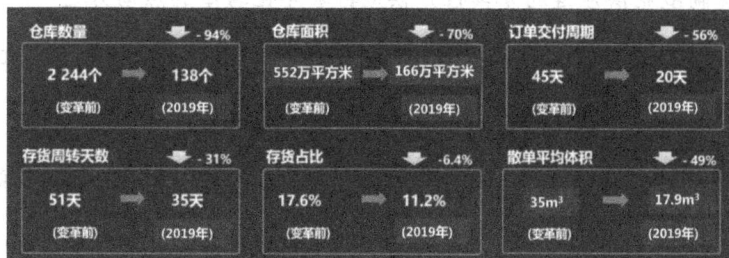

图 14.23　一盘货变革产生巨大客户价值和企业效益

14.6　本章小结

从美的数字化转型的案例中可以学习的最重要的经验包括以下几个方面。

● 把企业数字化转型战略作为企业的核心战略是制造业企业数字化转型成功的关键。数字化转型已不再是企业技术变革的工具，而是战略方向。美的之所以能在 8 年内整体营业收入翻倍——从 1 341 亿元到 2 794 亿元，并且净利润从 67

亿元到 253 亿元，增长 278%。正如美云智数所指出的："美的速度"背后的"护城河"之一就是数字化转型战略的实施，美的作为一家具有 53 年传统制造业基因的民营企业，一直力求不断创新与突破（见图 14.2 和图 14.6）。

- 供应链数字化转型战略必须与企业数字化转型战略相匹配。安得智联的一盘货智能物流的数字化转型战略为美的的全价值链战略提供了从供应链到价值链的新引擎，并产生了巨大的客户价值和企业效益。

- 为保证数字化转型的成功，必须制定清晰的目标和战略实施路线图。美的从 632 战略到数字美的，每个阶段都有按设计的路线图达到了其战略目标。

- 领导力是取得数字化转型成功的根本保证。其最重要的表现就是美的的董事长兼总裁方洪波挂帅，并且领导数字化转型的专业团队，投资创建美的智联（上海）供应链科技有限公司和美的智慧生活（上海）科技有限公司两个子公司，冲刺数字化转型的下一站：数字化重塑美的和智慧供应链，将美的打造成一个智慧的科技企业。

- 解决制造业供应链的复杂性是供应链数字化转型的原动力之一。

- 利用新兴数字技术，如大数据、云计算、人工智能、物联网、工业互联网等赋能数字化转型和重塑。

- 数字化转型是一个持续的发展过程。美的的成功在于它坚持持续创新，从数字化传统美的之 632 信息系统重构，到以数据驱动的全价值链数字化 2.0，美的没有停止其数字化转型的脚步，继续在数字化重塑美的及其供应链的道路上奋进。

【参考文献】

[1] 埃森哲中国与国家工业信息安全发展研究中心.2020 中国企业数字化转型指数研究，2020-10-09.

[2] 韩舒淋.美的：八年百亿投资，数字化如何重塑家电巨头、转型先锋，2019-06-04.

[3] 魏晓刚.从业权一体看美的集团数字化转型 2.0，2020.

[4] 美云智数.重磅发布|11 月 17 日.北京美的工业互联网 2.0 "智擎"未来，2020-11-17.

第 15 章

START 方法论引导
联想供应链数字化变革

15.1 联想集团及其卓越全球供应链组织

联想集团（以下简称"联想"）是一家成立于中国、业务遍及 180 个市场的全球化科技公司。联想聚焦全球化发展，树立了行业领先的多元企业文化和运营模式典范，服务全球超过 10 亿个用户。作为值得信赖的全球科技企业领导者，联想助力客户，把握明日科技，变革今日世界。

联想作为全球领先 ICT 科技企业，秉承"智能，为每一个可能"的理念，为用户与全行业提供整合了应用、服务和最佳体验的智能终端，以及强大的云基础设施与行业智能解决方案。

作为全球智能设备的领导厂商，联想每年为全球用户提供数以亿计的智能终端设备，包括计算机、平板电脑、智能手机等。2018 年联想 PC 销售量全球第一。作为企业数字化和智能化解决方案的全球供应商，联想积极推动全行业"设备＋云"和"基础设施＋云"的发展，以及智能化解决方案的落地。

面向新一轮的智能化变革的产业升级契机，联想提出智能变革战略，围绕智能物联网（Smart IoT）、智能基础设施（Smart Infrastructure）、行业智能（Smart Vertical）三个方向成为行业智能化变革的引领者和赋能者。

目前，联想下设智能设备集团（Intelligent Equipment Group，IDG）、数据中心业务集团（Data Center Business Group，DCBG）、联想创投集团（Lenovo Capital and Incubator Group，LCIG）、数据智能业务集团（Data Intelligence Business Group，DIBG）四大业务集团；全球约有 6.3 万名员工，业务遍布 180 多个国家和地区。2019/2020 财年，联想的整体营业额达到 507 亿美元（约

3 531 亿元人民币)。

联想有 2 000 余家遍布全球的零部件供应商，280 万家分销商和渠道商。 联想的供应链组织是全球化的供应链组织，在联想的组织架构中，它处于基础设施底座。联想供应链于 2013 年作为唯一一家中国企业首度进入高德纳全球供应链 25 强榜单，名列第 20。之后联想连续四年作为唯一中国高科技制造业企业被选入此榜单。在 2018 年和 2019 年两年落榜后，联想在供应链数字化转型方面加大力度，2020 年重返该榜单，并获得历年来最好成绩：名列第 15。高德纳评价表示，联想在推进以客户为中心的转型过程中，构建了先进的供应链体系，通过数据精准洞察客户，进而驱动客户价值的创新进程。同时，联想供应链创新运用了包括预测分析、AI、区块链等新兴数字技术，并在可持续性、循环经济、多元化和包容性方面处于领先地位，其中，环境社会治理（Environmental Social Governance，ESG）得分达到满分 10 分。

自 2013 年联想曾先后 6 次入围高德纳全球供应链 25 强榜单，正是依靠"全球资源、本地交付和卓越运营"的能力，在新冠疫情背景下，联想克服了短期与全球性困难，取得了强劲的业绩。从表 15.1 可见，除联想业绩外，联想供应链之所以成为全球 25 强之一，是由于它顺应供应链数字化变革潮流、持续创新。

表 15.1 联想供应链领先地位

榜单年份	榜单名次	供应链领导地位趋势——供应链变革潮流
2013 年	20	● 以需求为导向方面的领先性 ● 强调厂商从旧有的"被动式"供应链模式，进化至将需求、供给及产品整合为价值网络的模式——一个随时应需求变化协调出具备获利性的模式
2014 年	16	● 认识并支援全方位情境客户 ● 数位与实体供应链的汇聚提供全方位的客户解决方案 ● 供应链成为可信赖的整合式合作伙伴

续表

榜单年份	榜单名次	供应链领导地位趋势——供应链变革潮流
2015 年	18	● 双模供应链策略：首席供应链官（Chief Supply Chain Officer，CSCO）与其团队当前面临必须要能快速更替商业模式的环境，企业期待该团队能够精简流程并提高效率，同时也要花费同样甚至更多时间推动增长与创新 ● 更贴近客户：供应链开始重视客户体验，并视作业务优先考量之一 ● 数字化商业模式崛起：让制造生产线与上游供应商以及其他供应链达成数字化同步，商业价值也会随之倍增
2016 年	25	● 更接近客户，以客户为导向集成合作伙伴 ● 进一步采用先进、强大的分析工具 ● 更加关注企业社会责任
2017 年	24	● 供应链的数字化：这几年看到一个突出的变化，就是企业开始用数字化技术来支持供应链的运营，包括物联网、云计算、机器学习等 ● 组织和性能的自适应性：企业创建自适应性很强的组织和能力，是为了随时应对未来的供应约束和消费需求的变化。例如一些企业建立了模块化的供应链模式，实现即插即用。这种方法使它们能迅速和灵活应对业务需求的变化 ● 开发和培育健康的生态系统：供应链管理优秀的企业会非常注重与上游供应商和下游客户的关系，同样重视人才的获取与培养。环境可持续性也是它们所重视的。这些会体现在 CSR 这个指标中
2020 年	15	● 目标驱动型企业：领先企业的供应链团队使用目标语言定义它们的工作。它们已经认识到，解决世界上最大的问题只有通过与更广泛的社区中的其他人建立伙伴关系，以及通过自己的彻底透明才能奏效 ● 商业模式转换器：影响企业供应链的较大外部力量是由不断扩大的客户预期、来自现有行业生态系统的市场新进入者以及非传统竞争对手的出现共同推动的动态竞争格局 ● 数字协作：全球供应链前 25 名中的领先企业是数字技术的早期和频繁采用者。更重要的是，这些投资支持业务能力和成果，使它们即使在最严峻的经济条件下也能蓬勃发展

15.2　联想供应链管理发展历程

图 15.1 所示为联想供应链管理发展历程，联想的供应链体系经历了以下四个主要发展阶段。

图 15.1 联想供应链管理发展历程

第一阶段,单一模式供应链体系(1984—2002 年)。在联想创建初期,产品业务门类少,一种供应链模式满足所有业务要求。

第二阶段,双模式供应链体系(2003—2006 年)。由于 PC 市场的发展和收购 IBM PC 业务,联想提出双业务模式——T(交易型)模式和 R(关系型)模式。与此相匹配,创建双模式供应链体系,即 T 模式供应链和 R 模式供应链。

第三阶段,全球供应链体系(2007—2012 年)。2005 年完成 IBM PC 业务收购后,如何整合中国供应链和全球供应链是联想供应链面对的巨大挑战。

● **系统对接**:两大 IT 系统无法融合和企业内部价值链的协同困难,使这一工作的复杂度超乎想象。

● **成本压力**:原 IBM PC 业务 2001 年亏损 3.97 亿美元,2002 年亏损 1.71 亿美元,2003 年亏损 2.58 亿美元,截至 2004 年年中累计亏损 9.73 亿美元。2005 年 5 月完成收购 IBM PC 后,新联想的国际业务业绩扭亏压力极大。"要业绩就要先改供应链",老联想和联想国际的供应链整合成为首要工作。

● **内部协同**:前联想 CEO 阿梅里奥曾对新联想的全球供应链系统提出两项要求,一是达到供需平衡,二是达到成本最低。供应链的优化存在"木桶效应",不能有短板,其效率提升对企业每一个环节精准性的要求都很高,一定要得到企业方方面面、环环相扣的支持与配合才能实现良好的运转状态,哪一个环节做不好,都会影响整个系统的效率。

● 业务模式：原 IBM PC 是一个单纯的"产品驱动"型部门，联想的业务模式则是以"产品＋销售模式"为驱动。这两种模式下，供应链在企业里的角色定位是一个服务型部门，在协同前后端的权限上有限，供应链部门没有能力去要求销售端怎么做，只有一些建议权。

面对这些挑战，联想花七年的时间打造了一个全球协同、按区域及业务模块划分的全球供应链体系，它包括全球制造网络、全球 IT 网络架构以及全球物流网络。

第四阶段，数字化供应链体系（2013 年至今）。正值数字时代来临，全球工业 4.0 和智能制造兴起，联想开启了智能制造的征程，与此同时联想也开始了它的供应链数字化转型的旅程。2013 年联想数字化供应链迎来了开门红，作为唯一一个中国企业进入高德纳全球供应链 25 强（见 15.1 节）。从供应链数字化流程，到数字平台，再到智慧的供应链数字生态，联想一路征战建成了世界领先的数字化供应链体系，该体系以端到端数据智能驱动，达到业务四大区紧密协同。

15.3　START 数字化转型方法论

随着客户需求升级与市场竞争加剧，企业数字化转型迫在眉睫。联想经过多年自身和帮助外部客户进行数字化转型所积累的经验，提出了"START"的数字化转型方法论，以体系化为客户构建数字化转型的整体架构，用最高效的方式加速企业的数字化转型历程。正是该方法论引导联想进行供应链的数字化转型。

START 数字化转型方法论包括以下五个方面，见图 15.2。

● S（Strategy Approaches）：制定数字化转型战略。一个企业要做好数字化转型必须要有清晰的数字化转型战略，要有路径、有方向、有重点、有资源的支持等。

● T（Technology Enabling Center）：构建技术赋能中心。技术赋能中心整合大数据、物联网、人工智能、微服务和区块链等新兴技术。这些新兴技术在数字化转型中发挥基础作用，包括基础云的平台，这些基础云的平台紧密融合，形成一个统一的技术赋能中心，来支持企业数字化转型。

- A（Analytics and AI Empowering Business）：实现业务智能运营。通过分析和人工智能技术实现业务智能运营，帮助企业每一个环节安全稳定地长时间满负荷运行等，通过数据分析和人工智能技术推动业务价值的实现。

- R（Reinvention of Business Model）：重塑业务模式。在很多业务领域或者不同环节的业务流程优化的基础上，组合起来重构整个业务模式，这是对企业整体效率或者转型升级最重要的。

- T（Transformation Guarantes）：建设转型保障体系。通过创意竞赛、公开分享、AI 学院、专业的培训认证等，多模式建设支撑数字化转型的文化和人才培养。

图 15.2 还描绘了联想 START 数字化转型方法论中五个方面的关系。

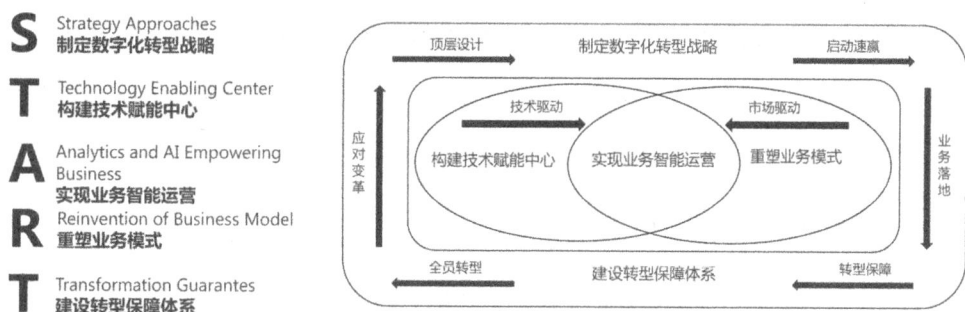

S Strategy Approaches
制定数字化转型战略

T Technology Enabling Center
构建技术赋能中心

A Analytics and AI Empowering Business
实现业务智能运营

R Reinvention of Business Model
重塑业务模式

T Transformation Guarantes
建设转型保障体系

图 15.2　联想 START 数字化转型方法论[1]（翻译：罗戈研究）

- 顶层是制定数字化转型战略（S）。
- 中间层是以构建技术赋能中心（T）为技术驱动力和以重塑业务模式（R）为市场驱动力所达到的实现业务智能运营（A）。
- 底层是建设转型保障体系（T）。

顶层战略是转型的方向，底层保障体系是转型的支撑，两者为核心形成一个闭环，以指导转型的持续改进和创新。闭环为：顶层设计—制定数字化转型战略—启动速赢—业务落地—转型保障—建设转型保障体系—全员转型—应对变革—顶层设计。

15.4 START 方法论引导联想供应链数字化转型

15.4.1 制定联想供应链数字化转型战略

企业顶层战略决定了业务战略的演进方向。2017 年联想提出了它的顶层战略——3S 战略：智能物联网（Smart IoT）、智能基础设施（Smart Infrastructure）和行业智能（Smart Vertical）。该战略引领已经数字化转型的联想向数字化转型的更高级阶段——数字化重塑发展，以国家智能制造相关政策为指引，大力推进制造智能化进程。联想 2019/2020 财年誓师大会宣布联想全新品牌愿景——"智能"，并首次对外公布了 3S 战略；2020 年 6 月 10 日，联想董事长兼 CEO 杨元庆发表内部信，在原联想大数据团队和业务的基础上，成立数据智能事业部，并再度明确 3S 战略。作为联想 3S 战略在中国市场的准确落地与承接，联想中国制定了"日出东方"战略，见图 15.3，其核心是两大转型：一大转型是以客户为中心转型，PC 业务建立直达客户模式；另一大转型是智能物联转型，包括把联想的业务从 PC 扩展到全线 IoT 产品，以及智能化服务。

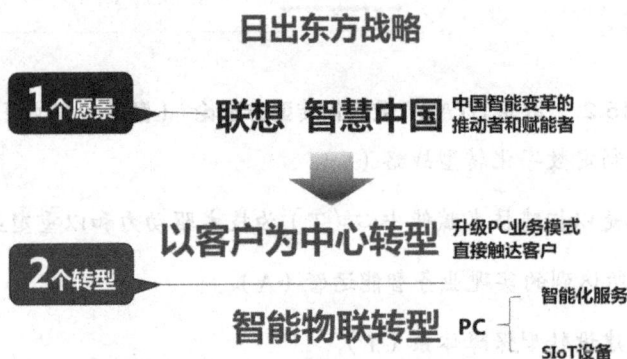

日出东方战略

1个愿景 ▶ **联想 智慧中国** 中国智能变革的推动者和赋能者

⬇

2个转型 **以客户为中心转型** 升级PC业务模式 直接触达客户

智能物联转型 PC ⎰ 智能化服务 ⎱ SIoT设备

图 15.3 日出东方战略

与此同时联想提出了联想中国智能化服务战略架构[1]，见图 15.4——RISE（Range-wide Intelligence Services Ecosystem）。RISE 智能化服务生态战略包括三个架构层面的核心内容：RI 代表领域智能化，S 代表服务，E 代表生态系统，并形成了"2+4+'6+'"的方法论策略。其中包括以下内容。

- 2 个基础：新技术架构与新生态联盟。

- 4 类服务：最基础的设备服务、智能运维服务、智慧解决方案和智能化全周期服务。

- "6+"领域：智慧城市、智慧教育、智慧农业、智能制造、智慧能源、智慧商务等。

联想中国智能化服务战略架构

图 15.4 联想中国智能化服务战略架构——RISE

无论是联想的顶层战略还是落地战略架构都把供应链数字化转型战略作为一个重要组成部分。正如 2017 年联想董事长兼 CEO 杨元庆在世界互联网大会上指出的："智能制造是全链条的智能化，不仅仅是制造环节的智能化，而是把研发、生产、供应、销售、服务的企业制造全链条都串联起来的全面的智能化，是按照客户的需求设计开发、采购部件、组织生产、精准营销，并提供个性化服务的全流程的智能化。" 打造高效、敏捷智能供应链是联想供应链数字化转型战略。联想智能制造四阶梯[2]（见图 15.5）同时也是供应链数字化转型的四阶梯，联想现在正处于从第三阶梯向第四阶梯进军的新征程，以获取下一个十年的核心竞争力，包括智能化制造和服务，其中也包括智能化的数字化供应链服务。

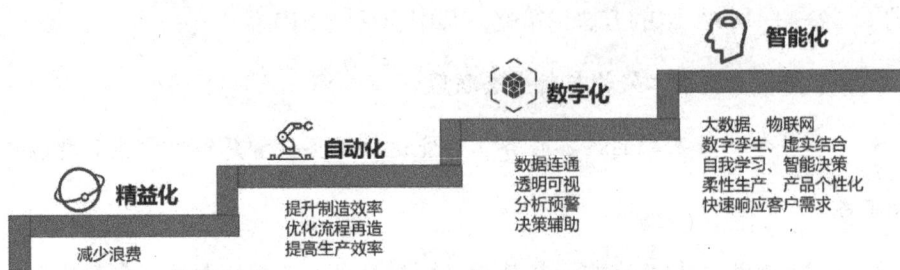

图 15.5   联想智能制造四阶梯

联想智能制造白皮书指出智能制造包括表 15.2 中的四化。

表 15.2   智能制造落地四化

四化	描述
产品个性化	联想致力于让客户能做最真实的自己。无论有什么样个性化的需求，都可以在联想产品上得到满足
供应协同化	联想的全球供应链系统极其复杂，在全球拥有超过30家自有及合作工厂、2 000余家零部件供应商、280万家分销商和渠道商，是高德纳评选的唯一一个连续五年进入全球供应链前25名的中国企业。联想与各合作伙伴互信互通，以信息透明打破种种数字壁垒。例如：在PC产量最大的合肥联宝工厂中，电子物料全自动仓储系统单日进出料30 000卷，每4小时调取2 000多种物料到产线。在智能协同的供应链系统的管理下，将复杂化为无形，工厂从备料到生产就像人们去无人超市买东西一样便捷畅快
服务主动化	在智能化的新时代，联想将通过智能化的变革实现质量体系的优化升级，进一步完善产品质量标准，提高生产效率，为用户打造产品、服务和解决方案的最佳体验。联想致力于精准感知和预测客户需求，主动为客户提供他们需要但还未提出甚至还未意识到的服务。让客户时刻都能感觉到联想贴心服务的存在
决策智能化	深度数据分析、AI代替经验辅助决策。联想人工智能开放创新平台支持智能制造的整个价值链和广泛的应用场景。例如：在智能化排产方面，联想利用订单计划整合系统，可以实现90分钟内10 000次以上的订单与物料的匹配计算，得出能够满足客户需求和使产能充分利用的结果，并且给出客户明确的收货时间点的最优交付计划

联想对四化的理解，是以各种先进技术及其整合而成的应用方案为基础，从而实现在产品、供应、服务、决策四大方面的核心功能和场景的目标。因此联想的四化给了智能制造和智能数字化供应链战略非常清晰的落地方案和目标。

15.4.2   构建联想供应链数字技术赋能中心

图 15.6 描绘了联想智能制造体系框架和部分关键智能制造技术。该框架通过

将五大技术能力与"端、边、云、网、智"的结合,从而达成四化目标,逐步实现"研发、生产、供应、销售、服务"全价值链智能化。"端边云网智"的新一代技术架构形成了联想的供应链数字技术赋能中心,也是实现其供应链智能运营的技术驱动力。联想在五个技术维度都有领先行业的技术实力。其中:"端"即包括各种智能终端,也包括了众多使用场景的各种嵌入式计算设备和传感器;"边"主要是指边缘计算设备和边缘服务器;"云"主要是指云计算、存储能力、大数据平台,以及 AI 和管理平台;后面两个关键词比较好理解——"网"是 5G 网络与光网宽带,"智"就是行业智能解决方案。

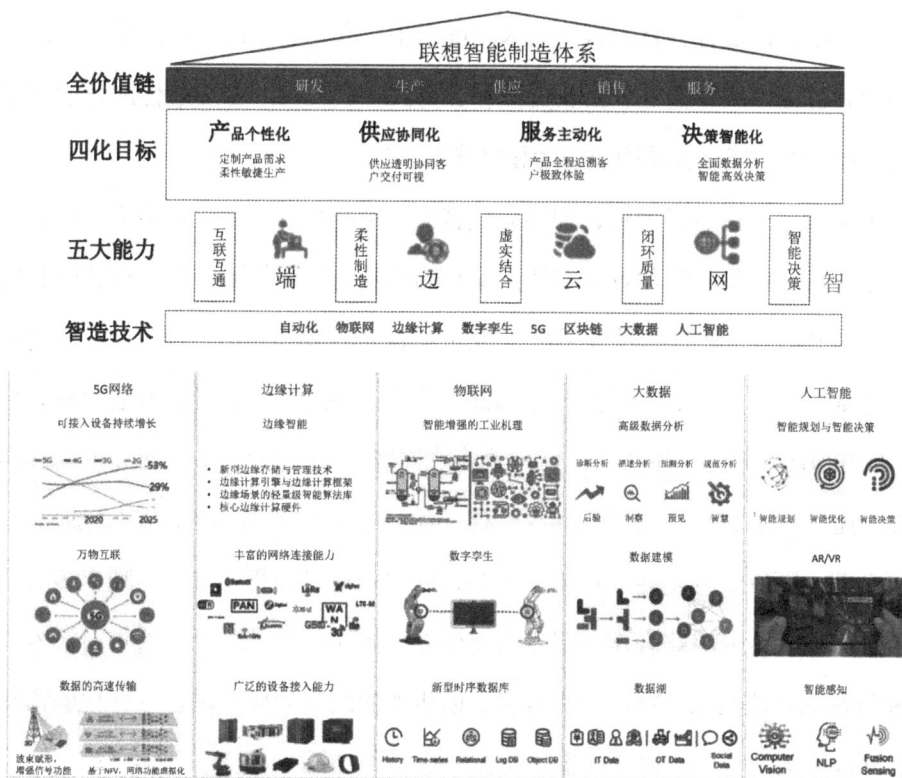

图 15.6   联想智能制造体系框架和部分关键智能制造技术

15.4.3   重塑联想供应链业务模式

自 2017 年提出 3S 战略以来,联想与合作伙伴已经建立了一个基础的生态联盟体系。新生态联盟正在重塑联想智能制造全价值链的业务模式。它基于联想"端边云网智"的新一代技术架构能力，又建立了清晰的商业边界与开发共赢的生态理念，这保证了新生态联盟体系从开始之初就拥有了技术领先与生态模式领先两大优势。图 15.1 已经描绘了联想供应链的发展历程。在 3S 战略的指引下，联想数字化供应链正向智能化的数字全球供应链生态模式转型。它形成了联想的供应链数字化重塑的市场驱动力。

联想董事长兼 CEO 杨元庆表示："战略合作伙伴意味着你们会与我们一起变革，通过数字化和智能化让流程更加高效、业务更加可持续，与我们的智能制造、智慧供应链，以及各种行业智能需求高度合拍。联想与供应商一起踏上这段激动人心的新征程，用你们的创新、资源和支持，和联想共同打造最佳的行业智能化解决方案，做智能化变革的引领者和赋能者。"

联想数字化供应链战略，即建立以客户为中心和以数字化转型为基础，专注于卓越的客户体验、运营效率和持久卓越的质量。联想将不断加大在我国智能制造市场方面的投资，计划投资超过 20 亿元在深圳及周边地区，建造非常先进的智能制造基地，建立高效、敏捷、智能的行业最佳供应链。目前，联想已经在全球 180 个市场开展业务，在全球拥有 36 处智能制造设施，其中有 11 处是联想的自有设施，拥有超过 2 000 家合作伙伴，全球一体，高效协同。联想以中国智造为根基，布局全球，顺应业务发展。2020 年 6 月，联想企业科技集团宣布与顺丰多联科技有限公司正式达成战略合作。双方将充分发挥各自优势，联合打造具有技术先进性和行业创新性的综合物流解决方案，以生态化的商业模式满足多样化的市场需求，赋能中国乃至全球智慧物流行业的蓬勃发展。

15.4.4　实现联想供应链业务智能化运营

在 3S 战略指引下，在技术和市场双驱动下，联想正在打造智能化的供应链运营系统，以实现联想供应链业务智能化运营。联想的智能化供应链运营系统是整个联想智能制造全价值链（生产价值链、产品价值链和客户价值链，供应链中的各个环节，如计划、采购、交付、服务等都是三个价值链中的重要环节）解决方案的重要部分，见图 15.7。

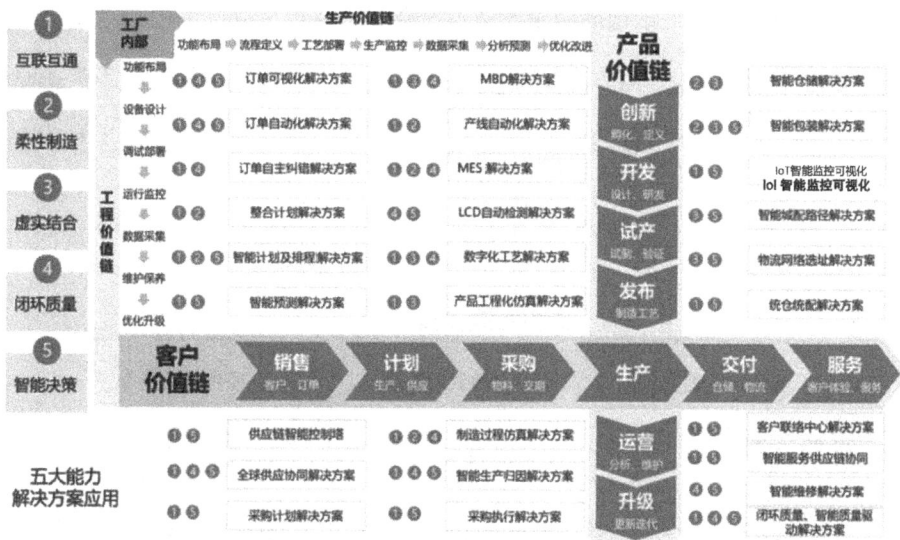

图 15.7　联想智能制造解决方案全景[2]

联想的智能化供应链运营系统主要包括以下部分。

1. 业界领先的订单履约管理

联想订单履约管理系统包括三大部分——订单协同协奏、订单端到端可视化和订单智能决策，见图 15.8。

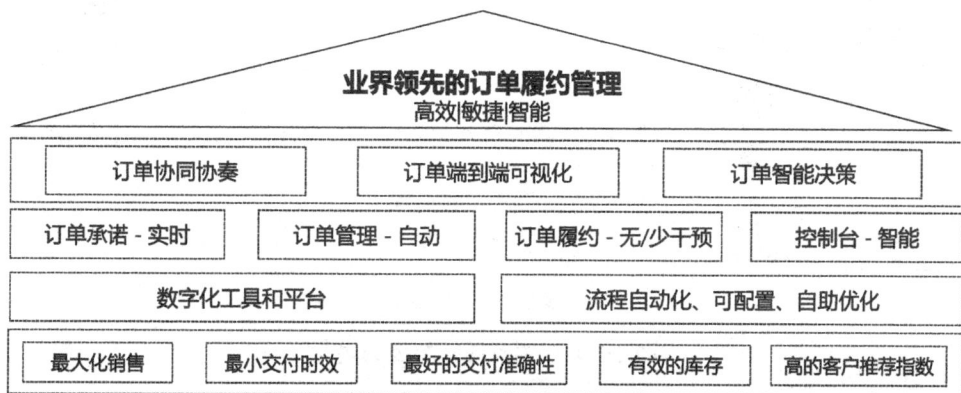

图 15.8　订单履约管理[2]

2. 联想供应链智能控制塔 [3]

供应链智能控制塔是联想供应链运作的指挥中心和赋能大脑。控制塔提供了全方位视角，打通了端到端的数据连接，能更全面地从地理维度、物料、产品、工厂、物流、客户等不同视角来审视供应链的业务问题和改进点。功能特性包含了可配置仪表盘、业务分析决策旅程和事件管理中心。它也作为一个供应链的决策大脑赋能整个生态系统，包括需求到供应、订单到现金、新产品导入＆产品生命周期管理，见图 15.9。

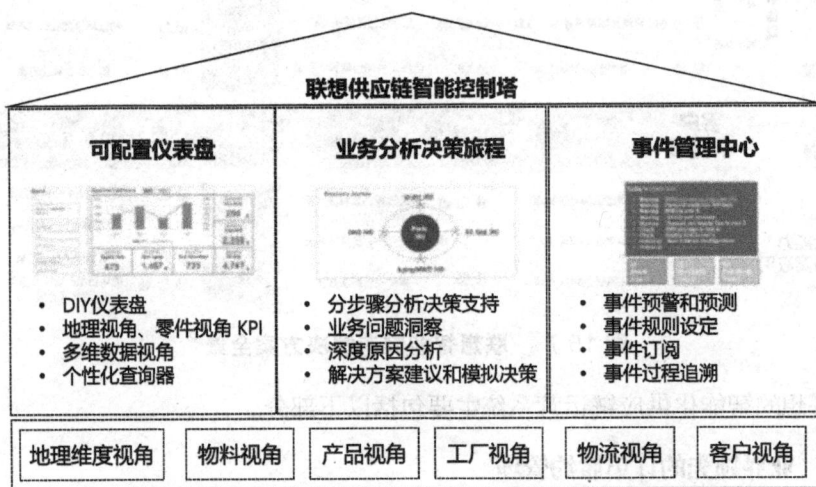

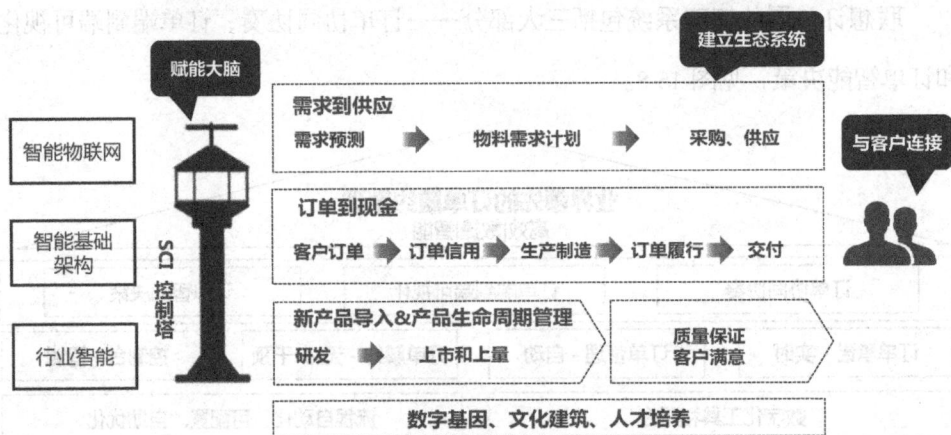

图 15.9　供应链智能控制塔 [2,3]

联想的 SCI 供应链智能控制塔的业务价值包括以下六个方面。

- 400 个以上主要供应商和 10 个以上 ODM 合作伙伴数据连接。

- 80% 数据集成，供应链唯一真实有效的数据平台。

- 100 份以上全球供应链分析报表，全面支持各职能业务。

- 数据每天全面刷新四次，预测到供应相应时间提升 50%。

- 100 000 美元以上呆滞库存减少，提升库存周转率。

- 80% 员工的工作台，超过 10 000 工作小时数节约。

3. 供应商协同平台

联想提出全方位供应商协同解决方案，利用高度智能化供应商协同平台，全流程实现信息多维度、精细化共享、业务数据实时传递、智能决策、预估风险，实现供应与生产的高度配合，提高企业与供应商的作业效率。通过供应商与企业建立伙伴关系，针对生产和市场的变化，敏捷应对、随需而动，构建企业具有竞争力的供应链体系。该平台采用了物联网、机器学习、机器人流程自动化、云计算等新兴数字技术，见图 15.10。具有以下特征。

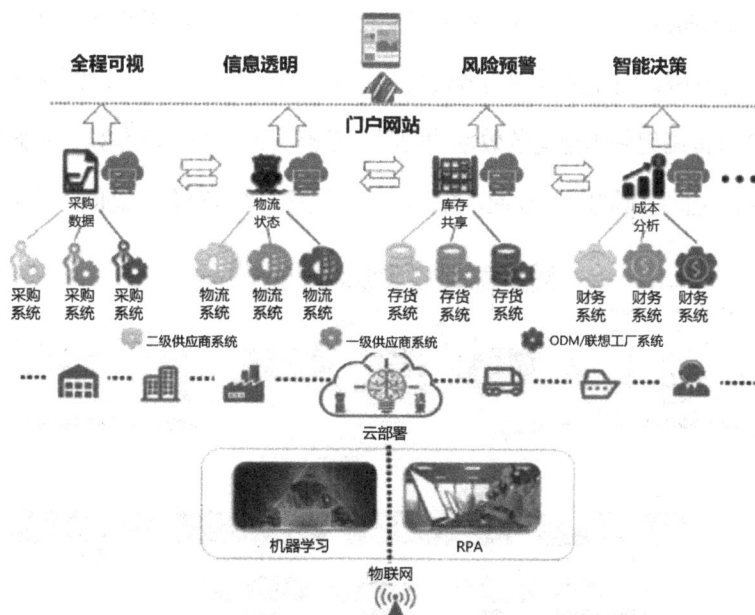

图 15.10　智能供应商协同平台[2]

- 集合各平台功能统一登录接口（统一智能平台操作）。

- 全流程，端到端业务支持。从研发、预测、订单到物流、库存、质量、出货、售后信息全面协同协作。业务过程可视化，智能订单处理，收发货协同，物流可视化，自动精准入库，质量监控协同，财务电子对账。从数据传输，业务数据比对结果差异到异常实时跟踪，实现不同层次的可视化，提升透明度。

- 风险自动预警。设置节点跟踪功能，自动比对结果异常，可选择预警对象。同时可以发短信、微信、邮件等通知相关方，智能判断，给出应对方案。可将业务的 KPI 设置到平台中，实时共享 KPI 完成情况，即将超于预算或不满足 KPI 时有预警，使得考核变成事前处理而不是事后分析。

- 实现企业和供应商信息充分共享，建立稳定双赢的合作伙伴关系。

4. 联想智能计划及排程解决方案

面对以算法为核心的 AI 浪潮，联想借助其先进的全球供应链体系，大规模且集成的数据优势，结合机器学习算法实践，提出了联想智能计划及排程解决方案（Intelligent Planning & Scheduling），该方案旨在通过高集成、自动化的需求和供应计划，突破原有操作界限，将全部计划内容转变为一个柔性、连续的过程，见图 15.11。在借助数字化转型提高组织内部运营效率的同时，该解决方案的实施有利于增强企业和上下游合作伙伴之间数据的互联互通，并为联想打造其"合作伙伴生态圈"奠定了基础。

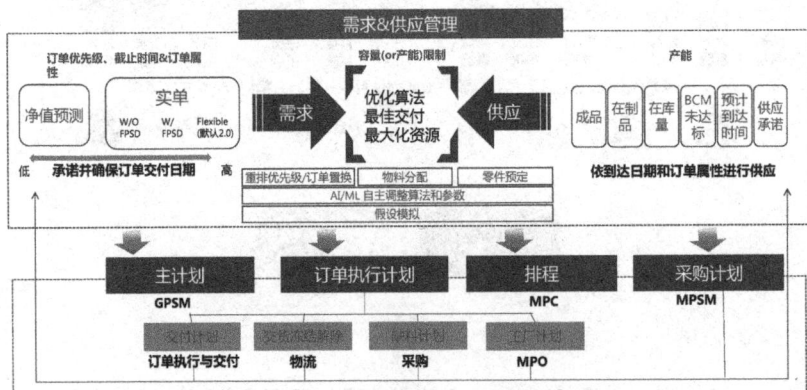

图 15.11　智能计划及排程解决方案 [2]

5. 智慧物流

生产型（产线）物流自动化（见图 15.12）：联想惠阳工厂自动化线体根据订单类型分为三种模式，大批量、高自动化的火星线模式，中批量、高自动化、高效率的雷霆线模式，小批量、高自动化、高柔性、高效率的闪电线模式。分别对应不同的订单体量，做到对不同订单形式进行针对性匹配，实现订单的高效生产以及线体的高效利用，从而实现综合效益的优化。

服务型物流自动化（见图 15.13 ~ 图 15.15）：联想有一个非常庞大且复杂的全球服务网络，供应链物流服务是其核心服务之一。以联想中国为例，它有一个复杂的物流仓储运输网络，其服务可触达祖国的每一个角落，见表 15.3。

图 15.12　产线物流自动化 [2]

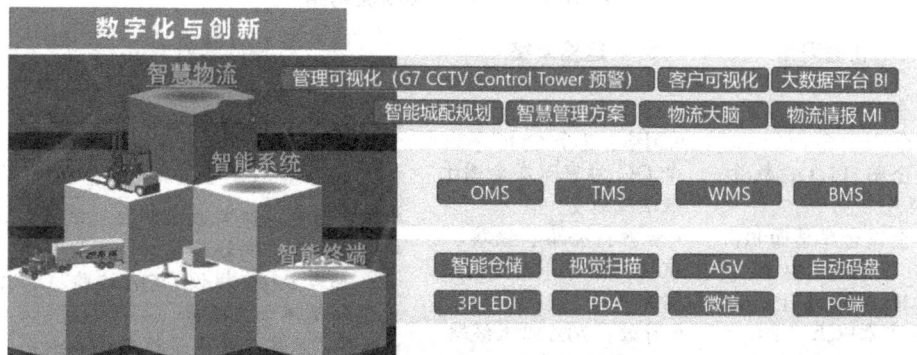

图 15.13　智慧物流

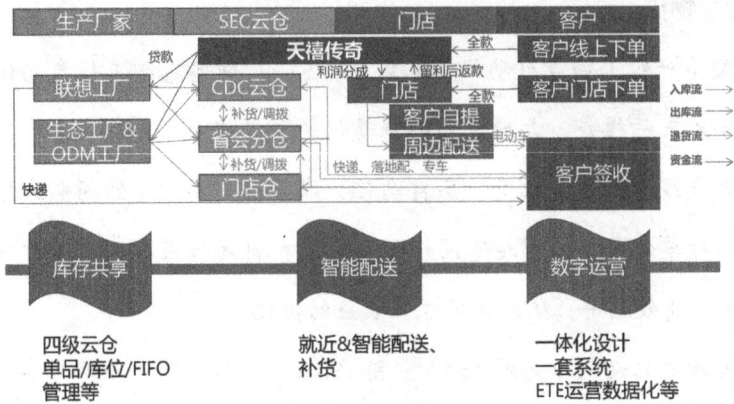

图 15.14　智慧云仓模式

图 15.15　智慧仓储物流体系全景[2]

表 15.3　联想中国物流网络

仓储网络	运输网络	逆向物流网络
● 全国 CDC 数量：7 个 ● 全国 3PL DC 数量：34 个 ● 全国仓库总面积：20 万平方米以上 ● 日发货量：15 000 立方米以上 ● 在库 SKU 数量：4 500 个以上	● 网络：7 个 CDC +34 个 DC 为中心发全国干线运输服务 ● 资源：公路、铁路、航空、高铁，有多种运输方式 ● 时效：70% 以上线路 48 小时达服务	● 网络：全国区县级城市 100% 覆盖，也可根据客户需求开通任何地点的逆向运输 ● 标准类型：送新取旧和旧机取返 ● 增值服务：可提供售后加工增值服务，如在 RDC 提供 DOA 检验、二次包装等简单加工服务 ● 运作：具有竞争力价格和服务水平，服务安全、可靠

面对如此庞大、复杂的供应链物流服务网络，为了服务好客户，联想在 3S 战略指引下，以"打造客户体验一流的业界领先、科技驱动、柔性敏捷的智慧物流生态平台"为愿景，通过实践管理创新、客户服务创新、模式创新、对外赋能创新、绿色生态创新，致力于打造泛 IT 行业的智能化物流模式。该模式如图 15.13 所示，分为三个层次。

● 底层智能终端：各种数字化智能终端设备，包括智能仓储（见图 15.15）、视觉扫描、IoT 传感器等。

● 中层智能系统：包括 OMS、TMS、WMS、BMS，如图 15.15 所示的智慧仓储物流体系。

● 上层智慧物流：联想物流建立起以"智慧云仓""智慧运输""算法中心"为核心的智能化管理创新体系，并自主研发物流业务管理系统，实现实时运作监控。通过应用机器视觉核心技术，打造"智慧云仓"（见图 15.14）；结合 IoT 产品的智慧运输创新，实现"智慧运输"；基于"算法中心"打造物流情报体系，实现智能调度、智能排单、智能路由规划。联想物流基于客户画像，明确客户需求，定制化物流服务能力，实现手机端实时可视、定制报表、一键服务。

图 15.16 描绘了智慧物流全业务管理系统的架构，它包括五大核心系统与四大支撑体系。

五大核心系统包括：

● 订单管理系统（Order Management System，OMS）。

● 运输管理系统（Transportation Management System，TMS）。

● 仓储管理系统（Warehouse Management System，WMS）。

● 商务管理系统（Business Management System，BMS）。

● 物流控制塔（Control Tower）系统。

其中，物流控制塔系统旨在为物流端到端业务建立统一的管理平台，实现物流业务的管理可视化。基于整合的数据层，通过物流控制塔系统和 BI 应用，实现对 KPI 的监控、对运作异常的预警、对重点客户订单的全程跟踪，以及对客户履约异常的预警及跟踪解决。基于物流商业务管理和人员管理需求的系统方案，为物流商提供便捷的预到货和任务查询功能，以及作业进度看板管理等，方便物流商进行业务管理和分析。

四大支撑体系包括：

- 一大门户。
- 四大主数据。
- 四大集成。
- 四大微服务。

联想通过自主开发的五大核心系统和四大支撑体系满足其全业务、全场景的物流管理需求，实现业务操作流程的全面数字化管理。

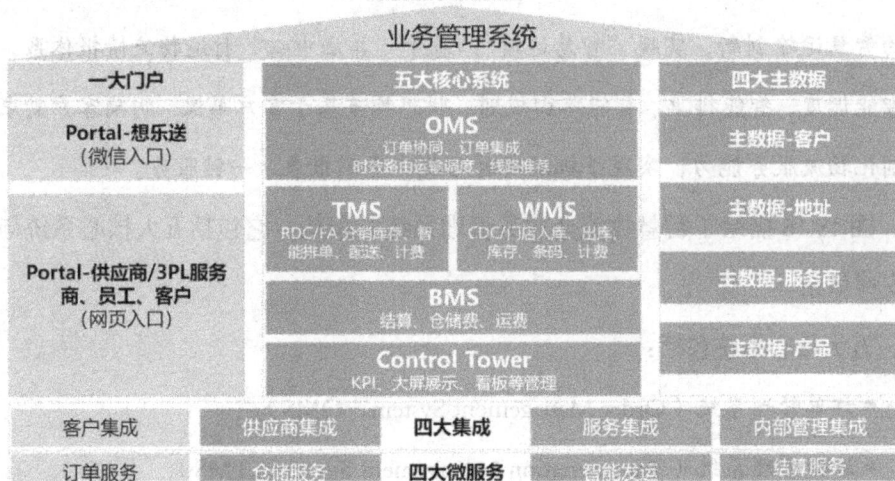

图 15.16　智慧物流全业务管理系统 [2]

15.4.5　建设联想供应链转型数字化保障体系

联想的智能制造方法论——TOC（见图 15.17）是建设联想供应链转型数字化保障体系的指南。

联想供应链转型数字化保障体系包括数字化供应链的组织、文化与技术。

数字化供应链的组织包括联想供应链国际性数字化人才体系和管理组织，数字化供应链的生态系统、供应网络、客户网络、供应链协同和人机协同。

图 15.17　联想智能制造方法论——TOC²

数字化供应链的文化包括供应链的创新与可持续发展。前面已展示了联想供应链在数字化和智能化方面持续创新的文化传统。此外，联想供应链在可持续发展、循环经济、绿色物流方面也是全球领先的企业。

供应链的数字技术除了前面介绍的数字化供应链赋能中心的数字技术外，联想还具有下面三大数字化转型的保障体系。

●　联想 5G 云（见图 15.18）：它是整个联想智能制造、服务和供应链的高速网络基础设施，为实现数字化敏捷供应链的智能化提供了无缝连接、低延迟通信、边缘计算等方面的保障。

●　联想人工智能大脑（见图 15.19）：联想 AI 大脑既是一个协作平台和智能化的基础设施，同时也是一个 AI 生态系统。算法研究人员在其中训练和贡献 AI 模型，应用程序开发人员使用 AI 服务创建应用程序，业务经理利用 AI 功能来构建 AI 解决方案并扩展业务。联想大脑支持企业的智能转型战略，支持智能制造的整个价值链和广泛的应用场景。基于联想大脑的能力和平台，联想已经在内部围绕智能制造大大优化了工作流程，提高了生产质量，节省了物流成本并增强了用户体验。

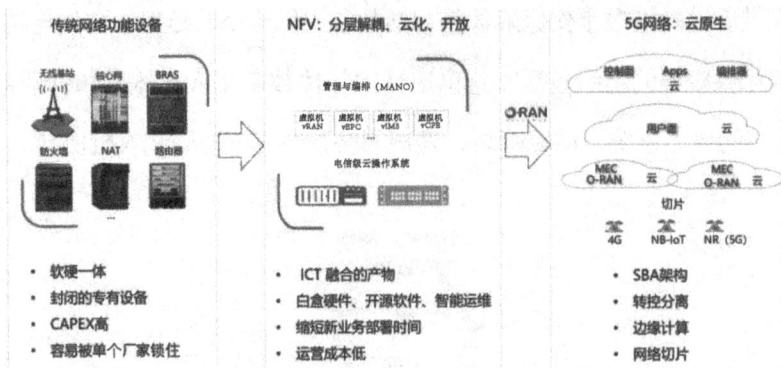

图 15.18　联想 5G 云 [2]

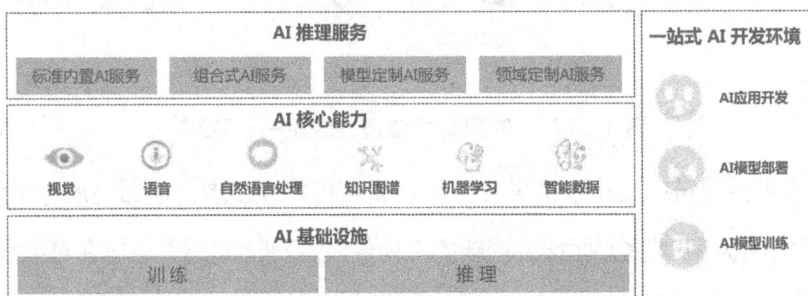

图 15.19　联想人工智能大脑 [2]

● 联想区块链技术：图 15.20 描绘了联想区块链技术平台架构。它由基础设施层、区块链框架层、平台层，以及应用层构成。它实际上是建立智能的数字化供应链生态系统的信用保障体系。

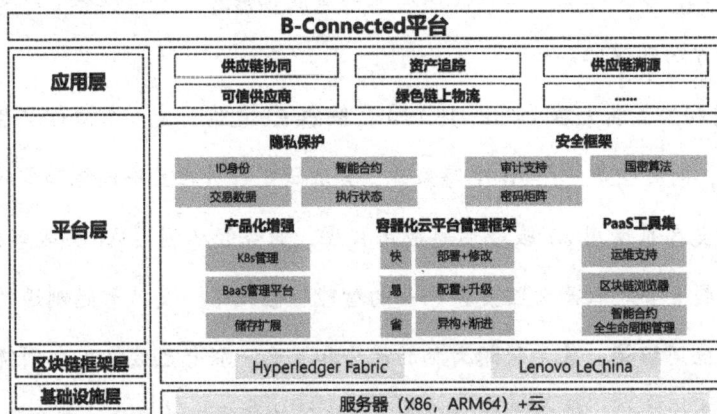

图 15.20　联想区块链技术平台架构 [2]

15.5　本章小结

每个企业都有自己独特的数字化转型的经验和历程。联想从它的数字化转型实践中总结出来的数字化转型方法论 START 是最有价值的给其他企业数字化转型的参考。因此本章以联想数字化转型方法论为主线，介绍了联想供应链是如何按照该方法论成功地转型和重塑为当今世界领先的数字化供应链的，并继续向建设全面深度智能的数字化供应链生态发展。本章的要点包括以下方面。

● 联想数字化转型方法论 START：S（Strategy Approaches），制定数字化转型战略；T（Technology Enabling Center），构建技术赋能中心；A（Analytics and AI Empowering Business），实现业务智能运营；R（Reinvention of Business Model），重塑业务模式；T（Transformation Guarantes），建设转型保障体系。

● START 如何引导联想供应链的数字化转型：制定联想供应链数字化转型战略；构建联想供应链数字技术赋能中心；重塑联想供应链业务模式；实现联想供应链业务智能运营；建设联想供应链转型数字化保障体系。

【参考文献】

[1] 唐文全. 制造业供应链管理服务模式探索，2019.

[2] 联想集团. 联想智能制造白皮书（2020版）.2020.

[3] 对外经济贸易大学全球价值链研究院. 后疫情时代的全球供应链革命：迈向智能、韧性的转型之路，2020.

第五篇

度量篇

第 **16** 章

供应链数字化转型的度量

本书前面已经介绍了一些供应链数字化转型的方法。然而如何在实施和执行数字化变革时确定它的绩效，不仅关乎企业变革的价值，而且关乎这场变革是否能持续改进和发展。本章主要讨论如何度量供应链的数字化绩效，以及它的成熟度。传统供应链的度量是基础，部分度量方法将也适用于数字化供应链。

2017 年 10 月美国数字化供应链研究院（DSCI）就如何加快数字化供应链的发展提出了非常实用的建议，并发表《数字化供应链转型指南：基本指标》（*Digital Supply Chain Transformation Guide：ESSENTIAL METRICS*）（以下简称《转型指南》[1]）。《转型指南》的信息很简单：建立清晰和连贯的供应链数字化战略，改变性能指标，将改变供应链。在实施转型变更时，评估变更的有效性和效率是很重要的。无论这些指标是否涉及生产目标、销售、客户满意度或风险规避，指标都会评估业务承诺，因为这些指标在公司运营和执行领域的不同部门中扮演着分配责任的角色。改变数字化供应链指标，公司就会改变行为。将供应链转变为数字化供应链意味着增加新的指标，以确定推动变革的努力是否成功。《转型指南》包括传统供应链指标、基本数字化供应链指标和转型成熟度评估三个部分，它们提供了一个循序渐进的指南，说明如何使用当前和新的绩效指标来帮助公司构建成功的数字化供应链。本章介绍的度量框架及相关数据基于《转型指南》。

16.1　一般传统供应链的度量

一般传统供应链的度量分成下面两大类型，如图 16.1 所示。

输出型度量

流程型度量

完美订单
订单未按时交付——缺货制造延迟、装运
延迟、在途交货延迟
不符合客户要求的订单——减少不准确发货

预测准确性 —— 以发货改进百分比表示的价值
预测和实际需求之间的差异——减少不
准确的装运

供应链管理人员成本
供应链人员成本
运输成本
客户服务运营成本

现金周转期 —— **客户服务流程**
送货至客户
应付未付天数

供应链管理技术驱动成本
库存持有成本
仓储/配送中心运营成本

现金周转期 —— **技术驱动的服务流程**
库存天数 —— 库存平均天数
未付款天数 —— 从发票到现金收据的
平均收款期

供应链相关资本
避免基本建设费用支出
提高资产利用率
增加资产利用配送中心 —— 运输网络策略
实现生产过程中的更高产量

供应链风险
更好地监控供应商质量
改进风险管理和透明的价值链合作伙伴
更有效的IP保护

图 16.1 一般传统供应链的度量[1]

这些传统的供应链指标在未来数字化供应链中也同样重要，同时，数字化供应链可以更好地管理系统、人员和流程，以提高这些指标的性能。然而，一些传统的指标将被放弃，以便为新的、必要的数字化供应链指标腾出空间。同时，仅仅增加更多指标是行不通的。我们的目标不是要创建一个更大的记分卡，并有更多的度量标准。供应链领导者的关键传统指标将继续用作管理供应链绩效的战略工具。当向数字化供应链过渡时，如完美订单和需求预测准确度等指标的重要性不会降低。相反，这些指标将成为衡量新兴数字战略、行动和成果效益的最佳和最可靠指标。当然，供应链指标并非"一刀切"的原因有很多争论。有些供应链战略高度重视客户服务，将其作为企业的差异化因素，因此，领导者可能会对较高的库存水平感到满意。另外，为了提高效率、降低成本和实施风险管理，一个完全合理的策略可能会在一定程度上牺牲与较高库存水平相关的客户满意度。我们关于一套关键的传统指标的提案认可了这一战略细分，并试图通过一套标准的衡量指标，帮助评估当前的绩效，重要的是评估各种新的数字化活动的影响。

美国生产力与质量中心（American Productivity and Quality Center，APQC）是基准测试、最佳实践、流程和绩效改进以及知识管理方面的全球头号权威。图16.2所描述的APQC传统供应链管理调整跨行业诊断数据提供的跨行业指标及其相应的最高绩效值、中位数和最低绩效值及其百分比，为我们提供了在制定传统供应链绩效指标时可以使用的基线数据和关键传统措施。虽然这些基准的精确使用存在局限性，但在概念上，有一个合理的论据可以用来比较公司的现状和开放标准，以此来分析业绩的优缺点。根据APQC基准计算出的显示潜在弱点的关键绩效指标可能是确定补救性数字化供应链战略和行动优先顺序的更有力候选指标。

过程小组	测量类别	关键绩效指标	最高绩效值	中位数	最低绩效值
提供产品和服务	流程效率	预测准确度的值占已装运价值的百分比	95%	90%	80%
提供产品和服务	成本有效性	每1 000美元收入的供应链管理成本	26.31美元	58美元	107.09美元
提供产品和服务	周期时间	现金到现金周期时间，以天为单位	30	45	80
提供产品和服务	流程效率	完美订单绩效	95%	90%	81%

图 16.2　APQC 的传统供应链管理调整跨行业诊断数据

16.2　数字化变革传统供应链度量指标

世界正处于一系列重大变革之中，这些数字化变革将迫使企业改变其领导、管理和运营供应链的方式。企业利用这些变革将取得巨大的成功。随着企业对变革的反应，大多数企业的指标都应该有所改善。几个主要的度量指标的数字化改变策略和行动如表16.1所示。

表 16.1 数字化变革传统供应链度量指标

传统供应链度量指标	数字化变革改进策略和行动
需求预测精度（Demand Forecasting Accuracy，DFA）	DFA 是帮助我们评估数字化影响的重要传统指标之一。DFA 改进策略，如对新工艺、新技术的投资，以及专注于培养更快、更立即可操作的需求预测的人员，是数字化的成熟候选方案。可能影响 DFA 的关键数字行动包括收集、分析和正确使用需求感知数据，如分析和实时算法，以增加交易系统的历史需求数据
完美订单（Perfect Order）	完美订单是指完全、准确、及时地交货。这一指标通常被视为整个供应链绩效的代表，并作为客户满意度的领先指标。数字化供应链可以影响这一指标的战略和行动包括：获取更准确和及时的有关库存水平和原材料的信息，运输网络中断的预测性警告，以及对制造过程中材料质量的实时感知
周期时间（Cycle Time）	大多数供应链领导者面临的典型权衡是如何平衡库存持有成本和对卓越客户服务不断提高的期望。为了实现完美的准时交货记录，通常认为库存水平和营运资金成本必须相应地高。数字化供应链的附加值在于它能够帮助供应链领导者更有效地管理这些权衡，减少信息延迟，更准确地感知客户、感知数据驱动的预测，以及提高与成本相关的透明度。数字化战略有效地将这些取舍造成的误差范围缩小为目标值，同时结合了低延迟的需求信息，提供了了解信息分析和传感技术的人员

变革部分传统的供应链度量指标和建立新的数字化供应链的度量指标的根本目的在于帮助供应链的领导者提高供应链运营的绩效，为此基于供应链的基本理论 DSCI 构建了供应链价值模型，见图 16.3。

此供应链价值模型有助于指导数字化战略或行动建立帮助改善供应链绩效的度量指标体系。在实施数字化战略和行动之前，促进对其进行更为科学的（数据驱动）评估，并在仔细选择有可能快速、高效地带来巨大附加值的想法时保持乐观。此外，必须结合一个简单有效的供应链价值模型来说明衡量指标对公司整体业绩的影响。该模型指出数字化供应链行为带来的绩效提升不仅局限于供应链功能，还会影响股东价值。

在这个模型中，说明了受数字化行为影响的关键供应链绩效指标与关键企业财务价值驱动因素（如营业利润率和资本效率）之间的关系。虽然这些关系可以在正常运营条件下理解，但《转型指南》建议注意实际的数字化行动如何影响内部供应链绩效，并最终提高投资资本回报率和股东总回报率。供应链领导者试图证明他们在数字技术、流程和人员方面选择的投资是合理的，但《转型指南》建议他们预测如何改善企业的整体财务业绩。

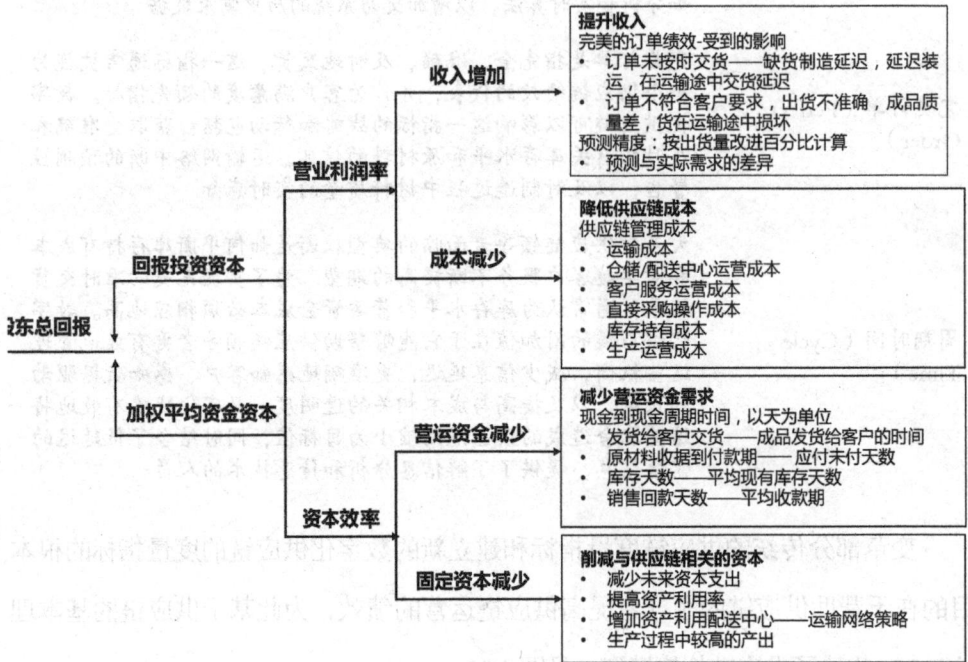

图 16.3　供应链价值模型 [1]

16.3　基本数字化供应链的度量

　　"什么样的指标，有助于我们塑造一个真正面向客户的数字化供应链"的问题的答案，是由每个公司的数字化供应链战略决定的。对于每个公司来说，评估它们在哪里，决定它们想去哪里，确定一个时间框架，然后交流愿景、战略和度量标准是很重要的。本书第 11 章已经介绍了供应链数字化转型执行框架：一个以客户为中心和有四个关键领域（需求、团队、技术和风险）的框架。对于四个关键领域，选择适当的指标至关重要，因为它们会推动公司的行为。未能识别不正确的指标可能会使组织和员工陷入困境。和传统供应链度量指标类似，基本数字化供应链（以下简称"DSC"）的度量指标也分成两大类型：输出型度量和流程型度量。

所不同的是它按四个关键领域来分类，如表16.2～表16.5所示，表中对每一个度量指标给出了使用指南，它包括该指标是什么，为什么要定义该指标，以及怎样实现该指标。

表16.2 "需求"度量指标

输出型度量	度量指标使用指南	流程型度量	度量指标使用指南
DSC行动带来的收入变化	●**是什么**：计算DSC行动的总美元价值增加的收入。这些措施可以包括：利用大数据更好地匹配客户需求，通过创造优势的"黏性"供应链刺激销售，基于DSC知识的更明智的产品设计和本地3D制造等。该指标将与销售和市场部共享（重复计算） ●**为什么**：DSC必须进行正面的翻转，以增加收入的方式面对客户。衡量立项管理委员会产生的收入增长对关注并支持这项工作至关重要。DSC战略是与销售和市场部共同制定的 ●**怎么做**：每年立项管理层必须与销售和市场部会面，以确定立项管理委员会为增加收入而采取的行动类别。每项行动都必须纳入预算并加以衡量	自动化完成订单百分比	●**是什么**：测量通过自动化实现的完美订单总数。比较总订单和完美订单数量 ●**为什么**：自动化，如果做得正确，会创造出更完美的订单。完美订单创造客户满意度，这会创造更多订单和收入 ●**怎么做**：如何通过自动化计算总订单和总完美订单。将客户知识整合到自动化系统中
平台利用带来的收入增长	●**是什么**：每个供应链都应该增加平台合作伙伴的收入。这项收入应该用现金收入来计划和衡量。这些平台合作伙伴可能是当前或新的供应商，甚至是客户 ●**为什么**：连接客户的DSC平台是一种资产。其他公司有机会进入DSC。技术支持的协作使这一切成为可能 ●**怎么做**：选择为其他供应商提供好处的特定供应链流程。开发一个收入分享模式，使公司能够保持一定比例的价值。价值可能来自成本节约或销售增加	需求成形/管理延迟天数	●**是什么**：测量需求与实现日期之间的延迟时间 ●**为什么**：速度往往是推动客户选择的最大因素。因为速度能赢得生意。这一指标在许多行业中越来越重要。DSC战略将决定这对公司是否重要 ●**怎么做**：如何制定一个延迟的度量，每季度跟踪一次，并朝着实时跟踪的方向发展

续表

输出型度量	度量指标使用指南	流程型度量	度量指标使用指南
DSC行动导致的需求增长百分比	● **是什么**：该指标与收入增长指标类似，但以百分比表示，便于与其他公司和本公司前几年业绩进行比较 ● **为什么**：连接客户的DSC平台是一种资产。其他公司有机会进入DSC。技术支持的协作使这一切成为可能 ● **怎么做**：到第三年，增长百分比对应的数额应至少占公司当前收入的10%	DSC净促销员得分	● **是什么**：衡量愿意推荐公司作为其供应商的客户分数。高分（9分或10分）不错，低分需要提高 ● **为什么**：DSC应该创造客户忠诚度。客户忠诚度意味着来自现有和新客户的更多收入。许多公司已经跟踪了净促销员得分，但由于立项分析侧重于客户保持和增长，因此DSC将应用于此 ● **怎么做**：管理所有客户和供应商的净促销员得分调查。把目标定为9分或10分。可以使用净促销员得分法或创建自己的版本

表 16.3   "团队" 度量指标

输出型度量	度量指标使用指南	流程型度量	度量指标使用指南
DSC人员总成本÷总销售额百分比	● **是什么**：当前和计划DSC的工资和福利总成本。现在计算平均工资并与计划平均工资进行比较 ● **为什么**：DSC将要求大幅降低人员成本，但平均工资应提高 ● **怎么做**：决定如何跟踪外包人员成本。在计算中包括这一点。将此指标的目标与DSC人才战略保持一致。该指标用DSC人员总成本（供应链中工作人员的总成本）除以总销售额的百分比表示	数据科学家/管理员的全职员工总数	● **是什么**：计算DSC中数据科学家和数据管理员的总数 ● **为什么**：数据科学家和数据管理员技能的需求量很大，因为他们是有效的DSC所必需的。DSC人才战略将详细说明所需的数量和技能。数据和系统的平均素养也应提高 ● **怎么做**：计算数据科学家和数据管理员的数量。为所需数量以及总体技能设定目标

输出型度量	度量指标使用指南	流程型度量	度量指标使用指南
峰值和非峰值需求之间的收入平衡	● **是什么**：大多数公司都有高需求期和低需求期。DSC 将把需求从高峰期转向低谷期。招聘具有销售和大数据分析技能的新人（如数据科学家），他们可以通过可用性、价格的变化来预测和塑造需求，定制等 ● **为什么**：不断变化的需求使工厂能够高效运营，并有可能消除对特定工厂和过剩库存的需求。库存可以减少 ● **怎么做**：建立 DSC 和营销高峰联合团队，以了解客户行为和工厂绩效。整合大数据进行需求分析	拥有销售/营销专业知识的员工总数	● **是什么**：统计供应链中至少有 3 年销售、营销或客户服务经验的人员 ● **为什么**：前端、销售驱动技能和思维定势是实现 DSC 所必需的。这些新人将推动思维方式/文化变革 ● **怎么做**：每季度进行目标调查。与具有绩效目标的 DSC 人才战略进行比较
创建支持 DSC 业务模式的收入规模	● **是什么**：计算由 DSC 创建的新商业模式的年收入。在开发新的商业模式时，一个最重要的因素就是让数字原生人、营销专家和数据科学家加入。新的商业模式可以是以下几种：向其他需要分销或仓储的公司销售 DSC 服务；成为一个"直接进入"的企业，因为 DSC 在触发订单的产品中包含传感器；赠送产品并销售内容或服务；其他 ● **为什么**：从传感器、物联网、社交媒体和其他来源收集新数据将为做得好的人创造新的商机。高性能 DSC 可能成为某些公司最有价值的资产 ● **怎么做**：让能够设想新的经营方式的人加入。投资于他们并衡量结果	"书呆子"/狙击手增加百分比	● **是什么**：把人归为狙击手或"书呆子"。狙击手擅长做一些事情。"书呆子"擅长收集和分析数据。他们永远不是同一个人。测量两种类型之间的百分比关系。大多数组织的狙击手比"书呆子"多得多。鉴于可用新数据的爆炸式增长，设定一个不同的管理目标 ● **为什么**：为了吸引和留住他们，必须重视他们。"书呆子"会让狙击手更有效率 ● **怎么做**：定期进行员工人数调查。创造一种文化，承认"书呆子"和狙击手的价值
由于 DSC 行动，每个供应链员工的收入增加	● **是什么**：通过实施新的数字平台、培训现有员工等措施，衡量每个供应链员工的收入增长 ● **为什么**：衡量 DSC 转型过程中这些 DSC 行为的实际影响和进展。衡量 DSC 转型带来的每位员工生产力的增加 ● **怎么做**：列出经过 DSC 转换的所有正在进行的 DSC 操作的列表。计算因实施这些立项管理委员会措施而增加的收入。将收入增长除以雇员人数		

表 16.4 "技术"度量指标

输出型度量	度量指标使用指南	流程型度量	度量指标使用指南
DSC技术总支出	● **是什么**：将IT（如企业软件、区块链）和特殊技术（如3D打印或无人驾驶汽车或传感器）的年度资本和费用相加。需要一些判断来确定什么是DSC支出。建立支出基准是很重要的 ● **为什么**：由于数据量、新的制造和生产方法、物联网、传感器等的增加，技术支出将增加。衡量和管理这些支出非常重要。我们必须花更多钱，但我们也必须得到更多钱 ● **怎么做**：获取技术上的所有开支，包括由工程部门运行的虚拟服务器，包括有时以内部客户名称调用的云开销。确保回报预期明确且经过审核	先进数字技术促进的收入百分比	● **是什么**：衡量使用先进数字技术（如人工智能、3D打印、区块链、物联网等）产生的或至少有部分业务收入的确切百分比。衡量无人驾驶汽车/无人机交付的业务收入百分比。衡量DSC技术支持的其他收入来源 ● **为什么**：我们知道3D打印、无人驾驶汽车和其他技术可以改变DSC。衡量、管理和激励发展的重要性 ● **怎么做**：从工厂、配送系统和销售或预订系统收集数据。合并增量收入并计算占总收入的百分比
直接渠道销售额百分比	● **是什么**：衡量直接面向客户的业务百分比。不是通过渠道合作伙伴或转售商。这适用于B2B和B2C。决定是否要衡量收入或预订 ● **为什么**：直接渠道将带来更高的利润率和更多的客户关系。这将导致市场份额的增长，获得更多的收入和更高的收益 ● **怎么做**：建立一个网站，让你的客户直接从你那里购买。保持现有渠道，但建立自己的渠道	手动任务的时间百分比	● **是什么**：计算供应链某一段时间内的总时间（如订单到现金）。计算需要人工工作而不是机器工作的时间百分比 ● **为什么**：自动化是降低成本、加快价值交付和提高质量的关键。DSC自动化很重要 ● **怎么做**：组建一个工作团队来规划现有和未来的流程。这个团队也可以做计算。一定要使用基线和改进指标，这样就可以计算出人工工作减少的百分比
		技术处理的制造和交付百分比	● **是什么**：测量工厂和交货工作的自动化，不用手工操作的百分比是多少 ● **为什么**：DSC将利用软件和机器的力量来提高客户满意度和效率 ● **怎么做**：计算每周进行的交货交易的总数。确定无人驾驶汽车交付的百分比。确定由软件/机器执行的制造步骤的百分比

表 16.5 "风险" 度量指标

输出型度量	度量指标使用指南	流程型度量	度量指标使用指南
假冒产品在合法供应链中的价值变动百分比	● **是什么**：衡量合法供应链（合法定义为授权供应商、分销商和零售商）中的假冒产品数量 ● **为什么**：假冒产品通常在授权供应链中被发现。这可能是由于授权工厂生产过剩，或是授权经销商有意或无意地购买假冒产品 ● **怎么做**：通过研究原材料/部件采购、工作时间和成品装运情况，监控授权工厂的总产量。建立一个审核分销商和零售商的机制，以确定其是否有适当的控制措施来验证所有进货产品的真实性。取样、试验、测量和控制	获取关键风险相关数据与将其纳入决策之间的时间差	● **是什么**：计算风险发现和纳入决策之间的天数。需要一些判断来决定什么时候发现什么，什么时候决定。在性能周期结束时，应该能够计算出发现和决策之间的平均时间差 ● **为什么**：速度是最重要的。对尽可能接近实时的数据采取行动是至关重要的。这种风险度量将帮助人们关注执行速度 ● **怎么做**：确定当前的供应链数据源，并确定数据首次存到将其集成到风险评估中的时间跨度。根据需要分配资源以缩短时间跨度。测量从发现到纳入决策的更改减少量
供应链中断损失占总收入的百分比	● **是什么**：计算供应链负面事件损失的现金金额占总收入的百分比，并根据该基线跟踪减少情况。负面事件将在 DSC 策略中定义 ● **为什么**：业务绩效和合规风险通过供应链中断和损失影响收入和支出。衡量风险的降低程度将使管理者集中精力减少这些问题 ● **怎么做**：计算由于供应链中的负面事件（无论是由业务绩效还是合规问题引起）导致的基准收入损失或产生的费用。衡量有形损失，如供应链中断造成的销售损失	网络评估的"关联"供应商百分比	● **是什么**：将供应商总数作为分母，计算经过网络安全控制和机密信息保护计划彻底评估的总数。将分母除评估数。重要的是要确定什么是可接受的网络安全评估，什么是可接受的风险水平 ● **为什么**：网络不安全和包括商业机密在内的机密信息的泄露是 DSC 中一个日益严重的风险。供应商评估计划和持续监控必须涵盖这些不断升级的问题。衡量被评估的供应商的百分比很重要 ● **怎么做**：了解所有与网络连接的供应商，或者从公司接收机密信息或商业机密的供应商，并对它们进行评估。随着项目的成熟，考虑根据供应商的现金价值来权衡百分比

续表

输出型度量	度量指标使用指南	流程型度量	度量指标使用指南
解决风险带来的增量收入	● **是什么**：擅长降低特定风险领域的公司可以通过增加销售额、提高利润率、提高估值、提升融资能力、签订长期合同等方式，将其转化为一种竞争优势，为公司创造价值 ● **为什么**：降低风险并将其转化为更多销售，可以创造财务价值。测量这个值是必要的 ● **怎么做**：确定对客户至关重要的风险领域。建立价值基准以进行财务衡量，跟踪此基准的更改	在综合整体风险评估中分类的供应商百分比	● **是什么**：这将检查一个整体的风险评估计划的存在和利用，包括一个分层的低、中、高风险评级系统。除此之外，它还研究每个风险级别的供应商百分比。传统意义上，公司都是这样做的。DSC 方法是整合新的数据源、规定性分析、非结构化和结构化数据 ● **为什么**：许多行业都有一个趋向于供应商整合的趋势，集中在拥有一个较小的"战略供应商"基础上。推动整合的一个因素是它提供了对供应商的更多杠杆和控制，从而降低了风险。与此相结合的是，公司倾向于对其所面临的广泛的业务绩效和合规性问题进行"整体"的供应商评估。法规的不断增加将加快进行整体风险评估的进程，并对结果进行分析和实施 ● **怎么做**：在相关业务绩效和合规风险领域建立公司风险承受能力。在每个风险领域建立至少三个级别的分层风险评级评估和分类系统。公司可能希望将其汇总为总体风险得分。许多公司将对现有的项目利用和修改，必要时，以涵盖增强的风险 DSC，与战略供应商或已知高风险领域的供应商一起启动综合评估计划

16.4　数字化供应链转型路径过程成熟度

图 16.4 描绘了数字化供应链转型路径过程三级成熟度进阶模型。该模型的左边列举了最基本的绩效度量指标，右边描述了四个关键领域的基本成熟度。每个关键领域的不同成熟度的详细描述见表 16.6～表 16.9。数字化供应链绩效度量指标是评估衡量转型路径过程成熟度的基础，在度量公司数字化转型成熟度

时，供应链绩效结果被重复和不断改进，以满足不断变化的商业场景。因此两者的紧密结合才能为公司提供一种全面的方法来衡量 DSC 的进展及其对业务的影响。

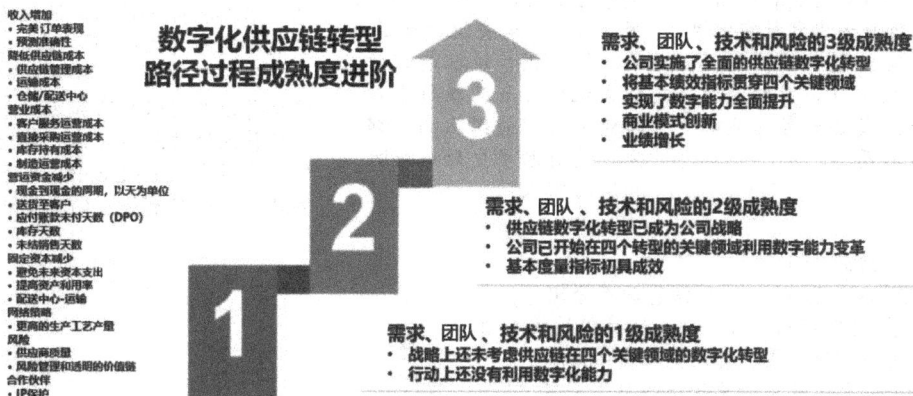

图 16.4　数字化供应链转型路径过程成熟度进阶模型

表 16.6　"需求"转型过程成熟度

1级	2级	3级
还没有将需求管理或刺激纳入供应链。正处于使用实时数据预测需求的早期阶段	正在实施一些计划，在某些地区使用实时数据进行需求预测。供应链团队越来越多地参与需求刺激、需求塑造和需求管理，绩效指标反映了这一转变	供应链计划与"前端翻转"相一致。需求感知和刺激计划使企业能够通过提高需求可见性和提升满足需求的能力来创造额外的收入。正在将各种来源的实时数据整合到需求刺激和预测中。供应链团队积极与市场营销／销售和产品开发以及供应商和客户合作。有一个计划，根据数字化供应链指标和基准评估来改进公司的绩效

基本指标示例：
DSC 行动带来的收入变化
平台利用带来的收入增长
DSC 行动导致的需求增长百分比
DSC 净促销员得分

表16.7 "团队"转型过程成熟度

1级	2级	3级
人员配置、工作绩效指标和领导力发展计划并未特别考虑到数字化供应链转型。供应链部门主要对企业的销售部门或公司整体战略做出反应	数字化供应链和协同集成在人员配置、工作绩效指标和领导力发展计划中。公司已经开始更多地关注数据驱动的决策。供应链职能部门的文化已开始从履行中心转变为跨职能团队的一部分，这有助于更好地刺激和匹配需求	高级领导层明确承诺遵守立项管理委员会的原则，并将适当的绩效指标完全纳入如何聘用、培养和补偿员工。供应链职能部门的文化已转变为以企业家精神关注增长。衡量跨职能协作以及与供应商和客户合作伙伴的协作的有效性。供应链领导层在企业战略中占有重要地位，并拥有适当的决策权

基本指标示例：
DSC人员总成本 ÷ 总销售额百分比
由于DSC行动，每个供应链员工的收入增加
数据科学家 / 管理员的全职员工总数
拥有销售 / 营销专业知识的员工总数

表16.8 "技术"转型过程成熟度

1级	2级	3级
实施计划尚未与公司的立项管理战略具体挂钩。公司供应链部门使用的技术集中在传统的供应链履约功能上。有限自动化或应用实时数据。管理和分析可用数据非常耗时	数字化供应链正在成为公司技术战略的核心，并且公司已经开始实施它，重点是提高自动化程度。公司的技术使公司能够与内部部门、供应商和客户共享数据，以更好地刺激和满足需求。公司正在试验或使用一些相关的先进数字技术	公司战略性地利用数字技术改善供应链绩效，重点是刺激需求和风险管理，从而实现收入增长。公司不断评估新技术和数据源的应用，并根据需要进行整合。公司利用数据和分析来有效了解过去的业绩，并预测未来的需求和风险。审查和利用相关的先进数字技术是公司持续改进过程的一部分

基本指标示例：
数字化供应链技术总支出
直接渠道销售额百分比
先进数字技术促进的收入百分比
手动任务的时间百分比

表 16.9 "风险"转型过程成熟度

1级	2级	3级
公司的供应链业务绩效和合规风险管理尚未开始利用数字化供应链的能力，但已经开始分析数字化供应链的风险缓解机会和新风险，如网络安全	公司已经开始使用实时数据和相关的先进数字技术来衡量和监控供应链风险。公司的风险评估包括对新的数字化供应链风险的评估，如网络安全。公司已开始实施合作计划，以降低供应链风险	公司使用实时数据通过预测分析降低业务绩效和合规风险。与供应商和客户合作，公司的风险计划日益自动化。公司已将网络安全和保密信息保护纳入公司的供应链评估和监控计划，并在战略上瞄准了与公司业务相关的风险领域，现在是管理这一风险的领导者。这为公司提供了市场竞争优势，并将带来收入增长

基本指标示例：
假冒产品在合法供应链中的价值变动百分比
供应链中断损失占总收入的百分比，网络评估的"关联"供应商百分比
在综合整体风险评估中分类的供应商百分比

16.5 使用和完成基本数字化供应链度量指标的指南

供应链的数字化转型带来了新的商业模式和理念，而新的商业模式和理念需要新的评估方法。我们相信，对于任何一家公司来说，向数字化供应链转型是最好的出路，包括传统上不把供应链作为业务重点的公司。需要新的指标来推动这些变化，以便让人们集中精力执行不同的活动集，并评估整体转型的有效性。《转型指南》中包含的数字化供应链度量指标和转型路径过程成熟度评估为当前的变更状态提供了一个强大的指示器。该指示器是基于本书第11章供应链数字化转型执行框架：需求、团队、技术和风险。下面四个执行步骤将指导度量指标从传统的转变成数字化的，见图16.5。

制定DSC战略和迁移计划，
包括投资需求和目标

微调传统供应链指标

评估数字化供应链成熟度、
客户需求和竞争优势

开发一个DSC记分卡，其中
包含输出和转型的关键指标

TSC
传统供应链

DSC
数字化供应链

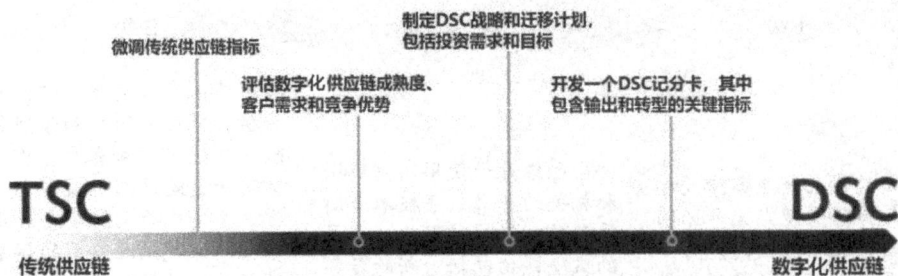

图 16.5　使用完成供应链数字化转型指标的步骤 [1]

下面是《转型指南》提供的基于数字化供应链的度量指标和成熟度模型的五步实施供应链数字化转型的方案指南。

● 第一步：每个公司应该采取的第一步是完成转型路径过程成熟度评估，并将"由外到内"评估分发给至少 5 个客户和 5 个供应商。在许多情况下，将评估结果分发给供应链、销售 / 营销、财务和运营部门的人员是理想的。通过基准测试或由熟悉数字化供应链的外部专家进行评估来确认结果是至关重要的，因为在没有第三方验证的情况下进行自我评估通常会产生误导。

● 第二步：分析评估结果并确定改进的机会。努力从战略上确定行动的优先次序，并量化每个领域改进的影响。例如，如果选择无人驾驶汽车，费用会减少多少？如果把需求预测做得更好，销售额会增加多少？重要的是要估计潜在收益的大小，这样才能做出正确的投资。

● 第三步：制定数字化供应链战略。这一战略应明确预期收益、负责人和所需投资。需求、团队、技术和风险都应该得到解决。这一策略至少能带来 10% 的收入增长和 20% 的成本下降。你可能要三年才能实现这些目标，尽管有些公司会更快地达到目标。

● 第四步：选择能够最好地衡量效益并推动变革的 DSC 绩效指标。每个公司必须为四个关键领域（需求、团队、技术、风险）选择至少一个输出型度量指标和一个流程型度量指标。输出型度量指标直接影响收入或费用，如从立项管理委员会行动中获得的总收入。流程型度量指标驱动所需的操作，以更改业务流程的某些元素。雇用特定数量的数据科学家、部署智能制造或增加合规供应商的数量都是此类流程型度量的例子。

● 第五步：必须将指标分配给公司中的特定人员。在某些情况下，如需求刺激，销售和供应链之间可能会共享度量标准。如果是这样，则应将指标纳入绩效考核流程和薪酬。不可避免地，所选择的战略和指标必须得到公司领导层的支持。《转型指南》建议召开两次半天会议，以制定立项管理战略。

对于供应链组织来说，数字化转型最重要的一个变化就是将重点从降低成本和准时交货转移到积极管理需求栈（见图16.6）的各个要素上。需求栈由需求刺激、需求感知、需求管理和需求匹配组成。每一家公司都必须纳入精确的指标，以便在需要时改进或计划改进。包括刺激需求在内的责任将是大多数公司的一个新特点。

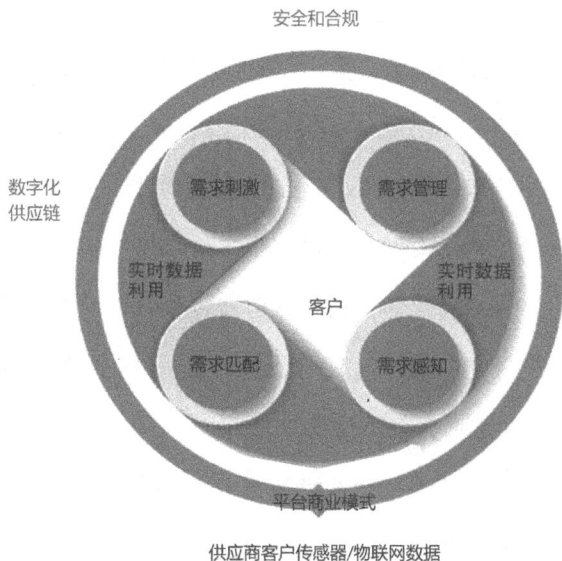

图 16.6　需求栈[1]

《转型指南》强烈建议每家公司从这四个关键领域中选择至少一个指标来推动成功的 DSC。对于大多数供应链组织来说，需求是重要和新奇的，因此《转型指南》推荐选择至少两个指标。制定一个人才计划，或者像一些专家所说的，制定人才资源战略也是至关重要的，因为很明显，人们需要各种技能来实现供应链数字化的结果。公司必须找到能够捕获和分析数据的人员，以推动更好的决策。公司需要更多有销售、营销和客户服务背景的人员来推动制定以客户为中心的增长解决方案。对有采购工程背景的人员来说，对收入增长负责是一种灾难。因此，制定这方面的人员需求措施是必需的，因为技术是实现数字化的核心，相关风险在这一领域不断增加。公司的指标将影响这些领域的管理决策。

16.6 供应链数字化转型路径过程成熟度和数字意识成熟度

本书第 11 章介绍了供应链数字意识成熟度模型，该模型将数字意识水平分为四个层次，应用到五个关键领域：领导力、创新 / 技术、客户参与度、数字化人才和工作环境。对每个关键领域的水平定义评估标准，但不是度量指标。其评估方法采用的是企业自我评估打分。其重要特征是提供了优先级算法。然而本章所介绍的成熟度模型只有三个层次，只用于四个执行数字化转型的关键领域：需求、团队、技术和风险。尽管该模型与数字意识成熟度模型在关键领域上有很多交集，但它不同于数字意识成熟度模型，它对每个关键领域的每个层次提供了可度量的指标，并且强调外部专家的评估，认为纯自我评估容易产生误导。两个模型各有所长。最好的方法是将它们结合起来用于制定公司供应链数字化转型的战略和行动计划，并执行落地。本书有以下建议。

- 将数字意识成熟度模型用于提升公司的数字意识，帮助建立公司的供应链数字化转型的战略和行动计划。

- 将数字化转型路径过程成熟度模型用于制定详细量化的执行计划，并且利用定义的度量指标来评估转型的绩效和找到可持续改进的方向。

16.7　本章小结

　　度量供应链数字化转型的绩效对数字化转型的成功和持续改进至关重要。本章介绍了美国数字化供应链研究院（DSCI）创建的供应链数字化转型实施过程的度量指标，以及基于这些度量指标的供应链数字化转型过程的成熟度模型。本章还将其与第 11 章介绍的供应链数字意识成熟度模型进行了对比。将两个模型结合使用将有助于制定企业的供应链转型战略、行动计划、实施计划，以及帮助计划落地，帮助企业持续改进，以达到成功转型、业务增长及绩效卓越的目标。

【参考文献】

[1]　DSCI.Digital Supply Chain Transformation Guide: ESSENTIAL METRICS， 2017.